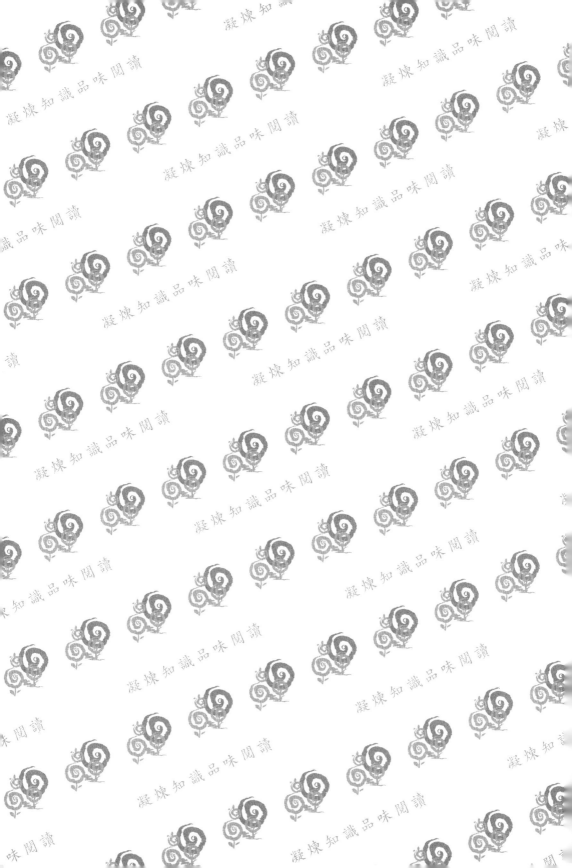

黑格爾彩色畫

中年的黑格爾

青年黑格爾

對黑格爾而言，最終的真理乃為意識，而意識非實體，卻是形而上的概念

黑格爾不愧為米內瓦的夜梟之化身　　　　　博覽群書的大學者

位於斯圖嘉特黑格爾的故居，今改為紀念館

黑格爾出生地連結成一大博物館

漫畫家筆下的青年黑格爾

Introducing Hegel 漫畫本封面的黑格爾

現代版的黑格爾彩色漫畫

傳統式的黑格爾素描

# 黑格爾哲學新解

A New Interpretation of Hegel's Philosophy

交大講座教授
洪鎌德·著

# 踏在巨人的肩膀上振翅高飛

　　本書為作者早期在台大國發所與輔大哲學所講授「黑格爾與馬克思專題」一科目，為便利學生進入學習狀況，而準備的資料之彙編。最近本人擔任交大講座教授在講述馬克思的思想之外，有意開授黑格爾學說之新課，故在「人本自然版」上重加修訂、增添新章、附上新圖，而把原來的《黑格爾哲學之當代銓釋》轉化成為《黑格爾哲學新解》之本書。其中不少篇章為作者數十年對黑格爾與馬克思的學說之深思省察，撰寫下來的心得紀錄。但更多的篇幅則是近年來從西方學者研究成績輾轉介紹而得。因此，此書與其說是本人的創造，倒不如說是編譯之作。就算借重西方學者的觀點，本書作者也耗費不少心力予以改寫、節述、或增添最新的資料。在把原文的精神揭露下，作者不忘齊一化黑格爾與馬克思原著的來源以及英譯不同版本的資料，目的在使全書引註一致，首尾連貫。此外或是對原著加以圖解，或是加以申論，這些都是本書作者的工作，為的是便利本國讀者的理解。

　　全書雖然分析黑格爾哲學內容的梗概，以及他與馬克思的關連，但也論述恩格斯的辯證法，主要的把馬克思與恩格斯當成兩人看待，而對他們各自的學說做不同的闡述。本書在舊有的講義基礎上展開新詮釋，賦予新生命。首先在鋪敘黑格爾哲思的活頭泉水（亞理士多德、笛卡爾、斯賓諾莎、萊布尼茲、休謨、洛克、盧梭、及黑格爾同代思想家）的哲思發展。繼而指出日耳曼經典觀念論的首創者康德及其批判性哲學。接著析述其後人費希特與謝林對所謂的思辨哲學之批評、補充與發揮，而及於黑格爾哲學的一脈相傳，總結前說，另創新意。之後，把黑格爾哲學的菁華，諸如心靈（精神）哲學、邏輯（包括辯證法）、自然哲學、社會（政治）哲學與歷史哲學做一個扼要的介紹。本書的要點則為介紹黑格爾驚世之作，被哲學界視為奇書的《精神現象學》，以及從現象學引申的思辨方法—辯證法。另一方面，黑格爾影響後代最重要的理念為其國家學說與歷史哲學，本書也列專章加以說明。此外，黑格爾學說的影響面最廣、最大、最深者莫過於馬克思形成的馬克思主義。本書後面討論黑格爾影響馬克思的幾項觀念，包括人性觀、社會觀、國家觀、歷史觀以及政經論述。

最後則闡述當代歐美學人對黑格爾學說最新的看法，俾供讀者進一步研究的指引，其中最近20多年西洋哲學界的重估更值得我們留意。

　　本書的前身曾獲得台大國發所出身的廖育信博士之協助整理，至於最近出版的專書和論文之收集和彙報則由該所博士生張書榜同學提供。這兩位弟子的認真協助令我感激不已，茲致至深謝忱。交大通識教育中心諸同僚的鼓舞，中心辦事處秘書戴碧慧小姐的熱心協助在在令人感恩。

　　五南副總編劉靜芬小姐的高明編輯使本書盡善盡美，令人感動，特別是對作者2006年在該出版社付梓的四、五本作品她都秉持專業負責的精神嚴謹審閱、精湛編排、認真校對，這一切真摯的協助都令人萬分感佩與稱謝。五南執行編輯吳肇恩小姐認真負責的精神，使本書減少誤漏，特別是歐美哲學家的姓名，她都熟知能詳，改正作者不少謬誤，她的協助使本書達到盡善盡美的境界，其用心與努力尤令作者感激不盡。內子蘇淑玉女士的貼心照顧，使年老力衰的本人仍能「我寫，故我存」。她是我心目中的貴人，靠她的扶持和拉拔，我才能踏上巨人的翅膀振翼飛翔。茲向她表示終身的感激與謝忱，是為序。

洪鎌德
交大講座教授研究室（綜合一館640室）
2015年10月16日

# 目　錄

■ 序──踏在巨人的肩膀上振翅高飛 ....................................... i

## 第一章　黑格爾哲思的活頭泉水 ....................................1

　　一、古希臘的哲學 .................................................3

　　二、近世西洋哲學的主流 .............................................4

　　三、盧梭 .......................................................8

　　四、康德的三個批判 ...............................................9

　　五、費希特的自我哲學 .............................................16

　　六、謝林的自然哲學 ..............................................18

　　七、賀德林論絕對精神 .............................................23

　　八、結論 ......................................................24

## 第二章　康德及其後人論哲學與辯證法 ...............31

　　一、康德的批判哲學與兩元論 .........................................33

　　二、康德之後的批判哲學之演進 .......................................40

　　三、日耳曼觀念論與矛盾說 ..........................................47

　　四、結論 ......................................................58

## 第三章　黑格爾哲學的菁華 ........................................61

　　一、哲學名詞的重整 ..............................................63

　　二、普遍性、殊別性與個體性 .........................................67

　　三、黑格爾論自然 ...............................................75

　　四、黑格爾論社會 ...............................................80

五、黑格爾論歷史 .................................................... 89

## 第四章　黑格爾《精神現象學》的大要 ........................101

一、前言 .............................................................. 103

二、精神、科學與現象學 ....................................... 107

三、現象學等於意識經驗之科學 ............................. 110

四、《精神現象學》的結構 ..................................... 117

五、主僕關係的辯證解釋 ....................................... 126

六、結論 .............................................................. 130

## 第五章　《精神現象學》的新詮釋 ..........................133

一、前言 .............................................................. 135

二、現象學的新猷 ................................................ 139

三、黑格爾對時代精神的體認 ................................. 141

四、人變成神的自我膨脹之宗教思想 ....................... 145

五、十八世紀與十九世紀初日耳曼的泛神論與黑格爾 ....... 148

六、神明在歷史中達成自我實現 ............................. 150

七、意識與辯證法 ................................................ 155

八、自我與自我意識 ............................................. 160

九、理性與精神 .................................................... 165

十、〈序〉與〈導言〉 .......................................... 170

十一、結論 ........................................................... 174

## 第六章　黑格爾的辯證法 ......................................177

一、前言 .............................................................. 179

二、現象學的方法 ................................................ 183

三、黑格爾辯證法有關的幾個面向 ......................... 192

四、辯證法與有機物的發展 ................................... 202

五、辯證法與形式邏輯 .......................................... 208

六、後語 .............................................................. 213

## 第七章　辯證法的發展——從黑格爾到恩格斯......217

　一、前言.................................. 219

　二、辯證法一般的特徵.......................... 221

　三、辯證法的哲學功能.......................... 227

　四、這個方法被指責的幾種原罪.................... 230

　五、黑格爾辯證法的源始........................ 233

　六、黑格爾的概念辯證法........................ 235

　七、馬克思對黑格爾辯證法的批評.................. 240

　八、馬克思的辯證法........................... 245

　九、馬克思與黑格爾以及恩格斯不同的辯證觀.......... 248

　十、恩格斯的批評及其誤解...................... 253

　十一、恩格斯辯證法的當代重估................... 254

　十二、黑格爾對時間兼經驗的辯證法之觀點........... 258

　十三、馬克思主義者如何看待時間兼經驗的辯證法...... 263

　十四、結論................................. 266

## 第八章　黑格爾的國家學說......................271

　一、前言.................................. 273

　二、有機的國家觀............................ 275

　三、市民社會與倫理生活........................ 279

　四、國家的結構和諸種權力的並立.................. 288

　五、戰爭與世界史............................ 295

　六、引論與結語............................. 298

## 第九章　黑格爾歷史哲學及其貢獻..................301

　一、前言.................................. 303

　二、黑格爾的歷史學與歷史哲學................... 304

　三、歷史與理性............................. 307

　四、黑格爾的認識論與個人自由實現的場域............311

五、基督教在歷史中的角色 ........................................ 316

六、黑格爾的歷史主義及其爭論 ................................ 319

七、黑格爾歷史主義的政治 .................................... 326

八、黑格爾的歷史方法 ........................................ 329

九、黑格爾論歷史的終結 ...................................... 331

十、結論與評估 .............................................. 336

## 第十章　從黑格爾到馬克思的思路轉折 ..................339

一、前言 .................................................... 341

二、人性觀與人生觀 .......................................... 342

三、從唯心主義轉化爲唯物主義 ................................ 345

四、概念辯證法轉化爲經驗辯證法 .............................. 349

五、黑格爾與馬克思的社會學說 ................................ 353

六、國家學說的演變 .......................................... 357

七、歷史哲學與唯物史觀 ...................................... 360

八、馬克思對黑格爾的傳承 .................................... 365

九、結論 .................................................... 371

## 第十一章　黑格爾哲學的影響 ........................377

一、前言 .................................................... 379

二、普魯士的改革運動 ........................................ 381

三、對馬克思主義的影響 ...................................... 387

四、其他黑格爾派思想家在十九世紀的活動 ...................... 392

五、黑格爾主義在二十世紀 .................................... 401

六、對存在主義的影響 ........................................ 403

七、二十世紀下半葉黑格爾的研究 .............................. 407

八、結語 .................................................... 413

## 第十二章　近二十年來西方學者對黑格爾哲學的重估 ....417

一、杜威詮釋與補充黑格爾的學說 .............................. 419

二、黑格爾的有機論是關係有機論 .................................. 423

三、黑格爾論主體與自我 .............................................. 427

四、黑格爾在自然中找到精神：習性的作用 ................ 430

五、第二天性、感知意識與倫理生活 ........................... 433

六、個人與社會：黑格爾、馬克思和貝林斯基 ............ 436

七、黑格爾對當代認知論的貢獻 .................................. 440

八、黑格爾論「愛」和悲劇 .......................................... 443

九、祈克果批判黑格爾哲學之重估 ............................... 445

十、其他議題的析評 ..................................................... 448

**參考文獻** .......................................................................455

**人名引得** .......................................................................475

**事物引得** .......................................................................484

**英文目錄** .......................................................................491

# 第一章

# 黑格爾哲思的活頭泉水

# 第一章　黑格爾哲思的活頭泉水

一、古希臘的哲學

二、近世西洋哲學的主流

三、盧梭

四、康德的三個批判

五、費希特的自我哲學

六、謝林的自然哲學

七、賀德林論絕對精神

八、結論

# 一、古希臘的哲學

　　黑格爾的哲學體系幾乎是一部西洋思想史的菁華，也是一部西洋文化的結晶。古希臘前蘇格拉底的辯士哲學，特別是赫拉克里圖主張萬事萬物都是變動不居的說法，構成了黑格爾求新求變的「變易哲學」（the philosophy of change）之核心。換言之，他同赫氏一樣的看法，認為實在（*wirklichkeit*; reality）是不斷在改變、遷移、演化，但潛藏在不斷變化的實在之底下，卻是一股不變的靜定（*stasis*），也就是「邏各斯」（*logos*）的定理，或稱為「絕對的」（*das Absolute*; the Absolute）事物、「絕對的」原則（Marx 1975: xvii-xxiii）。

Socrates（前469年-前399年）　　　　　Heraclitus（前540年-前480年）

　　從普羅塔格拉斯的說詞：「人為萬物的衡量」，也從蘇格拉底的訓誨：「認識你自己」，黑格爾就像近世日耳曼唯心主義的哲學家一般，強調以人為中心（anthropocentricity）的世界觀、歷史觀、社會觀。的確，蘇格拉底在與別人對話中，所透露對生活中的真、善、美之追求，這是黑格爾終生所讚賞與嚮往的理想。

　　柏拉圖把人類的世界當成一個變動的、過渡的事物來看待，甚至當成真實的「實有」（being）之影子看待，對黑格爾也產生了很大的作用。就像柏拉圖在《泰鄂提得斯》（Theaetetus）一對話中力圖詮釋知識為何物，黑格爾在其成名著《精神現象學》中，也排開人們對個別事物知識的紛紛擾擾，而指出所有知識的普泛整全（universals）之重要（Rosen 1974: 64-88）。

　　在古希臘的思想家中，黑格爾最推崇的人物莫過於亞理士多德，亞氏從事物潛藏的目的性（*telos*），也就是人的潛能（potentiality）發展爲現能（actuality）。這種發展的看法，配合黑格爾從日耳曼式的啓蒙運動以及反啓蒙運動的浪漫主義所引申的養成（*Bildung* 教育、成形、成材）之觀念，構成了後者辯證的發展觀。亞氏認爲個人在社群中經由家庭、社會至國家的逐步發展，社群的倫理比個人的自主更爲重要，也成爲黑格爾模仿的對象。亞氏認爲人生的目的在於追求幸福（*eudaimonia*），這種幸福的最高境界便是哲人在沉思中所發現的眞理。黑格爾在《精神現象學》中所致力的不只是鼓勵人群追尋眞理，不只是哲學家思想中的眞理，也是眾生在其不同生涯中、不同生活方式中，所能尋獲的生命之意義，與生涯奔波中所能掌握的快樂（Weiss 1969）。

Protagoras（前481年-前411年）　　Plato（前427年-前347年）　　Aristotle（前384年-前322年）

# 二、近世西洋哲學的主流

　　西洋近世的哲學是由笛卡爾的理性主義所開端的。在笛氏的時代，由於宗教改革反對個人信仰是由「外頭的」教會所干預與形成。反之，主張每個人從其「內心」良知決定而與上天直接溝通。因之，這種強調人的內心性與知識的自主性，變成近世哲學的主流。笛卡爾遂堅持每個人在其經驗和論證方面，有權自我決定何者爲眞、何者爲假。這種說法無異爲其後出現的啓蒙運動拍板定案。人的內心良知，無非就是意識，於是意識這一概念遂成爲近代哲學、心

理學、人類學、社會學、歷史學說之重大研究對象。從對上天、神明的忖度、臆測到反躬自省，強調人的內心活動，無異是思想史上一大轉折，難怪後世要推崇笛卡爾這種「我思故我在」的說法。據此，儘管吾人對周遭世界、甚至上天是否存在抱持懷疑的態度，但有一點事實不容懷疑，那就是吾人對自己可以思想、可以感覺、可以確定此時此刻身軀的存在，這是笛氏重大的發現。他說「我是一個會思想的事物，也是一個實體（substance）。這個實體與世界其他物質的實體有所區隔」。他的這種說法無異爲哲學界中最主要的轉折、最重大的改變，爲近世西洋哲學從神本轉向人本鋪平坦途。

### 笛卡爾的學說

· 笛卡爾著有《方法論》（*Discourse on Method,* 1637）強調數學和邏輯是研究自然、社會和人文等事物最爲可靠的研究方法：
· Accept things which are clearly and distinctly seen;
· "Divide each of the difficulties under examination into as many parts as possible."
· Proceed the conduct of thought from simple and easy to the more complex;
· Make complete enumeration so that there are no any omission.
· 他的名言「我思故我在」（*cogito ergo sum*）成爲哲學界推崇和爭論的說詞。

　　不過我們所知與能知要倚賴我們的意識的話，那麼意識之外的世界，究竟存在、不存在，究竟能否爲我們所知悉，便構成笛卡爾之後哲學界爭論的所在。這便成爲哲學史上的「知識之問題」（problem of knowledge）──我怎樣在擺脫我自己之後便會知道（認識）這個世界。換言之，自我的性質是什麼？自我統轄的範圍有多大？它與其他人（或物）的自我有何關係？像洛克就主張外頭世界不過是我們用理念、概念表述起來、描繪起來（representation），而柏克萊和休謨則持懷疑的態度，他們不認爲我們有辦法認識外頭的世界，我們所認識的無非是理念而已。

　　笛卡爾的自我和自我認同說其後受到斯賓諾莎的質疑。後者否認有彼此互相差異的「實體」之存在。原因是把自我與物理性的實在做出區隔會走入死胡同。對斯氏而言，思想不是實體，而是「單一與唯一的實體」（one and only substance 上帝）衍生出來的「屬性」（attribute）。個人無所謂的認同體

John Locke
（1632-1704）

George Berkeley
（1685-1753）

David Hume
（1711-1776）

可言，只有認同那個偉大的上帝實體，才能夠談到個體的存在。

在斯賓諾莎逝世一百年之後，他的哲學在日耳曼大行其道，對青年黑格爾及其同代哲學家的影響很大。原因是他的思想被解讀爲泛神論，把上帝與其創造的世界萬物視爲等同，這導致黑格爾的先驅費希特，把上帝看作是道德秩序的同義詞。事實上斯賓諾莎稱呼宇宙爲神、爲「單一的實體」。由於斯氏太強調實體，而趨向決定論，也減低人類自由活動的空間，有點教條論（dogmatism）之嫌，是故費希特、謝林和黑格爾對個人必須降服於超越現世的、無以名狀的神明之力量相當的不滿。換言之，他們接受了斯氏實體看法，但拒斥了他的決定論。

萊布尼茲與斯賓諾莎相同，都認爲按照笛卡爾的看法，不同的實體之間的關係、互動無法理解。有異於斯氏把所有的實體都化約爲唯一的、最重要的實體上帝，萊氏提出新的說詞：雖然有各種實體之存在，它們之間卻無互動、無交集，只有外表上看來有點關聯而已。從這裡衍生出每個自我都是圓滿自足、封閉排外的小體系之新看法（Hegel 1955: [C] 161, 200ff.）。

萊布尼茲可以說是德國唯心主義幾位大師（康德、費希特、謝林和黑格爾）出現之前的一位先驅，也是日耳曼，甚至歐洲享有普世同欽的哲學家。他是一位數學家、外交官、神學者和形而上學專家。在牛頓之前，他便發現了微積分學，也是電腦最早發明者之一。他周遊列國，希望靠「計算」來平息人群的糾紛。他認爲世界是各種各樣的實體合構而成，這種實體他稱爲「單子」

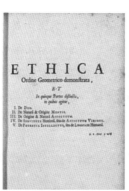

Baruch de Spinoza
（1632-1677）

斯賓諾莎的《倫理學》

Gottfried Wilhelm Leibnitz
（1646-1716）

（monads），每個單子都是活生生的意識，它們之間本來是分別的，卻有協調的動作，這是由於最高最大的單子——上帝——的安排。這種世界的圖像無疑地是歐洲啟蒙運動的主張，認為人人都是自主的、分離的個體，但卻朝和諧的、合作的方向邁進。因為最終的和諧和全體的合理性都是上帝一手安排、攝理。是故世事，不論好或壞，其發生都是合理的，這是萊布尼茲揭櫫的「充分理由之原則」。充分理由之原則可以說明，人群日常生活的常識都企圖為任何發生的事情找出理由；也適合西洋傳統宗教的看法，認為在上帝攝理之下，人們生活在「最好的可能世界」當中，各自進行最合適的生活形態。

　　休謨的哲學鼓吹經驗是由印象和理念組成的，印象充滿活力，不過卻由理念衍生而得。理念如果是當下的經驗產生出來的話，則比過去發生之事，而現在加以回憶，更為鮮活明確。理念雖來自印象，但印象的源頭則難以推溯。造成理念與理念之間的聯合、聯想，或是靠彼此的相似，或是靠接近、鄰近、或是靠因果。所謂的抽象便是把個別的、特殊的理念以相同或相似的詞謂把它們串連起來，也就是殊別的理念賦予共通的、普遍的、總體的理念。把兩件不相干的事件用因果的方式連結在一起，主要是人們在經驗中發展的習慣與俗例的作法。人的認同與心理的實體也是由於經驗顯露給我們一大堆的印象、理念、感情之連續。事實與理念關係是不同的。後者是分析的聲明，是哲學家與數學家所從事的工作——分析理念與理念之間的關係。人的生活評價的努力與理想的營造是可以相容，甚至可以彙整在一起。必要時理性要順服感性與熱情，因

爲在追求快樂舒適之際，人才會同情別人，是故快樂與同情都是有助於社會和諧的內心傾向。

　　休謨對於知識與實踐兩個事件彼此可以協調、解除衝突不抱樂觀看法。換言之，牛頓宇宙觀的知識和人們日常生活行事的知識是無從證實，這兩方面可以相容的。他還進一步指出道德原則與宗教意義都不是合理的，或是經驗可以證成、證明其爲千眞萬確。道德感受只是「感情用事」（sentiment），而宗教的信念則是害怕中帶有幾分迷信。這就是造成康德決心要把知識與德性兩者之爭執、衝突對立消解之原因。

　　綜合上面的敘述，無論是笛卡爾，還是斯賓諾莎，還是萊布尼茲，還是休謨，吾人唯一可以認知的是我們的意識、我們的理念、我們的經驗。但進一步我們便遭逢一個困局，究竟我們本身以外的世界，我們是完全無法認知、無法理解，或是這個外面的世界可以認知、可以識見，因爲它是建構在我們的經驗和理念之上。如果相信外頭的世界是從我們內心意識的經驗、理念所建構，那麼我們自然也變成了唯心主義者、觀念論者。

# 三、盧梭

　　在所有法國啓蒙運動的諸位大師當中，要數盧梭對德國經典的觀念論和日耳曼浪漫主義衝擊最大。換言之，康德、費希特、謝林、黑格爾固然崇拜盧梭，就是席勒、賀爾德、雅可比、列辛等文藝作家，也深深地被盧梭對人群重返自然的呼籲所吸引。當然，對盧梭的推崇，在日耳曼的思想家與詩人中影響最重大的是盧梭第二篇「論文」──《論人類起源之不平等》，以及富有教育啓蒙意義的小說《愛彌兒》。反之，盧梭與英國霍布士、洛克所倡導的社會契約說，則不合德國哲人與文人的胃口。黑格爾在《現象學》中便抨擊社契論，認爲第一個社會契約根本就不存在過，蓋人類尚未發展到那種尊重別人、遵守承諾的理性階段。顯然，社契論的先決預設是荒謬的，原因是在社會成立之前，居然有智慧十足、道德圓滿的個人之存在（也就是衡量得失利害、深具理性與認知的契約當事者之存在）。取代社契論乃是深藏個人與社會內在，而可以逐步發展的自然法。

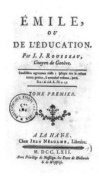

Jean-Jacques Rousseau　　　　　《論人類不平等》　　　　　　《愛彌兒》
（1712-1778）

　　盧梭相信在社會成立之前，人類倘佯與漫遊於山林之間，過著和諧愉快的自然生活，這種觀念與當時巴黎社會的繁華、競爭、擾攘完全不合，但倒能符合日耳曼初民部落生活的寫照。原始住民遂變成了「高貴的野蠻人」（為盧梭第二篇論文之主題）。在這種情況下，日耳曼初民也罷，古希臘城邦的人民也罷，都成為追求政治生活與內政諧和的理想群落。這就說明了何以盧梭這種非歷史、非科學的說詞，反而能夠打動德國思想家的心坎之原因。尤其黑格爾早期的著作對知識的性質、宇宙的統一和人群意識的複雜與迷亂，並沒有觸及。因之，此時的他只推崇柏拉圖與亞理士多德的道德學說，也偏喜盧梭《愛彌兒》這本小說，而並沒有看重後者的《社會契約》這一鉅作（Solomon1983: 11）。

# 四、康德的三個批判

　　康德不只是日耳曼經典唯心主義的開創者，也是直接影響黑格爾學說最重要的前驅。值得注意的是引發青年黑格爾對宗教問題的重視，而非知識的生成演變，也就是康德的第二批判，亦即《實踐理性批判》（1788），而非後者最先推出的第一批判《純粹理性批判》（1781）。原因是受過圖賓根神學院五年（1788-1793）訓練的黑格爾，對基督教有很多的不滿和批評。對他而言，宗

教的作用在於道德訓誡，這是康德所主張的「實踐理性」之應用。之後，黑格爾浸潤在康德哲學革命的洪流中，其後半生採用康德的哲學用語、技術、語態與用字，可謂是一位徹底的康德學派之門生。儘管在後來的著作中提出與康德不同的主張，企圖把康德物自身的不知、無法知悉加以克服，從而把兩元分化歸還爲單元統一。可以這麼說，只有康德在哲學中的輝煌革命，才會使黑格爾哲學體系的建立成爲可能。

康德是他時代的產兒，他所處理的哲學問題充滿了專業哲學家的技術性問題，同時他的作品也反映他的「時代精神」，不只專家所討論的技術問題，就是常人也會提的常識性問題。康德不只把各種哲學問題細加解剖，還把它們重新組合而成爲體系。他還是一位業餘的科學家和天文學家，自認爲啓蒙運動的路德派信徒，是一位堅持道德的清教徒。他著作中大量應用萊布尼茲的說詞，也不時回應休謨的懷疑論。不只在哲學上立言，還大力鼓吹啓蒙思想、發揚宗教改革的精神，強調堅信與勤勞、突顯宗教道德中的意涵，反對教會中的權威。他是日耳曼經典觀念論的開山祖師。

假使萊布尼茲代表理性主義，休謨倡說經驗主義，那麼康德把兩人的學說揉合爲一，置入於啓蒙運動的傳統中，無異爲其個人綜合與統攝成功的寫照。但他最大的貢獻還是在日耳曼的脈絡下，把該傳統重新整理，賦予新的生命。

作爲日耳曼經典唯心主義或稱觀念論的奠基者，康德的哲學是一種觀念的哲學，所謂觀念的哲學是指作爲意識客體的觀念而言。觀念論否認物質的世界有其獨立的存在，認爲世界乃是人群意識活動的產品。唯心主義或觀念論旨在把我們共享的經驗之整體加以重新詮釋，也是對人類意識活動的產品加以解釋，而不是對早已存在，或「物自體」來加以揣測、解說。

其次，日耳曼的觀念論在深刻地關注到意識的問題，這個問題有時又稱爲「主體性」或「自我」。其原因爲我們對世上各種事物的知識係從我們的經驗、理念、或意識而來，這是常識的看法，但需要加以析述。這種析述與解說有一部分來自基督教。蓋基督教強調精神和人類內心爲人類活動的源泉。宗教改革拒斥教會「外在的」權威，而贊成人們內在良心的判斷和基督教靈魂的救贖。是故堅持內心的主宰，才可以瞭解外頭的世界。

所謂內心世界的主宰，是指自我而言。自我的認同也成爲康德哲學的核心。有異於其前驅斯賓諾莎和萊布尼茲把自我當成「事物」看待，康德認爲自我不是事物，而是活動，這點最爲黑格爾所佩服。後者在《邏輯》學中公然稱讚康德把「靈魂之事物」（soul-thing）加以摧毀，是哲學史上一椿快事，也

是康德最大的貢獻之所在。把斯氏有關「自我」所受決定論的束縛脫絆之後，自我的「自由活動」遂成為日耳曼經典唯心主義之主題。康德不認為在每個人的經驗中看出「自我」，自我不能成為經驗的客體物，而是潛藏在經驗的「背後」，是透過對經驗的反思而發現自我（self）的活動；是貫穿時空與個人，而出現的普遍的我、超驗的我，當然也是反映一個人所處的時代，受其時代精神所冶煉、形塑的我；也是《判斷力批判》所涉及的「宇宙的自我」。

　　日耳曼的唯心主義就是一連串的努力，希望建構一套包括日常經驗的信念，以及把世界看作吾人經驗與理念的產品，是心靈與外界這兩者的綜合。

　　終康德一生，不斷地在讚賞天體運轉的井然有序（自然的律則之操作）與人心內在道德良知對人群的社會行為（倫理的泛宇性、普遍性）諄諄善導，這是源於人類與生俱來的理性之發揮作用；前者為對天體、自然客體世界的認知之本事（純粹、認知的理性），後者則為在良知的策劃下人自由的選擇（行事、實踐的理性）。康德的第一部著作：《純粹理性批判》（1781）在於護衛科學、數學和知識的形而上學之原則。他的第二部著作：《實踐理性批判》（1788），則在護衛道德，與基督教的理想之形而上學的原則。第三部《判斷力的批判》（1790）。是把前述兩大批判加以結合與協調，也就是對美學判斷的普世性、泛宇性作一個解析，同時也對宇宙乃是生生不息的有機體作一個官能性（organic 有機）的說明。除了上述三大批判之外，康德也在其他各種書文中闡述他的理念，像《世界永久和平》（1795），與建構他所謂「批判性的哲學」。

《純粹理性批判》
（1781）

《實踐理性批判》
（1788）

《判斷力批判》
（1790）

誠如康德所言，所有的知識開始於經驗，而使吾人經驗成為可能的事物則是一些條件，這些條件在經驗形成之前便告存在。在每個思考者所擁有知識的自主，也就是他（或她）的理性運作下，我們可以發現無論是知識還是道德，都有其基本的原則。這種能夠認知、能夠判斷的能力，都是人人所擁有、與生俱來的天賦本事。這個普世的（泛宇的）與必須的原則，就成為人們經驗的基本原則。

康德的《純粹理性批判》可以簡稱：「我之擁有經驗，以及對此經驗有所知悉，究竟是基於什麼樣必然的條件？」康德說這些條件包括了在時空中對世界的經驗、吾人身外有形體的客觀物之存在，其存在與我們感知的介入無涉，也就是說事物因果關係（不靠我們的聯想或預感而產生的因果關係）自有其存在。但這些條件卻提供人心所認知的樣態或概念。時間與空間都是直覺先驗的樣態（形式）。至於客體物的實體性和因果關係，則是「理解先驗的概念」。要之，這些必然的條件，康德稱之為「範疇」（取法亞里士多德）。

康德把「外頭」實在的本質之探討，改變為對人心的內在意識的結構之剖析，也就是以人為中心來看待外頭萬事、萬物的變化。這在思想界中是一樁開創歷史、扭轉乾坤的重大盛事，可以媲美哥白尼把地心說改變為日心說。康德的貢獻便是哲學界的「哥白尼革命」。

哲學的哥白尼革命的受惠者與發揮者

對黑格爾與康德學說的膜拜

在《純粹理性批判》的最後部分，康德引進一個新的概念：「辯證」（dialectic），這是一種沒有希望去窮追無限，也就是無法理解宇宙最終結構的說詞，也就是無法窮究自我或靈魂的底蘊之表示，也就是追求「表象」、「外觀」（Schein）不實之學問。在經驗世界，我們只需使用「知性」便可以

掌握經驗資據，在非經驗的世界──自我、形而上學的單元、或上帝──我們只好靠「理性」去掌握。

前者為「感知的世界」（sensible world），是科學的知識，牛頓的機械力學所統攝的世界，是靠在時空的樣態下，經驗的資據，亦即知性、純粹的理性來加以瞭解的。反之，後者為「領悟的世界」（intelligible world），涉及道德、自由、善意、上帝和靈魂的不朽，也要從當作道德行動者的人類之角度來觀察。它是以人的實踐理性，以人普遍性的義務感來加以掌握。每個人活在兩個不同的世界裡，擁有不同的兩個自我（求知的、先驗的自我和意願的、理性的自我）。在這兩個世界中合理的自主性（rational autonomy）應高高在上，發揮至高無上的指揮作用。但是世界與自我卻是兩元的，導致康德的哥白尼式革命更走向極端，有如法國啟蒙運動把法國大革命推向極端，是同樣的道理。為此在《判斷力批判》中，康德有意把前面兩批判之矛盾、對立加以化消而融合貫通，但他的努力並不曾成功，最後不得不承認綜合的結果仍舊是兩元對立。「理性與實踐的統一」只好交由黑格爾在1806年撰寫《精神現象學》一書時來謀求解決（Solomon 1983: 78；參考本書第四章與第五章）。

康德否認人群可以對這類非經驗領域使用「純粹的理性」來測知，這就是康德「先驗的辯證」。黑格爾十分讚賞康德「先驗的辯證」，認為這是後者對哲學最重大的貢獻，因為他分辨了知性與理性的不同，以及企圖利用概念來探測無限事物的真知灼見。康德發現這些概念一旦應用於非經驗的領域，會產生似真而又假的後果，也就是其結論可能各自有效，卻是相互矛盾，這就是二元

康德不同時期的畫像

背反（antinomy）。二元背反的存在使康德奉勸形而上學家必須放棄使用概念去追求無限的事實。

　　不過在讚美康德超驗的辯證之餘，黑格爾卻持反駁的態度，他認爲理性的辯證正顯示吾人對待世界應持相反、甚至矛盾的態度。換言之，相反、相對、矛盾、否定，正是世界諸事物的特性，哲學家不宜避開這些二元背反不談。總之，黑格爾從康德那邊襲取了矛盾、辯證、正反這些詞彙，而予以踵事增華、大肆發揮。

　　康德從笛卡爾所強調的自我意識其存在，採用了「演繹」（deduction）的策略，來確定人的經驗的必然結構。同樣在倫理方面，康德也證成人人擁有共同的道德感（而非義務或心向），這就是說道德感與敬畏神明之具有普世性、泛宇性，這表示其立足的原則也是合理的（rational）。爲了要演繹出人群道德與倫理的行爲規範，康德的論證必須要建立在理性的自主（rational autonomy）之上，這個理性原則不僅適用於我，也適用於他人，它是從人心衍生出來，而非從習慣、情緒、傳統或權威產生的原則。

　　同樣應用於笛卡爾的策略「我思故我在」，康德在《判斷力批判》中，企圖把知識與實踐之衝突排解。於是他分辨了爲經驗提供概念的樣態之「知性」（Verstand 理解），以及爲人們自由選擇所需的「理性」（Vernunft 悟性）。有時康德會說：「在同一領域上，知性與理性各有其分開的統轄範圍」。前者牽涉到科學的律則，後者涉及到行動的正當。有時他卻說這兩種人類的本事牽連著「兩個不同的世界」。事實上科學所管轄的是人類知識的範圍，道德與宗教則規範人們的實踐。這種分辨推到極端，會造成道德的原則與宗教的原則只能信守，而無法認知的地步。過份強調知識與實踐的分離、分辨，反而使康德《判斷力批判》的努力歸於失敗。其結果造成康德之後人競相爭執，質疑大師這種兩元思考（dualism）之不當。

　　「我思故我在」（拉丁語：*Cogito, ergo sum*；法語：*Je pense, donc je suis*）是法國哲學家笛卡爾的哲學命題。我思故我在，顧名思義，即：「我思考，所以我存在。」是一個典型的肯定前件的論證形式。笛卡爾認爲「我思故我在」是一個絕對可靠的眞理與第一原理，並由此發展出其哲學思想。

笛卡爾教導瑞典女王克麗絲蒂娜哲學

René Descartes at work

　　康德分裂性的兩個世界、兩個自我的看法，導致他幾乎又要重蹈前人的覆轍——從以人爲中心的看法返回「外頭的世界」（outside world），也就是分辨「現象的世界」（phenomenal world）與「本象的世界」（noumenal world）的不同。後者正是人類的知識和經驗所無法捕捉的「物自身」（*Ding an sich*; thing-in-itself），事物本身的世界，便是「本身的世界」（world-in-itself），它提供吾人經驗中的消極元素、感覺中的直觀，來解釋吾人何以嚮往永生不朽和超越時空的限制。因爲這本身世界之存在，連神明也不受時空約束而可以成爲扮演神聖的裁判者和最後道德的監督人，這些說詞與康德所服膺的牛頓宇宙觀均不合。以致費希特不客氣地指出世界本身的說法把康德的哲學革命一舉摧毀。再說，假使道德的自我隸屬於世界本身，而非經驗世界的產物，那麼道德的操作便不受經驗世界的影響，這樣做道德的實踐還有什麼意義？推其極端豈不是把此超驗的世界也一舉消滅掉，從而使知識與實踐隸屬同一體系？

　　康德讚賞基督教是一個合理的宗教，其功能在支持道德，這種說法對青年黑格爾甚具說服力與吸引力。康德《判斷力批判》企圖結合與協調知性的世界與悟性的世界，無意間卻創造一個「超感的世界」（supersensible world），這個超感的世界對日耳曼的浪漫主義之哲學家與文人極具魅力與影響。這一新世界固然爲「自身的世界」或「目的性的世界」（teleological world）成爲啓蒙運動者與浪漫主義者所激賞。事實上康德所描繪的這個新世界與其說是牛頓

機械觀下的超感世界，還不如說是浪漫詩人所嚮往的新境界，這是對理性有所「規定」（regulation）的世界，其不斷的追求已非知識上的擴充，而是美學的追尋和善意的探究。對他而言，這個宇宙是懷有目的。宇宙之內涵目的、或終極（intrinsic finality）正是歌德從亞理士多德那邊學來的生物學觀點，這點也成爲其後日耳曼觀念論一個重要的論述概念。

與前面兩部批判著作比較，康德第三部的《判斷力批判》被視爲較差的作品，蓋這部著作並沒有單純的、貫穿的主軸，其中涉及知識、道德、與宗教的論述與論證也不夠圓融。但對忠實於康德學說的門生故舊而言，第三部批判仍如同前面兩部批判一樣條理分明、主旨清楚。目的性的宇宙之規定，配合歌德對「養成」（*Bildung*）之大力鼓吹和浪漫詩人的宇宙觀，都使康德的最後一部大作成爲日耳曼進入十九世紀的重大指引（Solomon 1983: 70-82）。

# 五、費希特的自我哲學

費希特曾企圖把康德的批判哲學做完整的詮釋，甚至把康德體系轉化爲「科學」。這裡所指的科學並非自然科學的嚴謹精密，而是把學說作首尾連貫的說明，使其結構扣緊、內容豐富、思慮周密，更重要的是把康德有關人的經驗之整體作一個完善的處理。不過費希特拒絕接受康德「物自身」之說法，是故他把康德學說的重點從《純粹理性批判》移向《實踐理性批判》，也就是視人的自由選擇與應用，以及合理的自主爲康德學說最重要主旨，是故實踐的理性遠超過純粹的理性，實踐比知識更重要。在這一解說下，康德所服膺的牛頓機械觀與力學便非費希特關懷之所在。對他而言，活在現世的人類是一個道德的活動者、倫理的實踐者，人類活動的急務在於從事道德的實踐，他們最講究的是道德感受，其次才會關心經驗的事實、知識的大小。

費希特是一位熱心擁護法蘭西大革命的知識份子，但對大革命走向恐怖政治的反動，卻令他十分驚恐。尤其在西歐政局劇變時，德國國族渙散、政治未歸統一，民族主義只停留在語言、神話、文化的階段，這是他何以後來挾愛國熱情發出《致德意志人民書》（1806/1807）的主因。

費希特要完成康德學說的野心，表現在他企圖把康德哲學「體系化」。首先排除自我與人的生活之分化；其次，突顯道德的關懷，使生命的自身（人

的生命），不再受到牛頓機械觀或康德知識說的糾纏。再其次，把康德總體學說重加表述，使它不再分裂為兩個或三個（「批判」）的體系，而是一個單一的邏輯體系，俾把康德的精神提振、發揮起來。這個努力在他1794年出版的《科學學說》（*Wissenschaftslehre*）中有詳細的說明，為當時日耳曼學界廣加接受，但卻引起康德的不悅與反彈。

事實上，費希特要「完成」康德大夢的企圖，既使康德不滿，也造成的困惑。原因是作為一個道德論者，費希特真正關心之所在為不斷力爭上游、不停奮鬥的自我。這種自強不息的自我正是歌德《浮士德》的寫照。他所關懷的是倫理的奮鬥，而非知識或科學的探究。在他看來牛頓力學的機械觀正代表一種決定論，物理的決定論。一旦決定論昌盛，則個人的自由便受限制、威脅。費希特拒斥各種形式的決定論，而以熱愛自由、不斷追求與揚升的自我作為他哲學的主旨。在此情形下，自然也罷、上帝也罷，都可以化約為「實踐理性的設準」（postulates of practical reason），在此設準之下，人人都成為道德的實踐者。

Johann Gottlieb Fichte （1762-1814）　　　康德與費希特

費希特要把康德學說加以系統化的方式重新塑造，便把重點放在笛卡爾立論的起點：每個人自己的經驗之考察上。這是康德所稱呼的「意識的先驗統一」，也是費希特所標榜的「自我之設定」（the positing of ego）。這個自我的概念之出現為過去笛卡爾和康德所不曾注意者，從而兩人對其偉大的發現遂

不能竟其功。蓋自我乃是萬事萬物的源泉。自我不只是人身，而是會思想的我、會思想的東西。這是笛卡爾的看法，康德則反對笛氏把會思想的我當成東西看待，而主張思想是一種「活動」——心靈的活動，把知性的概念直接應用到直覺之上，俾建構認知的客體。

這時康德又把其重點做了一些轉移，他堅決認定那個可以應用知性的概念之先驗的自我，不可視爲人身的自我（每個人獨特的我），而是全人類共通的「一般意識」。綜合笛卡爾和康德的種種論辯，費希特大膽地立論：世上應該有一個單純的、不受限制之自我，也就是絕對的自我之存在；這個絕對的自我卻內在於人人之內心中，也藉個別的自我來展示其存在。換言之，絕對的自我爲人群自我之總體，也就是「一般的意識」。

這種內在的一般的意識，無異歌德所稱呼內心的魔鬼，或拿破崙所強調吾人的命運，是一股無以名狀的力量來驅迫人類不斷往前奮鬥。它一方面顯示人類的同一性，他方面有點像佛洛伊德的內驅力，也是一個時代精神決定了人群的心態、野心和生活發展的方向。就是這種感受——宇宙自我的感受——提供費希特哲學的出發點。「自我反思就會認識、就會認知」遂成爲費希特建立在常識上的、「自明」的哲思方法。

康德分辨兩個自己，一個先驗能知的自己，和一個隱象（noumenal）行動的自己；前者爲知識，後者是意志。這兩個自己所作所爲都是活動，前者常涉及認知、知識；後者涉及作爲、實踐。但費希特既然拒絕接受康德兩個世界和兩個自我的分別，遂主張只有一個自我——活動的、追求道德的自我，其主要的目的在於道德的自我實踐，也是獲致最終的自由。至於知識的追求也附在道德追求之下。他甚至在其小冊著作《人的志業》（1800）中指出：「並非知識，而是行動，成爲人的志業」（Fichte 1965: 93）。

# 六、謝林的自然哲學

謝林接受費希特以自我爲中心來闡釋康德的學說，不過他卻堅持保留康德在《純粹理性批判》中的主旨：牛頓力學的重要性，科學與自然對人生的重大作用，更不能把人類的經驗簡化爲「實踐理性的設準」。於是謝林重拾自然這個題目，而發展他獨特的「自然之哲學」。但這個自然的哲學並不直接反映

牛頓的宇宙觀和力學，而是把機械性運作當作最低下、最基本的自然看待。另外他視同自然爲尙未醒覺的意識，有朝一日要發展爲像人類那樣具有完整的意識。由是謝林的自然觀卻是一個活生生、不斷發展的事物，也會走上意識自我實現的發展途徑。自然就會與包容萬物的「世界靈魂」合而爲一。這便是康德《判斷力批判》的形象經過謝林的改裝與詮釋之後的作品。另一方面我們可以理解費希特的自我哲學，是一種主體的哲學，而謝林的自然哲學則爲客體的哲學，而後來黑格爾進一步演繹和闡述的是絕對的哲學。

　　事實上，謝林會提出這種的說詞與解釋，除了對康德哲學的兩分化不滿之外，最重要的是他受到浪漫主義思潮的衝擊。浪漫派思潮（die Romantik）開始於十八世紀日耳曼「狂飆」（Strum und Drang）時期的詩篇、散文、劇作，延續發展到十九世紀末，其特徵爲強調熱情、激思、改變和衝突，以及對天才之禮讚和對藝術之膜拜。其倡始者有歌德、席勒，也有費希特和黑格爾。施勒格（Friedrich Schlegel 1772-1829）界定浪漫主義是對「無限」的追求，也是「現代詩詞的精神」，也是詩人摒開一切規律，跟著上天的激勵或自己的感覺走，目的在把「絕對」加以表述。有異於早期歌德的《少年維特之煩惱》與席勒的《盜賊》，1780年代的日耳曼正處歐洲暴風雨中，面對拿破崙的征戰本身無力抵禦，更荒謬的是上層社會的朝廷、官僚和學者，率多同情法蘭西文化，也讚賞法國專制政治的變局。於是日耳曼在統一無望、工業發展剛剛起步，政治與社會革命完全沒有蹤影之際，遂在文學、哲學、歷史學、人類學，心理學上求一條出路，發展了這股怪異的思潮——浪漫主義，來作爲德國人文化民族主義振興的張本。

Friedrich Wilhelm Joseph Schelling （1775-1854）及其出版品

作爲浪漫主義之鼓吹者的謝林，在費希特拔擢下活躍於耶拿學界，年僅二十三歲便成爲這座文藝與思想的大學城之正教授。他也是決心要「完成」與「體系化」康德的哲學。他深知費希特未能完成此一壯舉，因爲太重視實踐的理性，而忽視純粹的理性之緣故。謝林所看重的是康德第三部批判，企圖藉藝術的助力來結合自然的與實踐的部分，結合知性與理性，而落實宇宙的整全是具目的之看法，也就是窮究自然最終的有限性。

Johann Wolfgang von Goethe
（1749-1832）

Friedrich Sciller
（1759-1805）

August Wilhelm Schlegel
（1767-1845）

但比起費希特與黑格爾而言，謝林終其一生並沒有完成任何單一的哲學體系，這是他無法晉身近世德國最偉大哲人行列之原因，儘管黑格爾的許多話題都曾被謝林所提到。這也是謝林後半生對黑格爾「剽竊」其理念而抱怨的原因。

謝林哲學的入門階梯爲「絕對的事物」（*Die Absolute*），或稱「無限」。乍聽起來這兩個詞謂都是超越人群想像極爲崇高與抽象的概念。其實謝林與黑格爾的用法則頗爲單純。「絕對」意謂「沒有進一步的限制、廓清、設定」，沒有分裂、分解、分化。「無限」表示完整、自足，而非數學裡的無限概念。

知識和行爲之所以有限，在於表示直覺的形式、範疇、或道德的要求，都是有限，而非無限，相對而非絕對。這種知識與行動主要是出現在人群的生活中，但要理解這種知識的行動，則必須置入於人群經驗的整體中，或是其絕對的、統一的整體中。世界是單一的，我們對世界的經驗也是統一的整體。任何

的哲學把世界和我們對世界的體驗割裂成碎片，都是不完全的、不適當的，這便是謝林和黑格爾指摘康德和費希特之所在。

　　絕對也是詩詞中的形象，也就是宇宙諧和最終的譬喻，可以說是與宇宙合一、天人一體的境界。這是詩人靠著直觀，不需哲學家的概念可以意會達致的至境。這是歌德、謝林、黑格爾以及賀德林（Friedrich Hölderlin 1770-1843）所熱烈擁抱的觀念。賀德林堅持「萬事萬物之單一性」和「重建人與自然的統一」，成為浪漫主義重大的觀點。而康德與費希特也強調認同性，表示單一的絕對和無限的自我不只在自然中運作，更在人的意識中活動。哲學家的任務在把這個絕對自我說明清楚。黑格爾更在哲學史中和人類的普遍思想活動中，找出吾人意識的各種樣態，其目的在努力落實絕對認同的最終目的。謝林以發現自然和精神的絕對相同為榮，透過直觀、宗教和藝術，來找出自然與精神的同一。西方哲學界從柏拉圖經笛卡爾至康德，都企圖把實在和經驗割裂為部分、為碎片，然後發現要把這些部分或碎片還原成整體幾乎沒有可能。謝林追求「絕對」和「無限」就是企圖把實在和意識合而為一，成為認同體，他企圖把「自然與自由」合一，也就是把康德第一與第二兩部的批判合而為一。他還用「精神」來取代費希特的「自由」。由是哲學的課題變成了自然與精神的綜合。他認為費希特把自然化約為「實踐理性的設準」是荒謬的。這表示費氏改造康德學說的努力失敗，而費氏的主張也無法成為一個體系、一套真正的科學。

　　一開始謝林也比較兩種不同的哲學觀，其一為教條論，代表人為斯賓諾莎；其二為觀念論，代表人物為費希特。由於斯賓諾莎過分強調「實體」，而忽視人的自由，故其論述失敗；費希特也未能成功地建構其科學體系，因為他過度相信人的自由，而忽略了自然的客體性。不過費希特能夠用直觀來體會絕對的自我之存在，已比斯賓諾莎高明很多。謝林稱絕對自我為「世界靈魂」（Weltseele）或「絕對」（Die Absolute）。不管宇宙是各種人或各種物的世界，在此「絕對」中我們看到眾人與眾物的合一。

　　在第三部的批判《判斷力的批判》中，康德重新提到自然，這不再是知性理解的現象世界，也是不受牛頓物理學所引伸的因果律所規範的世界，可以說是無限的與絕對的世界。就在這最後一部的批判中，康德提出「規定的理念」（regulative idea），認為這個超驗的世界自具目地性、秩序性與和諧性，就算我們對此世界無法知曉，也要理性地相信它具有這些規定的理念。謝林就抓住康德這個「規定的理念」，認為這是「知識的核心」，不再是從知性而來的知識，而是從理性而來的知識，這也是後來黑格爾分辨「反思的」與「思辨的」

哲學之不同的來源。

　　從上面諸大家的辯駁、爭論，我們可以得到一個結論，那就是我們事實上可以認知世界的本身（「自身的世界」），但無法認知我們經驗之外的「外頭世界」。我們也可以知道世界合爲一體的最終情況，因爲它立基於我們的經驗之上，康德稱此經驗爲「意識的先驗統一」，費希特和謝林稱之爲「我們絕對的直觀」。謝林進一步說，我們對絕對自我的直觀，並非從自我反思而得，而是從我們與自然的合一的眞知灼見中得出。對謝林而言，自然無非是「打盹的精神」，是絕對無意識的自我產生，爲理性所觀察或所沉思。

　　康德認爲自然的秩序提供吾人美的享受，也是美學的契機。他認爲藝術家運用對自然性質的瞭解，創思自由地發揮，就是把自然與自由最完美的結合。天才是藝術家獲自上天的天賦特質，其創思則是神來之筆。謝林與其他浪漫主義者接受康德對藝術與天才的說法，認爲絕對與創造活動合一。絕對創造其本身，上帝創造祂自己，便是謝林哲學最高的寫照，這是宇宙通過各種階段的進程，最終宇宙將會認識與承認其本身。這顯然是一個不斷上昇、昇華的世界之圖像。「我們的生活便是它的藝術」。

Friedrich Hölderlin
（1770-1843）

Heinrich Heine
海涅（1797-1856）

海涅的歌集

　　謝林的很多理念都被黑格爾襲取與占用，連詩人海涅在慕尼黑見到謝林時，後者還在發牢騷，他自認其哲人的王冠被黑格爾取走。「顯然，黑格爾在其哲思中引用了很多謝林的理念，不過謝林先生卻永遠無法把他自己這些理念整理出來。他老是進行哲學的思維，而無法提供〔一套可取的〕哲學」，這是

海涅對謝林的評語（引自 Kaufmann 1965: 362）。

# 七、賀德林論絕對精神

在圖賓根神學院當中，與黑格爾朝夕相處的摯友與同學中，有比他年輕五歲，但早熟而成名甚早的謝林；也有同年出生極富藝術天分，後來成為德國詩詞界最出色的抒情詩人之賀德林。他的詩才在學生時代就被發現，至1800年歌德與席勒公然讚譽他為詩壇新秀。

賀德林吸收到其周遭的德國文化之菁華，特別是歌德與席勒的文藝氣息、路德教的神學、康德與費希特的哲學，以及狂飆初期詩人的浪漫想像，他又汲取早期希臘文藝、哲學、神話，形成他思想源泉的一部分，可以說是把浪漫主義與啟蒙運動揉合成日耳曼十八世紀末與十九世紀初，特殊思潮的重要思想家與文人。在揉合古今的文化之際，一股宇宙精神力量沛然而生，這種力量展示在萬物之上，而萬物也利用這股宇宙精神來發展其自身，成就其存活的目的。這股宇宙精神除散落於世間各種事物之上，本身並無其存在的道理。其存在時卻似猶太基督的神，蓋這個神明為其創造宇宙而存在。對賀德林而言，萬事萬物乃是神聖精神之展示，由於萬事萬物為神明的表示，則事不論大小、物不論輕重，都有其存在的意義，這也是「泛神論」（Pantheism 世上萬事萬物都是神的創造物，也是神的化身，世界就是神，宇宙就是神）的說法。

賀德林鉛筆繪像

在德國 Laufen 賀德林故鄉之紀念碑

其住居

　　賀德林的譬喻便是「流露」（effusion）。宇宙精神就透過自然、人的歷史，特別是精神科學，尤其是詩詞，讓人們知道它的存在。這個精神是「絕對的」、無所不包的，其物理方面透過大自然來展現；在時間綿延方面也藉由人類的歷史來顯示其運行變遷的軌跡；在美學文藝方面，特別靠詩人詞人的生花妙筆來使精神活龍活現。是故賀德林自任爲神聖事物之代言人，他的詩篇乃是聖神的激發與吐露，他自己只是這個精神所利用的工具而已。歌德也使用同樣的譬喻，不過把它當成操縱人群活動的怪誕力量：「魔鬼」。黑格爾也自稱是這個精神之代言人，不過更強調這個精神爲人類的精神，而非神明的精神。

　　顯然，在黑格爾成名之前，或黑格爾同代人中，要數賀德林提及「絕對的」精神，藉由自然的生成與人群的活動，歷史的變遷，特別是詩人的篇章，當成實踐的途徑來實現這個精神本身。對賀德林而言，萬事萬物並非僵硬的、機械的牛頓宇宙觀下之物質，而是帶有人文的、精神的活物。人類的歷史絕非偶然、隨意；自然本身也是精神性的，是謝林所說未覺醒的精神。個人的一生與人類史是精神的表現，啓蒙運動視爲幻滅的上帝，現在又以精神的面貌重現人間（Henrich 1975: 9-40）。

　　以現象學的眼光來說，黑格爾的神明（神性）是一種純粹的內在性（prime interiority），神明由內向外發展，最後又回歸到祂的內心。反之，賀德林的神明卻具有激進的外向性（radical exterioty），超越了心靈和自然，成爲認同體之內的中斷（Spencer 2011: 437）。分享了謝林、黑格爾醉心於理性、自由和「看不見的教會」（泛神論的殿堂）之倡導，二十五歲的賀德林在1795年致黑格爾的信上大談即將降臨的新（十九）世紀，認爲屆時人類的後代將過著這美好的日子。因爲自由的降臨，人的德性將在聖神的溫暖和自由照耀之下蓬勃發展。他相信迎接新世紀的日耳曼年輕人將朝向更理想、更美好的前途奮進。啓蒙運動的種子將使諸個人內心的願望與激情發展爲豐饒的果實，俾個人融化到整個人類裡頭（Kedourie 1995: 42-43）。

# 八、結論

　　由於黑格爾求學的開端是圖賓根的神學院，因之，他的學問之基礎爲基督教的神學，他不但對基督教和猶太教的教義非常嫻熟，而且在其早期神學作

品中，充分顯示他對耶穌的生平、新舊教教義、路德教會演展史都有深入的研究、分析和批評。但是他對制度化教會之獨斷、僵硬和抱殘守缺尤其不滿，因之大肆批評「正格化」、「實證性」（*Positivität*）的基督教，也就是日趨形式化、教條化、權威化的路德新教。這是強調耶穌是神而非人的基督教。基於他對人類社會世俗化、現世化的理解，黑格爾心目中的基督教並非講究神明高高在上，人類盲目匍匐膜拜，強調來世的、天堂的、贖罪的、拯救的那種基督教，而是講究理性化的基督教。

正因為黑格爾倡說的是以人為中心、人本主義、泛神論。因之，把黑格爾的哲學解釋為守舊的、遵守傳統的、衛護教義的學說，都是對黑格爾宗教哲學的誤解或曲解。對黑格爾而言，宗教，特別是基督教，最終的目的在勸人為善，也就是成為人的道德，這點與康德視宗教為道德的推行是一致的。

在黑格爾成年而開始著書立說的十九世紀初，正是基督教沒落的年代。取代基督教而呈現嶄新的面貌乃是一個新的世界、人的世界。他一向討厭傳統以來把神與人加以對立的說法（洪鎌德 2010：82-84）。可以說在歐洲啓蒙運動興起之際，人文主義的推崇已取代了神明的崇拜。理性與進步的說詞甚囂塵上（Stern 2002: xiv）。

是故，除了基督神學、教義和耶穌的平生，強烈影響黑格爾哲學的思想之外，所處的時代充沛流露的啓蒙運動之人文精神，也強烈地影響他的思維。福爾泰、盧梭、狄特羅的法國式啓蒙運動，在打破宗教、政治與社會的種種框架，使黑格爾體會思想自由之可貴，就是蘇格蘭與英格蘭的啓蒙運動（表現在洛克、休謨、斯密、費居遜），也促成黑格爾及其前輩（康德、費希特、謝林）對人類追求知識、擴大知識的範疇（不只認知、體認，還包括知性、理性、悟性，以外情緒上、本能上的覺知、參悟、信持等等）有新的見解與發現。最重要的是日耳曼啓蒙運動所產生的反彈，也就是浪漫主義所衍生的詩詞、文藝作品強調德國傳統的神話、語文、文化、祕義造成了黑格爾對絕對精神的信服，對變化無常的歷史之追尋，對正反過程趨近相輔相成的認知。

洛克　　　　　　　　　休謨　　　　　　　　費居遜

François-Marie Arouet, Voltaire 福爾泰
（1694-1778）

福氏撰著有關牛頓哲學之
想像畫

Denis Diderot（1713-1784）狄特羅及其所編百科全書

　　從上面簡單的勾勒，可知黑格爾是其時代的產兒，他不只在政治上發現神聖羅馬帝國日耳曼邦聯的分崩離析，欠缺國家的統一與認同造成與鄰國法國、英國、荷蘭無法相提並論；在社會上，經濟更無法急速工業化、城市化、現代化。日耳曼差強人意的所在就是產生了很多位「詩人」與「思想家」，成爲「思想家與詩人的國度」（*Das Land von Denkern und Dichtern*）。就在當時日耳曼知識份子鼓吹文字、傳統、文化之下，黑格爾遂凝聚了希臘哲學、基督教教義、歐陸理性主義、英國經驗主義、法國革命思潮、日耳曼文化國族主義、流行的高尙的浪漫主義，而攀登西洋哲學、神學的發展之高峰，完成天下一部奇書《精神現象學》。

黑格爾的傑作《精神現象學》各種不同英譯版本與析讀

在比他年輕五歲而晉身身正教授的謝林引薦下，黑格爾在耶拿大學擔任無給職講師，靠學生微薄的學費勉強維生。在耶拿大學的六年教學時期，大師們（費希特、席勒、謝林等）紛紛離去，最終黑格爾也離開這個大學城

黑格爾的讀本與描繪

康德

費希特

謝林

黑格爾

# 康德及其後人論哲學與辯證法

# 第二章　康德及其後人論哲學與辯證法

一、康德的批判哲學與兩元論

二、康德之後的批判哲學之演進

三、日耳曼觀念論與矛盾說

四、結論

# 一、康德的批判哲學與兩元論

　　黑格爾的哲學是經典的日耳曼唯心主義的一部分，也是它發展至高峰的表現。整個日耳曼唯心主義或觀念論，幾乎是圍繞著知識在打轉的哲學。換言之，主要的是涉及認知論（epistemology 認識論）的問題。套用康德的說法：「我怎麼能夠知道？我能夠知道什麼事呢？」當然認識論自古希臘柏拉圖與亞理士多德以來，便有重大的發展與成就。經過懷疑學派，斯多亞（噶）學派而傳至中古士林哲學，而成為十五至十八世紀之間，哲學家如培根、笛卡爾、斯賓諾莎、洛克、柏克萊、休謨、吳爾夫、賴因霍等人，津津樂道的哲學主題。加上新大陸與新航線的發現，哥白尼對天體創新的觀察與解釋，牛頓的萬有引力、哈維爾血液循環的學說，可以說近現代的自然科學對世界與人體的認識，早已超越上古與中世紀以神學為中心的信仰學說。這是知識與信仰開始分家之始。

Nicolaus Copernicus （1473-1543）

Isaac Newton （1642-1727）

Immanuel Kant （1724-1804）

紀念康德的郵票

　　日耳曼的經典觀念論是因為康德著名的三部著作《純粹理論的批判》（1781、1787），《實用理性的批判》（1788），以及《判斷力之批判》（1790），而被貼上批判哲學的標籤。綜合康德三大批判之著作，他提起的三大問題為「我能夠知道什麼？」「我該怎麼做？」「我可以有什麼期望？」（當然我們還可以為他加上第四個問題：「人是什麼？」）。

　　第一個問題就是涉及認識、知識如何變為可能的問題，人之所以擁有認知的能力，是由於人天生的理性。因之，康德在對於理性如何考察與反思它本身，而看出它的侷限、它的可靠性和它的意義，俾知識能夠超脫向來的兩大障礙：教條論與懷疑論。

　　在涉及認知的問題上，康德對現代科學，特別是牛頓天體力學大加讚賞，認為是人對宇宙觀，系統認知的典範。但當他發現休謨對知識的認知基礎之懷疑，康德突然從「教條派的夢寐」中驚醒。休謨懷疑因果關係在先驗上（早於經驗，或獨立於經驗之外）可以成立，原因是因果關係是吾人在經驗裡頭，由於聯想、由於回憶、由於習慣而發現的連帶關係。因為否認在先驗上有因果關係，還連帶地把形而上學作為科學一事一併否定掉。康德要證明是因果概念有其存在的可能與價值，以及形而上學仍舊可以看成科學（廣義意義的科學，係有系統與有組織的學問之謂，非今日嚴格意義下的科學觀），有其存在的價值。

笛氏（René Descartes 1596-1650）名言：「我思，故我在」（*cogito ergo sum*）。在*Discours de la méthode*（1637）中提出科學研究的方法：1.不可隨意接受任何事物為真，除非清楚地分辨、認知和理解它；2.在理解過程中，不但要排除偏見，還要把困難障礙化成多樣細小的因素，一一加以檢驗；3.由簡入繁、由易入難，逐步解決認識途中的障礙；4.不斷反思與檢驗推理過程上的缺失，避免有任何的遺漏。

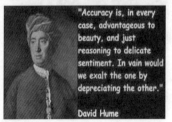

"Accuracy is, in every case, advantageous to beauty, and just reasoning to delicate sentiment. In vain would we exalt the one by depreciating the other."

David Hume

休謨強調「精確」之重要

*David Hume*

依照休謨的說法，假使因果關係之可靠性、有效性是建立在聯想、習慣、記憶之上，他懷疑記憶本身的可靠性。把這個懷疑放置在自然科學所宣稱的知識領域裡，發現所稱的聯想只能把變動不居的現象置於某一階段的先後次序上，而無法爲吾人找來可靠的絕對確定的客觀知識，也就是因果只是事件先後發生之前後而已。他質疑因果關係的確定性。

是故康德既信服了牛頓的科學之說，又對休謨的懷疑論印象深刻。於是他開始反覆思考，科學的基礎如何可以建立得十分確定而又具普遍的、泛宇的有效性之問題。

與這種純粹理性並行的是康德的另一種理性，那就是指實踐理性。藉由對實踐理性的批判，他企圖回答第二個問題「我該怎麼做？」才能達成做人的目的——一個自由自主、盡職負責的人。康德深信人的自由與對自己行動的責任是每個人從小至成人教養與自我反思、實踐的結果。康德的這種深信固然由於基督教虔誠的家教所造成，也是受到盧梭批評啓蒙運動以來，歐洲社會過分重視知性與理性的文化（以爲人是完全理性，社會是走向進步的）之影響。盧梭對啓蒙運動的批判是強調人與生俱來的本性、感覺、激情、強烈地要求自由，這點比講究純粹理性，講究物質利用，強調人受到典章制度決定的（而非自願、自發、不受拘束的）啓蒙思想更爲重要。

Jean-Jacques Rousseau（1712-1778）盧梭

康德曾經指出：「我是一個天生的學者，但卻受到盧梭的規勸而改變自己的行事，否則我一天到晚自己關在書房只變成一個學究而已。談到盧梭的著

作我才發現什麼是人，應當如何來尊重人」。這種突然的省悟，使他把第一個與第二個問題連結在一起，他提問：如何把基礎穩固而表面上「封閉」的科學觀與世界觀和人生觀結合，使自然與人文和解，在該世界中「人的自由」獲有一席之地？人不但是享有自由與自主，也是一個有責任、有道德的生物。換言之，康德心目中有兩大理想，亦即「科學的理想」與「人格完善的理想」，如何把這兩個理想連結在一起而讓它們落實，是康德一生沉思、著作與奮鬥的目標。由此而滋生的兩樁事物乃為：

第一、西方哲學自從伽里略、霍布士和笛卡爾至康德，都對科學的理想做出各種各樣引人入勝的表述。但到康德的時代，這一理想似乎表現不出那麼清晰自明。這是由於休謨與盧梭的懷疑與批評引起的，從而使學者對科學的確定性與範圍多所質疑。

第二、在他有關人格完善的理想裡，康德同休謨和盧梭分道揚鑣。因為後面這兩位先行者把人格擺在人的感覺中。這是一種基本上為心理學的解說，這點為康德所拒斥，因為把人的感覺以自然科學的方式來加以討論，等於把人格融解在習俗與習慣之中。如此做法人的自立性不是當成自然科學的議題，便是把自主和理性對立起來處理。盧梭的情緒主義、感傷主義（sentimentalism），正是對抗理性、人的自由自主的顯例。感情、感性、情緒對抗理性，或是對抗使用理性的批判性檢驗，而忽視人的理性具有放諸四海而皆準的普遍性效力。康德體認到盧梭的著作與思想中心對理性應當是肯定的，但卻作出感情主義對抗理性主義的主張，是故雖然康德服膺盧梭的學說，卻對後者不無批評。因為康德從未放棄他對理性的估量，認為它具備了批判性，也是泛宇有效性的功能。由於理性的執行完全在完善人格指揮運作之下，是故他要為純粹人格找到適當的地位（哲學上的地位，而非心理學的地位）。這個地位更嚴格的說法是在人的存在與經驗的倫理、或道德的面向上來討論、來講究。

在道德的氛圍裡，規範與義務對人產生吸引、訴求的作用。這些規範無法像休謨所言的道德感、「同情的感覺」等等之感受，那樣融解為自然科學的元素或單位。這些規範也不可以像盧梭一般看成為無法預測的感情與情緒之感覺流、意識流。原因是這些規範涉及人最真實（本真的）與最適當的存有（本體、是然、實然），是人所面對最普遍、最一般的義務。人的尊嚴就是呈現在這些義務履行之上，因為尊嚴呼籲人從其內在本質中醒覺出來，俾把他人當成目的，而非手段來看待。

由上所述可知康德所主張的是批判的哲學並非教條的哲學。不是從自明

或可能自明的基礎出發，也就是不從自明的相信、聲明、假定出發，而是對這些相信，假定、提議的檢驗與敘述出發。也就是爲理性設限，確定或規定限制的界線之內，使某些概念、觀念、聲明、信念成爲有效力的、可以發揮作用的思想利器。批判哲學之職責在此，也是康德稱其哲學爲「批判性的哲學」之因由。除此一層的意義之外，批判性的哲學（簡稱「批判哲學」）之第二層的意思爲超越懷疑論，因爲替理知的有效性設限，就是正面地建立界限，這樣建構出來的知識基礎是不容懷疑論的破壞、否定。原因是休謨的心理學批判（懷疑論）同樣要設定懷疑的基礎，這樣做豈非對他自己懷疑論的破壞、否定？休謨豈非陷於自我挫敗、自我矛盾中？

在這裡我們發現與康德批判哲學相關聯的另一個詞彙（或稱形容詞），那就是德文 *transchendenal*，此字與 *transchendent* 不同，後者是「超越經驗」，前者是指「在經驗之前，並使經驗成爲可能之物」。我們把 *transchentale Philosophie* 譯爲先驗的哲學，這是指這個哲學可以檢驗一般的、任何的（*überhaupt*）的可能性之條件，而不必講究何者是可能性的，或對人類而言，何者可以實現、可以成爲可能的事物。對康德而言，哲學之所以是先驗，在於考察人們一般經驗與存在的「先驗」（*a priori*）的因素。這些因素成爲人研究工作始終無法罷手、或停止、或完成的，亦即收集資訊背後隱藏之因素、隱藏之原則。

回到康德發出的第一個問題：「我能知道什麼？」這個問題涉及康德對知識論的重大貢獻，一般稱爲「知識論中哥白尼的革命」，這是指我們對知識的確定性與有效性的理念或理想，並非從知識的客體（對象）得來。反之，知識的客體（或對象）卻是依賴吾人主體理解的組織與結構。自然（實在）只回應給我們那個我們所提的問題，而我們提出問題的身分是判官的身分，而非學生的身分。知識的組織確實存在，而且是普世、泛宇性的具有效力、效率。而且知識的組織是主體認知活動的一環，故帶有主體性的味道。這種普遍性的知識，包含感官之知覺之先驗形成，也包含知性（知識思想）在內的認知活動。

康德認爲在綜合先驗的形式與經驗的認識之後，等於把客觀主義形而上學和主觀主義的認識論之分化克服。知識的一般取向爲「事物本身」（*Ding an sich*），對事物本身種種屬性曾經有一大堆思辨的、猜測的描述。但這部分被他視爲不可知之物，這包括上帝的存在、人的自由、道德良知，都不是純粹理性所能認識的。康德認爲我們放諸四海而皆準的知識，只能及於現象的界限裡，現象是出現在我們意識裡的事物。它們因爲有組織而能夠進入意識裡，這

是指通過人的五官感知和知性，理解的種種形式而組織起來，而進入人的意識裡。由於他把知識放在主觀的組織裡，他不用擔心要把懷疑論的想法偷偷地挾帶進來，也就是說知識有其界限，其界限乃為經驗所接觸得到的現象，而非現象背後的物自身——實象或隱象（noumenon）。

　　但康德似不斷在說物自身，不是企圖為它做思辨的定性與定量，原因是他無法把「物自身」視為無物，否定其存在。這也是由於他的思想仍舊鑲嵌在古希臘哲學形式與物質合成事物的老觀念裡。他的新貢獻在於解決確定性與有效性的問題，藉由知識先驗的組織存在於人本身，透過感官知覺形式與理解（知性）之形式，而使知識既可靠而又確定。

　　只有先驗的感官認識的形式，等於只有形式，而欠缺實質與內容，於是物自身不但是形而上學討論的對象，本身還為人的感覺提供質料，至少是感覺物質的最先泉源。換言之，如果沒有物自身，康德無法解釋感覺的物質之源起。是故康德的唯心主義或稱觀念論，所涉及的（心與物）兩元論之流行，以及其間的緊張關係，便成為他本人及其後繼者不斷爭論與企求解答的焦點。

　　另一個兩元論是與康德第二個問題深切連在一起，這是涉及「我應該怎樣去做」才符合道德人、良心人之理想？在這裡我們看到更為反正統、或偏離一元論的說法。這是對康德在認識論中哥白尼的革命一個補充。透過實踐理性的運作可以限制我們對現象的知識，限制純粹理性的活用。不過這個限制並沒有否定性或懷疑論的意味，它只是要藉實踐理性的揭示，對科學知識的設限，給我們開啟另一個不同的觀點。這裡他預留空間給吾人去承認真實的、最先，也是最終的物自身，用的是我們乾淨的、合理的良知。既然科學的知識只限於探討現象之間、之內的事物，則剩下的最終事物之存在，諸如靈魂的實在、道德的存有、世界實在當成整體（那是指道德人靈魂合構的社會），以及，最終上帝的實在都是現象之外的實在。對康德而言，上帝、道德、秩序和來生是一位保證人，保證那些在世遵守道德教訓有良知的人，在死後得到靈魂的拯救。那麼可以說一共有三樣不同的事物（1.道德的靈魂；2.形式的倫理所構成的社群；和3.上帝）康德保留給物自身，而不允許神學的知識侵入。

　　在上面這三種物自身的變形體之基礎上，康德形塑了人自由的動機，也就是使人能夠在這三項事物中，把自己變成自由的人格。於是由此產生的另外三個理念（自由、負責、自主）成為一個自由與負責人的生活之實的基本。一旦有效的科學知識之基礎與限制建立以後，那麼再無否認上述三種實在的必要，也不必藉傳統形而上學之近似（準）科學研究途徑，把這些實在攪亂、

混雜。

由是康德承認靈魂、（社群的）世界和上帝為最後的三個實在，對它們的合理對待便要靠所謂實踐的理性。但這個說法仍舊含有兩元論的味道，因為純粹理性是負責普遍有效的科學知識；反之，實踐理性是用來處理良知道德之事，這兩者是始終分開的。康德曾嘗試用各種方式來把兩者的鴻溝填平，但各種嘗試皆無效。為了使他科學知識保持普遍性、泛宇性的清楚，也為了使人的道德自由與責任保持純潔，康德要拋棄兩分化的努力是徒勞無功。這是自然（必然）與人為（自由）的兩個極端造成的鴻溝。

康德的石雕像

康德的繪像

康德對這個問題的掙扎與奮鬥，也帶進他有關道德自由的問題之處理上。這個形式與實質的架式在此顯示其影響，甚至更為明顯。道德的義務感深埋在我們心頭的奧祕之處，它的表示就是康德所說的「範疇性的命令」，之所以是範疇是因為牽涉到道德氛圍中，人的尊嚴之無條件的表徵。

儘管具有先驗的形式，但在自然科學中，自然的現象、事件卻依靠經驗不斷的流動來展現。為了處理這些流動的現象，人們不能不靠假設的聲明，那就是附有「但書」，附有條件之假設。原因是我們從自然的經驗物得來的實質，並非完全可以用知識、知性去瞭解、預測。反之，「範疇性」意指非假設的，非有條件有效之物，它可以穿越，凌越人低等的感覺、欲求。至此我們便可以看出康德整個概念，那是指「範疇性」即刻轉化為純粹形式的，沒有實質（物質）內涵、抽象的「應當」（*Sollen*），而且成為人的尊嚴之象徵、符號。但

理知與命令這兩者不可合而爲一。範疇性的命令在面對人本性、本能的欲求之壓倒性衝擊下，證明它的價值——理知克制欲望。另外還有一個更具體的道德命令之格言，那是說：「在這種方式之下行動，俾你的行動之箴言變成你意志下之〔刻意地〕自然普遍性」。換言之，靠您的意志把行動之準繩轉化成自然界的規則、要求，這可以構成我們道德自由，也構成人的尊嚴。不過必須指出對人自主的這種描寫會變做形式主義下的自由，而非實質的自由。不過這裡看出康德取向於自然的律則，也就是科學範圍裡的律規（Van der Hoeven 1976: 1-7），而非人爲的規範。

# 二、康德之後的批判哲學之演進

　　康德唯心主義在其死後，經由費希特、謝林和黑格爾的發展，一方面把康德「科學理想」與「人格理想」的兩元論做進一步的發揮；另一方面把兩者加以綜合，而成爲兩個動機的整合之體系。在進行整合時，康德的後人亦即觀念論者，或盡量爲自由的精神或心靈（Geist），在其運動與多姿多彩的各種表現上用力深耕，從而把人格完善的理想推到頂峰；或又要把自由精神的動態與多樣性加以概念化，也就是用概念與邏輯的思想來掌握它，因之「科學的理想」再度在康德的哲學天地中浮現。日耳曼的觀念論靠解釋兩個關鍵——歷史與辯證法——來達到上述科學與人格理想之合一。

Johann Gottlieb Fichte
（1762-1814）

Friedrich Wilhelm Schelling
（1775-1854）

Georg Wilhelm Friedrich
Hegel（1770-1831）

　　籠罩在後康德時期的觀念論界，一般而言是侈談自由的精神或自由的心靈。換言之，所談的是能動的自我。自我（*das Ich* 費希特喜用之詞）並非是給定的、事先便製好的事物。自我之所以是自我，乃是不斷地從自我分別出來（今天之我戰勝昨日之我），也是要對自我採取一定的距離，從旁人的心目中來看待自我。成為自由精神本體，就是使本身不斷變化生成之物，能夠不斷成形發展之物，究其實則形成一連串生成演變的過程。事實上，可以說「*是它的本身等於變成了它的本身*」。說到某物是什麼，還不如說某物變成怎樣的東西。生成是指改變、變化和不穩定，用於與是什麼的*是（存有）*相對照，後者代表認同、定性與穩定。黑格爾認為自由精神的*存有*是等同於*變化*。存有的概念隱含這個概念至今尚沒有更多的存有、或是尚未達到存有的地步。因之，黑格爾的結論是存有與非存有的認同，亦即對立面的統一。在這裡恆定性與認同體不能用來對抗改變與變化，而是前者必須包括在後者裡頭，同樣後者也包括在前者裡頭。自我的出現是在不斷變化的流程中逐步形塑的。

　　因之，我們必然進入辯證法的描繪裡。這是一種方法用來把對立面的統一加以概念化，也是對立面的統一之邏輯上與概念上之解釋。辯證法可以簡單地解釋為一種的概念，是一反傳統邏輯不容許有矛盾之原則。如我們所知傳統邏輯有三大律：

　　Fichtean Dialectics（同時也是 Hegelian Dialectics） is based upon four concepts：費氏與黑氏的「辯證觀」係建立在以下四個概念之上：

1. Everything is transient and finite, existing in the medium of time （事物在時序中的過渡性）；
2. Everything is composed of contradictions （opposing forces）（事物內涵矛盾和對立）；
3. Gradual changes lead to crises, turning points when one force overcomes its opponent force （quantitative change leads to qualitative change）（事物一旦發展到臨界點便轉化成對立物，量變化為質變）；
4. Change is helical （spiral）, not circular （negation of the negation）（變化或採螺旋形、或採圓形循環方式在進行－－否定的否定）。

　　其一為同一律，*A*即是*A*，而非 -*A*；其二為非矛盾律，*A*不能同時是*A*，而又是 -*A*（非*A*），*A*與 -*A*處於相互矛盾狀態中，兩者不可能同時並存，而又主

張兩者均爲正確的說法；其三爲排中律，在$A = B$與$A = C$這兩組命題中，只要有一組是正確的，另一組就不正確，而不可能兩者皆正確，等於把兩者之中間階段也一齊排除。換言之，辯證法視事物（例如$A$）在不斷演變中（例如$A \to A' \to A'' \to A'''\cdots$），之所以會產生演變，主要爲否定的力量（$-A \to -A'$$\to -A'' \to -A'''\cdots$）。其最先的狀態可能是「正」題（$A$），因爲否定的關係變成「反」題（$-A$），「反」題（$-A$）再經一次的否定，亦即「否定的否定」（負負得正）然後提升到一個把「正」與「反」整合在一起的「合」之新階數（$A'$）。

$$A\cdots\cdots\cdots\cdots>-A$$

「反」並非「正」完全不同之物，而是「正」的修改、變化的新面目。正像某甲在嬰兒期的樣貌（$A$），成長爲青少年（$-A$）的活潑，再由青少年（$-A$）轉變爲中壯年（$A'$）的成熟，再發展爲老年（$-A'$）的衰弱，最後進入生的終境（$A''$）。

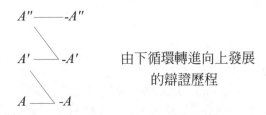

辯證法「正」、「反」、「合」各題示意圖
資料來源：作者設計

$A$對抗$-A$，但$A$與$-A$這兩個彼此的對立面卻被$A'$所綜合、統一。這種矛盾之取消與統一的過程就是辯證過程。它容易給人以詭異、怪誕的感受，而事實上辯證法就是這麼奇特。整個日耳曼的觀念論，特別是黑格爾，就是對這個詭異的思想方式之解說，而且還是這麼大規模的說法！再把辯證法表面上加以質疑甚或反駁之餘，我們應該考慮它影響面之廣大和其基本動機的相似性，可以與當代西方思想相契合。

雖然黑格爾這套奇異的嘗試可能被視爲失敗，但對其後的知識份子影響深遠，以致現代哲學思潮在很大的程度上可以看作是對黑格爾觀念論的反彈與反

應。黑格爾哲學的中心為歷史的功能，或稱歷史性（historicity）之功能，至今仍被保留在實證主義、實用主義、生命哲學和存在主義當中，其保留方式各有不同。它甚至滲透到現代人生活的實踐態度裡，展現出人之歷史性成為中心的觀點。它把人定義為非固定之物，而是在歷史過程中追求自我實現的生物。

除了指出現代大部分的哲學思潮為黑格爾學說之反彈、引申，以及歷史觀深入人心以外，還要指出這個奇怪的理念產出自兩個動機：一方面把自由活動的精神或心靈之原創性和乖異行徑做一個適當的解說；另一方面同時把概念的、理論的思想做一個調整適應，俾其聲稱可以包含，也可以括約實在的整體，包括這個自由的精神在內。這兩元動機對黑格爾而言並非特別，這早已在現代西方思想裡，以各種各樣的方式表現出來。

一般說來，日耳曼觀念論是令人印象深刻的嘗試，包含把康德先驗的、批判的路線加以延伸繼續，但同時也要把他危險的、令人煩惱的兩元論加以克服。這種兩元論關聯到他企圖反思主體和知識（放諸四海而皆準的知識之先前條件）。一開始這種努力，假使不是視為不可能的任務的話，也被視為困難重重。原因是這些兩元論事實上是緊密地關聯到康德嚴肅地堅持的批判事業之上。在康德那邊這兩者無法分開。兩元論不能去掉，才能使他批判哲學的奮鬥有所適應、有所妥協與有所成就。

日耳曼觀念論者支持康德的哥白尼革命及其企圖，也就是企圖在主體中發現實在的與真正的經驗條件。康德對人尊嚴的闡釋之重點為實踐理性，這一理性令他們印象深刻。人的自由、人的自決的探討有待實踐理性的考察與說明。也正因為這種強調，使他們不滿意康德的形式主義與知識至上論。這種不滿意不只涉及實踐理性，也包括純粹理性。他們要求合理地處理主體的問題，欲把主體放在自由自主的自我決定中，在其成形的活動中，在其自我實現中，而非僅僅是純粹知識形式裡頭。他們嘗試藉絕對精神（心靈）的理念之闡述來達到這個目的。這個精神或心靈之所以稱為是「絕對的」，是因為它在自我發展的過程中產生其自身及其內容。這裡「產生」或「生產」對其後馬克思的理論事業意義重大，雖然其蘊涵與上面所言不同。

絕對觀念論者對物自身的獨立性與混沌性相當的不滿。他們居然想用精神的方式來把自然概念化（來體會自然），把自然當成絕對精神（心靈）的產物。辯證法便成為如何用精神方法體念（概念化）自然的方法。人的本身是完全的，也是生命力豐富的。

為了經驗與表現人的這種生產力量，需要別的東西、身外之物，在這個東

西與外物上，人把他的力量外化出來，於是這個人外化其力量之對象，就稱為自然。因為這個緣故，自然必須成為心靈之外的「他者」（other），這就造成自然與人之區別性。但這種區別性無傷於自然是外在於心靈之物，它仍舊為心靈所「擁有」。即便是自然的必然性，也是由於自由的生產之活動中的「必然性」。自然中每項事物都倚賴心靈，因為即便是把自然視為有異於心靈之辨認過程，也是由心靈來發動、來主催的。心靈所以能夠發現自然，依靠的是反思之途徑，也就是靠心靈當一面鏡子來照射、反應自然。自然一方面融合為心靈本身，但同時也與心靈做出區別。心靈在發現東西並非其所預想，如此的情況下，發現了東西究竟是什麼，發現了東西發展的各種可能性。自我反思的活動強烈到能夠忍受與面對反抗（必要時也會容許那些非心靈的現象之浮現），甚至包括在自我內在展開的活動過程中出現了反對事物。

The Young Marx　　　　　The Middle-aged Marx

　　在心靈自我發展中，一個重要的可能性是視自然為一個阻力或阻礙，甚至反抗自然，認為它與心靈為敵。是故對心靈最大的挑戰，便是心靈來嘗試發揮其全部之潛能。當成阻礙的自然，對心靈是必要的，因為自然挑戰了心靈，要求心靈把它各種能力，各種可能性都試用、發揮。無論如何這個阻礙同時也被看作邏輯的對立面或矛盾，這是以辯證法的眼光與名詞來看待人與自然相對立的關係。是故唯心主義（觀念論）使用通用的邏輯概念與分別方式，而形塑這樣一個論題：心靈從本身來把自己分辨出來。當成無法窮舉的可能之源泉，心靈需要一些阻礙或阻力，為的是回到它自身。但要回到其自身之前，又需先感覺到（藉由實驗的方式）它的可能性，以及回歸能力之最大程度。

　　觀念論的問題叢結、問題意識係康德哲學發展的一大堆問題，儘管康德後人（觀念論者）也找出另外一大堆的問題。有些觀念論者得到一個結論，那就

是指：眞正的自然爲有機的自然，它是靠著心靈與精神滲透、操縱、指揮的自然。與此相關的是謝林的自然學說，他試圖解說這種有機的與精神取向的自然觀，甚至以美學的觀點來解釋自然。藝術乃是心靈與自然統一的表示。就謝林本人看來，他的哲學可以分爲三個時期：

1. 從費希特哲學過渡到強調客觀自然的重要性，也就是自然哲學。
2. 對精神和自然的同一性、無差別性的思考，發展成同一哲學。
3. 對消極的和積極的（negative and positive）的哲學的反抗，思想進而轉變成和宗教密切相關的啓示哲學。

謝林的自然哲學引發爭議

How both the objective world accommodates to presentations in us, and presentations in us to the objective world, is unintelligible unless between the two worlds, the ideal and the real, there exists a pre-determined harmony.

客觀世界與人心世界之間存在著和諧一致

　　謝林注意到從自我出發的認識論不能構成哲學的全部，他認爲如果實在是一種類似人類精神的自我決定過程，那麼自然本身就不應該被看成是一種對自我來說無生機的事物，甚至是自我發展的障礙物。換言之，自然應有其內在的理性和目的。自然作爲一種和自我有著具有同等地位的實在，那麼就需要一種自然哲學來補充費希特的哲學。如果說自然科學觀察局部的自然現象，那麼自然哲學就應該提供其內在的動力結構和普遍原理。謝林描述自然爲一種盲目而又無意識的理智。這種理智在同一與差別的矛盾推動下發展，最終產生精神。因之，自然在謝林看來是可見的精神，精神是不可見的自然，而自然本身的表象則體現某種最根本的理智，自然科學的目的就是從表象中總結出其中的理智，最終使這種理智精神化、學術化、理論化。

　　談到馬克思的觀點，可以視爲日耳曼觀念的轉型或過渡。日耳曼觀念論的

整個理念與努力繼續被視爲理論的企劃、理論的事業,因爲它致力於理論的反思。不只是反思,而且是辯證思想方法之應用。正因爲精神或心靈是自由的,且處在自由之中,它就不敢也不會以教條的姿態出現,因爲教條觀必然與自由發生衝突,是故它是反教條論。日耳曼觀念論者都認爲自由的心靈之擁有價值,是在於它在批判下,而非在教條下建立,而這成爲基本的原則,也是康德批判態度的傳承。符合整個西洋的傳統,日耳曼觀念論者繼續使用「批判」一詞,其含意爲「藉由理論反思的途徑,來尋求眞理之所在」。不過這種先決條件、先行預設,視眞正的批評來自於理論反思的途徑,其本身就是未經驗證的教條。

　　康德也批判地嘗試去解釋這個基本立場,而使認知的實體能夠擴大其活動範圍。這在他著名的先驗的邏輯(在《純粹理性批判》)中,他要證成主體的要求在於窺知主體用意。但這成爲他的哲學難懂的部分。不過對於康德的觀念論者,特別是黑格爾而言,他們一方面要保留本身爲眞正科學的、邏輯的思想家;另一方面又要做「精神的」思想家,使問題更爲困難。黑格爾滿足眞正的與純粹反思的思想之需要,但同時也要達成自由精神當成全體實在眞實的源泉,與主要的生產力之原則。假使自由精神是實在全體的源泉,那麼純粹反思的思想可以看成自由心靈的思想,而不只是對心靈的想法而已。純粹的反思思想必須與自由精神的特性有共通的所在,而那就是流動與創生(創始的生產)之特性。假使這就是實況,那麼它怎樣可以被視爲批判的敘述?或證成心靈的中樞與基本可能性呢?他引進辯證法爲的就是證明主體要求其主要生產地位之權利,以及思想要求生產性流動的權利。

　　這與康德在其先驗邏輯證明的方式不同,因爲它保留了比黑格爾嘗試還多的邏輯證明。除非我們對此有所理解,否則就無法抓住黑格爾的原意。在試圖解決此一問題方面黑格爾失敗了。他甚至把問題更複雜化,而與問題正面衝突。在黑格爾辯證的證明中,再也無任何人的主體或自我可以穿越(超越)理論的反思。康德認爲,視行爲這個主體無法替人的實體找到適當的空間來解決超邏輯的問題,因爲在這個觀念論的看法裡,人的主體之歷史(亦即歷史的自我發展),完全在辯證思想的架構裡來加以理解與掌握。

　　其情況變成如此,一方面對人的主體在其自由之中,再也無安全固定之處,因爲主體只有在辯證的理論思想與架構裡被理解、被掌握;另一方面,這個辯證的思想(自稱是批判性)淪落爲權力之手段,把各種分別、分辨切除。於是這些我們探索的問題叢結,明顯地把我們引入左右爲難的困境,在此之

際，馬克思的觀點浮上檯面，正式登台（Van der Hoeven, *ibid.*, 7-11）。

# 三、日耳曼觀念論與矛盾說

　　古希臘哲學家赫拉克里圖強調，一個人在同一個地方無法洗同樣的溪水兩次，而以溪流比喻宇宙萬事萬物的不停變化，同時也表示靜定與流動的矛盾。這種世事充滿流動變化與矛盾的關係，爲日耳曼觀念論所承續，特別是康德及其後人黑格爾對矛盾說尤其服膺。他雖然不認爲實在是靜定不變的，而是思想、理念的產物，但他仍舊以爲思想、理念構成的實在也充滿了矛盾。只有其他的哲學家才相信矛盾只存在於思想而非實在當中。對主流派不相信實在、現實充滿矛盾的人，即使承認思想中有矛盾，也認爲這是錯誤的思想，是不正確推理所造成的錯誤結果。尤其是凡接受認知或思想三律（認同律、非矛盾律、排中律）的人，所做的任何聲明都是矛盾的聲明，而矛盾的聲明無法當眞理來接受，反而導致思想的混亂（Popper 1972: 317）。

赫拉克里圖（Ηράκλειτο　540-480 BCE）　　　　Karl R. Popper（1902-1994）

　　可是辯證論者卻辯稱：在實在中矛盾確實發生、確實存在。爲了對實在「具體」的理解，有必要採用一種思想三律之外的方法——辯證法——來掌握實在。在解釋靜定的、孤立的事實，思想三律有其一定的貢獻。但要說明事物的變化，思想三律便遭遇侷限。事物會改變其本質、屬性種種規定，而且其改

變不一定被察覺，但思想三律只告訴我們對象體（客體）是這樣或那樣（醒或睡；生或死），這三律捕捉的僅是對象體抽象、凝固的那個瞬間（醒或睡的片刻、生或死的一瞬間）。但在實在中，我們要捕捉的不限於那瞬間、片刻，是故形式（傳統）的邏輯捲入僵硬與成就之間的衝突中。只有在反覆使用同樣的辭彙之下，才能達成嚴格的圓融與連貫，而對知識的增進無所幫助（幫助不大）（Lefebvre 1974: 24）。

　　日耳曼觀念論的哲學打開雙臂迎接費希特、謝林和黑格爾三人哲學中的矛盾理論，這是對康德知識論的反應與反彈。正因為康德堅持非矛盾的原則，而以為矛盾或可能存在於思想中，這種說法之錯誤、不充足（即瑕疵）、與問題重重使得後繼者提出與他截然有別的矛盾說。

## 1. 康德的說法

　　康德以為知識來自兩個源泉，其一為能夠接受印象訊息資料的能力（知性、經驗論、感覺論、心理學說）；其二為瞭解的力量（知性、理性主義、瞭解），沒有這兩者，知識無法運作，無法獲得（Kant 1970: 92）。但康德卻指出，現實上存有一個事物充斥的世界，我們的知性可以瞭解，我們的知識可以推論其存在，亦即我們的五官也可以從事物那裡得到印象、資訊，那是指現象的世界。但現象世界之外，仍然存有實象（隱象）的世界，也就是物自身的世界，這便不是我們經驗與純粹理性可以知曉，可以理解的世界。換言之，我們只能看清外表、現象，而無法窺知實在的本身，是故物自身是無法獲知的。在這種說詞下，思想與實在遂告兩分。這種思想與實在的兩分、割裂，導致其後人的不滿，他們把「物自身」看成康德學說啟人疑竇、引發爭論的焦點。康德堅持實象世界，為其現象世界知識的有限暫時性辯護，他說我們的知識是一個「僅僅有限的概念，其功能在於抑制感覺性的浮誇不實」（Kant 1970: 272）。康德的系統在於強調知識的實現性、主體性，亦即知識不產生自知識的客體（事物、現象），而產生自持有知識的人類（當成知識的主體），在強調主體性的同時，卻否認不出現在主體眼前的隱象世界之存在。

　　康德視矛盾是「所有真理之普遍的判準，儘管是負面的」（*ibid.*, 190）。矛盾「徹底取消真理，或使真理歸於無效」。矛盾說不存在現實世界，但卻可能在思想中存在。一旦存在於思想中它就必須被剷除，俾使知識可以存活。矛盾在現實世界不存在，但在實在當中卻會發生「實在的衝突」，由此可知康德

分別矛盾與衝突之不同。在《純粹理性批判》，他對於四個二律背反，贊成與反對的理由都很令人信服，這些二律背反引發黑格爾的高度興趣。但康德對此之哲學上的解決卻引不起黑格爾多大的注意。這四個二律背反是高度抽象的哲學問題，涉及1.有限對抗無限；2.多元對抗單元；3.決定對抗自由，以及4.必要物（神明、良知、不朽觀等）之存在與否定等等四組二律背反。這就是公說公有理、婆說婆有理的二律背反。康德並沒有花費精神要解決這四組二律背反，而是指出解答的可能性。這個解決可能性只會出現，要是我們把相互衝突的議題當成「物自身」看待，也就是說這些二律背反乃是心靈的構成物，心靈的產品。譬如說第一個二律背反涉及「世界是有限的、世界是無限的」。要證明世界是有限的似乎比較容易，可是要證明世界是無限的便沒有那麼容易。但無論如何，第一個聲明其確定性的基礎在哪裡，值得商榷。再說，世界乃為物自身，不是吾人的知識可以進入與證明的領域，是故第一個二律背反不可能成為真，其餘三個二律背反也可以作如是觀。

康德是近世最偉大的哲學家，他的三大批判是劃時代的鉅作

康德似乎一度承認他對二律背反的論證具有套套邏輯（tautology）的性質。其原因為在二律背反中的矛盾，似乎表現為真正的、真實的，似乎可以存在於實在當中，但他又否認在實在中有矛盾的存在，所以說來說去，第一個二律背反的論題變成不是真實的。既然矛盾只存在思想中，則其為幻想的、不實的乃很顯明，於是辯證法在他的心目中成為在思想中幻想的對立之學說。那麼吾人何以仍舊要去追尋幻想呢？這是不是浪費時間呢？康德的回答是：「這仍

是有益之活動，因爲它有可能協助我們對錯誤判斷作修正，可以增生一些東西，雖然未必是我們設定要尋找之物」（*ibid.,* 449）。

康德的繼承人藉著深化與廣化觀念論，來把不可知的「物自身」清除掉，那就是說「實在」（*Wirklichkeit;* reality）是人的思想所構成的。把康德將思想與實在的對立打破，費希特相信這個思想乃爲諸個人之思想，而世界是由諸個人建造起來的。這就被馬克思嘲諷爲「創造世界的自我」（*CW* 1: 494）。這個思想在謝林爲「絕對事物」或「上帝」，黑格爾則視此爲「絕對」、「理念」。謝林與黑格爾以爲費希特爲主觀的觀念論者，而他們兩人則自稱爲「客觀的觀念論者」，三位其實都是唯心主義者。觀念論者認爲主體（理念）控制，或稱駕馭客體（物質世界）。三人不同處在於，費希特的主體爲個別的能思的生物，因之爲主觀的學說。反之，謝林與黑格爾堅持超個人的主體（絕對的事物），這被視爲主觀的人之外的客觀事物，故稱爲客觀的觀念論者。

## 2. 費希特論辯證法

費希特與康德的哲學決裂，有意無意間對現代的辯證法之發展，作出重大的貢獻，他與不可知的「物自身」告別。費希特建立一個與康德不同的知識理論，該理論立基於主體意識，亦即自我範圍內無怨無悔的衝突與掙扎。自我乃爲「原始的、絕對性無條件的人之知識的第一原則」（Fichte 1970: 93）。根據費希特，自我設定其本身，這個自我「既是行動者，也是行動的產物」（Fichte 1970: 97）。他的這個第一原則與傳統形式邏輯的「認同律」（*A* = *A*）是相同的。在這裡變成「自我設定（等於）自我」。不過費希特說，在表述任何的東西（事物）時，一定要與表述自己作一區別（*ibid.,* 105），於是得到一個結果：自我與非自我（任何的東西或事物）是有所區別的。換言之，世上沒有任何的事物擁有其實體（substance），除非它與其他的事物區分出來，而這個區分、區別的過程牽連到整體的否定，或統一的否定之上。既然自我是絕對的、無條件的，他現在得承認矛盾之存在，那就是自身的存在少不了「非自我」，亦即自我的否定的存在。與世界他物隔絕、孤立中的自我意識是無法想像的。只有當自我承認那些身外之物的存在時，自我意識才會存在與發展。

費希特不否認他第一原則的知識，即無條件的自我，與他的第二條原則非自我之間存有矛盾。反之，他進入其第三原則自我與非自我的相對性與相互性。他說：「在自我當中我把可以分裂的非自我，拿來與可以分裂的自我做

對照、對立、反對」（*ibid.*, 10）。這種對照、對立、反對可以說是「相互規定」的關係（*ibid.*, 127ff.），知識被描述爲不停的否定與綜合之過程。他把這個過程之片段描繪爲「正」、「反」、「合」三個議題，而強調這三個段落、環節僅能在「反思」中，而非在實在加以區別。因爲在實在裡頭一旦沒有綜合便沒有反議題，一旦缺少「正」，則「反」與「合」也無法成立。這個思想過程被描述爲不停地朝向「對立面之統一」的途上前進（*ibid.*, 112-113）。

費希特

費希特不贊同康德對於物自體存在問題的論述，他認爲這種將表象與物自體分離開來的體系，將不可避免地導向一種懷疑主義。經過休謨提出的問題，事物到理智之間的過渡，存在一個邏輯上無法逾越的鴻溝，所以費氏同意康德的意見，也就是只有唯心主義才是可能的。但他認爲我們應該拋棄物自體這個概念，取而代之的是一種絕對自我的概念。這個絕對自我，不是經驗的自我，也不是先驗的自我，而是所有自我意識中的先驗要素。這種自我意識提供了所有認識的先驗根據，是一切知識和經驗實在性的根據和先驗的源泉，也就是認識論和知識學中最高的根據點。

　　這種知識的理論可以視爲現代辯證法發展的重大階段。費希特知識理論重要之處爲隱示地拒斥傳統邏輯的思想三律。第一反對了認同律，而贊成矛盾之存在（排斥非矛盾律），從而認定矛盾對思想過程之必要性，這就是他的公式：「自我即非自我，此外，非我亦即自我」（*ibid.*, 107）。他承認矛盾存在於實在當中，雖然這個實在乃爲思想的實在。在他把三個原則加以引申到其他知識的部門之努力上，他不曾成功，這點與黑格爾相比，差得太遠。不過馬克思在給其父親的信上，卻讚揚費希特著作中強調「矛盾的統一」。
　　費希特的原則如用在現實世界則說不通，例如：旨在保障個人自由的法律，同時又把個人的權利讓渡給他人（官署、或簽約的相關人），這是自我衝突、自我矛盾的，必須把此一法律取消。對此解決的方法是那些在意識裡把本身交給法律處理的當事人，而又把法律抬高到比個人更高的層次之上。這時法律不但具有強制力，還是多位自由人的聯合。透過這種聯合個人獲得其自由，儘管他已放棄這種自由，但他獲得的自由（法律上給予的自由），正是他放棄

個人一己的自由之回報，只有在這種情況下，所有的矛盾才獲取解決。在此例子裡，矛盾是被承認的簡單動作所解決，這是觀念論者虛假、和諧的解決辦法，其癥結卻在於「許多自由人的聯合」究竟要如何來組織呢？如何在歷史裡不斷更新延續呢？但無論如何透過相反議題的形塑之流程、之理念，在這裡總算爲辯證途徑建立一個新的里程碑。

## 3. 謝林的矛盾論

　　謝林對矛盾正面的力量深感興趣，其興趣的程度還大於費希特。他寫著「所有的生命要通過矛盾之火的考驗」。矛盾被描寫爲「生命主要的源泉與核心」和「永恆生命的噴水池」（Schelling 1978: 210），他的方法集中在描述與理解矛盾之上。他也嘲笑那些企圖隱藏矛盾的人，「在生死攸關的行動上還想阻卻片刻〔的飛逝〕」（*ibid.*, 105）。他認爲自然界是眞正矛盾的表現與解決，這對他而言矛盾及其解決表示了上帝偉大設計的最終和諧。

謝林認爲哲學無法完全解釋「存在」，所以把他早期提倡的自然哲學與其後倡導的認同學說合而爲一，從而產生了如下的想法：上帝内心無意識的原則和祂有意識的原則發生衝突、矛盾。上帝要把世界化成可知、可認識之物，就要把首創無知的世界藉由理念的、思想的、精神的力量，來呈現世界實在的、現實的、顯現的實相。由是實在的（the real）成爲理念的（the ideal）所欠缺的事物，也成爲理念之反映之事物。在世界發展的三個時期中，上帝在最先無知無覺、不知祂是神聖的，這是以往的宇宙生成之第一期；跟著上帝之作爲變做可知可見的存在物，這是宇宙成長第二期的現代。最後，宇宙進入未來的第三期，屆時上帝會覺識祂創造的歷史和榮光，一切矛盾都可以化解。

謝林比黑格爾出道早，但學術光芒爲後者所掩蓋。至1950年代之後，英美學者才又重新加以研究、評估、推崇

他似乎接受了非矛盾的形式原則，但同時卻指出，一向不明確的實在，用此非矛盾的原則去加以理解是有所侷限的：

矛盾原則（正式的理解）只能說到這麼多：同樣的東西不可能同時又是別的東西，也不可能是它相對之物。但它並不排除A不可能做一些非A之事。（Schelling 1978: 100-101）

他以人為例，說人具有善意，但卻潛伏著惡質。他想要指明的所在，乃是在實在當中，用「非此即彼」（either/or）的簡單分法無法適當地描述事物；反之，後來的黑格爾卻主張對立物是「兩者／以及」（both/and）的包涵共存（Nason 2012: 26）。人群與事物可能同時存著善意與惡性，也就是矛盾之物。這點與康德二律背反的用意相似，但一直要等到黑格爾才把矛盾的意涵做最詳盡的表白。馬克思有關矛盾的說詞與方法的發展全數都是間接的。事實上馬克思一度描述謝林為一個「多嘴的傢伙」（CW 3: 349）。無論如何，謝林把費希特否定的重要之理念加以推崇，以及要把費希特主觀主義加以超越的期待，對黑格爾有重大的影響。

## 4. 黑格爾把矛盾發揮到淋漓盡致的地步

黑格爾認為費希特的哲學代表日耳曼思想的「革命」（Hegel 1974: 504），而謝林又做了唯一較費希特更進一步的思想革命工作（ibid., 512），但真正的完成就輪到他本人了。他讚賞謝林嘗試比費希特創造一個更加客觀的觀念論，但認為把自然界各物都歸結為「絕對」的事物，進一步指示：把人工系統應用到外面世界之弊端。因之，他論證外頭客觀物的出現與發展，有必要視為「理念」內部圓融地「必要的揭示與天啟」，這就是他所描繪的「辯證過程」（Hegel 1974: 542）。他接受客觀的觀念論為最終的哲學，但嘗試把它變成徹底、廣包，也更為現實的哲學。這就需要一個真正的百科全書體系，在其中矛盾的正面性、實證性抬高到比從前更重大的地位。他在《邏輯科學》中聲稱：「每項事物都隱涵內在的矛盾性」（Hegel 1969: 439），而在小邏輯中再重複這種的主張：「沒有任何的事物中絕對找不到矛盾的存在」（Hegel 1978: 133）。以更厚實的體系一致性來強調矛盾促成進步，這成為馬克思師承黑格爾的學說，而踵事增華之處，儘管兩人的出發點完全不同。

　　黑格爾的第一部著作《精神現象學》（1807）是對意識的分析，開始於感覺的確定性，認知、理解（知性），接著是自我意識之分析至理性的分析，從這裡發展到精神的分析。精神的領域涉及倫理、道德、良知，從此檢討宗教、藝術，最後論述「絕對的知識」。黑格爾堅持知識只有在一個體系的形式裡，才能完整地表述出來。他又堅信在哲學中基本的論題，或第一原則如在抽象裡便無法證實爲眞正的（Hegel 1966: 85）。體系當成一個整體，包含了很多環節、瞬間、段落（moments），這些連結在「有機系統的整全」之中（Hegel 1966: 95）。這些環節、瞬間、段落，最後發現其眞理、眞相在「整合」、在「總體」當中。

　　黑格爾在《現象學》中指出：「能知的逐步發展」，這一發展涉及環節、瞬間、段落之出現與揚棄。揚棄爲德文 *Aufhebung* 之華文翻譯，含有放棄、棄絕而又保留、留存的意思。他樂於使用「揚棄」一詞，而不喜費希特的「合題」。因之，過去一提到辯證法「正」、「反」、「合」三步驟，都認爲是黑格爾的方法論，其實是費希特首創而常用的觀念。黑格爾最多使用「在己」（*an sich*）、「爲己」（*für sich*）與「在己兼爲己」（*an sich und für sich*）這三個名詞而已。

　　黑格爾在討論主僕關係時，因爲涉及到「勞動」一詞，而深刻地影響馬克思其後的理論工作（*CW* 3: 332ff.）。這主僕辯證關係引進了自我意識的個人所處的矛盾情況之討論，在其中自我意識既然純粹的在己或爲己，或獨立自存，同時也爲他，也彼此倚賴。在抽象中自我意識的兩個環節（瞬間、段落）彼此站在對立面，而互相反對。黑格爾利用主僕關係來證明他們「反對到統一」的過程，也證明在實踐裡的中介關係（Hegel 1966: 234）。這個中介過程是透過勞動而爲之。主人表面上看來充分的獨立，他雖然享受著奴僕勞動的產

品，本身卻不事創作、不事生產，遂變成倚賴奴僕勞動的苟活者。「獨立意識的眞相因之出現在被契約所羈絆者〔奴隸〕之身上」（*ibid.*, 237）。由於勞動的動作，奴隸取消他對自然的倚賴，藉此他成爲「自存之物」（*ibid.*, 239）。盧卡奇說：「意識的進步是在奴隸的心靈中，而非在主人的心靈中進行的」（Lukács 1975: 327）。因之聲稱這是黑格爾處理歷史性意識樣態的發展之特徵，靠這種特徵黑氏接著討論懷疑論，斯多亞（噶）派學說「不快樂之意識」等等：但他對主僕關係中出現的中介化涉及隱含在關係中的剝削未加以深入探討，以致主僕關係成爲保守的理論，只陳述屈服與服從的好處。馬克思相反地關懷到奴隸的反叛，特別是古希臘反抗暴虐英雄史巴達枯斯頌揚的典範（洪鎌德 2010：35-52）。

　　《現象學》的結構是三階段化的，每一章分爲三節，每節分爲三目。同樣的三分化也出現在《邏輯科學》（1812）中。他在此書的開端對於抽象的「存有」（有），然後論述「無有」（無），最後述及「變化」（變），生成乃是存有與無有的統一。該作品進行大量與細膩的分析，分析認知的能力，最後提到「絕對理念」的最高峰。這部作品有意來矯正當時盛行，對待實際之態度，包括「實踐的訓練」（視對「理論的卓見」有害）。

*匈牙利哲學家 Georg Lukács 號稱西方馬克思主義之父*

　　黑格爾對形而上學的思想辯證是早在《現象學》中便展開，藉概念呈現的矛盾之不斷驅迫來造成。例如上述「存有」與「無有」的矛盾與反對，便藉「變化」之概念來使「無中之有取消，有中之無取消」，也就是內存於概念（「有」、「無」、「變」）的矛盾之消除（Hegel 1969: 106）。矛盾的消除並非一切歸於虛無（nullity），而是在其體系中更高的範疇出現，這個更高

而其次的範疇，黑格爾稱呼爲「規定的存有」、「在某地方的存有」，也就是在具體的實在當中之存有。就在討論這種概念的發展中，黑格爾興奮地使用 *aufheben* 一詞，以示「揚棄」的意思（*ibid.*, 106-108）。這是把相反而相成（放棄又保存）的意思使用一個字來表述。由是可知，否定的過程對黑格爾方法是非常重要的特徵。

在《邏輯科學》一書中，黑格爾多處討論康德的哲學。他不贊成康德把辯證當作「幻想的邏輯」，不過卻欣賞地同意康德把矛盾看作「理性必然的功能」。雖然康德承認在思想中「矛盾的必然性」，他卻把思想與實在分開，因爲思想只用來處理表象（表面的現象），是故它是主觀的、主體性的；反之，具體的實在（物自身）卻是無從知曉，不可知的。因之，康德在他四個二律背反的例子裡所說的矛盾之重要性便被一筆取消，這樣一來要對「辯證法抽象、負面的面向」之超越，之進步便無從談起（Hegel 1969: 56）。黑格爾還譴責這種「平庸」的思維，因爲它無法承認「矛盾的正面性」（*ibid.*, 56）。不過當這種觀點與形式邏輯的觀點相衝突，而後者爲一般哲學家所信守時，黑格爾只好正面地面對這一衝突，他只好在標題爲「本質的學說」中討論了矛盾。

他對思想律的批評是從批評第一條規律開始的，亦即 $A = A$ 的認同一律被他看成內容空洞的套套邏輯，「它既無內涵又不知引向何處」（*ibid.*, 413）。他攻擊同一律是靠兩個論證，其一，這條律則強調認同，同一就是「非分別、非不同」，這麼一來認同或同一便是有異於分別（不同），由是「承認同一的性質，也就是堅持同一的主張隱含了……在其本質裡，此物是不同於他物的」（*ibid.*, 413）。其二，這是在《小邏輯》中描寫爲「一般經驗之事物」。在回答「什麼是一株植物？」的問題時，簡單之回答爲「植物就是植物」，或「上帝就是上帝」，這沒有告訴我們任何的東西（有問等於沒有問，有答等於沒有答）。黑格爾說，這個什麼就是什麼的說法本身是矛盾的，因爲在表達這個命題的形式（像 $A$ 是……）時它超過了「簡單的、抽象的同一物（認同體）」。當成「反思的純粹運動」上面的命題已是「多了某些東西（意涵）」（*ibid.*, 415），這些多餘之物只有辯證法才能掌握到。

他對非矛盾律和排中律的批評是在排斥同一律之後。沒有任何一個單元能夠以孤立的、正面的事物之面目出現，因爲該單元之同一體是靠它的否定來界定的、確認的。這意指任何一個客體無法被指認爲何物，而只有在它從別的東西區別出來之後，亦即它之否定面、負面指出後才能被辨認。一旦接受了在共存中 $A$ 已包含了非 $A$ 這個命題之時，命題如「既不是 $A$，又不是非 $A$」（非矛盾

律），或是「是A或非A」（排中律）變成累贅多餘。在《現象學》中，矛盾的內在性是黑格爾辯證法主要的特徵，這也包括了他在該書中所言：「矛盾包含負面，但也有正面〔之作用〕」（Hegel 1969: 433）。形式邏輯的抽象性把世界分割為各種各樣分散的單位，阻止了吾人對變動中世界的理解。黑格爾繼續指出：「在心靈的世界也好、在自然的世界也好，並不存在著『非此即彼』的原則」。因之，「矛盾乃是世界變動的原則」（Hegel 1978: 174）。

　　在強烈的意義下，「變化」是黑格爾哲學重要的面向，這可從他對芝諾（Zeno of Elea 活躍於公元前450年）飛箭不動的詭論之批評上看出端倪。公元前五世紀中葉，芝諾曾經辯稱在飛行中的射箭，每一時刻都停在一定的空間定點之上。由於定點的每一瞬間在邏輯上無法累積起來計算，因之，飛箭並沒有在運動，而只是每一瞬間停放在某一定點之上，或在整個時間中都是各自靜止不動的。由是說明運動為不可能之現象。黑格爾對芝諾飛箭之困局（動與不動之兩難）做如下的批評：

> 某物所以運動並非因為某一瞬間在此處，另一瞬間在彼處，而是因為在同一瞬間它在此處而不在彼處，因為它之所在「此處」一度是此處如今已非此處。古代的辯證論者必須承認他們在運動中指出的就是矛盾。但不能因此說運動不存在，剛好相反，運動乃是存在的矛盾之本身。（Hegel 1969: 440）

　　我們暫時拋開在形式邏輯的詞彙裡，討論運動與否的問題是否同理解、知性相違背。我們僅能指出對黑格爾而言，運動本身需要另一種不同的思考方式：接受矛盾在一連串的環節（瞬間、片刻）是必要的事實，它們（環節）的歷史與整體對每一個矛盾的瞬間賦予意義。代表整體（與歷史）的系統之重要性對黑格爾而言是必須的，對馬克思亦然。它表現在《現象學》及大小邏輯中，也出現在黑格爾《歷史哲學講義》（1896、1974）與《法哲學大綱》（1821）。這些著作對青年馬克思而言意義重大。

# 四、結論

　　康德批判性的哲學可謂為日耳曼觀念論的肇始與高峰，是嘗試說明人何以能夠認識外頭的世界？我們對世界的認知，並非世界的本質和事物的本身，而是它們所呈示的現象。人的認知包括客體的屬性，更靠認知者主體的建構，也就是人所具有理性與經驗的綜合。因為強調人對事物現象的體察與超驗綜合的判斷能力，因之他排斥以上帝為核心的思辨性玄思，也就是反對向來玄之又玄、不具客觀效準、客觀上無法證成的形而上學（Likanen, 2013, 66: 469）。

　　詳言之，經典的日耳曼唯心主義（觀念論）開始於康德先驗的唯心主義，目的在打破主觀論（笛卡爾和柏克萊）和懷疑論（休謨），而指出世界沒有主體的認知，那麼世界的存在有否便沒有意義。客體的認知僅及事物的表象，而無法進入其「物自身」。這種溫和婉約的主張，不為其後人，像費希特、謝林和黑格爾的贊同，他們企圖加以激化，而建立絕對的觀念論。費希特強調主體的「我」作為認知世界的起點，但謝林認為有「我」就會產生對立面的「非我」，亦即有認知的主體，就有被認知的客體。主體性和客體性、理念的與實在的事物相輔相成，缺一不可。他遂主張絕對性的同一，把內心的理念同外界的對象合而為一，認為不可分成兩截。此外，謝林也不滿康德對上帝的存在，持不可知和無從證實的態度，而提出上帝由無知無覺到有知有覺，甚至全知全覺的地步。黑格爾認為理性和知性的運用，能夠使哲學家不只認識有限之物，也能夠認識無限，乃至最終歷史的實在。

　　由是可知，從康德至黑格爾德國唯心主義的認知論，強調以社會眾人的看法加上歷史演變之觀點來理解和認識吾人所處的世界，這是認識論中溫和的集體主義（moderate collectivism）。這種主張絕非過時，反而在當代思想界重新復興和受到推崇，亦即人類所擁有的知識深刻地與遍布地鑽入世界的各個角落，從而把社會兼歷史的界域（socio-historical dimensions）的認知加以發揚（Westphal, 2006 14[2]: 274）。

　　一如眾知，西洋哲學史上涉及認識論的主題之一為邏輯所討論的矛盾，以及視矛盾為常態的辯證法。在這方面德國觀念論尤有深邃的析論。要之，康德至黑格爾唯心主義所強調的辯證法，是從古希臘哲學家柏拉圖的《對話錄》中，兩位或多位哲人的對談裡頭，藉歧異的觀點、理性的辯論、事物的考究、

邏輯的推演，來追尋眞相和追求眞理。這種理性的辯駁之方法，就是影響歐洲和西方思想至深且大的辯證法（dialectic; διαλεκτική）。

　　儘管「正」、「反」、「合」辯證的三階段說是費希德首先提出，而由謝林應用到上帝由無知無覺，發展至有知有覺，最後達成全知全覺三個心路歷程，黑格爾並沒有採取此說。他把辯證歷程改爲「有」、「無」、「變」；或是「在己」、「爲己」和「在己同時也爲己」；或是抽象、否定、具體。其間的變化就是透過「中介」（*Vermittlung*）把不完整、有缺陷的事物引向較爲完全、較爲美滿的狀況。關於黑格爾的辯證法我們擬在後面列出專章加以詳述。

黑格爾從耶拿住家的窗户看到坐在白馬之上的「世界精神」之拿破崙

黑格爾飽讀前代與同期哲學各大家的著作，包括柏拉圖、亞理士多德、笛卡爾、斯賓諾莎、休謨、柏克萊、洛克、萊布尼茲、康德、費希特、謝林等的大作。他不但吸收別人思想的菁華，還在繼受之餘，推陳出新，有突破性的創思，為現代哲學開創新源泉、新路徑。

黑格爾出生的斯圖嘉特住家

# 黑格爾哲學的菁華

# 第三章　黑格爾哲學的菁華

一、哲學名詞的重整

二、普遍性、殊別性與個體性

三、黑格爾論自然

四、黑格爾論社會

五、黑格爾論歷史

# 一、哲學名詞的重整

　　人之所以擁有知識，主要的是人與自然有神祕的融通（mystic communion）。這種說法是黑格爾終生所反對的（White 1996: 69）。他一再強調可靠的知識得來不易，它必須是長期的應用與知識的嚴謹才能贏取。它不像子彈從槍口一下子發射出來擊中目標，而是在逐漸的展開與合理的秩序下，讓知識成長起來（Snow 2003: 93-106）。總之，知識是有意識的心靈努力操作的結果。他的哲學體系與謝林最大的不同就是彰顯人的意識，或稱人的自我意識。黑格爾相信人類所關心的不在知識的獲取，而在證明這項知識的有效性。他的體系所關心的不只是在證成意識，而是證明從意識獲得的知識才是真實的知識。知識不限於對外部的認知，而應該深入內部的本質。黑格爾與謝林相似，他主張知識就是發明家與其機器一般，全神投入而造成發明人與發明物合而為一，意即「主體與實體」合而為一。在主客體合而為一之時，再也沒有不可知的「事物本身」之存在。這是他與康德不同的想法，也與謝林共享的思辨之方法（speculative method）。

　　但黑格爾與謝林不同的是，這種知識如何獲得。謝林及其學派主張主體與客體的理想，而視任何偏離這種理想者為非同路人。凡藉由反思、理解和概念而獲得這類的知識者遭到他們的譴責。只有知識的直覺（亦即理性與理念）才是可靠的、良好的知識。

　　黑格爾雖然接受思辨的觀點，但卻認為思辨哲學是在以前反思的哲學之基礎上發展的學說。對其先驅，黑格爾持容忍與尊重的態度，且認為先行者的學說是造成今日思辨哲學必走的路途。

　　思辨的想法有正反兩義：康德用的是貶義，係指超脫經驗事實之外，裝成對知識有所掌握的形而上學之思維。黑格爾則肯定思辨的方法，這是對思想種種的陷阱和缺失的彌補與超越。特別是在經驗認知之初，如何從種種設準與大堆資據中找出其必要關聯的反思，就是思辨方法，其最高的形式乃為辯證法（《小邏輯》§9）

　　對黑格爾而言，反思與思辨關聯密切，不該一刀切開。在其哲學中，黑格
爾指出反思與思辨關聯密切，且是從前者過渡到後者，並透過反思之途才達致
絕對的知識。黑格爾所展示的形式，便把同代日耳曼哲學的系列連結起來，從
最基本到複雜的一路探索，直至登上絕對理念的高峰。在這個方式之下，黑格
爾的體系變成了他的前驅與同代哲學名詞與概念的彙編。黑格爾的創新貢獻，
在於把這些名詞與概念編輯成一個持續的鎖鏈。

　　對黑格爾同代的人而言，他使用的詞彙為大家所熟悉，唯一新鮮的所在是
他如何把這些名詞與概念串連起來。在把他的時代哲學詞彙串連時，黑格爾給
予新穎的解釋，這些解釋符合他理性主義的立場，同時也是他對謝林及浪漫主
義派的抨擊。

　　從最基本到最複雜，每個範疇都是構成思想鎖鏈的環節，則無論是反思也
好、理解也好、概念也好，都是走向絕對知識所不可或缺者。對黑格爾而言，
理解、知性是分辨的能力，這是思想最有力的手段。除了強調反思與理解的
重要，黑氏還強調概念，為此他對謝林學派之輕視概念頗不以為然。他與謝林
的反目與其說他勇氣十足，還不如說他是在困挫掙扎中對待亦師亦友的謝林，
蓋後者的引薦才使年長謝林五歲，而出道嫌遲的黑格爾獲得耶拿大學的教席
（私人講師）之職位。不只在《現象學》，也在《邏輯科學》中，黑格爾聲嘶
力竭地捍衛概念的重要性，視它為思想的高峰，但卻遭受謝林派的貶抑、低估
（White, *ibid.*, 72）。

　　就像理解（知性）如何走向理性與絕對知識，黑格爾也表明概念如何會走
向理念。事實上概念就是理念，或是理念尚未發展完善的階段。謝林及其學派
攻擊黑格爾的所在是指概念在通過其描述實際時，不免對實在有所扭曲，亦即
從真實（現實）的存在中抽象出來，且把此抽象加以固定（fixed）。為了辯
駁這種指控黑格爾對傳統上概念的理解做了一些修正、更改。

　　這便涉及概念如何建構起來。所有先前的哲學家都符合康德的說詞，認為
概念是從直觀中普遍化、概括化出來的；黑格爾卻把直觀、直覺從概念構成的
過程中排除。黑氏的解釋是認為康德誤把概念與直觀混為一談，前者為邏輯學
的內容，後者為心理學的詞彙。對黑格爾而言，在形成概念之前先有「存有」
（*Sein*; Being）和「本質」（*Wesen*; Essence），亦即概念形成之前不當先有主
體性質的東西之客觀、現實的存在（但直觀則有主觀之物的存在）。由是概念
中便含有客體性和主體性的元素。

絕對知識的攀登，表示學者艱辛的依梯階攀爬，
也是求知發現之旅，更是困挫叢生的求學途徑。
取材自 *Introducing Hegel*, p.56.

　　推溯概念的源泉爲存有、爲本質，使黑格爾辯稱概念並非純粹的思想，不是現實的存在中抽離出來的抽象，概念本來是現實的存在。它目前尚無法把所有存在具體而微地展示出來。但其所包含的東西卻是基本的，或是重要的。它們所丟棄的是片刻的、無關宏旨的瑣屑之物。

　　透過間接的「規定性存有」（*Dasein* 存在）可以從「存有」（*Sein*）演繹出「本質」（*Wesen*）來。這會得到一個重要的區別，即區別一般的存有（*Sein*）、未加以規定的存有（*Dasein*）和基本的存有（本質 *Wesen*）三種不

同的存有。一般的存有之所以存在是由於偶然的機遇，或是由於偶變的關係。就是這個普遍性、泛宇性（*Allgemeinheit*）融入於概念的主體中而成爲現實性、實在性（*Wirklichkeit*），才會變成最高範疇的本質（*Wesen*）。

　　由於概念所包含的是存在（規定的存有），這個存在早已精緻化、過濾過，而抵達現實性的層次，所以黑格爾遂在《法哲學大綱》的〈序〉上公然說出：

> 凡是合理的，它就是實在的；
> 而凡是實在的，它就是合理的。（Hegel 1976: 24）

　　這是黑格爾自稱思辨方法的精要。它指出的意思爲：在存在裡頭本質的東西可以具體成形，而當作概念來看待；而在概念中所包含之物無他，乃是展現（實現）出來的存在。

　　但概念經由此種操作、表演後，抽象的性質卻引起誤解，因爲它想像一旦抽象之後，便把眞實的世界拋在後頭，甚至丟棄，而變成一個抽象的普遍（泛宇）性。事實上黑格爾指出：概念的泛宇性、普遍性並非抽象，而是具體的普遍（泛宇）性，也就是個體性。對黑格爾而言，概念擁有三個元素或稱三個環節（moments 段落、瞬間）。首先，便是向來意思下的普遍性，這是抽象的普遍性、或「在己」的普遍性。但它卻伴隨概念第二元素、第二段落俱來，變成了帶有具體內容的殊別性，黑格爾稱爲「爲己」的特質。第三的要素或段落，爲前述兩者之綜合，是普遍性與殊別性的均衡狀態，是抽象化與具體內容之結合。這第三個段落就是個體性，也是「在己兼爲己」的概念。

　　我們綜上所述繪製下列簡圖：

一般存有 → 規定存有 → 本質存有
普遍性 → 殊別性 → 個體性
「在己」→「爲己」→「在己兼爲己」

圖3.1　概念之重整
資料來源：White 1996: 69-74.

# 二、普遍性、殊別性與個體性

　　傳統上概念只擁有兩個極端：普遍性與殊別性，俾向抽象化與具體內容相搭配、相並列。但黑格爾對概念卻提出三個元素、三個發展的段落：普遍性、殊別性和個體性。第三個元素是黑格爾自舒萊業馬赫（Friedrich Ernst Daniel Schleiermacher 1768-1834）那裡得來。原來舒氏強調人對上帝的「單純倚賴」（*schlechthinnige Abhängigkeit*），每個個人靠對宗教的感覺，而體驗到「永恆的意義與感受」，也就是在上帝裡頭看到理想與實在合而為一，上帝與世界是一體的。每一個人都有其生活在世上原始的圖像（*Urbild* 原來的看法、本性、本能）做為其後要加以實現的目標、目的、理想。在每人理念上安置的個體性裡存在著他人格的因子和契機。

（1768-1834）舒萊業馬赫的老年與青年時代之繪像

　　由於舒萊業馬赫把個體性當作存有、實有（*Sein*）看待，因之，概念的運動含有個體性，意味著概念的行動在於把豐富的存在（種種不同之規定）加以篩選、過濾，把本質的、重要的從意外的、隨機（緣）、共變的次要因素中分開。

　　謝林及其學派相信概念對實在無法反映眞相，而只給一個扭曲的圖型，這不只是由於概念在陳述、表述時是抽象，而且是刻意、固定的抽象化（fixed abstraction）。與此相反，黑格爾認爲概念不是靜定不動的（static），而是不斷在運動與發展（dynamic 機動的）。就因爲概念不斷地運動與發展，它便牽連到哲學的各種範疇，開始就是「實有」（存有 *Sein*），之後爲「存在」（*Dasein*），最後爲絕對的理念（*absolute Idee*）或絕對知識。黑格爾稱概念這種生成變化爲「邏輯」，或稱「辯證法」。它是一個運動，可從其最初的一系列範疇看出，這些範疇包括「實有」、「非有」和「變化」。在變化當中黑格爾引入運動與發展。

　　我們不妨把上述辯證運動畫成下圖：

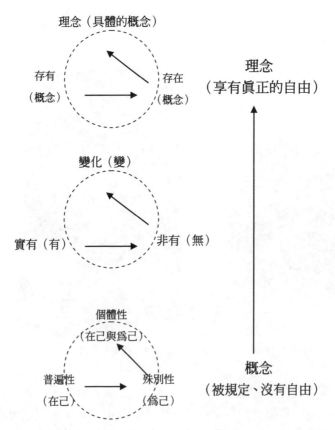

圖3.2　辯證循環之「在己」、「爲己」和「在己與爲己」圖形簡圖
資料來源：參考White著作（p.74），由本書作者繪製

在每一個範疇的圓圈或系列中，都包含了三個元素，相當於上述的三個環節（瞬間、片段），亦即普遍性、特殊性和個體性。這三部曲的樣式（pattern）從最開端的原始範疇，到黑格爾整個哲學體系不斷地循環和反覆運作。在這一情形下、方式下，黑格爾堅持他思辨的哲學不但作爲整個體系的全體是正確的，就是構成體系的部分也是正確無誤。再說由於概念的片斷是從抽象的普遍性進展到特殊性，然後到具體的普遍性（個體性），因之其變化、其運動爲循環的、圓形的，它又回歸到其起點（或起點的上方）。這種圓形的、螺旋狀的與循環的性格，在黑格爾體系每一層次上都浸漫充盈。

導致概念走向理念的驅力在於自我意識。所謂的眞理無非知識與其內容同調搭配的意思，亦即概念和它的對象同調、搭配。只要加以比較，那麼一個概念與它要表達的對象是否搭配、是否同調便可以判知。

理念與其客體完全符合者就被黑格爾描述爲「適當的概念」或稱理念。事物如果同理念不一致、不搭調，那麼在黑格爾的心目中表示該物「有線性的片面、或非眞實〔理、相〕，據此它們〔事物〕……或是被機械性的決定，或是受到化學性的決定，或是透過一個外部的目的被規定」（Hegel 1812-1816: 175）。與此不同的，理念是被它本身所規定，是完全自由的。因之，概念走向理念之途伴隨著自由程度的升高。

在《邏輯科學》一書中，黑格爾討論了概念走到絕對知識（理念）的運動。該書分成兩部分：第一部分爲客觀的邏輯，從構成概念的範疇講起；第二部分爲主觀的邏輯，討論概念如何抵達理念的活動歷程。當謝林把邏輯看作是理性附屬於知性（理解）的範疇之際，黑格爾卻把邏輯看作是所有科學最基本的部分。這是一種的科學，其中這些範疇從第一原則（先驗的原因、要素、原則、假設、認知的基礎；而非原則、原理的推論、引申）演繹出來，而且這些範疇不當作思想的形式，而當成實在的具體表現（落實 embodiment）。它是通過邏輯或辯證的運作使概念進展的理念。在這方面黑格爾能夠把傳統的邏輯用新的眼光、新的方法來處理。

謝林的哲學中，直觀（覺）的統一受到判斷的分解。在黑格爾這方面使用同一語源學，而他判斷從概念最初的統一中抽繹出來。這樣做便把概念溶解爲其成分：普遍的、殊別的、個體的三要素。判斷便把這些名詞安排爲主詞與謂詞做出變化的樣式：

普遍的是特殊的——；

殊別的是普遍的。

Friedrich Wilhelm Joseph Schelling（1775-1854）
謝林出道早，但成就不如黑格爾

　　從判斷黑格爾進行了三段論法的敘述：其三項元素仍舊是普遍的、殊別的、個體的。這次他在判斷的三部（步）曲中做一個安排，俾適合大前提、小前提與結論這三段論法。這樣做黑格爾提示邏輯的運作是概念的自我運動的形式，與此相反的卻是通往眞理之途在於透過邏輯推理的過程。三段論法在黑格爾的心目中是理性的一般（普遍）的形式，這種普遍形式就如同概念一樣要走經辯證的運動，它開始之處爲抽象的普遍性，往其反面的殊別性邁進，最後抵達具體的普遍性，亦即個體性。

　　邏輯就是前進的一種形式，每向前走一步，便由抽象而降到具體。因之黑格爾在《邏輯科學》中說：

　　在絕對的方法裡，概念以在他者之中而呈述它自己，亦即把普遍置入於其殊別化中，也置入於判斷和實在當中。對每一個下一步的規定而言，它把其之前的內容之總體高高舉起，而在其辯證的進展裡既不喪失任何的東西，也不留下任何的東西，而是把它獲得之物全部帶走，使本身豐富，也集中所有的一切在其本身。（Hegel 1812-1816: 250）

黑格爾目睹代表「世界精神」的拿破崙大
帝率軍進入耶拿城

1816年出版的《邏輯科學》

　　黑格爾在總括他邏輯的研究時，他所討論的是認知的最高形態，亦即研究
與科學的方法。他指出，這一方法也可以從普遍性、殊別性和個體性這三個名
目之下去處理、去考察。對任何研究主題可以採用三種進路。第一種是嘗試用
定義去安排所研究的材料，這就是抽象的普遍性之研究法。其不妥當在於無法
找出手段去分辨定義要下達的標準究竟是基本的、重要的，還是偶然的、次要
的。第二條進路是分門別類，把材料依據其展現的特徵去排序，從而希冀找出
一般的規則。這個方法是以殊別性做為研究的起點。黑格爾認為科學方法應該
是上面兩種的綜合，這就是第三條進路，此法可以成功地理解具體的普遍性，
亦即個體性，也就是研究題目的個體性，這也是達成絕對知識之途徑。

　　黑格爾使用「邏輯」一詞與眾不同，不是談思想抽象和形式的步驟，而
是指向絕對的理念。邏輯是他《哲學科學》，亦即他整個學問體系的第一部，
然後再論述自然，第三部才析述精神（心靈）。後來他另撰大邏輯（《邏輯科
學》1812-1816）與小邏輯（《邏輯百科全書》1816、1827、1830）。他的邏
輯不但是探究絕對理念的途徑，也是合理思維的原則本身。自然是理念在時空
範疇中，出現在人身之外的事物：反之，精神或心靈則是理念從自然返回人內

心，而充分地意識到它本身乃是萬事萬物的源頭與原則。是故黑氏的邏輯所討論的是，諸如存有、變化、質量、數量、因果、目的、知識等範疇，靠著這些形式我們才能夠認識自己和世界（Findlay 2007: 388）。在邏輯的、科學的方法下，卻是企圖把最普遍的、抽象的東西轉化爲可以分門別類是有其特徵、特性可供描繪的事物，最終則降到最具體、認知的對象。其圖如下：

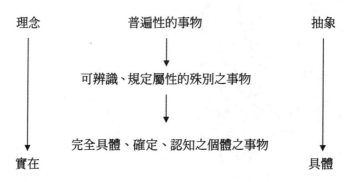

圖3.3　由抽象降至具體的邏輯形式簡圖
資料來源：本書作者自行繪製

　　討論學者的與科學的方法，在指出考察的目的無非在生產具體的普遍性，這是概括化、普遍化同經驗性材料完美的結合。它要表述物質的眞正本質，而把它偶然的、機遇的部分丟棄。這個方法要在高層次的意識上操作，正如同概念在現實性的層次上運作是一樣的。辯證的方法可以視同爲概念，正如黑格爾系統的高峰就是概念，它與其本身合而爲一，變成了絕對的理念。這就是主體與實體合流、同一之關鍵點。這也是一種方式可以欣賞出他的系統怎樣被建構起來，在其結論中，這個體系又回到起點（出發點）。因之，他說：

　　已經展示出來的方法之本質來做爲理由，〔我們看出〕視爲一個圓圈，它朝本身在打轉，在圓圈中媒介活動把終點送回起點，也就是簡單的場合。此外，它是諸多圈圈之中的一個圓圈，這是對每一個組成的成分而言，像某些把方法具體化之物，它是反思，只要由終點回顧起點，自在的反思同時又是一個新的組合部分之起點。（Hegel 1812-16: 215）

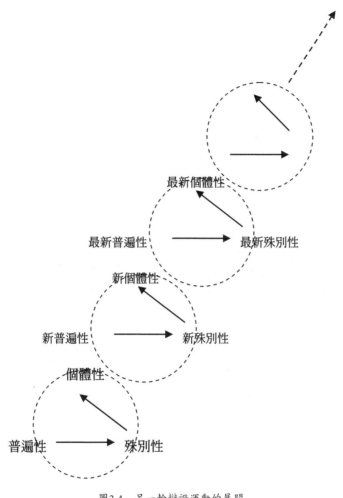

圖3.4　另一輪辯證運動的展開

資料來源：由本書作者自行設計

　　黑格爾所談的一般科學，也可以應用到他的體系之上。只有當結論取得之後，才有可能瞭解他的體系其及使用的方法。這也證實黑格爾原先的主張、提法，即認為眞理存在於整體之中。眞理只有在整體的、系統裡頭才可以被揭露與描述。

　　無論如何，對這個理念、觀念而言，有其必然的推斷。那是指概念運動的合理性，只有在事後才能夠加以欣賞、瞭解。原因是運動要走向何處，不是事先可以推測出來的。一個人只能瞭解什麼事物曾經是合理的，過去是合理的，

但他卻不能預斷未來合理的發展。黑格爾指出理性這個殊別性當作是「概念的狡猾」和「理性的狡計」（*die List der Vernnft*）（Hegel 1812-1816: 382; *Enz.*, §209）。理性的這個特性、物質滲透到整個體系當中，而且是在概念發展的初期便引進來，當作客體邏輯的「衡量」來處理。在此一階段，理性無法可以事先預測的特質，本來是以數量的改變之面目出現，如今突然由量變而轉化為質變。「理性的狡計」在歷史上搞鬼的方法，黑格爾又用了一個著名的話來加以說明。他說「米內瓦的夜梟（貓頭鷹）只有在昏暗降臨之際才會展翼高飛」（Hegel 1981, XI, 215-220）。

黑格爾強調米內瓦的夜梟只有在黑漆漆的黎明之前才展翼高飛，亦即先有事實（實在）才有思維。他也認為他自己的哲學發展有如「絕對〔事物〕」的自傳

# 三、黑格爾論自然

在黑格爾哲學體系中，自然扮演的角色完全看它怎樣被概念所規定，而概念卻是他所詮釋的。雖然黑格爾認為範疇出現在概念之前，實有與本質都是客體之物，他把這兩項排除在自然範圍之外。這表示概念的運動不受自然的影響。但黑格爾有時也會辯稱，以概念形式出現的自我意識在向前走之時，是受到內在的驅力影響，而非由於外部的驅趕。對黑格爾而言，自然是外在於概念的。

康德曾經把時間與空間視同為直觀（覺），而把 直觀看成為概念的構造成分。黑格爾卻不只把直觀從概念驅逐出去，並且也把時間與空間從概念趕退出來。他把時空放在自然裡頭，其用意是概念的運動不當使用時空的詞謂來加以解釋。例如「變化」、「生成」（Becoming）不要想是在時間歷程後的變遷，而看作邏輯的變化。

儘管否定了謝林賦予自然以主導的高位，自然在黑格爾的體系中仍舊扮演重要的角色。由於自然的存在，概念及其對象才有所分別，俾顯示在某一階段上概念不適當，尚未走到理念的地步。換言之，自然是理念尚未達到眞理的過渡，是「理念的自我矮化」（自我墮落）。

可是依照黑格爾的說詞，一個理念的失誤是與其眞理的合理路途有關。因之，即便是失誤仍含有部分的眞理，也就是說在眞理錯誤中仍舊有某種程度的道理之存在；同樣的情形，理念在某一程度內出現在自然當中。對黑格爾而言，在「自然中的理念」和「理念本身」是外在與內在的同一物。他認為人們可以從自然當中抽繹在外部中的理念之知識，但這無法從其內在的本質裡抽繹出來。

黑格爾認為自然的這種概念，在謝林之前的哲學家都曾經賦予自然下列的屬性：豐富、必要和機遇性（偶變性）。除此之外，自然的特徵便是殊別性。事實上，自然在黑格爾體系主要的分部中構成了三部曲的殊別因素，亦即邏輯、自然和心靈（精神）。邏輯學是純粹思想的科學，自然科學則是物理世界的科學，心靈或精神科學，則是人事的科學。整個循環圓圈與概念（同邏輯相似、代表普遍性）相呼應。由於在絕對自由的概念融化成讓每個殊別性的段落，以自然的姿態從其本身自由自在地釋放出來，黑格爾乃能夠從邏輯化成自然。

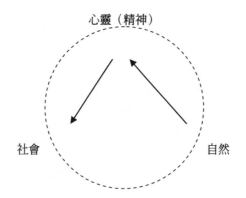

圖3.5 自然、社會與心靈構成黑格爾哲學體系
資料出處：本書作者

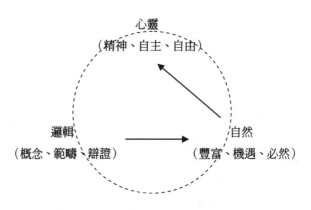

圖3.6 邏輯、自然與心靈的循環簡圖
資料出處：White 1996: 78-79.

　　黑格爾體系的三分法，是受謝林的影響，後者曾區分主觀的主體／客體與客觀的主體／客體。在邏輯學當中它繼續強調的是範疇並非主觀的抽象化，而客觀的現實性，是故在自然裡頭客體性並非絕對。原因是在自然的各部分裡我們都會找到理念。是故對黑格爾而言，自然界中的分門別類和各種律則（運動規律、變化規則）不是康德和費希特所言，把知性橫加上去，而在自然本身就有分門別類和律則的存在。

Albrecht von Haller
（1708-1777）

壯年時期的歌德

歌德與浮士德

　　黑格爾在強調自然當中自有理性，他引用歌德在其詩形式中對主體的看法。原來在1732年，詩人兼心理學家馮哈列（Albrecht von Haller 1708-1777）曾在一首詩中表示：「創造的心靈無法穿透（看穿）自然的運作，如果能夠稍微懂一點自然的皮毛已算萬幸」。對這首詩，歌德的反應是：「自然既無核心，也無外殼〔皮毛〕可言。」這種說詞被黑格爾引用，而指出自然既無核心，也無外殼。這種核心與外殼的說法，後來在黑格爾青年門徒間成為經常的引語（例如馬克思與恩格斯要保留黑格爾辯證法的「核心」，而去其唯心主義的「外殼」）。

　　在黑格爾的心目中，合理的思想會在自然中找到相搭配的合理性。這個觀念同謝林認為心靈的體系就是與自然的體系相似的。不過黑格爾不允許自然和概念同日而語、地位平等。對他而言，在自然中找到的體系只是在運動中的概念，含有實有、本質、概念的段落，自然所透露的是不完全的體系。要求自然產出理念還有必要把自然馴服化、精緻化。就在這方面，黑格爾對自然的看法比較接近費希特，而與謝林還保持一段距離。

　　謝林和黑格爾一個重大的不同為：當謝林視自然是不斷的變化與運動之際，黑格爾卻持相反的看法。對黑格爾而言，只有概念在運動，而自然不但不會運動，還表現僵硬和固定。因之，黑格爾不贊成自然演變的理論。因為這種說法，他遭受不少批評者的抨擊。批評的原因是認為黑格爾的自然哲學，還有相當的空間讓進化論（演化說）可以發揮。這是一種假定的說法，亦即假定在他的體系中自然處於孤立的狀態，主要的是從概念的學說來看待自然的緣故。因為黑格爾把自然看作是概念的反面，是故運動和發展都不能賦予自然，只能

交給概念。換言之，如果把自然中的進化論也搬到黑格爾的學說中，那麼他必然要重建另一個體系才行。

黑格爾還有另外一個理由把自然當作靜態，這是涉及他用自然一詞來代表一件事物、一個實有的本質。因為一談到概念，黑格爾便會提到「概念的自然〔本質〕」。這種用法適合了他的目的，這是因為在其「自然」（原狀、本來的性質）之上，概念既是客觀的，也是主觀的範疇，它在本質上就是自我運動，要從概念上升到理念。於是他說：「它的客觀性、亦即理念，概念的本質就是自我意識的本質〔自然〕」（Hegel 1981: XX, 18-19）。自然的意思是經常的，它是本質的。這樣來看待自然，在歷史哲學中黑格爾廣泛地使用這種的意思。

概念走向理念的運動隱涵自然的外在性與他者性不斷地消減。因之，自然可以看作精神化運動過程中的階段。不過這不是自然本身變化（發展）的階段，而是概念發展的階段，因為概念的改變，才會導致各種各樣的運動、變遷。

把自然看作是階段的系統，使黑格爾有機會對自然的組織、結構、體系可以加工大做文章，這方面與謝林的自然觀又有點相似，這是自然從最簡單的樣式發展為複雜的樣貌，最後發展為擁有生命的最高峰。這個組織、結構、構圖（scheme）有三個主要的部分：機械、物理、有機。這三者也可以從普遍性、殊別性、個體性來切入和理解，或是從概念的運動之實有、存有、本質等等的概念來觀察。其後，科學的發展使黑格爾這種說法變成明日黃花，但駱仁匡（Karl Rosenkranz 1805-1879）卻在黑格爾自然哲學裡（相對於黑氏體系中一部分來）顯示出工整與優美來。駱仁匡說：

> 由於概念是普遍、殊別和個體的統一體，自然的每一個氛圍〔部分〕必須是自然整體之一，因此就是一個相對的整體〔總體〕。假使情況並非如此，那麼自然中就找不到一體性……這個和諧一體〔致〕出現在較低階段〔之事物〕能預知高階事物之存在，而高階的事物則會回憶低階的事物。（Rosenkranz 1840: 101）

隨著生命的湧現，自然達到其高峰。跟著有意識的出現，自然遂轉進心靈的階段。心靈是自然與邏輯理念的綜合，分別代表普遍性與殊別性。至於「具體的普遍性」，亦即個體性出現之後，表示在心靈中自由居於主宰的地位，早

曾任柯尼斯堡大學哲學教授的駱仁匡，為夾於左右兩派之間的中間派黑格爾門徒，著有《當成自然哲學家的黑格爾》
*Hegel als Naturphilosoph*（1870）

駱仁匡

把自然的必然性拋在後頭。由於人的社會是在心靈的範疇中降臨，因之和人的社會有關的物質，遂放置在比自然還高的位階上，因之是處在完全自由之中，就在這方面黑格爾提出他對社會與國家的看法。

黑格爾所關懷的人類、人性不屬於自然的，而是愈快離開自然愈好，愈有可能落實——落實做人的價值與道理。與他同代的思想人物一樣，黑格爾相信在其自然狀態中，人是以單個人的方式存在。因之，他同費希特相似，質疑盧梭所言，在本性上人是自由與平等。誠如黑格爾說：

> 一個熟悉的見解指出所有的人在天性〔自然〕方面是平等的，〔這種見解〕是他自然與概念混同來理解，正確的說法是在天性方面人群只有不平等。（*Enz.*, §539）

黑格爾認為人處於自然條件下，自由與平等只有在抽象中，而社會最早的樣式之特徵為奴隸制和不平等。具體的普遍性自由和平等，是在自我意識發展之後產生的結果。他說：

> 可是那個出現的平等，那個視為〔屬於〕人的——並非在〔古〕希臘、在〔古〕羅馬等處出現的某一個人，而是某一些人——被承認為人身（person），在法律上當成如此〔人身〕。這都很少靠自然〔天生造成之現象〕，而是心靈最深奧的原則之產物和結果，同時也是這個意識的普遍性和發展〔的產物和結果〕。（*ibid.*, §539）

　　對黑格爾而言，自然人是尚未與人的概念相搭配的人。自我意識的發展是一個過程，靠著它人類才能與他的概念相配合、相一致。在這一過程中社會的聯繫逐漸形成，合理的制度一一建立，自由的氛圍逐漸增大。

　　不公平、宰制、奴隸制度爲人類起始的狀態，以及自我意識引向把普遍性的平等和自由這兩項觀念在《精神現象學》中都分別浮現。其中頗富啓發性的文字，包括用主奴關係來闡述自我意識。主奴的相互關係的逐步展開，顯示主奴的功能最終要合而爲一。外部的必然性最終讓位給內部的自由。在《哲學百科全書》中，黑格爾展示自我意識的這種辯證法發展，也會出現在人類歷史中。就事實而言，人類從自然中的彼此混戰之狀態下湧現，並非以單元的方式出現，而是分裂成主奴的雙方。這就表示沒有單一的自我意識，而是至少兩個的自我意識。這兩個意識的對撞、碰觸，首先在外觀和反思的層次上，但其後這兩個意識是在彼此承認下達成，亦即被彼此承認這兩個自我意識是眞正的、內在的人的本性（洪鎌德 2010：35-52）。

　　當人們承認同屬人類的一份子，而不是主人與奴僕時，這就會出現黑格爾所命名的「普遍的自我意識」。這是他視爲人類最終的歸宿（命運）。但要達成此目的，卻要經由坎坷與崎嶇的路途。「承認的競求和對主人的臣服是一種現象，這種現象導致群眾的社會存在，也是國家的起始」（*Enz.*, §433）。透過社會生活的發展，靠理性的擴散，特別是基督教的廣播，使人群變成可能去對待彼此，不把彼此當作外頭詭異的客體對象，而是看出彼此擁有自我意識，而自我意識不是殊別的、個人的，而是普遍的。這種承認最後取消了主人與奴僕的分別。

　　雖然從自然狀態邁向普遍的自我意識之轉變，構成黑格爾歷史的基礎，他未曾將這個過程當成純粹是歷史的流程，也就是不認爲是某時期、某地方發生的變化。原因是時間與空間都是自然的範疇，相對地自我意識的發展卻有本質上的重要性，而隸屬於心靈的領域。這種考量對黑格爾的社會與歷史的看法有重要的影響，先談他的社會觀，最終再談他的世界史觀。

# 四、黑格爾論社會

　　就像他同一時代的其餘思想家一般，黑格爾以倫理的詞彙來思考社會；也

同他們一樣，他認為哲學體系的高峰在於闡述其基本的說法，亦即人群同社會組織之間的適當關係。這個理念早在康德的哲學中便呈現出來，不過其更高的發展階段卻是費希特的學說，因為他把自我當作其哲學體系的起點，也是社會要追求的理想。

繆勒對政治和經濟極為熱中，曾著有《國家治術之要素》（*Elemente der Staatskraft*），詳論國家、政治、法律、商貿、經濟、國富，以及國家與宗教之關係。

繆勒為德國評論者、政治、經濟學家和國家理論者

　　謝林從費希特那裡取得社會的結構是遵從心靈的結構之看法，包括知性和理性的能力。他更由此而分辨現存社會、知性（實然）的社會和理性（應然）的社會之不同。謝林所謂知性的社會是以法蘭西大革命後，人群爭取物質利益、進入工商大車拼的原子化、拜金化的社會為其抨擊的對象。這種社會的僵硬與機械的運動在謝林看來無異與概念等同。反之，他認為適當的社會應該是活生生的有機體，而應該是理念，這裡看出他把概念與理念的不同，反射到知性社會與理性社會的差異之上。繆勒（Adam Müller 1779-1829）更把這種對照加以詳細描述，而以建立在概念之上市民或資本主義社會來和中世紀封建體制下建立在理念上的人群相互扶持之社會做一個對照（White, *ibid.*, 83）。

　　黑格爾在《法哲學大綱》中，依照謝林及其門徒的說法，把社會看成是心靈能力的樣板。他也接受謝林的設準，把民間（市民）社會當作理智（而非理性）有關的社會形態。與人的需要、激情相對立的是倫理的、自由的人際關係，這種關係的基礎為理性，也只有在國家這個層次上才可望實現。當謝林與繆勒排斥知性社會之際，黑格爾卻把市民社會轉化為國家，並且指出這是邏輯上從概念轉化為理念必須之發展途徑。市民社會成為概念轉變為國家的理念必不可缺的轉捩點。

　　黑格爾的社會觀雖是依照謝林的說詞，但也有不同的看法與轉折，因為他要建構與謝林不同的體系之緣故。早在1796年的〈體系大綱〉中，黑格爾便指出現存的國家並非理念的化身，而是一種的機械作用（機制），把人群當

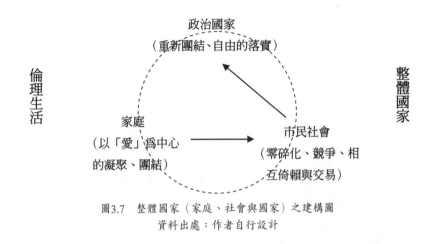

圖3.7　整體國家（家庭、社會與國家）之建構圖
資料出處：作者自行設計

成機器的螺絲零件來處理，是故現在國家沒有繼續存在的必要。駱仁匡在有
關黑格爾的傳記中提到1799年黑格爾撰述一份評論，係針對英國經濟學家司
徒亞（James Steuart 1713-1780）《政治經濟原則探索》一書而發的（洪鎌德
1999：27-28，94）。司徒亞對英國資本主義體制之運作相當同情，但黑格爾
以高貴的情懷和一連串有趣的實例，對這個體系的必然崩潰大加聲援，而企圖
保留人們的靈魂不致因為競爭、勞動的機械化、和商業而受害。其後黑格爾閱
讀了亞丹‧斯密、薩伊和李嘉圖的作品，他對資本主義體制的嫌惡並未消失，
這是他支持浪漫主義者看法，不過他視民間社會與資本主義的連結是一種必要
之惡，因為這是發展到理念所不可或缺的地步。

Adam Smith
（1723-1790）

James Steuart
（1713-1780）

Jean-Baptiste Say
（1767-1832）

David Ricardo
（1772-1823）

黑格爾對市民社會的看法同他對知性的發展之看法，有令人印象深刻的相

似之處。這兩者都是分解的力量，兩者的出現都是在把原來的統一和凝聚打破以後，因之在自我意識和社會中，黑格爾卻視其起始點為團結、凝聚、一致。在自我意識的發展中，其原來的統一在「感知」；在社會的發展上，原來的凝結則為家庭（建立在「愛」之上）。但知性卻使感性的團結解散，民間社會的競爭、打拚也使家庭提供的親情、摯愛跟著解體。

在黑格爾的觀念中，市民社會最明顯的特色便是雞零狗碎（碎裂）化，把理念分解為殊別性。市民社會成員之間的關係是外部的關係，受著必然的原則所操縱。市民社會是「需要的體系」，每個人的生計有賴其他人的支援供應。這是這樣的在運作，以致黑格爾說：

> 自我追求的目標實際上之獲致受著普遍性的制約，其方式為完全的相互倚賴的體系〔來達成每個人競逐之目標〕，其中任何個人的生計、快樂、法律地位完全以全體成員之生計、快樂、權利糾結在一起。在這個體系中，個人的快樂等等都仰賴它，也就是仰賴這個體系極其相關之物，這些〔訴求、追求的目標〕才能實現、才能獲得。這個體系可以看成外部的國家，也就是建立在需要之上的國家，也就是知性所觀察、看待之國家。（Hegel 1976: §183）

黑格爾進一步指出分工造成分裂與零碎過程的加劇，也導致人人更為相互倚賴。勞動本身變成更為簡化與「抽象化」，以致很多部門以機械取代人力。另一方面勞動愈形抽象化，它會變做更為普遍性，是故從民間社會的殊別性中湧現了普遍性的因素。這種情況發生在工業比發生在農業更為明顯，是故黑格爾贊同繆勒的說法，農業與工業之間有明顯的鴻溝存在。他說：

> 城鎮和鄉村——前者為民間社會中工業的大本營。在那裡反思出現，而開始把人從他人分開出來。後者則是倫理生活的棲息地，這裡生活是附著於大自然之上的。（ibid., §256）

儘管黑格爾能在市民社會的運作裡找到部分的因素，像人們普遍地仰賴金錢，也普遍地使用交易的手段等等有助於普遍性出現之物，不過他在追蹤這些因素裡，也追蹤到社會從必然走向自由的過程。他也看出這個過程出現在司法、行政、公權力方面，以及在公司行號的商團活動方面。這一大堆的事物是

一些制度，其存在與運作之目的在把市民社會最糟糕、最壞的部分制衡、抵制下來。黑格爾不是經濟學方面的自由派人士，因之，沒有願望讓資本主義隨心所欲，放任其自由發展。

如果放手不管，市民社會導致財富不成比例地集中在少數人手中，同時也會使絕大多數群眾陷於貧困當中。十八與十九世紀英國的例子便是令人痛心疾首的惡劣之壞範例，窮人的自生自滅與求乞街頭到處可見。黑格爾也想到生產者與消費者歧異的利益造成衝突，公權力有必要對此做出平衡處理的義務。貨物的價格應當公平，消費者有權不受奸商與不法生意人的欺騙、訛詐。

此外，社會仍有不少重大的功能有待發揮，而不可讓諸個人隨興操作。例如下一代的教育是公家要關懷的。同樣淪入赤貧的家庭，是否導因於揮霍無度，還是社會經濟活動造成的結果，不當由私人的賑濟來解決，而宜由公家出面來改善。

黑格爾認為公司行號財團之組合（織），也是制止民間社會浮濫的改善機制，這是同屬一個工業工人與雇主之聯合會，為促進雙方的共同利益有必要相互扶持協助。是故商社與財團的組合（公會、商會、農會等等）所扮演的角色，不亞於政府在社會上的作用。不過後者是外頭硬形加諸的措施、干涉，前者卻是出自民間社團本身，由其會員自行組織的。

透過組合與家庭，市民社會（亦即知性社會）轉變成國家（理性社會）。根據黑格爾的說法，國家是「具體自由的實現性」。這是因為「個人的個體性和其殊別的利益不只達成完全的發展……而且……也把它們的合致轉進普遍性的利益當中」（ibid., §260）。對黑氏而言，國家就是理念，具體的自由得以實現，乃是普遍的利益與殊別的利益一致，造成絕對的利益，其間便不再有衝突扞格之處。在國家中所具體形成的自由並非主觀的、殊別的自由（不再受意氣、偶然、隨意所左右的自由），而是從擁有殊別的利益、但又知道與意欲普遍的、公共的利益的那種自由。

國家本身是從造成的概念的那些種種因素組合而成。是故普遍性是以立法（議會）來代表的，也就是決定普遍的事物（意見、價值、利益等物）之力量；殊別性則以行政單位來代表，也就是把特殊的個案在從屬於普遍性之下，也有權決定者。至於個人統一的表現則為立憲君主制的元首。

黑格爾進一步指出，他不強調、不贊成權力分立的主張。因為權力分立表示一個權力對另外一個權力的敵視與不友善的態度。這是以知性、以理解的觀點來看待國家，但如以思辨的觀點來看國家，那就要在概念裡頭看出三種權力

之間的關係。在這一點上黑格爾提醒讀者，他的社會與國家之學說只有在他的
《邏輯科學》中才能夠全然地被理解。他說：

> 概念也好，或更具體一點理念也好，根據它們本身在其彼此的抽象中
> 來決定和來假定段落〔環節〕，像普遍性、殊別性和個體性，都可以
> 從我的《邏輯科學》發現出來，雖然並非目前其他處所流行的邏輯說
> 法。（Hegel 1976: §272 *und* §31）

黑格爾把權力看作是在邏輯上互相牽連而形成一個整合的總體之諸部分。
就因為它們有機的關聯，而非彼此的猜忌，才能保證君主不致採行暴政，而行
政與立法可以和諧合作。

在談到行政時，黑格爾觸及文官作為建構普遍性等級議會之助力。他們促
進社會普遍的利益，作為公權力的代表，他們就像公司、行會的組合之成員一
般在照顧公共的福利。一個官員群體的活動在輔助另一官員群體之活動，彼此
相輔相成，這就是他把官僚看成「普遍（泛宇）階級」之因由。

一談到立法機關，黑格爾認為這必須是等級議會。他認為市民社會中有三
個等級或三個階級的群眾：1.以家庭為自然法則形成的貴族和土地等級（地主
及其附屬農奴）；2.另外則為從工商各業的（技匠、工人、商人等）；和3.代
表普遍性的文官、公僕等行政人員。這三種人形成了一個概念，原因是農業部
門的貴族與地主代表了自然的團結；工商階級代表了民間社會的零散與殊別
性；文官、公務員則代表前面兩者調和合致，而代表的普遍具體自由。黑格爾

Joseph Görres
（1776-1848）

1810年的繆勒

中年的謝林

認為上述三個階級都應派代表出席等級議會，大家合作可以把國家帶入「經驗性的普遍化」，亦即多數人的思想和意見，而輔助了懷有卓見慧思的高級官員，使他們豐富其普遍性，也輔助了君主具體的普遍性（個體性）。

黑格爾與繆勒、謝林或戈列士（Joseph Görres 1776-1848）看法不同。後面三位認為三個等級可以扮演中介的角色，來調解人民與君主之間利益、衝突或分配。黑格爾反對的理由是認為三階層所形成的等級議會如果真正發揮上述三哲學家所說的媒介功能，那就表示國家被分裂或處於解體之中。依他的看法，三個等級（階層合構的議會）同政府的關係是有機的，有如器官地相互合作。這兩者在表面上處於對立狀態，也就是靠理智去加以瞭解。因之，他說：

> 邏輯一個最重要的發現是任何某一特殊的環節（片段）雖呈現了對立的外觀，卻擁有一個極端的地位，不久便停止這種極端地位之表象，通過同時是〔總體目標之〕一個手段，而構成有機總體的一個環節〔片段〕。（*ibid.,* §302）

在這一案例中，不難看出黑格爾的思辨方法比謝林的方法更為圓融。

黑格爾的《邏輯科學》與《法哲學大綱》有其對稱的部分，就靠著這兩書的對稱使得黑格爾把家庭、市民社會與國家之關係連結起來。這是懷特（James D. White）的見解（White 1996: 88）。但本書作者卻認為這三個社會與政治制度的演變流程，完全是師法亞理士多德的主張，包括認為國家是人倫理生活的巔峰、自由的極致。黑格爾所以把這三個單元連結在一起，主要的是基於一個概念（作為總體）發展、生成有其必然的階段、段落、環節。這種概念的發展並不涉及時間與空間的因素，因之，黑格爾的社會概念中不涉及時間的先後，以及後者取代前者（國家取代社會）之演進觀感（不過這點就偏離亞理士多德的主張）。反之，社會是永久與必然的確（固）定物，正如同理解與反思是理念發展的瞬間、環節、段落一般。黑格爾也不把國家中有任何的發展可言，或是它與市民社會之關係有任何的發展。每一個構成的成分都有其邏輯中的對等物，因之在社會氛圍中也表述了這樣的合理性。

毫無疑問地黑格爾不必贅述他所描繪的社會，或國家究竟指明是那個特殊的社會、或國家。他的用意在泛指所有叫做社會、或國家的普遍理念，亦即表面上符合理性的社會與國家。同代哲人如費希特、謝林、繆勒等對社會、對國家的分析也多少採用泛指、應然的態度。不過黑格爾的卓見中帶有實在主義，

以致造成讀者誤解他在爲當時存在的普魯士國家證成與辯護。事實上這種誤解的三個因素都植根於他的《邏輯科學》中。

其一，他不把理解（知性）與反思（理性）排除於理念的建構之外；反之，把前面這兩者也具體收入於他的體系中。這就是他把這種邏輯的想法推廣到人間社會，當作理解的社會來處理。黑格爾的市民社會變成了當年西歐、英國等地社會一般，都是資本主義的社會。這也是黑格爾沒有刻意要拒斥理解（知性）的社會之因由。這點與同代浪漫主義的作家之看法大爲不同。

其二，黑格爾對未來的社會與國家不作任何預言式的猜測，不認爲既存社會機械性與必然性的人際關係，可以被人性的團結或自由所取代。不過一如黑格爾在《邏輯科學》一書中所指出的：「理性的狡計」把一切預測、預言變爲毫無作用、毫無可能。理性只有在事後才可以被知悉，是故推測未來的發展無濟於事。對於哲學這種侷限，黑格爾並不懷歉意，反而對那些大言炎炎的預言家表示他的嫌惡與輕蔑。他說：

> 由於哲學在探索理性之物，爲此原因理解現時和其實現的事物〔爲其職責〕，而不是在創造未來的〔事物、世界〕。這些合理的、現實的是被〔哲學〕假設、想像其存在。只有上帝才知道它們是否存在、或究竟什麼東西存在。假使我們妄想完整地說它們存在什麼地方，那麼預言這類事物存在是冒著錯誤的偏頗、空洞的邏輯亂斬〔之危險才能做到的〕。（Hegel 1976: 13）

在《法哲學大綱》〈序〉的尾端，黑格爾再度說明他對未來不做預言之原因。以下這幾行字在他的著作中是令人印象深刻的名句：

> 對世界應當是什麼，我想再多說幾句含有教示意味的話。除了其他任何的事項以外，哲學走到事情現場總會比其心意慢幾拍。當成對世界的思想而言，它〔哲學〕出現在現實性業已完成其形塑的過程和接近尾端以後。概念所教導的必然是歷史的教訓，什麼是歷史的教訓呢？那是單單是現實性業已瓜果成熟之際，理想以對抗實在出現的時候，理想、理解這個同一的世界在其實體當中，而把它構築成知識領域的樣貌。不過哲學把它〔世界〕的灰色中用灰色〔的彩筆〕來描畫時，生命的規格又長老一些，屆時在灰色中的灰色永不重返青春〔綠

色〕，而僅僅變成爲人所知悉之物。只有在朦朧的夜色低垂之際，米內瓦的夜梟才會展翅高飛。（*ibid.*, 17）

在拒絕爲社會的前景做出任何的描述時，黑格爾的思想卻有模糊不清之處。普遍的自我意識的概念，這是黑格爾在《哲學〔之科學〕百科全書》中所詳談的，是自我意識從自然的奴役與不平等發展出來理性的結果，可以做爲社會的理想。這點與費希特、謝林和舒萊業馬赫等人的想法是相同的，都是未來理想社會所要實現的目標。但黑格爾不認爲他主張的國家能夠把普遍的自我意識體呈現出來。但另一方面他似乎又認爲誓反教形式的宗教，強調在上帝之前人人平等，能夠實現普遍的自我意識。進一步來說，他認爲教會與國家應當可以相容。在黑格爾死後這個模糊不清的說法引發爭執。

鮑魯士爲德國神學家和教會史家，曾任耶拿大學和烏茲堡大學神學教授，其神學解說影響黑格爾的神學觀。主張透過理性個人應擁有自主與自由。著有《作爲古基督教史背景下的耶穌平生》（1828）

Heinrich Eberhard Gottlob Paulus（1761-1851）

黑格爾《哲學之科學百科全書》

其三，在黑格爾的哲學體系中，從他政治思想延伸的邏輯說法，給他的學說一個保守的色彩。其原因爲心靈一旦超越自然的必須、必然，就變成了自由與理性的領域。這種意涵造成了他學說的保守色彩。這表示了黑格爾在心靈的範疇中找不到方法去討論心靈中不理性、不自由的部分。他把不自由、不理性歸因於自然的必要性、必然性。但自然並沒有併入心靈的領域中。自然成爲概念，邁向理念墮落或不適當的發展階段。其結果在《法哲學大綱》中，我們找不到他對現存制度缺陷的批判，也找不到他對政治或社會改革的建議。該書出版時，鮑魯士便指摘黑格爾視凡存在的法律都是眞實的法律，都是合理的法律（引自 White, *ibid.*, 90）。

鮑魯士還指出黑格爾立場的不一致，這是從他的體系中的心靈所扮演的角

色來看的。這是涉及黑格爾企圖應用他哲學的方法去研究社會之正當性。因爲黑格爾一度辯稱：

> 只要談到自然，人們便承認哲學要研究它〔自然〕……蓋自然的本身是合理的，而自然科學必須考察和理解這個在它當中呈現的實現之關係，而不是出現在表面的型構或偶發現象，而它永恆的諧和、內在的律則和本質。與此相反的倫理的生活像國家……等等都是心靈的領域，反而要讓機會、隨意、上帝棄絕來攝理。（Hegel 1976: 7）

這段話非常奇怪，在黑格爾的體系中，在自然當中可以透露合理之物，合理性幾乎令人難以置信。在自然當中合乎理性（合理性）是被概念的不適當所蒙蔽，以致由概念走向理念困挫重重。當然在心靈中假定要求它透露理性也不是黑格爾的本意，因爲對他而言，心靈便是內在的合理之物。任何阻止心靈、社會與國家最終要表現合理性與自由之舉措都是不應該的。要解釋在人類的事物當中隱藏的理性究竟是什麼，爲何心靈的領域會出現是上帝的棄絕的所在，就要回顧黑格爾對歷史哲學的主張之上。

# 五、黑格爾論歷史

《法哲學大綱》在其終端討論國與國之關係，國際公法以及對這些關係的總結與判斷，從而闡述了世界史的意義。黑格爾這種做法無異呼應了席勒的話：「世界史便是對世界的裁判庭」。世界史所以能夠擔任裁判世界的角色是由於它絕對的普遍性之達致。由於他列出四個階段，俾歷史走到絕對的普遍性終站。第一站是東方的領域，在那裡自然性的社群崛起，它們沒有內在分工的現象，統治者就是宗教領袖（祭司）。第二個階段便是古希臘文化廣被的地區（地中海、小亞細亞）。在此領域分歧逐漸顯現，但這種分歧化只是部分的。原因對殊別的需要之滿足，尚未列入於自由的氛圍裡，而是把它硬性推給奴隸的操勞、去成就人群需要之滿足。第三是古羅馬的領域，分歧化已接近完成的時期，此時倫理生活已分解爲人身私自意識的一個極端與抽象、普遍性的另一個極端。到了第四個階段，是廣義的日耳曼區域，這時以統一來理解、調解歧

異，客體的真理和主體的自由不致發生衝突，國家、宗教、科學也彼此可以和平共存，社會的各種氛圍、各個部門都可以相忍相容，而且相輔相成[1]。

　　黑格爾解釋世界史為一種牽涉到普遍化與殊別化兩極端的辯證過程。他進一步指出另外一個界域、天地、範圍，即世界史不只圍繞著普遍性／殊別性的主軸在打轉，而且是自然／自由的縱軸在運轉。歷史在時空中發生，而時空都是自然的範疇，自由的進步會在自然的必然性中折射出來，特別是在發展的初期階段，要脫離自然的拘束談何容易。這就是何以歷史最初的階段分配在數個國家（印度、中國、波斯等）之原因。東方社會的鐵板一塊，被古代希臘與羅馬的分歧所取代，最後在日耳曼與基督教盛行的地區，各種歧見、分別都被消除和解，而成為單一的領域（地理上為西北歐的北半球），而時間上則為中世紀與近現代。這個時期的分劃說明在開始的階段，自然條件比近現代更展示重大的影響力。歷史之所以是合理的流程，主要說明其合理性的程度隨著人從大自然解放出來的程度成正比。它並不像概念的特徵一般，做了三種類型的展現。原因是發生在時空中變化，無法與概念邏輯的變化那樣完全符合理性。以此時的眼光來看待當成心靈運動的世界史乃是：

> 走向絕對知識本身的積極運動，因之，將其意識從自然的直接性之形
> 式解放出來，而化為返回它〔意識〕自身〔之運動〕。（Hegel 1976:
> §352）

　　在《法哲學大綱》中，「回到心靈的自身」和「心靈從自然解放出來」這個提法，只是簡單提一下，並沒有詳談，只有在《歷史哲學講義》（甘斯在1837年）出版後，我們才知道這一論題的梗概。這一提法為黑格爾的體系增加新的思想空間（天地、界域 demension），也是他同代人所未曾事先看出來的學說的新境界。

　　駱仁匡在對甘斯所編《歷史哲學講義》的書評裡指出，在此書出版前，黑格爾的一位名叫卡普（Christian Kapp）的門生，曾經按照黑格爾的體系把世界史作這樣的詮釋：東方文明相當於「有」（Being 是）的範疇；古典時期（希

---

1　以上是懷特對黑格爾世界史的四個階段之簡述。但就我們所知世界史應簡化為三個階段，即其一、古代東方文明；其二、古希臘、古羅馬；其三、受基督教影響之下的日耳曼各族。參考本書第九章有關黑格爾歷史觀與歷史哲學之部分。

齊次科夫斯基爲波蘭哲學家，主張以「實踐哲學」（*Praxisphilosophie*）取代思辨哲學，企圖把黑格爾的理論性和反思性的學說，變成改造社會的行動哲學。

Cieszkowski（1814-1894）
齊次科夫斯基

Eduard Gans（1797-1839）
甘斯

臘、羅馬）相當於「變化」（Becoming 變）的範疇，現代日耳曼世界則被概念所表述。事實上不只卡普，就是齊次科夫斯基（August von Ciezkowski 1814-1894）的《歷史科學引論》也把歷史分成三個時期來論述（洪鎌德 2007a：115-117）。

　　卡普與齊次科夫斯基的學說框架是一種理性的序列，以黑格爾的《邏輯科學》爲結構，模仿自然哲學的《法哲學大綱》之所爲。黑格爾的《哲學史》也是按著這種理性三部（步）曲來排列。因之，在其同代思想家與門生等人的想法下，會認爲《歷史哲學講義》應無例外。殊不知此書與以往黑格爾的著作大異其趣，完全以新面目問世。

　　造成這種異例、突破是有其不得不如此的理由。其中之一爲受到素材質料的性質特殊所致。把《自然哲學》同《邏輯科學》作對稱、做搭配是容易的。原因是謝林早就提供黑格爾所需有關這類「階段的體系」之架構。其次，展示邏輯的範疇與自然現象的對稱性、搭配性也沒有必要，原因是就其定義而言，自然在其本質上便是不適當、不妥切的概念。把這兩者看作彼此搭配、近似，會使黑格爾的企圖無從落實。

　　與此相反，《法哲學大綱》卻要求處理的素材與邏輯搭配。這方面黑格爾輕易辦到。其原因無他，家庭、市民社會與政治國家能夠展示概念運動的不同段落、瞬間、環節。一般人大多接受法蘭西大革命後所產生的市民社會，正是斯密所描繪的放任無爲、力求競爭、追逐利益的社會。這是一個靠理解辨析的知性社會。黑格爾可以靠其先行者的學說來建立他的社會理論。但是建立在前人基礎上的新學說之操作、解釋並非順心得手、處處成功。它所產生的頭尾不

連貫與異常，鮑魯士早已發現，從這本作品的〈序〉和結論看出黑格爾對這些
不正常的、缺陷的部分早已意識到、體會到。

　　儘管世界史隸屬精神（心靈）的範疇，想要把它當作與概念自我運用具有
相似的形貌，卻是不可能的任務，原因在於材料的龐雜和殊異。當然這些材料
有時可以塑造成三部曲的類型，但其結果卻變成是人工的、刻意的或隨便的安
排。再說，儘管《哲學史》在許多方面是一部歷史的作品，但在這部著作裡，
將材料按其性質分置於三部曲當中是可欲的、做得到的事情。這是哲學的發展
正依據黑格爾的方法在進行。與此相比，世界史的表述需要更鬆弛與機動的架
構，這不是邏輯的僵硬所能夠提供的。

　　在把自然重新引入心靈的領域之時，黑格爾能夠把世界史描繪為理性的流
程，但不能把他要處理的素材硬行置入尚未規定的樣式、模型（scheme）中。
這會造成駱仁匡所擔心的「邏輯範疇乾燥無味的一再反覆出現」。其結果不像
黑格爾其他的作品，《歷史哲學講義》充斥一大堆敘述、描寫、訊息，變成他
的體系中最容易被人接受與理解的著作，但卻非立論深刻、令人激思的傑作。

　　在《歷史哲學講義》的〈導言〉中，黑格爾提出明顯的主張（這是在《法
哲學大綱》早便暗示的話）自然的認識與發現，只有在心靈中才能找到、辦
到。他說：

> 首先我們要注意我們現在處理的主題為世界史，它是在心靈中發生的
> 事情。世界是被物理和心理兩者構成的，物理的自然在世界史中扮演
> 一個角色。因此我們當然會把最初的注意放在自然的影響的基本勾勒
> 之上。但心靈及其發展的路數卻是歷史的真正實體。我們在此並不關
> 懷自然由於其特殊的成分構成合理的體系這類情況，而是關心自然
> 對人的心靈具有影響的那一部分。（Hegel, 1832-1845, *Philosophie der
> Geschichte*, [hrsg] Marheineke, P., *et. al*. S.19-20）

　　自然就是地理環境與社會舞台，提供給世界史表演、展露。對此黑格爾在
該書〈引言〉中花了不少篇幅大談特談。在對待心靈的關係上，自然是人群的
外部現象的世界，提供給人群追求其私人利益，表達其激情、悲喜，和滿足其
自私的需要之場所。黑格爾認為只按照欲求而採取的回應動作，無異受著自然
的脅迫的行動，不是人自動自發的舉措。這表示人不是自由的，人只有在遵照
理性的指揮下，所作所為才展現了他的自由。是故人非天生自由，並非受著自

然的引導便是自由。他說：

> 自由不存在於起始，也不存在於自然當中〔符合自然的作爲〕。相反
> 地，它〔自由〕必須是〔人群去〕追求與爭取而得……自然狀態……
> 主要的是不公平與暴力的狀態，是受到無法馴服的自然欲求，受到非
> 人的行爲與感受〔之驅迫〕。（ibid., 41）

歷史是從自然邁向社會與國家的進展，在此過程中自由從潛勢力變成現實性。歷史乃是人類逐步的解放，從自然的必然性與非理性中解放出來。

不過我們要進一步質問，究竟是什麼原因或動力驅迫歷史向前行？自然不會運動，會不會是由於概念的自我運動所激發呢？如果是這樣，那麼歷史的分析就被強迫置入三部曲的模式裡。黑格爾在這裡試圖藉自然含有「本質」的意思，來嘗試解決這個疑問。在這種看法之下，他能夠指出歷史乃是心靈（精神）回歸其自身心靈的本質（天然）驅迫歷史去掉非理性之物、必然之物，而逐漸浮現日增的純粹形式。因之，他說：

> 我們可以說世界史是一種表白，說明心靈如何跑回意識的本身，亦
> 即回到它的潛勢力。正如同種子包含了果樹整個本性，也包含了果
> 子的味道和形狀，因之心靈的最早痕跡眞實也包含了歷史的整全。
> （ibid., 21）

換言之，心靈的本質使它變成意識到它自己。心靈的本質、本性便是自我意識和充分自由，它也只能如此，無其他的方式可以呈現。眞理便呈現出來。因之，歷史的流程是心靈從其潛在性轉化爲現實性、展現性。正如黑格爾所指示：「一個客體的本質〔天性〕與其概念相等」（ibid., 41）。

黑格爾指出自然含有內在的與外顯的兩種意思，前者的展現（實現）正是透過後者的行動達成的。他指出：

> 我們過去所稱呼的原則、最終目標、目的、或心靈的本質〔天然〕與
> 概念只是一個普遍的、一個抽象〔的稱呼〕。一個原則、一個基本之
> 物、或一條法律都是內在的事物。這個內在是眞的（不管它對其本
> 身是如何的眞實）、無論如何都尙未展現出來。它內涵之意爲一種

可能性，一個潛在勢力，這就是尚未從其內在〔部〕的存在冒出來的東西。它要達到現實性〔展現出來的性質〕達到實現的話還有第二個元素。這個第二元素是指實現而言，它只有靠群眾的運動才會落實出來。（*ibid.*, 26）

是故為了變成實現出來之物，當成概念、當作內在的自然需要外面的自然的行動，這就是人群激情與私利的現象世界之助力。這就是黑格爾所言：「在世上不賴激情無法成就任何的事物」（*ibid.*, 28）。諷刺的是「理性的狡計」乃是內在與外在自然的對話，這與自我意識的演展相呼應。一旦內在的自然把外在的自然之舊貌舊狀拋棄（脫皮），人類真實的本性便會浮現，人類最終成為合乎理性而又自由的人群。這個運動事實上讓我們想到概念的運動，它把重要的、本質的元素，從不重要的、非本質的元素中篩選下來，目的在攀登圓形階梯上升到理念的合理性，也讓概念適合它自己（變成了理念）。是故他指出：

自由的運動形成世界史發展的各個階段，以致東方人沒有達到知道心靈或人群本身是自由的。由於他們不知道這些東西，他們不自由。他們知道只有一個人是自由的。就因為這個原因這種〔一人的〕自由乃為專斷、野蠻、暴情〔之化身〕。如果情勢是溫和的與乖順的，那只是自然的異例、偶然，但卻同樣是專斷的。這個唯一之人因之僅僅是暴君，而非自由之人。自由的意識首先在希臘人中產生，因之，也只限於少數人是自由，而非一般人都是自由。連柏拉圖與亞理士多德都不知道這點。因之，希臘人不但擁有奴隸，他們靠著奴隸在過活，他們輝煌的生活方式完全繫於奴隸的操作。他們的自由本身只是好運的、沒有發展的、臨時〔過渡性〕的，也是受到侷限的花朵。而以踐踏人的、非人道的勞役換來的。日耳曼民族伴隨基督教的興起，成為最早體會凡人都是自由的，知道心靈的自由建構在他〔人〕的內在本性之上。（*ibid.*, 21）

這種歷史的格局、計畫，伴隨著不同的階段——東方的暴政、古希臘與古羅馬的古典文明和日耳曼各族的世界，可以說同費希特與戈列士（Joseph von Görres 1776-1848）的主張非常神似。可是與費希特和戈列士不同之處，為過

去黑格爾並沒有把中古封建時代與現代布爾喬亞社會做一個分辨。但如今這個分辨在《歷史哲學》中卻出現了。在這裡倚靠天主教爲主的中世紀社會，其垂直不平等的封建層級用來同信仰誓反教的現代日耳曼各族之平等社會，做了不利的對照。在這裡黑格爾以本質、天性，來解釋自然的意思與過去的立場有異。過去他一再強調理性只有在事過境遷之後，才能被理解。如今他的說法是這樣的：一個人一旦知道某物的本質、天性，又知道該物按其本質或天性來活動，那麼人們可以預測該物最終（永恆）會做怎樣的動作，如何來行動。假使人的本性就是自由和平等，那麼基於本質、天性的必然，那麼人在實際當中、現實當中也會做出自由與平等的動作。假使人還沒達此地步，那麼結論是他早晚也會走上自由與平等之途。令人矚目的是《歷史哲學》的結語爲「這是意識所抵達的終點」（*ibid.*, 446）。這意思說意識會在相同——追求自由與平等——的方向中繼續推進。

Joseph Görres 戈列士

費希特

費希特說：科學把所有的信仰揚棄，並轉化爲看法〔直觀〕。

當1837年《歷史哲學》出版之時，黑格爾已逝世六週年，但其門徒卻分成兩派：比較激進與比較保守的兩隊人馬。顯然此一著作的出現給激進者一大鼓舞。對年紀稍長、性向保守的黑格爾門徒而言，會認爲《歷史哲學》同他們所理解的黑格爾整個學說體系不牟。須知在他逝世的1831年，黑格爾體系的三個支柱，即邏輯（與普遍性相搭配）、自然哲學（與殊別性相配），以及《現象學》同《法哲學》代表心靈的作品（與個體性搭配）都已齊備。而1817年出版的《哲學科學的百科全書》（簡稱《哲學百科全書》或《百科全書》）則爲其整個體系的綱要，它等於把上述三大支柱做了簡單的勾勒。《百科全書》所談

的世界史只是從方法上來處理，亦即研究的方法，宜注意到概括化與經驗細節
析述這兩者如何平衡的問題，目的在把思辨的方法一以貫之、妥適應用。其他
的著作，像《哲學史》、《宗教哲學》也在證實這三部曲的方法如何套用到哲
學的生成演變，以及宗教的分類發展之上。

　　由此可見，《歷史哲學》不只打破黑格爾業已建立的類型，並且把心靈
和自然的範疇以新的方式加以處理。它迫使黑格爾的同代及後代門生在有關黑
格爾哲學方面，以新的觀點、新的方法去詮釋。它還啓發了後人必須重新探討
黑格爾的國家觀，亦即用《歷史哲學》的新角度來重估他的法政思想。這些
意涵、啓示只能靠黑格爾年輕的門徒、激進的份子去進行，而無法期待老年、
右派的學生去操刀。但是黑格爾《歷史哲學》的衝擊卻因爲施特勞斯（David
Strauss 1808-1874）的《耶穌平生》（1835）一書而減緩影響、減少力道。

　　黑格爾逝世之時，他的體系存在的知識環境大異於1807年出版《精神現象
學》時的背景（法國大軍壓境），當年在耶拿至少有一群師生在討論心靈、精
神之類的哲學問題。但在1830年代拿破崙戰爭結束後，日耳曼浪漫主義的運動
有新的變化。這時理性主義的討論逐漸消退，激情與神祕主義又告浮現。激發
浪漫主義的虔誠之宗教遺緒，本來是這個時期日耳曼哲學思想的特徵，如今因
爲轉向天主教而逐漸放棄。

David Strauss

Friedrich Wilhelm Joseph Schelling

Friedrich Schleiermacher

　　在其晚年謝林愈來愈關注宗教的問題，他與黑格爾的友情早在1807年《現
象學》出版後便告破裂，兩人過去合作和觀念一致的所在，如今都被雙方掩
蓋、粉飾、略去不談。舒萊業馬赫也大量修正他在耶拿學圈時的高談闊論。他

曾經在1821年出版的《根據基督新教教會原則的基督信仰》，其中強調感覺、情緒是宗教信仰的前提，特別是對神絕對倚賴的意識為信仰之核心。黑格爾對此的批評是：要談倚賴、絕對倚賴、人不如狗，是故狗比人更適合作一個虔誠的基督徒。

由於舒氏對其早期使用「概念」一詞後來有新的修改（以宗教來討論此一詞謂），因之，要評估他這個名詞對黑格爾使用「概念」的影響，已無法還原真相，而變得模糊不清。根據米歇列（Karl Michelet 1801-1893）的說法，舒氏反悔「青年時代犯罪」而有褻瀆神明的著作發表，以思辨的方法來討論泛神論，無異為無神論，因之，晚年的作品把「不當言論」、「不當言詞」大量刪除云云。

對於浪漫主義運動在後耶拿時期的發展，特別是愈來愈排斥理性主義，使黑格爾痛心。特別是在復辟時期，採用天主教教義以對抗革命思潮令他十分厭惡。在1830年《百科全書》的修訂版出現時，黑格爾說，假使讚美天主教是一種穩定國政的宗教，那豈非承認政府捲入不公、道德腐敗、野蠻和精神的囚禁。因之，他認為1830年代與1800年代一樣，需要為合理的思想辯護。

剛好正是黑格爾對浪漫主義運動激進左翼的攻擊，引發了其後數代人對他的注意，是故在《法哲學大綱》的〈序〉中，他不客氣地批評海德堡大學哲學教授符利思（Jacob Fries 1773-1843）。符利思建立實證的哲學，立基於康德、雅可比和舒萊業馬赫的學說之上。他主張在自然的律則下，感覺世界只是現象，現象背後是「物自身」。因之，感覺世界是事物的現象本身。他以自然科學的觀點把世界看成有機體。這一有機體的操作卻是機械性與數學的律則所引導，這點也與人類的歷史相同。他的道德哲學強調個人的尊嚴，目的在為倫理與宗教生活服務。黑格爾攻擊符利思，是由於後者在學生團體會議上倡說德國創立新憲法，由一般民眾來處理公共事務，要求人民建立神聖的友誼鎖鍊，以真誠的社群精神參與教育與大眾科學的營建。這些含有烏托邦的淑世思想、千年祈福運動的想法，悉遭黑格爾斥為淺薄幼稚。

由於反對農民和激進學生的改革主張，黑格爾被污衊為復辟的哲學家。但仔細閱讀他《法哲學大綱》，有關民間社會採用改革領袖的經濟秩序之建議，我們沒有理由相信黑格爾是一位保守主義者，更非反動份子。尤其他擁護君主立憲制，攻擊保守、信奉天主教的貴族、地主，而擁抱宗教改革與啟蒙運動的精神，更可以指出他與保守份子、復辟主義者保持一段距離。

對黑格爾在《法哲學大綱》之上的政治立場之注視，是十九世紀初葉青

"Ruge shared Hegel's belief that history is a progressive advance towards the realization of freedom, and that freedom is attained in the State, the creation of the rational General Will." "Interpretation of history which was closed to the future, in the sense that it left no room for novelty."

Friedrich Heinrich Jacobi
（1743-1819）

Arnold Ruge
（1802-1880）

路格爲黑格爾青年徒，曾與馬克思合辦《德法年鑑》

年黑格爾門徒的著書立說之根據，但他們的詮釋、批評與辯解常混淆了一個事實。這個事實是黑格爾的法政哲學，與解放戰爭時期浪漫主義者追求民主與平等的理想之間，並沒有存著任何一個重大的鴻溝。1820年之後的十年間，浪漫主義運動逐漸與復辟思潮混同，而顯示其曖昧不清的混沌思想，也使主張民主的激進的左翼與浪漫主義運動劃清界線。那些雖然同情戈列士在《日耳曼與革命》一書中贊成採取暴力革命者，最終卻沒有跟隨他走入天主教的神祕主義。就是這群黑格爾的門徒，會把黑格爾的哲學當作浪漫主義運動激進潮流的意識形態看待。

　　根據駱仁匡在黑格爾傳記中的敘述，在1817年，尤其是多位學生領袖被逮捕之後，學生會不少成員從日耳曼四方八面聚集柏林，開始聆聽黑格爾的講課。在這群學生聽眾中逐漸形成一個核心，成爲黑格爾學派最忠實的信徒。雖然駱氏沒有爲這群核心門徒命名，但可以確定的是他們來自各大學的激進學生團體。其中之一爲駱氏朋友的路格（Arnold Ruge 1802-1880），就是駱仁匡本人也是從浪漫主義運動走向黑格爾的哲學，是黑格爾青年門徒的典型，這批人或稱「青年黑格爾門徒」，或稱「左翼黑格爾門徒」（White, *ibid.*, 101）（洪鎌德 2010b：91-110）。

黑格爾出生於德國斯圖嘉特，現改為黑氏紀念館

## 黑格爾簡短年表

1770.2.27 生於斯圖嘉特

1777 進新教拉丁學校

1780 進文科中學

1788 進圖賓根神學院

1793-1796 在瑞士伯爾尼擔任家教

1797 在法蘭克福任家教

1801 在謝林提攜下前往耶拿

1802 在耶拿大學以私人講師講授法律、邏輯和形上學

1805 歌德推薦下由講師升爲副教授

1807 離開耶拿大學到班貝格當報紙編輯

1808 赴紐倫堡任中學校長八年

1816 夏天辭校長職，十月赴海德堡任哲學教授兩年

1818 秋天轉赴柏林大學教授哲學前後十三年

1830 夏任柏林大學校長

1831.11.14 染霍亂死於寓所

## 黑格爾重要著作

《黑格爾青年時代神學著作》（1967）

《基督教的實證〔正格〕性》（1795，收於《神學著作》中）

《費希特哲學體系和謝林哲學體系的差異》（1801、1832）

《精神現象學》（1807）

《邏輯學，第一卷，客觀邏輯，有論》（1812）

《邏輯學，第一卷，客觀邏輯，本體論》（1813）

《哲學史講課錄》（1833-1836）

《哲學史導言》（1940、1959）

《邏輯學，主觀邏輯，概念論》（1816）

《哲學百科全書》（又譯《哲學全書綱要》1817）

《美學講課錄》（1840-1843）

《法哲學大綱》（又譯《法哲學原理》1821）

《宗教哲學講課錄》（1821）

《歷史哲學講課錄》（1822）

《哲學入門教科書》（1827）

# 黑格爾《精神現象學》
# 的大要

# 第四章　黑格爾《精神現象學》的大要

一、前言

二、精神、科學與現象學

三、現象學等於意識經驗之科學

四、《精神現象學》的結構

五、主僕關係的辯證解釋

六、結論

# 一、前言

　　《精神現象學》不只是黑格爾的一部成名作品，也是哲學著作中的奇葩。這部作品一向被視為綜合之前各種傳統哲學，而又加以揚棄突破的力作。其討論問題之多，涉及流派之廣，析論對象之深，和幻思奇想之富，可稱西洋哲學史上之最。但這部原著厚達六百多頁，文字詭異晦澀，被視為難如天書之哲學作品。就其導論的對象而言，因為涉及心理、哲學、社會、政治、藝術、宗教、知識、科學，以致評論者常不只視其為專門題目之著作，有時也看成是幾部書之彙編。

　　當然該書的副標題為《意識經驗之科學》，後來正式於1807年出版時又加上「科學體系的第一部」。因之，造成後人的困惑，究竟《精神現象學》（以下簡稱《現象學》）是一部獨立的作品？還是黑格爾整個學說所謂「科學的體系」之第一部分，亦即其體系的導論？福爾達（Hans Friedrich Fulda 1930-）主張把此書當成黑格爾1807年出版之單獨作品看待，不要再與其後成熟的黑格爾著作《邏輯學》、《哲學全書》、《法哲學大綱》、《歷史哲學》等等，牽絆在一起（Fulda 1965: 1-13）。事實上二十世紀最著名的幾位思想家，像寇耶維、盧卡奇、沙特和卜洛赫，都把這部著作當作單一、本身完整的著作看待，是一部哲學的人類學論述，歷史人如何在歷史過程中自我製造、自我茁壯、自我發展的作品（Pippin 1993: 53）。

Kojieve（寇耶維）　　Lukacs（盧卡奇）　　Sartre（沙特）　　Bloch（布洛赫）

　　1803年至1807年，黑格爾在耶拿當講師，而希望升爲教授的這段期間，他講課與散篇（包括未出版的手稿）涉及到精神哲學、邏輯學、形而上學和自然哲學，形成了他著作的耶拿系統。至於這段期間與謝林合編的《哲學批判學報》則刊載了他重要的哲學論文〈費希特與謝林哲學體系的不同〉一長稿，後來以不同版本變成專書出版。《現象學》則是他三十七歲正式出版的第一本著作。

　　這本著作被視爲黑格爾其後哲學思想演進與發展的第一部作品。因之，看作他整個哲學體系（或廣義的有組織，有始終的「科學」體系）的開端，或入門也無不可。以黑格爾治學的嚴謹來觀察，他的這部處女作卻未符合他寫作再三修改的本性，可以說是爲了建立學術地位，爭取教授的聘任而倉促成書。尤其此書最後一章是在拿破崙兵臨耶拿城，砲聲隆隆中寫成，比起黑格爾其他的作品，不但篇幅短，內容更爲緊湊壓縮，而非他暢所欲言的深刻沉思，尤其是作爲全書精華的結論，令人有意猶未盡的感受。

　　不過此書醞釀與構思卻花了不少時間，也有很多的轉折與困挫。這是他在謝林協助下，當了耶拿大學私人講師（無正式薪水，只靠低微學費）的1801年開始，每學期爲了授課，撰寫課程大綱。從此以後他幾乎每年有兩椿教學計畫要同時進行：其一，爲進行學術研究；其二，把研究成果當成教學的內容。在1801年至1802年的冬季學期，他講授「邏輯與形上學」，1802年春季學期他沒有課可上，他宣布要出版《邏輯與形而上學》一書，但只聞樓梯響，未見人下來。這是涉及他對反思與體系的關懷，這中間他卻教了法律哲學的課程。1803年與1804年，他課程稱爲「思辨哲學的體系」。這個體系不只講授邏輯與形上學，也講解自然哲學與精神哲學。這三個部分後來便構成他《哲學全書》的基礎。1805年與1806年的秋冬學期，他講解歷史哲學，就在這兩年之間的冬季，他似乎與人簽約，擬出版《科學的體系》一書。在1806年春天，他開授兩門課：「自然哲學和精神哲學」與「思辨哲學」，第一次把現象學與邏輯學包括在其講題中。

　　過去「現象學」並沒有出現在他的課程名稱中，但卻變成1806至1807秋學期課程之稱呼。這個課程題目這樣壯觀，表示作者或講者自信滿滿，打算在講課結束後出版專作：「討論邏輯與形上學，或稱爲思辨哲學，其另一著作《精神現象學》之前未發表，蓋《現象學》是科學體系所擷取的第一部，也是涉及口述的自然哲學與精神哲學之第一部」。

"I saw the Emperor – this world-soul – riding out of the city on reconnaissance. It is indeed a wonderful sensation to see such an individual, who, concentrated here at a single point, astride a horse, reaches out over the world and masters it." this extraordinary man, whom it is impossible not to admire.

歲近中年的黑格爾出版《精神現象學》，恰好在拿破崙征服耶拿城之時

　　不過吾人尚無法確立黑格爾的講學與他這部處女作之間的關係，黑格爾此時需要一部造成他聲望知名的學術作品。很多跡象顯示《現象學》並非事先仔細計畫、細心寫作，或嘔心瀝血之作。而且事實剛好相反，這本後來被公認為偉大的作品卻有匆促潦草之處。原因是黑格爾在升等與聘任的壓力下，也在出版社強力要求準時交稿之下，於短期間完成，甚至可能僅有幾個月便完成此作。

　　一如前述，黑格爾已擔任非給（正式薪俸）職講師長達五、六年，他亟需一部可以被公認為學術界新秀的代表作。儘管有謝林的庇護與歌德和席勒之欣賞，年屆三十七歲的黑格爾，在德國哲學界尚無任何的名望。尤其是每個成名的哲學家在當年都有其本身獨特的體系，黑格爾非得把自己的體系及時勾勒與推出，否則難以令學界信服。當年他又無任何經濟基礎，擔任兩次的家庭教師所得微薄，靠耶拿大學私人教師所收學生的「束脩」，更可謂是杯水車薪。他的第一份正式薪水要遲到1806年（時三十六歲）才收到，其財政之困窘不難想知。

　　加上哲學書出版與行銷仍然困難，使得他第一本書的出版，也遭遇不少的挫折。所幸黑格爾的好友倪哈默（Friedrich Immanuel Niethammer 1766-1848）向出版商提出保證，一旦前者無法在1806年10月18日之前把稿件交給出版社，他願意負擔全部的出版費用。幸好黑格爾在該日期前十天，把一半的書稿交出，才使倪哈默免掉替他履行賠償的責任。

　　但好事多磨，就在完稿要寄出之前，法國軍隊在拿破崙親自指揮下，砲

轟耶拿城。1806年10月13日法軍占領耶拿城，黑格爾親眼看見拿破崙大帝騎在馬上的英姿風發，遂稱呼他為「世界的個人」（世界級的偉人）、或騎在馬背上的「世界靈魂」。儘管他對法國皇帝大加讚美，但法軍的進侵造成大學的關門，黑格爾無法上課又告失業。因之，《現象學》不僅出版之途坎坷，且其作者身陷經濟困境，幸有好友倪哈默雪中送炭，讓他轉往班貝格擔任當地地方報的編輯，勉強可以維生。此外這本重要著作生產過程中，也是黑格爾與其女房東（一位遭丈夫離棄的婦人）非婚生兒子的誕生，可見其此時他忍受的社會與心理壓力之大。

倪哈默為黑格爾早年神學院同學，曾與費希特合辦神學學報，引發爭論

在拿破崙東征西討的驚天動地之時，黑格爾生活困頓，每日思考如何能出頭天

# 二、精神、科學與現象學

一如前述《現象學》的副標題「科學體系，第一部」，但最先的意圖則視爲「意識經驗的科學」。值得注意的是書名《現象學》（*Phänomenologie*）係取自德文 *Phänomen*，但細讀全書卻找不到此字，只能找到相似的德文字 *Erscheinung*（呈現、出現，和俄文同義字的 явление）。此外，文本中最常出現的 *Gestalt*（樣式、樣態、格士塔爾特）也常與 *Erscheinung* 並用。由於 *Phänomen* 是從康德的學說取來，康德對此字的用法比較接近自然的、物理的和靜態的；反之，黑格爾除了書目用 *Phänpmenologie* 之外，書內的行文卻用 *Erscheinung* 或 *Getalt*，可見他要擴大 *Phänomen* 的意涵，使它用於人文、社會、歷史諸領域，把康德靜態的用法轉化爲動態的表述（Motrošilova 22-23, 44）。

在此情況下，有必要先解釋精神、科學和現象學三個詞彙的意義。這裡所指的精神（*Geist*）英譯爲 spirit 或 mind，因之，也有心靈的意涵。一旦譯爲精神則不只是宗教（尤其是基督教，三位一體的「精神」）中的用語，與聖神、神明相通；在政治上納粹鼓吹種族精神，國族精神，則含有愛國精神的意味。不過黑格爾這裡使用的精神則爲哲學上的用詞，多少與賀爾德（Johann Gottfried Herder 1744-1803）的用法相通。費希特便利用賀爾德這個哲學名詞，來鼓舞曾被拿破崙占據過的普魯士，要其國族團結抵禦外侵，恢復國族自信，振興民族精神。

黑格爾曾經批評康德對道德的看法太過抽象，因之易以更爲具體的「公序良俗」（*Sittlichkeit* 倫理生活），相當於倫理的概念，這是把道德置入於具體的社會脈絡之上。同樣一反康德談主觀、抽象的純粹理性，黑格爾在這裡倡說客觀的、具體的精神。精神有異於理性的純粹，是必然的不純粹，是因境而生，因境而造，是在社會的、政治的和歷史的脈絡上浮現的，也受這些脈絡所限制。

對黑格爾而言，知識並非純粹理性的結果，更非單獨理性而已，不像康德鴿子的譬喻，振翅藍天而尋覓更寬闊的飛翔天地。根據黑格爾的說法，哲學關心的是最高級的知識，在其後《法哲學大綱》中，他把知識譬喻爲夜梟（貓頭鷹），只有在事實發生之後才會振翅高飛。黑格爾的觀點爲知識（包括科學）不可能是先驗的。剛好相反，它出現在人群的集體活動中，也是人類社會努力

的產品。知識在人類歷史中，是人群爲了應付世界的種種挑戰，應付人類本身的種種問題而衍生出來的。

德國神學家和語言學者的賀爾德及其銅像

至於談到科學一詞，此字德文 *Wissenschaft*，是知識、知曉、能知（*Wissen*）字的抽象名詞。科學被視爲知識的條件與源泉，是嚴格過程之稱呼。知識是從科學的過程裡湧現的，日耳曼人喜用「科學」一詞，用以描述有系統、有組織、頭尾連貫的學問，與英文、或法文 science 僅限於嚴格定義下的自然科學（包括物理、天文、數學等理論科學）意思要廣泛得多，連研究戲劇的文藝理論也當成「戲劇科學」（*Theaterwissenscraft*）來稱呼。

黑格爾對「科學」一詞的用法頗爲獨特。他使用此詞彙時，是近現代科學（包括自然、生理、化學等科學）已出現之時，也是社會科學（特別是經濟學與社會學）處於萌芽時期，但卻不是在哲學與科學分家之際。當代哲人如胡塞爾與海德格，尚且鼓吹柏拉圖把哲學當成科學，或稱爲科學之科學的說法。在這種看法下，哲學不只在證成其本身，也在證成其他科學合法合理的主張，像物理、數學或其他科學（社會與自然科學的方法論等等）（洪鎌德 2006c：140-182：2009）。

黑格爾對於他的時代之種種科學成就都有深切的認識，在《現象學》中，他討論了面相學與頭顱學。在《哲學全書》第二部分談到自然哲學時，他對同代自然科學也有廣泛的論述。不過在《現象學》中，他有一個特殊的傳統的看法，那就是古老的柏拉圖對哲學的觀點，認爲哲學不需任何的預設，而可以證成對認知（包括自己）的要求。這種對科學的說辭在他《邏輯學》的開端中有

所說明。

　　我們進一步來討論他對「現象學」的看法。現代由於胡塞爾倡說現象學運動，很多人誤會胡塞爾是現象學的鼻祖。事實上「現象學」一詞因人、因考察角度而有不同的說法。要瞭解黑格爾如何看待現象學，就要先想到古希臘哲學家怎樣使用這個詞彙。希臘文 *phainomenon* 意指出現在吾人眼前之物，現象學就是研究那些出現在我們心靈、或意識之階段的東西（現象）。近代此字首先由德國哲學家藍伯特（Johann Heinrich Lambert 1728-1777），在其1764年的著作《新官能說——真理的研究與描述以及其與錯誤同表象的區別之思索》一書中提起。藍氏接受培根的說詞，認為應該從偶像崇拜裡解放出來。因之在上述1764年的著作，特列出一個部分討論「現象學或表象的考究」。後來費希特與諾瓦理（日耳曼浪漫主義的詩人）也描述現象學這個字眼。

Edmund Husserl （1849-1938）　　　Martin Heidegger （1889-1976）　　　Johann Heinrich Lambert （1728-1777）

　　康德在《自然科學的形上學基礎》（1736）中談到現象學。另外在致藍伯特的兩封信上也談到它。在1770年9月2日致藍氏的信上，康德堅持一個純粹負面的科學應當擺在討論形上學之前，這就是一般現象學，用來對感覺的認知決定限制的原則。從這個觀點來說，現象學是導向形上學之途上的一門學科，蓋形上學乃為哲學的目標。在另一封1772年2月21日致藍伯特的信上，康德透露有意撰寫一部有關感知與理性限制的書，這就是後來出版的《純粹理性的批判》一書。原來構想的那本書，分成理論與實踐兩部分。在實踐部分準備把現象學列入，另外也考慮依其性質和方法把形上學也放進去。

　　從上面歷史的演變可以看見有兩個結論可以引出。其一，康德有意把現象學置入於系統之中。其二，由此可以看出純粹理性的理論與黑格爾現象學的關聯。黑格爾是博讀群書，記憶極佳之士，必然知曉康德與藍伯特對現象學的興趣，雖然無法得悉這兩位大家之通訊在討論現象學的細節。不過這兩人對現象學的見解也不是沒有分別；而他們與黑格爾相異之處，在於前面兩位對現象學持有負面的看法，不認為現象學涉及知識的問題，而是分別表面上為真以及事實上為真的看法。反之，黑格爾認為此詞代表正面的意義，因為在他的理論中，從不把表現出來的真與事實上的真做任何的區別。

　　作為一個現象學家，黑格爾比康德更重視現象對知識形成的影響。固然康德強調我們所有的知識是從經驗開始的（儘管他並沒有主張我們所有的知識源之於經驗），黑格爾為知識的可能性打開大門，認為知識不只建立在經營的基礎上而已。他只有在結束《現象學》全書之後，才把門關上，指出除了知識的條件之外，我們無法認識那些不出現在經驗（非現象）的事物。

　　根據黑格爾的說詞，只有出現在意識之上的東西，才可以為知識所掌握、所能知。他與康德對知識不同，在於兩人對經驗不同的看法。對康德來說經驗就是人時間過程中的體驗；對黑格爾而言，經驗指出現在意識的層次之上，他比康德走得更遠，因為他闡釋了康德預設的條件。原因是就黑格爾來說，我們對外頭世界之經驗，並不是一些停留在我們身外之物。經驗的先決預設是其對象，是其客體，這些對象或客體只有存在於意識當中，或通過意識而肯定它的存在。

# 三、現象學等於意識經驗之科學

　　說意識乃是意識活動之結果，就不難理解這種說法為黑格爾師承亞理士多德之處，後者認為靈魂或精神（希臘文 *psyche* 心靈），把所有事物當成存有的條件而加以識知。並沒有所謂單純經驗之存在，而是經驗指向：出現在意識的層次上之事物。我在寫書時所使用筆、紙、或電腦鍵盤，以及整部書的構造與構思，都出現在我的心靈上、腦中、意識裡。但在做這個引論時卻有個重要的問題尚未解答，那就是意識的經驗如何提供吾人知識呢？在《現象學》的〈導言〉中黑格爾對這個問題提出答案。如果單從該書一開頭使用「第一部分

意識經驗的科學」這個副標題念起，我們得到印象似乎是黑格爾有意論證，或證成這個念頭：知識從意識的經驗湧現。他對其論證使用的語言無異江湖術士、卜筮者之言。其要點可以如下簡述：黑格爾以爲現象學無異意識的經驗之科學。

對黑格爾而言，哲學無法再預設任何之物，也不再靠其他的基礎。其實黑格爾選擇把現象學當作科學來看待，並非其創意，他不過是重新把康德、費希特、謝林的講法再說一遍，而且也符合柏拉圖的傳統。哲學並非意見的彙編、收集，它基本上、原則上是謹嚴的。由於謹嚴、一絲不苟所以可以獲取知識。

要證成吾人對事物能知之要求、主張，不只開始於笛卡爾，而至少更推溯到柏拉圖。他看透知識的條件，包括人內在的能力，或稱爲人與生俱來的天賦，以及適當的教育，俾把這種天賦能力作出最大的發揮。

現在我們談一下意識。將意識的條件放在超驗的層次來處理，似乎言之成理，也有用處。康德證明知識的可能性其出發點便是經驗的先驗條件（時空、因果等範疇）。但黑格爾卻認爲這樣的作法困難多多，原因是把意識的條件從意識中分開是不可能之事。我們無法檢驗知識的工具，也就是在批判哲學中檢驗純粹的理性，只能在能知的過程、或透過能知的過程，去檢驗知識的工具。黑格爾就提出一個有趣的譬喻，在知曉之前去認識意識的條件，何異士林哲學者之聰明理念，就好比在下水之前先學習游泳。換言之，不下水何以學游泳！

由於我們並無其他的辦法來開始。因之，唯一的可能性只有從意識開始，而不從其他事物來開始。原因是經驗只限於在意識層次上發生之事。這就說明知識的界限也就是意識的界限。凡是能夠在意識中呈現表達者，就能被認知、被知曉。反之，對於既定意識之內不曾是，也不可能是之物，就非吾人的知識所能觸及、所能認識的。這也就是黑格爾不贊成現象背後還有隱象之存在。

在討論過程中，黑格爾提到熱望、慾望（Begierde）。這是其後佛洛伊德心理分析獨特的概念。儘管當時黑格爾不知道心理分析，但其後的佛洛伊德卻也同意他的看法：我們所能知道的事物，限於我們意識到的事物。佛氏心理分析治療的理論完全建立在預設之上，這個預設主要在說明治療之所以奏效，是由於意識把潛意識的創傷帶到意識的層次，俾創傷的因素繼續發生作用，而後針對作用來加以療治。因爲這些因素是未被意識到，而妨礙病者的行動功能與社會功能；必須讓病人把下意識、潛意識提升到意識的層次，精神（心理）分析與治療才會奏效。

Sigmund Freud
（1856-1939）

Statue of Sigmund Freud,
Hampstead, North London

　　由於沒有其他可能性，因此討論知識必須從意識的經驗開始。不過這時便出現一個困難，就是認知者很難去區別對於一個客體（對象體）的意識，和我們能夠意識到客體這兩者之不同。如果兩者有所不同就形成了兩元的東西，這種兩分法、兩元思考對意識會造成威脅。那麼便要提出一個問題：我們怎樣能夠從一個客體意識（吾人對客體之意識）過渡到一個客體，這個客體是我們剛剛意識到的東西？對此問題黑格爾的回答是斬釘截鐵。他認為這個兩難困境是停留在不當的區別（兩分化）之上。他認為客體必定出現在意識當中，因此我們沒有必要，也不該再談那個與意識的客體有所分開、有所區別的意識。

　　假使我們無法直接走向知識，假使能知的過程不屬顯例（instantaneous，把要知的現象當成一個例子顯示出來供我們辨識），那就不能與「一槍打出」相比擬。所謂一槍打出是指扣板機，子彈馬上飛離槍桿，其開始與結束（子彈在瞬間指向或達到要射擊的目標）幾乎是同時的：這只有絕對知識才可以與之相比擬，亦即把其中間的階段一下子刪掉而直指最終目標。普通意識無法達到這個地步。知識出現在經驗途中是緩步挺進，這是必然的現象。《精神現象學》是一部細緻的描述，在其中它對知識不同的形式進步的外表，提出其獨特的看法，並予以敘述，也對不同的概念觀點下的知識形式作出再敘述，這種進步的意識樣態之變遷，主要在使用一步比一步更為合適的說法，亦即辯證的方式，俾走向絕對知識之途。

這種意識探索之途，也是知識歷險之旅，其開始之點為所謂自然的意識，亦即一個住在現實世界的人平常的、日常的態度，也是斯多亞（噶）哲學家所稱我們生活、呼吸，而呈現我們存有的日常世界，或是後來胡塞爾所稱呼的生活界。這個態度代表一個必然的開端，但並非過程的終結，因為它不再是自然意識，而是現象意識，由現象意識往前與往上發展，最後會達到絕對知識。由於這個過程只發生在意識的層次上，它不多也不少視為精神的進路，也是人類精神所披上各種的樣態，它穿越與經過不少驛站，而成為走上科學之途的便徑。

科學的發展過程描寫自然意識為最直截了當，但是內容最為貧瘠的意識。這種自然意識要讓步給現象意識、自我意識、知性、理性而至精神，再由主觀精神，而客觀精神，最後達到絕對精神，到了這步田地便是絕對知識與真正科學出現之時。這個過程中不乏懷疑論者的質疑，這些懷疑每一層級、每一階段都會再次浮現，表示出過程上的階段，包含了主體與客體的兩元論。在加以考察時，我們會發現這個過程上的每個階段、每個時期都自稱已經獲致知識，或是知識設定主體與客體的統一，或者是能知者與被知者之統一，但事實上在該階段或時期中仍存有主體與客體對立的兩元論之關係。

假使主體與客體無法合致，那麼有理由去懷疑我們尚未達到知識的地步。用此方式黑格爾引入懷疑論者向來質疑吾人能夠進入能知的過程中，這就是他何以描寫《現象學》之途為懷疑之途，為絕望之途的因由。在走這條求知之途時，我們看出意識的樣態，隨著路途的種種路況前進而出現，在未抵達最終目標的絕對知識之前，仍在孑孓前行。可是懷疑論卻屢屢出現於探索之途上，不時阻礙求知的進展，但一般而言還不致威脅到意識本身。在旅途上呈現的一連串樣態其實正是意識受教育、受培養、受薰陶的歷史，因為它必須不斷克服不同階段、層次、時期出現之質疑。其實這何異人類自我教育、自我教養的過程，其最終目的在獲取科學，達致絕對知識。

假使走向科學之途是一個過程，那麼我們有必要去瞭解路上各層次、各階段、各時期之間的關係。黑格爾認為相續的層次、階段、時期的進展是必然的，而非偶然的、隨意的。他對必然性的主張變成為這個理論招致很大爭議的焦點，要加以討論，不是三言兩語便可以解決。簡單地說，黑格爾認為意識成為精神的每項樣式無異我們今天所言的理論。也就是在經驗中究竟存在什麼東西？每個理論提供不同的、替代的方法，用以組織經驗的各種不同之樣態，這是我們可以意識到的東西。

　　不管是理論、還是精神的樣態，它不是輕易便可以放棄的，這不因爲我們對舊理論、舊樣態的厭倦，或對新理論與新樣態的著迷。一個既存理論之所以被放棄，只因它的解釋力有限。在黑格爾心目中，放棄一個樣態或理論有兩個原因：一方面在與客體做一個比較時，我們發現客體與經驗中的客體不一致、有差距。另一方面經驗教示我們：認爲已知道的與經驗所透露、所啓示的事物或現象，大多有所不同。不論是上述兩方面中任何一種，理論（樣態）的侷限，表現在理論與實踐的不同。當理論無法掌握實踐中的客體時，就有必要用另一理論（樣態）來取代它，然後它之後又被其他更合適、更周全的理論所取代（洪鎌德 2006d：45-54）。

Hegel had arrived at the centre of things — only to find the centre walking away from him. "Philosophy" as Hegel was later to remark, "always arrives too late on the scene".

What I need is a major publication to set me apart and secure my academic career.

黑格爾在1806年擔任耶拿大學講師時說：「我目前當務之急在於出版一本大作，俾我與眾不同，而能夠安穩地發展學術生涯」。哲學總是比別的東西出現得更晚，有如夜梟在天色朦朧時才振翼高飛

　　討論的不同層次，就像在討論上呈現的不同的理論，外表看起來就顯示不連續、不連貫。可是黑格爾卻堅持一個理論在不同時期間之連續性，他認爲知識是適當的理論之結果表現。這就是對出現在意識經驗上的客體相配合、相適切的理論。這種理論只有在相續接近的過程中產生出來，所謂相續的接近是指

理論實踐的接近而言，理論與實踐都存在經驗中，尚需不斷的接近才會達致兩者合致之點。在這個實踐的路途上，我們把一個理論，亦即特殊的理論，用另一理論來取代，直到我們最終掌握到客體物為止。在這個過程上某一期間（環節、段落），便呈現某種的理論，它不輕易地被放棄，也非全部被駁斥、被拒絕。新的期間取代了先前的階段，必然建立在早先的觀點之基礎上。因之，引發進一步的討論。在這種方式下，在進展的、步步為營的方法下，早前的知識形式是被我們以為在過程的每一時期都已熟悉能詳者，卻為後一個時期（階段）所取代。其結果理論便愈來愈豐富、愈來愈接近現實。原因是後面的時期（環節、段落）因為提供更適合解說經驗客體之解釋力，而獲得後來居上的優勢。

　　這種推理的路線未免顯得抽象，甚至難以被理解。事實上，黑格爾思想脈絡是很平實易解的。他所關懷的為注意到一個理論相續時期的進展，同時又保留業已完成的東西，為的是返回其起點。所謂回到原點並非白璧無瑕的、毫無內容，而需要每次重新尋找不適當理念來開始的原點，而是修正過的符合新理論的起點。業已學習到、獲得到的東西（舊理論、舊教養）應當保持，儘管目前的理論尚嫌粗糙幼稚而不完善，也要珍惜它，把它整合到新理論裡頭。

　　黑格爾的看法預設一個上下垂直不平等的結構（hierarchy），裡頭按經驗理論的適當度高低來排列，這也是他把探索之道、發現之旅，或懷疑之路，絕望之徑，看成思想演變的圓型（環狀）樓梯，一級一級往上攀升的原因。現代科學開始於伽里略與笛卡爾，而由牛頓的天體學說總其大成，但後來愛因斯坦的相對論出現，其解釋力之強度、範圍超過牛頓許多。這便可以視愛氏的學說是建構在牛頓萬有引力學說之基礎上，而予以踵事增華大肆超越。這便是後來的理論揚棄舊理論，但又保留兩者的好處之顯例。

　　假使知識是不斷向前、向上昇進的事件，那麼這個進步或是有限或是無限。黑格爾似乎傾向於有限說，也就能夠達致絕對知識的階段。他以為知識追求的極限為在我意識中，我對客體的理念（我目前應用的理論去研究該客體）與我理念的客體（對象）的一致；我理念的客體是指應用我的理論，客體能夠在經驗中或實踐裡透露顯現而言。假使理論與實踐，或主體與客體無法符合一致，假使理論對客體的描述分析不妥切、不適合，那麼明顯地我們需要另一個更好、更妥善的理論。在這種情形下，這個求知的過程是從一階段，推進到另一個階段。這個過程的推動馬達，使思想從一階段推進到另一個階段，乃是由於理論與實踐之間不一致、互有矛盾的呈現所引起的。這也是黑格爾在其處女

Galileo Galilei　　　　Isaac Newton　　　　Albert Einstein
（1564-1642）　　　　（1642-1727）　　　　（1879-1955）

作所稱呼的理論與實踐、主體與客體不同之處。

可是當我們抵達一個層次，在該層次上客體的理論與理論的客體合而為一時，當它們不再呈現雙重分歧時，則過程喪失其動力，這時需要克服歧異而進入統一的形式裡。事實上，當知識出現時，也就是當我們不只認為我們知道，事實上也真的知道之時，當主體與客體之同一性確實呈現之時，當被感知的客體與在經驗中被知道的客體合而為一之時，求知、探索、發現之過程，便嘎然終止，我們終於到達絕對認識的境界。

以物質為例，二千餘年西方的哲學史、科學史都在探索物質為何物。這種探索只有當我們的理論能夠完全解釋物質，或當物質能夠在感覺的經驗之層次上給定的話，才會宣告終止。對物質、本質的探索仍然要遵照黑格爾所導出的律則。物質就像其他事物一樣，我們對它的知識只侷限在它出現在我們的意識上。我們無法知道它本身是什麼東西，這就像亞理士多德所說，我們從來不討論它本身之好處，我只討論它對我們人類有什麼好處。說到物質的科學研究，我們尚未到達這個地步，這是因為原子之中還有更小的分子，它們之間的關係我們還沒有弄懂。換言之，在理論與實踐之間仍然存有分離、差異。如使用黑格爾的說法，這表示：客體的概念與概念的客體之間仍存有差距。

我們究竟要使用什麼樣的標準來評價知識呢？顯然我們必須拒斥任何外面的標準。根據黑格爾的說法，意識為其本身提供標準，符合此一標準者則宣布

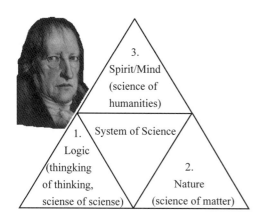

黑格爾的學說大要：上面三角形代表他的精神、心靈哲學；右下三角型代表他的自然哲學；左下三角型代表的邏輯學；中間黑色倒三角型代表他科學體系。如以意識（標誌1的左下三角的邏輯的運作，使認知主體）去認知外頭世界的自然（標誌2的自然，包括認知的客體與對象），便可以達到精神的世界（標誌3的絕對境界）。

為真。很明顯地，知識的標準不再是意識的客體之外的任何東西（例如不可能是物質本身）。當客體出現在我們經驗裡，也就是為我們而出現時，這同「在己」的客體完全相同時，知識才會出現。就在這個環節下客體完全出現了，而在意識中再也沒有殘存其他事物，這就是知識出現的時候。如果說在意識裡的東西已被知道，那麼概念（或理論）與表象（現象的外表）符合一致，那麼在外頭的客體與呈現在我們意識的客體之差異便告消失，或稱兩者都向同一之路前進。同一性、認同性、統一性，都在意識裡頭完全被規定，那麼它便是真實的、實在的。既然認同是真實的，那麼以追求真相、真理為目標之知識總算獲得與達致，而求真的過程也已抵達終點。當一個認同體可以排除各種的批評，則最後的、絕對的知識終於得以達成（Rockmore 1992: 76-95）。

# 四、《精神現象學》的結構

一談到黑格爾這部鉅作、這部偉構之組合情形，那就要討論其結構。此書德文原作長達六百多頁，英譯也接近五百頁，算是一部大書。姑且不談原著篇幅很長，內容豐富，單單要閱讀它、理解它更要花費長期的時間。認為無法瞭解此書的說法是不對的，但認為我們一下子就能鑽進此書的核心，也同樣是不對的。

這本書包括一個序、一個導言和正文，正文分成三部。〈序〉是一篇著名

的文獻，是在黑格爾把全稿匆促寄往班貝格出版社的次年（1807）年元月，才有機會看排印稿並加以校對之後寫妥的，由此可知〈序〉在此時才寫好。此篇〈序〉除了說明撰述全書的動機與主要內容以外，黑格爾轉向討論一大堆的題目，包括檢討同代其他的哲學理論、數學，以及研究哲學的方法、入門。普通人會認為只要看他的〈序〉再去看其作品，就必然對黑格爾在他書中的主張十分瞭然。偏偏這篇〈序〉與眾不同，如不念完全書，不知道全書在處理什麼哲學問題，便無法瞭解此篇〈序〉的意涵與用意。在〈序〉中，黑格爾提到羅馬酒神巴枯斯（Bacchus），然後他寫：「真理乃是巴枯斯醉後狂歡的喜樂，在狂歡中無人不醉。正因為人人醉倒後一個個地脫離現場，因之狂歡的場所便成透明的與單純的休息之地」。這篇〈序〉就展示了巴枯斯的神志錯亂和精神的絕對性休止與停息，用來綜合與判斷出現在意識層次中每件事物。

Da Vinci 所繪　　　Michelangelo 所雕塑　　　Titan 油畫的酒神巴枯斯

　　〈序〉之後緊接著〈導論〉，在裡頭黑格爾把現象學標明為意識的經驗之科學，他描寫意識如何產生出知識。現象學敘述知識的出現，是一連串向前推進的節節升高的流程，從最直接的、內容最貧瘠的自然意識，經由一連串的階段變成現象意識，反映了人類追求知識與自我意識之努力，最後達到最高發展，無法超越的、絕對的知識形式。前面我們提及知識的過程是長期的努力，俾把客體的概念化成客體的理論，最終能夠與出現在意識中的客體相配合，甚至相一致，也就是客觀的理念與理念的客體之統一，成為認同體。

　　全書的文本又緊接在導論之後展開，分成三個部分。而與意識的經驗三個連續的層次相搭配。首先是意識，誠如沙特堅稱：黑格爾所談的意識都是意

識到某物，就是所有的意識都對某一客體、某一對象的意識，都有其內容的出現。有關意識的討論又分成三個部分：「感覺確定性」、「知覺」和「力量與知性」。

這個階段的分析主要針對康德的學說。事實上批判哲學關懷經驗的對象，是一種現象，而現象的感受的是感覺，因為要靠五官來吸收外來的訊息。因之，討論到外在性，亦即身外之物。既然存在於意識中，現象是典型的帶有屬性，帶有謂詞的事物。第一章討論自然意識，討論現象經驗的層次之理念。在此經驗中客體被假設為直接給與的，沒有任何概念加以中介，沒有任何的性質之附麗。人們得到的結論只是「這個」、「那個」和「意謂」而已。

第二章論述處於概念化初期階段的現象，當成存在經驗中的事實。這時主體或是被其屬性界定，或是被視為普遍的、一般的、寰宇的。

第三章分析康德分辨現象與隱象（「物自身」）之不同，也就是後者的兩元論，而不涉及現象與隱象彼此之間的關係。此外也考慮康德所謂知性的能力之問題。

從意識的層次，黑格爾進一步討論在社會情境中的「自我意識」。因為討論意識的結果會涉及自我確定性的感受，因之變成意識到自己。是故第四章單獨討論自我意識。這裡有兩樁重大的論題被重視，其一是分析倚賴與獨立的關係，注重人受別人承認的問題，其二為採用盧梭的看法而予以深化，亦即討論主奴關係。這種主奴關係影響到馬克思及黑格爾門徒的學說。

在《社會契約論》（1762）一書中，盧梭寫著：「人一出生便是自由，但隨後他走到哪裡，都發現手鐐腳銬在束縛他。很多人相信是別人的主人，可是他卻比其他人來更成為一個奴僕」。他還是堅持一個事實，當所有的人服從於單一的個人時，那麼我們只看見一個主人和他眾多的奴隸（僕人）。

主僕關係之不平等是有重大的後果。它內在的不平等造成其關係之不穩定，會造成它本身的改變，也就是這種不平等關係的相關人士早晚會捲入鬥爭中，俾加強或推翻這種不平等的關係。黑格爾跟隨盧梭的說法，不過只限於證實奴隸受到不平等待遇的真實狀況（一種真理）。這種意見指向革命的解決辦法，似乎預言我們所處時代解放的運動（洪鎌德 2010b：35-54）。這一章其餘的部分涉及自由的自我意識，黑格爾遂討論了斯多亞（噶）學派（以節制禁慾、堅持單純素樸的哲學態度）。但接著論述，不樂（悅）的意識（一種基督教的學說），這等於為後來丹麥神學家祈克果（Søren Kierkegaard 1813-1855）虔誠的主體主義鋪路。

　　從「自我意識」黑格爾進入其全書第三部，也是最後一部，其標題爲「理性」。這是全書最長的部分，幾乎占總篇幅的四分之三，包含另外四章，分別爲「理性」、「精神」、「宗教」和「絕對知識」。利用討論「理性」之便，黑格爾重返康德對理性的論述，兼涉及其他人對理性的看法。這個精緻與高妙的分析還包括三個篇幅頗長的章次，包括了理性對自然的觀察、對自我意識的反思，以及意識與有效直接性（對身體）之關聯。

　　與此有關的爲黑格爾討論了當時流行的兩門準科學（在今天看來變成假科學）：面相學與頭顱學。前者以人之面目來判定其性格，後者以人之頭顱的形狀來說明人的智力。

For Kierkegaard. "Ethics" represents "the universal", or more accurately the prevailing social norms. The social norms are seen to be the highest court of appeal for judging human affairs.

Stoa 原爲古代雅典神廟的走廊，在走廊上對談的哲人成立學派廊

丹麥人神學家祈克果，祈克果被視爲現代哲學諸流派中存在主義之父

　　這說明了黑格爾不但對當時的科學理論精湛，也表示了他對準科學的瞭解與熟悉。由於心靈、精神和大腦之間的同一性有所欠缺，黑格爾拒絕事先把這三者中任何一項轉化（化約）爲其他的一項。

　　透過活動與個體性自我意識得以實現這一論述部門，也就是涉及意識知道本身是實在的，而且也是爲己的討論時，黑格爾研究有關行動的兩種理論，包括了實踐理性、或康德的道德學說。其一，它檢討了對理性行動不同的態度。此時進行中的分析有了種種的轉折變化，他提出犀利的評語來指陳個體性的反叛，或是對其時代浪漫主義之批判（認爲其先決條件之設準不符合理性）。他批評了唐吉訶德主義式的多烘精神。其二，他分析了「理性作爲立法者」與「理性對律則之測試」。

　　理性是一條主軸通過康德的批判哲學，黑格爾批評批判哲學主觀與抽象的縱深（天地、界域 dimension）。因之，他主張以客觀的與具體的概念來加以取代。這便出現在第六章論「精神」，黑格爾以爲「精神」是理性的眞理。黑

格爾認爲從理性過渡到精神，是從主觀的確定性邁向客觀的眞理。作爲抽象的理性因爲植根於民族、文化和歷史時期，因之成爲完整的、精神的形式。理性變成精神是當初它把自己與世界做一個對立，但最後找到或發現它本身處在世界當中，而世界最終也變成精神本身。在強調「精神是一個民族的倫理生活，只要它是直截了當的眞理」時，他又說：「活生生的倫理世界是精神處在其眞理中」。黑格爾強調抽象的理性本來存在於理論的層次上，現在轉型了，而居然在實踐的層次上發展。

這章（第六章）也分成三個目次，首先（第一目）談倫理，題目爲「眞實的精神：倫理的秩序」，黑格爾暢談諸個人的倫理生活，那就是像你我汎汎眾生，投入於風俗習慣與社會的法律裡，而很少去反思我們平時所作所爲。在這個層次上，倫理的生活轉向兩主軸，即家庭與社群發展。對黑格爾而言，倫理生活依賴兩種法律、或稱力量：其一爲神聖法，其二爲人間法。其次（第二目）的題目爲「與精神本身異化的文化」，黑格爾認爲精神是在文化中異化。這裡論述了啓蒙運動，法國大革命中絕對的自由與恐怖，最後（第三目）他重返「精神確定其本身即道德」。在這裡他對康德的道德觀詳加析評。

值得注意的是，黑格爾在這本驚世之作中除了封面之外，幾乎沒再提 *Phänomenologie*，而這詞卻來自 *Phänomenon*（現象）。在這本黑格爾最早出版品中談 *Phänomenon* 幾乎找不到，與它比較接近的字爲德文 *Erscheinung* 以及黑氏最喜用的 *Gestalt*（樣態、模樣、樣式）。誠如前述，最早把現象學（*Phänomenologie*）引入哲學界的德國思想家是藍伯特，他認爲這是探討假象（*Schein*）的學問。康德也採用這個意思，亦即虛擬不實和表面看來眞假不分的探究。黑格爾使用固然有眞假 *Phänomenologie* 之間既有對立，也有調解而最終走上統一的辯證關係，可以說從假到眞的探索過程，亦即心靈或精神由不知不覺、錯知錯覺、邁向全知全覺的絕對知識之終境（Motrosilova 2007: 22, 36-42）。

第七章論「宗教」，這裡黑格爾重返其青年時代對宗教問題的興趣，而大談宗教，同時卻也爲他後半生對宗教之研究、宗教哲學之闡釋做好鋪路的工作。這是對每個人關係重大的議題，在個人的紀錄上，他自稱其本人爲路德教徒，也以信奉路德教而深覺驕傲。對黑格爾而言，在他討論意識時幾乎時時刻刻都在談宗教，他說「神聖的事物被認識爲精神」，或稱爲一般絕對的本質。不過此時他尚未特別標明這個意識的本質究竟是什麼，只能就宗教本質的基本型態略加勾勒而已。

*在《精神現象學》出版之後，黑格爾高興地宣布，他終於有了一部課本可供學生參考*

　　在討論宗教對哲學的關係中，黑格爾引發一個議題，使基督教的思想家大感興趣。他典型地視宗教與哲學關懷不同的範圍，甚至把哲學附屬於宗教之下，其理由為哲學處在宗教的架構中。他作出與眾不同的判斷，聲稱宗教與哲學的不同，並不在研究的對象，而是內在於意識形式（樣態）。宗教的訴求（引發人們注意靠的是）為意像，而哲學則在操弄概念。換言之，假使宗教能夠知曉，那麼宗教與哲學都能知道同一事物，即最終的真理，只有在文化最高層次上湧現的絕對本質。但哲學概念上的真理包含了宗教，也超越宗教。亦即在概念方面，哲學發展為更高層次，宗教的層次則較低。

　　在詳細討論中，黑格爾研究宗教在三個層次上。「自然宗教」是處於原始素樸狀態下的信仰，這時一個人可以意識到事物，意識到其對象。這時所有的事物充滿精神，或被精神所激活。黑格爾繼續分析而認為這種自然宗教，乃是最低位階的信仰體系，係波斯人所信奉的左羅阿斯特教，就連古印度人與古埃及人所信奉的原始宗教也同屬這一類。

　　接著他研讀「美學的宗教」，討論古希臘的藝術、文學、雕刻、與宗教。由於黑格爾早期對古希臘文明、哲學的興趣極高，因之在解釋希臘的宗教時，

常有驚人之語、卓越之見。他開始轉向藝術的抽象意涵，把神明的形象、聖樂、崇拜儀式一律詳加析述。不只是定型的藝術作品，也涉及活生生的藝術表現，像節日、慶典、祝祀，而最終及於藝術的精神作品，包括詩詠、悲劇、喜劇等等。前面兩種的藝術形式為前基督教的宗教。

　　第三級是「啟示的宗教」，這就是基督教。對黑格爾而言，構成絕對的宗教是「神聖事物的道成肉身」，因為只有在這個時刻「神聖事物才被認出為精神」。但黑格爾否認展示的、或啟示的宗教，是發展最高和最終的階段，把宗教本質加以徹底發揮需要倚賴思辨的哲學，或思辨的知識。

　　儘管他分辨宗教與哲學的不同，黑格爾仍舊認為它們是相續的。宗教會引向哲學，哲學則在宗教基礎上養精蓄銳，準備攀登絕對認知之高峰。他認為宗教在哲學裡頭達到完成的境界。這種看法的先決條件、先決想法為：儘管宗教道成肉身，把真理體現出來，或至少把真理的形式體現出來，但最終仍臣服於哲學之下，因為哲學提供最高、最終和唯一的真理與科學之形式、樣態之緣故。

　　在第八章中，黑格爾簡短扼要地處理了最後的一章，係討論「絕對知識」。這一章，非常的濃縮與精鍊，係描寫知識最高的發展階段。黑格爾長期遭人抨擊把「絕對的事物」取代人絕對的概念，他也常受批評把知識置入於超越時空的絕對意義中。由於此章十分精簡，要把他對絕對的想法和看法加以析明是相當不易。

　　前面曾提起不經過中間各階段的摸索、觀察、探究，是無法瞭解絕對知識的意涵，如今現象學已詳述意識所經歷的各個驛站，及其呈現之不同樣態之後，任務似乎已達成，也就是哲學求知的歷程會達到結果，這就是有系統的科學之達致。絕對知識的關懷是黑格爾真知灼見之核心，這種真知灼見可以同批判哲學的面向來加以描繪。

　　前面曾提到康德把認知擺在主體對客體的理解與認識，強調的是主體而非被認知的客體之作用，造成認識和知識成為可能，這便是康德突破傳統知識論的「哥白尼革命」。康德說我們所以能夠認知客體，是因為在認知的運作下我們把客體生產出來。凡是獨立於我們知識、感覺之外的事物我們不能知曉、不能認識；反之，凡是依賴我們（心靈的運作）的事物，我們才會知道它。這種理念是一個簡單但並不是不精確的理念。的確，從康德開始，其他的日耳曼觀念論者都接受這種的概念。這也是古希臘蘇格拉底以前，惺惺惜惺惺，同類瞭解同類的想法之現代版。作為唯心主義者的黑格爾相信，我們最終可以學習

不少當作是經驗造成的結果。換言之，在人類歷史過程中，人群經歷不同的時期，例如經過意識、自我意識、理性、精神、宗教之後，必然會抵達絕對知識的目標。我們在人類求知之途上所碰到的東西、所製造的產品，或是我們本身的種種表現。他把這個理念寫成：「事物就是我！」以此視角，則科學並非任何事物，除了是人的「自我知識」之外，便一無所有。或當我們最終體會到我們的客體（對象）是我們整個經驗之累積，我們所有的經驗都屬於我們。

　　這就是所謂的絕對知識之絕對性格的問題。假使我們進一步質問什麼是絕對？黑格爾最初的答案是令人驚訝。現代哲學與傳統哲學一向都在追求絕對知識，其具體的例子為笛卡爾「我思故我在」。這種認知學上的絕對確定性（apodicticity），也就是超越任何的懷疑以外之絕對確定性。這不只是黑格爾處心積慮要達致的目標。他理論中的絕對知識不僅僅是笛卡爾對知識確定性的要求而已，也非關係到康德認為哲學知識是永恆而不容修改之理念。剛好相反，黑格爾仔細的與冗長的檢討有關知識不同角度的看法，以及人類追求知識在歷史上逐漸湧現的概念觀點，這些研究的結果認為，我們無法從帶有觀點來討論知識的看法之角度的這種研究途徑跳脫出來。換言之，不帶觀點的看法是無法成立的。當我們考察經驗之時，我們必須從所處的時空的態度出發。絕對知識是思想的終端，但卻透過認知問題的逐段、逐時之檢討與解決而達到最後階段。在此最終階段上，我們終於意識到我們再也無法避免對我們的經驗採取不斷變化的態度。如果把知識當成超越時空的話，就無絕對知識之可言，因為主張知道來超越時空的脈絡，這些主張必然受到經驗的改變而做修正。

　　我們可以把黑格爾知識理論以現代詞彙來加以解釋，加以特徵化。很明顯地他不是一個懷疑論者，因為他堅稱有知識之存在。其次他不是基礎主義者，因為對他的理論而言並沒有知識外在的基礎可言。黑格爾最好被描述為知識論方面的相對主義者，這種說詞會引發爭議。他的理論屬於相對主義者，被視為他的觀點認為對知識的所有主張是從一定的角度、一定的觀點出發。這種觀點堅持具體的理性（真實地存在、而且以哲學工具的身分來發揮作用），亦即黑格爾所稱呼的精神，是對時間與空間是相對的，必然相對的。對黑格爾來說，絕對知識的結果是我們透過認知論的問題之檢討把思維推到終點，我們變成體會（意識到）沒有任何對知識的要求是絕對的，因為這種要求本身是相對的。

　　這種理論的結果卻是令人驚訝地成為實踐的。在研究和考察人類精神冒險途上的各種不同之樣態，在從抽象和主觀的理性轉向具體的與客觀的精神時，我們得知（學習到）我們與我們認知的客體是一而二、二而一的認同體。其結

果，一方面眞理需要實踐，也需要經驗。在馬克思與馬克思主義之前，黑格爾的學說便含有實踐的強調。黑格爾還增加到康德理性的形式之上，而把它改爲精神。這便是他轉向實踐的考察之上。很多學者會誤會黑格爾忽略實踐而大力推崇理論，可是他的理論卻引向實踐的層次，這是唯一具體的層次。由是可知在他的理論裡頭，理論與實踐並無多大分別，因爲黑格爾學術生涯就在把理論與實踐之分別加以克服（洪鎌德 2013：43-51）。另一方面，逐漸意識到我們倚靠我們的經驗，黑格爾指出我們受到經驗的侷限。在此情況下，他指出人類發展與實現自由的可能性成爲我們時代的主流之觀念與密切之要求。

事實上，《現象學》也可以依照凱因（Philip J. Kain）的說法，把其結構化做三大部分，見下列表4.1：

表4.1　《現象學》各章結構之新詮釋

| 1 | 2 | 3 |
|---|---|---|
| 個人意識 | 文化意識 | 絕對意識 |
| Ⅰ 感覺確定性 | Ⅵ 精神 | Ⅶ 宗教 |
| Ⅱ 知覺 | | Ⅷ 絕對知識 |
| Ⅲ 力和知性 | | |
| Ⅳ 自我意識 | | |
| Ⅴ 理性 | | |

資料來源：Kain 2005: 2.

特別是全書前三章都是針對康德先驗演繹（transcendental deduction）的反應或反彈。康德在《純粹理性批判》第一版中指出知識之所以可能，在於必須把多姿多樣的感覺基料徹底弄清楚，而又加以綜合掌握。三項綜合是大有必要：其一爲在直觀中掌握；其二在想像中再現；以及其三在概念中認明。這三重的綜合是彼此牽扯、不易分割，也可以說是一個整體的三個環節（片段）。譬如在理解的綜合階段，想像是把印象找出，然後掌握它們，把它們變成意象、想像置入於心靈之中。總之，三重的綜合與統覺（apperception）的超驗一致是經驗可以解析、詮釋、自知的基礎，也是黑格爾《現象學》前面三章分別討論的普通意識（自然、或日常意識）、現象意識、和概念意識（力與知性）之因由（Kain, *ibid.*, 21-37）。

# 五、主僕關係的辯證解釋

　　黑格爾這部偉大的處女作，不僅暗藏玄機，卻涉獵極廣，析述深入，不少屬於行家所津津樂道，其中對主僕關係的剖析與論證尤其令人折服。原因是社會生活裡宰制與服侍，是自有人類史以來便呈現的兩極化現象。黑格爾之從主體對事物的意識轉到對自我的意識，便涉及主僕的宰制與降服（主從）關係之析論。在這種方式下，他的討論不再侷限於簡單的意識，而進入到社會生活裡頭，亦即社會與文化意識，其中各種人際連帶關係之社會連結（social bond）、社會連帶關係（social solidarity）一一浮現。

　　在討論了意識之後，黑格爾接著析論自我意識，談到自己、談到欲求，然後才把人際關係的特殊重要性做一個交代。這就成為其後思想家，尤其是馬克思與其黨徒最喜歡描寫剖析與發揮的議題（洪鎌德 2007a：121-207）。在其分析中，黑格爾似乎預見社會上有兩股敵視、競爭、互相排斥、互相角力的勢力之活動，亦即馬克思其後所宣稱的布爾喬亞與普勞階級之對立和鬥爭。換言之，黑格爾已經瞭然於擁有資源、權勢者與只擁有其身體（或技能）者之間的緊張關係。從一個比較普遍、一般的觀點來看待，黑格爾看到自我意識與現實生活之間的連結。

　　黑格爾應用精神的概念（他這本著作的主軸）來分析一般人的衣食生活。他堅持人際關係倚賴欲求，而且這種關係也可以推溯到欲求之上。在這裡黑格爾提供以人類學為基礎的分析。黑格爾視欲求為人類基本的特徵，也是人際互動的源泉。透過別人的承認欲求得到滿足。

　　為了瞭解黑格爾的分析，我們可以拿他的想法來與霍布士的想法做一個比較。作為現代政治哲學開創者的霍布士主張，人存活在社會的理由就在保護自己不受他人的傷害。這理由無他，乃是霍氏視每一個人對他人而言是一條狼（homo homini lupus）。黑格爾同意霍布士的是在社會中每個人都要靠別人而活，但不像霍氏視別人處處在找機會傷害我。社會生活最終的源泉，並非保護我們不受他人之傷害，而是如何贏得別人的承認。我們可以用金錢來把這個說法講得更為清楚。黑格爾認為對金錢的關懷、保護，對財富與特權的希冀、期求，其所追求者並非金錢、財富和特權本身，而是靠這些媒介體來引發別人對我們的承認，這是符合了人天生的需要，符合人的本性。

霍布士（1588-1679）撰著有關社會契約說的《巨靈》（1651）與討論社會與政府的《論民事》（1642），爲近代馬基亞維利之外最重要的政治哲學家

　　黑格爾認爲基本的人類需求在於獲取別人的承認，這種說法引發一個雙重的依賴。與別人建立關係，也就與那位肯承認我的別人建立關係，這是透過我對自己的關係爲媒介，然後才把這種與別人的關係傳達出來。換言之，對己的依賴轉成對別人的依賴。從而看出這雙重的關係穿戴了雙重反對的樣態。在這種對立中每個人努力去獲取別人對他的承認，其作法爲把別人壓制下來，爲的是發現其本身擁有一定的地位。簡單地說，每個人在犧牲別人的欲求下來滿足自己的欲求，而別人也是如此地做（犧牲別人，滿足自己）。採用更爲現實的說法，現代的社會生活顯示每個人都在利用別人、剝削別人，俾滿足自己的需要。

　　假使人際的關係只是或多或少剝削或壓榨別人來進行僞裝，那麼相信這種不合理關係會在靜悄悄、無異議、無反抗的方式下進行是一種幻想。作爲現實主義者的黑格爾，對於兩個個人彼此的反對、對立，不只是在自我意識上出現，不只在抽象的、空間的理論上出現，更是在活現的實踐上表現出來，亦即彼此反對的兩人正在進行鬥爭。他稱這種鬥爭爲反對的自我意識之鬥爭。這個鬥爭產生在雙方都企求承認的情境裡，也就是在犧牲別人的情況下自己能夠勝出。每個人要求與他對抗的人自我抑制、自我認份，而向本人輸誠、向本人效忠。

　　在一個理想的社會裡衝突、緊張都不致發生、或很少發生（但現存社會中

則緊張紛擾在所難免）。這時人人相互承認，相互尊重成爲例常之事。可是很不幸經數千年人類的努力、文明的建造，我們仍未達到理想社會的地步。在我們所熟悉的社會發展階段上，諸個人之間的反對常常輕易地，自然地轉變爲生死的鬥爭，爭執者常期望對手的死亡。

獨裁者、暴君以死亡來威脅其子民或反對者，硬性從別人那邊取來承認，是故極權政體需要個人崇拜、需要神話獨夫。黑格爾認爲人只有在死亡的威脅、陰影之下，才會被迫去承認別人的優越。另一方面冒著死亡的可能性與危險，才會獲取他人的承認，而不再理會人人在法律之前享有平等的權利。假使其間存有矛盾（不願承認帶來死亡，願意承認帶來屈辱）的話，這是指以死亡的代價換取的承認實在不算承認。在壓迫別人時，我們也以同樣地使用壓力來壓迫別人對我的承認。

爲求別人的承認甚至導致自己的死亡也在所不惜，這未免太偏激、太極端，最後連承認也得不到。因之，黑格爾放棄這種極端的說法（得到承認的可能性）。他轉而提出另一個辦法，那就是不置對方於死地，而把對方轉變成奴僕，於是他討論主僕關係。主僕關係不同於生死拚鬥的競技場上的敵手，因爲它不需任何人死傷（洪鎌德 2010b：37-41）。在這一面向上，黑格爾說既然競求承認的雙方無人死傷，那麼這種鬥爭應該有兩種可能的結果。

一方面可以看出兩個自我意識，兩個個人之間的鬥爭轉化成不平等的關係。在此種方法下，黑格爾指出現代社會到處充斥的基本關係，就是這種不平等的關係。現代社會縱然競爭劇烈，但兩個個人間以殺死對方爲解決衝突者畢竟不多，也畢竟不是常例。蘇格蘭經濟學家亞丹・斯密說，社會乃爲每個人爲自己工作，俾提供物質滿足我們的需要的場域。在理論上來說，這樣做人人都得到效益，得到好處，在自利中求取他人也得到利益。

另一方面，黑格爾指出在這種不平等的鬥爭中，主人表面上得到承認，但主僕相互倚賴的關係卻有重大的轉折，其結果真理並不站在主人的那邊，而是歸僕人所擁有。這怎樣來解說呢？原因是主人對僕人的宰制是表面的、是理論的。因爲在實踐中，在這個不平等的發展裡翻轉了發號施令的主人與唯唯諾諾聽命的僕人之間的關係。這個關係的真理完全與常人所期待的相反。僕人因勞動、因創造，而改變了世界，增長了他開物成務、利用厚生的本事。反之，主人只靠指揮命令度日，而疏遠了現實社會的生活實感。於是奴隸成爲主人，主人變成奴隸。原因是強者的主人無法去利用其優勢來壓碎弱者的奴僕。因爲一旦這樣做，強者無法貫徹他對弱者的要求，要求其承認。另一個解釋是認爲，

人活在世上有四項事物值得爭取：承認、自由、勞動、紀律，這四項是人達成自我意識缺一不可的。結果主人得到前面兩種的承認與自由，而奴僕只擁有勞動與紀律，這就是主僕關係不平等的因由。因之，只有自由的社會這種不平等的關係才會被打破（Norman 1991: 54）。

洛克

亞丹・斯密

青年馬克思

　　黑格爾對於主僕關係的分析影響重大，其中涉及奴僕要勞動，要生產對馬克思及其追隨者影響尤深。勞動的概念在黑格爾之前已有洛克、亞丹・斯密、李嘉圖等人談及，但把它引申到整個社會的對立與分化，以及由主僕關係形成的階級對峙和鬥爭則是馬克思的識見與慧思。

　　黑格爾已預感到促成社會的轉型之潛勢力，係內存在主僕關係中。一開始奴僕害怕主人、害怕會被處死，這種恐懼終於變成奴僕對主人的倚賴關係。但在努力操勞中奴僕開始體會與意識到他的存在，這就是自我感知、自我意識的開端。只要任何人（包括奴僕在內）開始在工作當中，或是透過工作而產生自我意識時，那麼他對主人的關係，對這個具有威脅、宰制的關係便生變化。由是可知自我意識具有解放的本質力量。換言之，在生產過程中，在工作上，在事實征服和主宰事物之時，人對別人宰制的關係，別人對我的宰制所產生的恐懼害怕會慢慢解消，這就是工作、勞動、生產使人產生自信、自尊，而拋棄恐懼、卑微之原因。

　　人們終於獲取了自由，而自由永遠處於一種不平等的關係中，一方面為發號施令，操縱他人的主宰者；另一方面則為被控制，被命令者。在這種主僕關係中被控制者、被指揮者，一旦意識到這種不平等的關係之存在時，便會產生反抗的想法與做法，而社會轉變的可能性跟著產生。黑格爾強調追求承認所引發之重要性，他似乎預感到現代社會生成發展之分析的必要。這種分析

要透過馬克思所演繹的唯物史觀，特別是經濟觀點的社經解剖而達到最高點（Rockmore, *ibid.*, 103-107）（洪鎌德 2007a：4o3-412；2007b：325-333）。

# 六、結論

　　從《現象學》的撰述與出版的經過，看出此書本來在1805至1806年，黑格爾於耶拿大學講學與著作中的引論、導言之一部分。它與《邏輯學》合成一書為耶拿體系（「科學體系」）的第一卷。但這作為導言、引論的《現象學》卻不斷在擴充、膨脹，在1806年夏天成為厚達六百餘頁的一部獨立之作。在該書短小的附註裡，黑格爾宣布第一卷為《精神現象學的科學》，第二卷為《作為思辨哲學的邏輯學》，第三卷為《自然科學》，第四卷為《精神科學》（見1807年10月28日《耶拿一般文獻報消息頁》）。在1812年黑格爾《邏輯科學》的〈序〉中，他還承認這一安排是他本來的意思。在黑格爾死後次年（1832）打算推出的《現象學》修訂本中，他擬把「科學系統」等字眼從原書封面移開，因為原來的計畫此時已被後來的《哲學全書》所取代之緣故。

　　此外，中國研究黑格爾哲學的權威賀麟提出黑格爾體系兩種不同的看法，第一種看法是把黑氏《哲學全書》的三大部分（邏輯學、自然哲學和精神哲學）當作黑格爾的體系。第二種看法，則不單以《哲學全書》，而是統觀黑格爾全部著作的重點、精神所注，以及中心論證辯證發展的整個過程。依此便以《精神現象學》體系之導論，邏輯學為全體體系的核心，自然與精神哲學、歷史哲學、美學、宗教等等為外環（賀麟 1986：407-409）。依賀麟這兩種看法，那麼《現象學》是否為黑格爾哲學體系的第一部分便有兩種的回答。第一種看法的回答是否定的，第二種看法的回答是肯定的，這兩種看法在黑格爾的文本中都可以找到根據（楊祖陶 2001：267）。為此武漢大學的楊祖陶認為黑格爾哲學體系應由《現象學》、《邏輯學》和應用邏輯學構成的大圓圈。因為黑格爾在1831年修訂本封面上從《現象學》取消「科學體系第一部分」的字樣，純粹是出於外部編排的考慮，而非取消《現象學》作為他整個哲學體系導論、引言的意思。這點與馬克思在《巴黎手稿》中，視《現象學》為黑格爾哲學真正誕生地和祕密之所在，可以說是不謀而合、彼此一致（楊祖陶，前揭書，282-283；洪鎌德 2010b：93-95；2014：3，313）。

是故賀麟有關《現象學》研究的價值，至少有下列四方面值得我們予以複述：(1)把它作為邏輯學的導言來研究，作為人類認識發展史來研究；(2)把它作為意識發展史來研究；(3)把它作為意識形態學來研究；(4)一如馬克思所言，把它作為黑格爾哲學的來源與祕密來研究（賀麟 1986：116-136；楊祖陶 2001：291）。

事實上，黑格爾在《精神現象學》所討論的每一個主題，無論是意識、自我意識、或是談及絕對之物（理性、精神、宗教、絕對知識），都是有關人的經驗可資理解的題目，可以獨立地、分別地予以處理與檢討。這也顯示黑格爾這部著作對上自亞理士多德、笛卡爾、康德、下至黑氏身後的胡塞爾、海德格、德希達等等的西方主流思潮哲學家之關聯。這算是當代學者對黑格爾這部重要著作的新詮釋（Russon 2004）。

儘管黑格爾稍後對《現象學》的推出、流通、影響等等執行狀況，不甚滿意（因之在臨死前有修訂的計畫，而只作了一半便隨其逝世而停擺），但此書對其成熟的體系卻有教育性的功能，因為它雖不涉及「思想對客體性的態度」之描述（包括對萊布尼茲、吳爾夫、康德、雅可比等人學說的評估）。但作為人類達致絕對知識所經歷的歷史長途，《現象學》後來被《哲學全書》第三部所取代，也可以說從他的歷史講學之學生筆記中窺知。這麼一說，《現象學》作為導論可有與可無似乎也可從他文本窺知。無論如何，《現象學》是一本內容豐富（雖嫌蕪雜凌亂）的力作，其所涉及的內涵題目（例如面相學、頭顱學）只有在這本書中出現與討論，在他其他的著作中則未涉及，可見此書對瞭解黑格爾青壯年的思想大有幫助（Inwood 1992: 219）。

這是黑格爾1806撰述1807年出版海德堡的《科學體系》第一部《精神現象學》

繼耶拿大學（1801-1807）之後黑格爾曾在柏林大學（1816-1831）執教

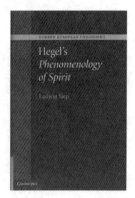

黑格爾《現象學》不同的英譯本

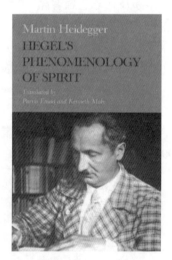

海德格評黑格爾的現象學

理性在心靈中所占的地位

# 《精神現象學》的新詮釋

# 第五章　《精神現象學》的新詮釋

一、前言

二、現象學的新猷

三、黑格爾對時代精神的體認

四、人變成神的自我膨脹之宗教思想

五、十八世紀與十九世紀初日耳曼的泛神論與黑格爾

六、神明在歷史中達成自我實現

七、意識與辯證法

八、自我與自我意識

九、理性與精神

十、〈序〉與〈導言〉

十一、結論

# 一、前言

　　黑格爾非常有系統的著作中，是以《精神現象學》為其開端。這部著作貫穿了他一生其他的作品，甚至在他1831年逝世之前，還在進行這部著作的再次修訂。可是這部著作卻被哲學界視為意境至為深遠、文字極為艱澀、說理並非十分清楚的著作。其實對這部著作加以詮釋、解析、辯護或抨擊的人何其多，包括馬克思、恩格斯、祈克果在內的十九世紀革命家與神學者，都提出不同的評價。二十世紀的哲學界、理論界、學術界，乃至政論界對此書的誕生、結構、意涵、影響作了深入而廣大的析述，可見這部極難理解、不易捕捉的天下奇書，在思想家心目中占有何等重要的地位。要研究黑格爾的學說對馬克思主義的形塑，非認真考究《精神現象學》一書不可。

　　黑格爾認為現象學是科學系統的初步，除了現象學是基礎之外，把思想與知識的體系當作科學來看待，還有賴邏輯學作為導論。可是在1806年夏，黑格爾對他未來科學體系的導論卻暫訂為《現象學》，而邏輯學則是其後才引申與演展的體系入門。在該書1807年出版的目錄上，他指出科學系統的第一部就是有關「意識」的經驗之科學。黑格爾第一次提到「現象學」這一概念，是揭示他在耶拿大學1806至1807年冬季學期要開授的科目之名稱。其後在《精神現象學》初版的〈序〉與〈導論〉之間，置入了「一、精神現象學的科學」等字眼。在這部著作的簡短介紹中[1]，黑格爾說，在第一部之後擬推出的第二部為「當作思辨哲學之邏輯系統，以及哲學另外的兩部門，亦即自然科學與精神科學」。這顯然反映了當年在耶拿大學只擔任無薪職講師的黑格爾，學術生涯規劃的初步意向。

　　如前所述，黑格爾在這本令人震驚之作中除了封面之外，幾乎沒再提 *Phänomenologie* 一詞，而這詞卻來自 *Phänomenon*（現象）。值得注意的是，在這本黑格爾最早出版品中，*Phänomenon* 這個字眼幾乎找不到，與它比較接近的字為德文 *Erscheinung* 以及黑氏最喜用的 *Gestalt*（樣態、模樣、樣式、格式塔爾特）。

　　《精神現象學》（以下簡稱《現象學》）的〈序〉（*Vorrede*）是在完成

---

[1]　*Intelligenzblatt der Jenaer Allgemeinen Literatur-Zeitung*, 28.10.1807.

全書之後才撰述的，篇幅比較長；相對的是全書的〈導論〉（Einleitung）則較短，主要在討論認知的問題，以及《現象學》對認知一問題所持的立場。換言之，假使認知的對象與認知本身不同，那麼我們怎樣能夠說這兩者是一致的呢？黑格爾完全棄絕康德把認知當作一個工具來看待，因爲認知、知識如果是一個工具，那麼在應用這個工具到其對象之前，勢必先要瞭解這個工具的本質和作用，這麼一來工具的特性似乎才是認知的本身，認知的工具性與認知的客體居然分成兩截，我們到頭來還是無法掌握認知及其對象。

馬克思和恩格斯　　　　　　　　哥本哈根圖書館花園裡祈克果雕像與素描

　　同樣地，黑格爾也排斥藍伯特（Johann Heinrich Lambert 1728-1777）把認知當作媒介體看待，也就是透過光的媒介我們可以獲知水杯中筷子的眞相，藉由折射的應用而瞭解玻璃杯中的筷子何以會是折彎的。既然知識是瞭解周遭實在的工具，那麼這個工具應用到實在的理解時，它必然也把實在多多少少做了改變，那麼實在不再是它原本的樣子，而是認知工具修正過、改變過的樣貌，那麼還談什麼眞正的知識？什麼才是眞正的認知之對象（實在）呢？同理，認知或知識如果是媒介體，透過它實在才能過濾過，那麼我們也永遠無法瞭解（認識）實在的本來狀態、本來面目。這兩種看法都假定認知至少能夠提供給其本身可靠性、精確性，但這種假設可靠嗎？正確嗎？卻令人質疑。

　　黑格爾建議對意識進行檢驗，那就是內在於意識裡頭，用它本身做標準而加以評估，從而去瞭解意識的每一種的樣態（Gestalten）、每一種的形式。結果發現每一種意識或形態都有欠缺，而非完整，而必須仰賴另外一種樣態或形

式來補充、來加強。是故在介紹此書的廣告裡，他說《現象學》在於描繪「形成中的知識（das werdende Wissen）」，用的是心理學解釋的方式，以及更爲抽象的考察之方式，目的在鑽研知識的基礎。

在廣告中，黑格爾指出，《現象學》主要的論旨爲：

> 它理解〔概念化〕精神不同的樣態有如〔思想旅程〕道路本身的各個驛站，這是走向純粹知識或絕對精神的道路。科學的主要部門可以再分解爲下列部分：意識、自我意識、觀察與積極〔動作〕的理性、精神本身，包括倫理的、教養的與道德的精神，以及最終以各種樣態出現的宗教精神。精神呈現的多采多姿，最初觀來只覺混亂，卻是以必然性表述出來：不完善的外觀融化成更高級的樣態，而更爲接近眞實。它們達到最終的眞理，也就是達到宗教〔的階段〕，然後達到科學，也就是完整的結果。（引自 Inwood 1992: 218）

如果單從《現象學》初版的副標題與〈導言〉來看，《現象學》本來意味著只關心客體的（對象的）意識而已（此點與黑格爾後來所做《哲學全書》第三部現象學相似）。但後來討論的範圍與議題擴大到意識以外，也就是論述了自我意識、精神的人際、社會與歷史形態，這變成了《現象學》下半部（第六章至第八章）的內容。在這裡可以看出，精神的一個樣態轉型爲另一個樣態，並非他在〈導論〉中所描述的那種蛻變過程。

黑格爾相信認知、知識同我們實踐活動與做事態度無從徹底分開。知識不是個人掌握的特質或成就，而是涉及社會上人際關係的各種形式。知識並不認同某一時代怎樣轉變爲另一個時代人類的集體記憶，而是代代傳承的思想、記憶、瞭解之匯集。由於黑氏有這樣的相信與看法，使他把原先要爲「科學」——意識的經驗之科學——做一個引導的心態，改變成如今要探討世上人類文化與歷史比較完整的、系統的析述。

不過《現象學》並沒有以直截了當、依時代先後次序來處理歷史。《現象學》第一章至第三章的「意識」，並不處於歷史上某一時期的表現，而第四章的「自我意識」卻涉及古希臘與羅馬諸如斯多亞派與懷疑論，也談到中古基督教「不快樂的意識」。至於第五章談「理性」則牽連到現代科學與道德。第六章「精神」又回溯到古希臘的倫理生活，乃至於法蘭西大革命，以及革命後之道德表現。第七章的「宗教」卻從古代以色列、波斯談到基督教。由此可知黑

格爾對歷史時期的處理，並非按照其時間的先後，而是按照思想與文化的表現而做早晚的安排，但在邏輯或系統的次序上，這些時期有時也會同歷史出現的先後相符合、相一致。

　　在黑格爾的時代裡，歷史常被看作心理能力、理性形態、或宗教發展逐步提高連續的表現之結果。不只人類全體，就是個人也經歷這種從懵懂無知邁向有知、能知的成熟過程。黑格爾也把歷史、心理學和認知論絞結在一起，其作法與席勒（Friedrich Schiller 1759-1805）相似。席勒說：

這三種演展的期間〔自然的「有形」狀態對人的宰制、人從自然解脫出來的「美學」狀態，以及人對自然掌控的「道德」狀態〕一般來說是人類全體發展的三個不同之時期，也是人的一生中成熟進程的三個不同之階段。這些不同時期與階段的認識，可以說是對任何一個客體〔認知的對象〕個別的看法中產生出來的。簡言之，我們透過感官而獲得的每項認知都是以此爲必要的條件。（Schiller 1795: xxv）

紀念席勒的郵票和其英姿的素描
Johann Christoph Friedrich von Schiller（1759-1805）

　　黑格爾在《現象學》結論上所提的「絕對知識」，就是他本人在撰述該書時所表現出來廣博與深邃的知識。它涉及精神各種樣態以及其間關係的眞知灼見，爲過去知識所未曾達到的境界。它也涉及重建辯證邏輯的能力，這種邏輯正從《現象學》逐章相繼討論中湧現，也是指引各章發展的線索。在歷史上呈現的精神發展之最終歸趨乃爲絕對精神。個別的讀者在閱讀《現象學》之後也

會與作者跟進達到絕對精神的認知之上。

　　黑格爾在其後期對於《現象學》的概念與架構之落實似乎有所不滿。特別是有關此書在他整個學說體系中究竟要扮演怎樣的角色？不但作者無法回答，後來的讀者、理論家也無解，甚至爭議頻生、眾說紛紜。把它當作引導讀者去瞭解他學說的體系之教育性入門似乎並非必要，因爲他曾經提供一個與本書內容有所不同的《哲學全書》第 I 篇，析述萊布尼茲、吳爾夫、康德、雅可比等人「有關客觀性的思想態度」（*Enz.*, I, §§25-78）。由於黑格爾體系的循環性，《哲學全書》第 I 篇又可以看作第 II 篇的導論。

　　另一方面把《現象學》當作人類獲致絕對知識的學思路程，似乎也可以省掉免論，因爲在《哲學全書》第 III 篇已經論述與記錄了精神發展的步驟。不僅如此，就是伴隨而來的歷史講話也對精神發展的各階段有所說明。儘管有上面的批評，《現象學》本身就算有混亂之處，卻是理念、創意極爲豐富的力作。其中有些資料（像感覺確定性、面相學、頭顱性格說）都是黑格爾在其他著作所沒提起的（Inwood 1992: 218-219）。


# 二、現象學的新猷


　　黑格爾在杜賓根神學院就讀的年代（1788-1793），對神學興趣不大，甚至撰文抨擊基督教，把耶穌看成是一個講述道德、力行道德的普通人看待。他在醉心古希臘哲學、文學之餘，企圖創造一個新的宗教，把自然與精神合併成一體。事實上他是一位泛神論者，認爲神就活在世上每個人與一草一木之上，他不看重人與神之分辨。反之，受到神學院同學兼詩人的賀德林（Friedrich Hölderlin 1770-1843）的影響，相信宇宙的精神不但浸漫自然，也沾滿人類的歷史，更漾溢在詩詞和「精神科學」之中。這種「漾溢」（effusion）的比喻，還從浪漫主義的文學氾濫到哲學裡頭，而使杜賓根修道院三劍客之老么謝林（Friedrich Schelling 1775-1854）爆得大名，成爲哲學界的神童，以二十六歲的青年成爲耶拿大學的正教授，並引薦黑格爾到這所大學擔任無給職的講師。雖然出道較遲的黑格爾在1801年專心研究哲學的時候，是拜比他年輕五歲的哲學奇才謝林爲師，直到1807年出版《精神現象學》之後，在學術上、思想上才斬斷他對謝林哲學的倚靠，而獨立地、自主地發展他自己的體系。

　　一開始黑格爾對《現象學》的立意與經營是小規模的、謙卑的，都師法費希特與謝林要補充康德體系的不足。康德刻意要把人類的經驗整合成爲統一的哲學之科學。可是他那兩部名著《純粹理性批判》（1781）和《實踐理性批判》（1788），卻把知識理論與道德理念看成人類心靈的兩截。他第三部主要著作《判斷力批判》（1790），雖有意把認知與道德實踐綜合成一體，但在其後人的眼中這種綜合的努力並沒有成功。加之「物自身」的隱象（包括自由意志、道德與宗教）與經驗事實的現象之間的鴻溝無法塡平，也導致批評者抨擊他整個批判哲學無法成爲體系。假使有「物自身」的話，我們如何知道它的確存在？我們如何能夠眞正知道我們所知的事物，我們怎樣來獲取「絕對的」知識──一種不容懷疑論者挑剔的自我反思之知識呢？在《現象學》中，黑格爾嘗試要駁斥懷疑論者之可能被認知，也駁斥「物自身」之可能被認知，駁斥人類經驗可以分成彼此無法相容的理論範圍與實踐範圍這種兩分化（兩元思考的方式）。黑格爾以誇張的口吻表述他可以達到「絕對」的認知，這固然是炎炎大言，但他開始進行補充康德關鍵詞的工作（包括修正、闡述、賡續前人的作法）時之態度卻是謙卑的、低微的，不過是接續費希特與謝林未竟的、不周全的批判性工作之延展而已（Solomon 1983: 64-109）。

　　但1807年出版的《現象學》，卻大大超過黑格爾與當時學界的想像，是一部與傳統哲學完全迥異的奇書。書中的論題固然反映了康德哲學的精神，也顯露後康德各家的想法與企圖，而且在結尾很簡短的論述絕對知識，似乎也與同時代哲學作品無分軒輊。但是在〈導論〉與開頭幾章中，我們雖然看到上述論題的迅速交代，以及後康德時代諸家學說的概述，但此書居然成長爲一個「美麗的怪物」（a beautiful monster）。原因是有幾章談到古希臘的哲學、倫理學中怪異的學術運動，也有對康德無上命令的範疇之公開砲轟，甚至討論當代歷史中的啓蒙運動與法蘭西大革命，也約略涉及文學批評、科學的哲學，論述世界各種宗教之大要。這林林總總的析述，完全放置到不易理解、抽象的新康德話裡頭。於是我們驚覺《現象學》不是原先企圖要展示「絕對性」（the Absolute）的作品；它卻是海闊天空理念的大漫遊、大探險、大發現。它從人群最基本的意識之感受，進展到意識無所不包與複雜的諸種樣態之上。它所指陳的目的在理解眞理，絕對的眞理，但這不可視爲認識論的展開而已。黑格爾所謂哲學的眞理是一種包天包地、包山包海的偉景（vision 願景），這不只包括各種各樣的哲學理論，也牽連到宗教、倫理和歷史的龐雜資料（Solomon 1993: 181-184）。

# 三、黑格爾對時代精神的體認

　　就像康德一樣，黑格爾作為學院派的哲學家不只擔心老百姓對艱深的、抽象的哲學問題無法理解，或不加理會，他們對科學與宗教的衝突、人生的意義、何為善良的人等等，雖然無法理解，卻都持重大的關懷態度。不要以為康德只注意如何把理性主義與經驗主義加以調和，也不要以為黑格爾只關心如何補充康德的體系。他們兩人真正的意圖在建立各自的哲學體系，尤其康德在哲學史上完成了「哥白尼式的革命」[2]，而黑格爾則獨創思辨哲學，活用辯證法到意識的生成變化的諸樣形態之上，甚至更進一步地以辯證的方法，看待主體精神轉化為客體精神，再達到絕對精神的艱辛歷程。他的《現象學》之精神乃是對世界無所不包、無所不攝的概念化，是一種綜合一切的努力。

　　在杜賓根神學中黑格爾、謝林和賀德林都曾醉心於想要創造一個新的宗教，以取代教條體系的基督教神學（黑格爾稱為「正格」、「實證性」的神學），他們對當時的日耳曼文化也十分憎惡，因為比不上鄰國法蘭西與英格蘭的啟蒙運動以來，入世的清楚明白與自由思想。加上日耳曼浪漫主義、民族主義與神祕主義的混雜，導致與啟蒙運動理性與進步的想法違離。對當時的德國人而言，啟蒙運動是粗俗的、物慾的，只關心經濟物質利益，忽視宗教和生活的面向。可是啟蒙運動促使理性與進步的吸引力大增，使有志之士感受日耳曼封建主義、路德教會的神學、中世紀的教會都是重大壓力，造成德國人的生活完全籠罩在過去蒙昧無知中。當時年輕一輩的德國人都有意把啟蒙運動的普世的開明之要求，來調和本國地區性的驕傲、偏狹與愚忠，希望鄰國以血肉之軀贏得的政治革命、社會革命能夠灌輸進德國人的心與腦中，進而引發思想的革命、心靈的革命。

---

2　哥白尼認為星球的運轉不只是天象的運動，而可能是由於觀察者的人類本身身處地球的運轉產生的。同樣康德認為知識不只是認知的客體本身的特質，顯示給我們的感官與理性，而是認識周遭實在（自然、社會、人本身）的人類心靈運作而達成主體對客體的認知。由是可見康德知識論之成就，與哥白尼日心說（地球動、太陽不動）有相同的意義，也是人觀察事物突破性的成就。是故在哲學上康德的三大批判，或稱批判哲學無異為哥白尼革命的翻版。

康德紀念郵票

黑格爾紀念郵票

Das Wahre ist das Ganze. Das Ganze aber ist nur das durch seine Entwicklung sich vollendende Wesen. Es ist von dem Absoluten zu sagen, daß es wesentlich Resultät, daß es erst am Ende das ist, was es in Wahrheit ist; und hierin eben besteht seine Natur, Wirkliches, Subjekt oder Sichselbstwerden zu sein.（PG 24）（華文翻譯見第10節；p. 171）

《現象學》第24頁指出，真正之物乃爲整體事物。整體事物乃是藉由它本身發展完成的本質。以絕對的立場來說，它是本質上的結果，只有在〔發展的〕終端出現在真實當中，同時也可以說；當中存在著它的自然、實在、主體、或自我生成演變

　　黑格爾在離開神學院與找到第一份差事的數年之間，便寫了一連串的論文，也就是他早期的神學著作，這些著作都在討論宗教、批判基督教的「實證性」、「正格性」（Positivtät）、教條性、僵化等等。在痛恨基督教之餘，他呼籲要恢復古希臘「民間宗教」（Volksreligion），以爲它才是自然的信仰，也就是群眾熱烈參與的主觀宗教，以對抗神學家硬性灌注給群眾的客觀宗教。宗教應該是特殊的時、地、人群的信仰系統、而非只有實踐表現的抽象信條。

　　有關宗教的看法黑格爾幾乎是效法康德之說詞，兩者都強調宗教中合理的成分，亦即道德與基督教連結的部分。黑格爾對基督教的道德觀多所批評，特別是對信眾無法實踐基督教的道德要求最爲嚴重。他指出「所有真實的宗教之目標與本質……是人類的道德」（Hegel 1948: 68）。顯然，他的目的在於修正基督教，使變成民眾的宗教，注重道德的培養，甚至讓耶穌的傳道與行誼轉化成康德的範疇性的無上命令也無不可。不過，若黑格爾去除他對基督教的敵意，可改稱所有的宗教，吾人都可以看出人的精神必然的發展階段時，他不再聚焦於基督教的失敗處、缺憾處，而注意其內在的矛盾。這時他剛開始在基督教義中找碴子。第一個足以受到批評與非議的是神與人分別的理念，上帝成爲無限的優越者、完善者，人類成爲軟弱者、奴僕者。他進一步抨擊理性與激情的分化，神學與信仰的攜二，理性與實踐的分家。

　　依據索羅門（Robert C. Solomon 1942-2007）的觀察，《現象學》有兩大

主題，其一、精神（Geist）爲上帝的化身，袖不但把人類轉化爲袖的一部分（道成肉身），而且在每個種族、每個地區的民俗風情、倫理道德、情緒智慧中，都有融會在袖身上之表現。在他的時代，年輕的學者與作家都醉心於希臘文化，大力宣揚其哲學文藝之際，黑格爾也沒有例外地讚賞古希臘的思想成就，但隨著法蘭西大革命的燦爛及其後的恐怖活動，黑格爾開始體會世界充滿矛盾、分裂、敵對、仇視與世局充滿鬥爭、不協和的對比。在此危疑震撼的時代裡，哲學是唯一可以提升時代精神之利器。他視新的精神是人類最終的團結，世人與世界的合一，也就是這種能夠提升精神的哲學，才能解決各種紛爭、矛盾、對立。作爲精神的上帝變成指引人群走向諧和與團結的主體。精神的實現並不意味我本人變成了神明，而是我們都是神明的一部分，精神擴散到我們當中，精神也界定我們所有的人，這也是斯賓諾莎（Baruch de Spinoza 1632-1677）的泛神論（其詳情見下一節）中強調精神的實現、人類的一體化，我們由「多」而返「一」。在《現象學》中，黑格爾展示精神怎樣湧現，怎樣從它本身各個不同的樣態（意識、自我意識、理性）、而變成大格局的樣式（精神、宗教、絕對知識）之過程。

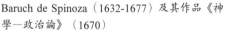

Baruch de Spinoza（1632-1677）及其作品《神學—政治論》（1670）

斯賓諾莎繪像

　　黑格爾的哲學不但充滿著本體論、存有論的創意，更包含了政治的想像。他不是個體主義者，而是一位關懷整個人類及其在歷史長河上表現的歷史哲學家。他想像任何歷史上的大戰役、死傷百萬人，所爲何事？諸個別人在歷史殺戮場上的犧牲並非是對領導人的愚忠、對國家存亡的計較，而是受到時代精神

的操縱，這就是他經常談到的「理性的狡計」（*die List der Vernunft*）使然。因之，他是以更客觀、更高瞻的看法來看待人類的歷史發展，而認爲歷史的進展將是人自由的獲得，也是個人得到尊重，成全自己——人的自我實現。

談到個人、自我、意識，可以說是自從笛卡爾（René Descartes 1596-1650）以來，便是從個人主觀的經驗去探測人本身的存在與外在世界的認識。康德強調這個經驗的主體不是個別的、現實的任何個人，而是「先驗的自我」，原因是經驗的各種形式並非因人而異，而爲共同的、一般的意識所產生的作用。爲此黑格爾也談「一般中的意識」、或較爲一般、普遍的意識。對他而言一般意識乃精神之謂，乃是一種擁抱所有的吾人之本身、自身（the self）而已。

其二、精神的重要性不是在於其內在性（immanence），而是在於其發展。《現象學》從頭到尾談的就是發展的現象學敘述。《現象學》加給哲學的新增部分，無疑地是歷史的天地、界域（dimension）。理念與運動只有透過其發展加以理解，可以說是黑格爾對哲學的嶄新貢獻，這也就是上面所說其一之外的第二特點。在黑格爾的後期著作中，這種發展的灼見變成他哲學的特色。他追溯各種宗教的源泉、人類歷史的變遷過程和哲學發展的軌跡。宗教並非抽象的教條，而是人群基本的需要和趨勢，這無法從他任何單一的宗教理論可以尋獲；而是存在諸宗教的互動與發展經驗中找出來，歷史也同樣是含有理性的人群之發展，歷史展現著人類無可避免的進步，以及人的進步趨向自由。哲學亦然，它不是對消息不靈通的問題之回答，而是某些理念由一個時期進入另一個時期的成長，這些理念產自過去衝突或對抗之中。衝突對抗的過程是辯證的。黑格爾在《現象學》中所析述的意識之樣態是概念發展造成的複雜之組織，並非他本人特別的怪癖所指出的概念。

不過必須指出的是《現象學》並不是一部歷史，並非任何事物，包括哲學、人類和宗教發展的經驗性研讀。在該書前面幾章，哲學的運動、變遷還能反映歷史的先後次序，但很多學說與事件的處理卻未必照歷史的先後來討論（例如在討論近現代之後才談到古希臘的哲學，在斯多亞（噶）學派敘述之後才談索霍克勒斯的悲劇等等）。是故《現象學》對「意識的諸種樣態」之發展次序與歷史發展先後次序不符合。之所以有這樣的安排、目的再把各個樣態之間的分辨與衝突做一個比較，一個對照，俾更適合的邏輯次序可以湧現。辯證法無非是一種發展，也是辨別是非對錯的論證方式。它是一種動態的更新的遊戲，是一種排除的過程，也是一種適者存活的天演論。更重要的是它是一

 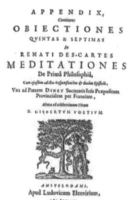

Descartes determines that the only indubitable knowledge is that he is a thinking thing. Thinking is what he does, and his power must come from his essence. Descartes defines "thought" (*cogitatio*) as "what happens in me such that I am immediately conscious of it, insofar as I am conscious of it". Thinking is thus every activity of a person of which the person is immediately conscious.

笛卡爾的繪像　　他的著作《沉思錄》（1641）　笛氏主張能夠思想的主體才是實存的主體

種「目的論」（teleology），把不適合、不妥善者、狹隘者易以更適合、更妥善、更廣包的思想方式，而最終達到綜合一切，包天、包地、包山、包海的地步（Solomon 1993: 184-190）。

# 四、人變成神的自我膨脹之宗教思想

我們不妨這樣說，從康德至黑格爾的日耳曼經典唯心主義（觀念論）就是環繞著這樣一個主題在打轉：人的自我實現在追求完善、完美，有如上帝一般，或乾脆說人怎樣變成神（洪鎌德 2010b：19-20）。這種理念不但形諸唯心主義的哲學，也在文學上從歌德的《浮士德》這一部詩劇得到印證。浮士德的精神就人之自我光榮、自我膨脹的驕傲（hubris）。人如何昇華提升為絕對的自我，獲取絕對的知識變成與神明平起平坐的完人。

康德的道德理念是人自行強迫自己，來達成絕對的道德之善。道德是一種命令的系統，把潛藏在人性深處的種種理性做盡量的發揮，終究壓倒作為現象的普通人、常人，而成就人的完善。人只有自己壓制自己、善盡義務，才能達成意志的自主，有意志的自主，人才能獲得自由。

早在1795年致謝林的信上，黑格爾指出康德哲學衍生的一個新的創造性的

思潮正在形成。這個思潮的中新理念為絕對的自我、無限的自我之學說。黑格爾早期的神學著作，就在尋找如何改變與發揚康德學說的鑰匙。這個鑰匙的尋覓與現形就形塑了黑格爾主義。其關鍵的說詞是指，人性與神性之間並沒有絕對無法跨越的鴻溝。康德的隱象人（*Homo noumenon*）與現象人（*Homo phenomenon*）之分應當可以克服。隱象人不是類似神明的人，而是神本身。當人努力學習像神明那樣完善時，其實他正在成全自己，把真實的自我顯露出來。於是黑格爾遂說：「人從有限提升到無限的自我昇華，就是宗教」（Hegel 1948: 311）。

　　為了說明神怎樣湧現在人的自我意識裡面，使神與人的對立和隔閡打破，黑格爾遂指出歷史是神明自我實現的過程，同時也是人類從缺陷走向完善，從人性走向神性的旅途。對他而言，人類的歷史可以視為神明製作（God-in-making）的自傳。在歷史變動中上帝自我實現的哲學，便成為《現象學》的主題，上帝既然是永恆的、全知的、全能的、完善的，以致所有的「否定化」（negation）都被排除，那麼祂只好生活在天堂，在另一個世界裡。這樣的神明只有光，而沒有暗。但黑格爾卻嘲諷地說，只有光事實上與只有暗並沒有什麼分別。為此上帝必須把祂的實有、存有，置放在現世、地土（而非天堂）之上，目的在實現祂自己是神明，只有這樣絕對的神明才有完成自己創作自己的可能。

神創造萬物

神與人的接觸

　　上帝要怎樣做才能變成真正的上帝呢？黑格爾說，只有當上帝知道祂自己是上帝時，才有可能。在這一特殊的意謂下，自我知識、自我意識是隸屬於上帝的性質、本質、概念。由是可知上帝自我實現的過程，基本上便是一種認知的過程。黑格爾說：「用知識的說法來顯示變化〔生成〕的過程」（Hegel

1931: 807）。

　　上帝緩慢長成的自我意識（意識祂為上帝），需要一個器官來思想、來意識，這個器官無疑地是人的心靈。上帝最先無知無識，這個無異是祂所創造的自然，再來他創造了人類，祂創造活在歷史過程的人，祂變成有意識，甚至發展為最終上帝的自我意識。在歷史中人類的知識增進，造成心靈或精神的現象學。這其實乃是上帝由無知無識，而變成自我意識的過程，這個認知的旅程之終站為絕對的知識，至此上帝完成了他自我的意識，也在哲學家的心靈裡完成祂本身、實現祂本身。正如黑格爾所說：「上帝只有知道祂本身的那一刻，祂才成為上帝。祂的自我知識，進一步可以說是祂在人當中的自我意識，也是人對上帝的認識，往前推想也是在上帝裡頭人的自我之認知」（Hegel 1896: 176）（關於由人升等為神的敘述，可參考洪鎌德 2010b：19-20；29-33）。

漫畫家筆下的黑格爾

Hegel says, "God is not an abstraction but a concrete God...God, considered in terms of his eternal Idea, has to generate the Son, has to distinguish himself from himself; he is the process of differentiating, namely, love and Spirit." Hegel sees both a relational unity and a metaphysical unity between Jesus and God the Father.

上帝非抽象，而是具體的神明。上帝與聖父、聖子（耶穌）和聖靈三位一體

# 五、十八世紀與十九世紀初日耳曼的泛神論與黑格爾

　　泛神論（*Pantheismus*）是費希特和謝林的學生克勞士（Karl Christian Friedrich Krause 1781-1832）所使用的有關神的新看法。他企圖把有神論（*Theismus*）與泛神論（*Pantheismus*）融合在一起，認為全宇宙都在神的手上、身上，全宇宙是神的現象之表達方式。克勞士認為精神與肉體雖然是相反、但卻相成，互相之間發生種種的作用，在精神與肉體之上的宇宙整全乃是神明，祂是本質、是絕對的、真實的。是故所有的哲學都開始於本質直觀（*Wesenschaung*），人類發展的終境應當是各種文化、信仰、風俗不同的民族之融合。黑格爾的哲學也是泛神論的加工與延伸。

克勞士生前及死後的形象

泛神論是相信宇宙（包括自然界全體）為神明之化身，不認為神明具有人貌人樣。西洋17世紀斯賓諾莎反對笛卡爾靈肉分開的兩元論，強調上帝是至高的實體，成為哲學界單元論（monism）之開端。他被視為「給上帝灌醉之士」。

　　黑格爾認為上帝是絕對的、永恆的、實在的整體，是所有的一切（*das Ganze*）。神是過去、現在與未來的時間延伸，也是空間展開的大自然和歷史時間中發展的人類文化。自然是神明空間的延伸，歷史是神明時間中的發展，除了自然與歷史之外，宇宙空無一物。猶太教和基督教的教義把上帝置放於自然與歷史之外，不但錯誤，且幾乎變成了「無神論」。黑格爾不同意這種看法，而以為這是基督教神學家對神明「思辨性」的理解。

　　對黑格爾而言，上帝與世界是合一的、不可分的。世界乃是神明的人格，或稱是世界本身，對世界本身這項事物，黑格爾給它的稱呼為「世界精神」（*Weltgeist*），簡稱「精神」（*Geist*）。他所稱呼的精神是無限的，無所不包的自身，或是追求意識其本身為世界的「主觀事物」，這就是他常說

的「實體本質上就是主體」。特別是絕對的事物（das Absolute），既是實體（Substanz），又是主體（Subjekt）；也就是說實體必須變成主體，才能讓意識發展爲自我意識，然後進一步發展出理性、精神（主體、客體、絕對）等等現象。要之，精神本身就是實在，精神是世界實在的存有，是世界的本質。爲此原因黑格爾常把精神看作是神明的同義字。

爲了使精神能夠意識到它自己，那麼精神必須有所表達、有所表現，精神採用各種各樣的樣態形式，亦即客觀上可以被認識、感知的樣貌。因之，精神首先要表現爲一種實體，爲的是要意識到實體的本身。是故黑格爾給予世界精神自我認識的迫切感，以及自我表述的能力，他以爲「精神在各方面都在展示、發展和完善其能力，這樣精神各種各樣的本性方會流露。精神開始發展的樣式和產品之多采多姿提供我們去瞭解其內諸種權力、能力」（Hegel 1956: 73）。

傳統的基督教義把上帝看作造物主，上帝是基於無限的善意來創造天下萬事萬物。但黑格爾心目中上帝創造理性，卻集中在以自我爲中心的世界本身，來對其自身的意識和瞭解之上。神明要達成的目標就是祂本身，這也成爲精神存在與活動的唯一目的，世界史的過程就需要朝此目標推進，世界祭壇上的犧牲是來自多少世代長期的人群的苦難、贖罪、奉獻所呈現出來（ibid., 19）。

精神、神明的自我創造能力，乃是由於它受到自知的慾望之驅使而展開的自我生產、自我外化（Selbstentäusserung），精神靠自然和歷史在各方面來自我表達。在空間上精神（神明）外化爲大自然，在時間上則表現爲相續的文明、或文化界（通過人類作爲行動者、作爲代理者而發展的文明、文化之歷史）。對黑格爾而言，人類的活動是神明原初創造的延續，因爲在祂創造自然時，同樣也創造人類。在歷史中，精神的創造性表現在相續的諸民族之精神（Völkergeister）所產生的各種各樣文化、文化活動、生產、累積、擴散，都是世界創造的一環。古代希臘、羅馬、近世歐洲之偉大文明，包括典章制度在在展示了精神創造力的多采多姿，它們合構成文化的世界。

自然與人只是程度不同的精神產品。自然乃外化的精神，它尚無法意識到它是精神的一部分、精神的產品。與此相反地；人是精神正在邁向意識到它也是要變化精神的「變成之動作」（act of becoming）。人是文明的製造者、文化的創造者，人成爲精神在創造的、自我表述的歷史階段中之延續。但作爲一個能知者，他的知識能力還在發展、深化，他僅處於精神自我發現的半途上，他的心靈（特別是宗教與哲學的心靈）是世界精神的器官，也就是迎向主體事

物自我意識的精神之工具。人目前的處境只是「有限的自我意識之精神」、尚未達到無限的絕對境界。

　　就人類認知的狀況而言，他們仍處於變化的過程裡。因爲人類目前仍然是有限的自我意識之精神，因之如何克服有限理性，和提升到絕對的、無限的自我意識之精神，成爲人群要繼續奮鬥的目標，其最終的目的就是人變成充分實現的神明。追求自我理解、自我意識的求知慾，是當初神明創造世界無意識的動機，才會創造無意識的自然。但如今在歷史的演變裡，精神外化爲人類的心靈，而人心的求知慾看作神自我意識的工具。求知慾並非好奇引發、世人與生俱來類似妖魔一般，無法滿足的知識欲求。這是在人心目中狂傲的熱望，它企圖把所遭逢的世界之客體性加以穿鑿、加以撕碎，而瞭解周遭世界（自然）是主觀的、而非客體的。黑格爾說：「知識的目的是去除客體世界的乖異性、陌生性，而使我們熟悉它、瞭解它，把它當成我們的家常。這意謂追溯客觀世界到概念〔概觀〕之上，也就是追溯到我們最內在的本身」（Hegel 1950: 335）。

# 六、神明在歷史中達成自我實現

　　驅使精神的活動是一種自我外化的活動，精神轉化爲客體的形式，那麼在人心靈裡面進行的認知活動，便是精神在意識裡重新占據它自己。精神本來是處於分裂的狀態，分裂爲有意識主體（人）的精神與無意識的客體（世界）這兩部分。如今靠了知識活動（能知），精神要從上述分裂狀態下脫離，而回歸爲其本來的一體性（非分裂性）。分離性、分裂性正是黑格爾所津津樂道的「自我異化」（*Selbstentfremdung*）。主體與客體的關係本身就是自我異化，在主體與客體的關係中，精神把它自己視爲「外物」（*Andersein*）。這是指客體被精神經驗爲外面的、異化的、甚至敵對的事物，是對抗有意識的主體的身外之物。認識（知）的克服的活動，是把客體世界中的陌生性與乖異性加以剔除，是異化的克服。是故黑格爾不但談下「外化」（*Entäußerung*），還論及「異化」（*Entfremdung*）。這種精神的外化與異化是從意識發展出來（Rae 2012: 23）。

　　康德隱象人與現象人之分別，形成黑格爾隱象的世界本身與現象的世界本

身之對立。當康德希望現象人追求道德的完整而重返隱象人的本質時，黑格爾卻以追求自我意識，來克服精神之分裂為主體與客體的異化現象。康德以為人分裂為兩個自己，必須靠自省、自制（自反而縮）的心裡抗爭、掙扎來回歸一體。黑格爾也強調精神的自我衝突、自我鬥爭。在自然世界外化的精神之鬥爭是進步的和平的成長，但外化為心靈的精神之鬥爭卻是劇烈的、嚴苛的。精神在自我鬥爭中所追求的是理想的事物。精神的擴大不只是寧靜的成長，而是嚴格自我改善的過程。塔克爾（Robert C. Tucker 1918-2010）認為世界本身乃是一個精神失常或偏差的人格（neurotic personality），需要療治創傷，而回歸正常（Tucker 1972: 50）（洪鎌德 2010b：57-68）。

　　除了內心鬥爭的說法，康德與黑格爾有其相似之處，但談到分立的人與對峙的精神所追求的目標時，則兩人的看法立即有所差別。對康德而言，成為一個道德上的完人是現象人回歸隱象人的目的。反之，對黑格爾而言，異化的精神卻不在追求德性的完美，而毋寧在追求知識的整全、知識的絕對。由是可知，從康德到黑格爾重點是從道德的傲慢、驕傲，轉向知識的傲慢、驕傲之上。

　　在黑格爾的體系裡，異化的現象自我變成了異化的世界，這就是他在《現象學》上所稱呼的「顛倒的世界」（*Verkehrte Welt*）。這是指作為意識主體的世界本身，視自然與歷史（這個空間延伸與時間綿延）的世界自身為一個異樣的客體。精神對其本身進行的戰爭，就表現在人類不斷的努力去用知識來戰勝與征服那個客體性、被它視為陌生與敵對的世界。

　　邁向自我實現的鬥爭無異為人類心靈的重大戰役，此一戰役是人在思想裡把世界重新內化，是人靠知識把周遭世界概念化。黑格爾說：

> 所有人類的努力在於瞭解世界、在於占有世界、征服世界，並將它置入於管轄之下。為達此目的世界的正面實在必須加以壓碎、撞破。換言之，必須把它理想化〔理念化〕。（Hegel 1950: 88）

　　黑格爾以為知曉、知悉等於（意謂）自我發現，精神在其意識的主體中接近到承認自己的階段，承認它自己出現在與它本身相離的世界中。知曉、認識是外在世界異化的解除，而外在世界都是精神外化活動所造成的結果。對於變成為人的意識之精神，它最先呈現出來的是「實體」（*Substanz*）、是客體、是非己。但精神這種「實體性」、客體性、非己（它物）性都是一時的、虛幻

康德追求人格完善的道德人　　　　　黑格爾則是達成絕對境界的知識人

的。對給予的客體世界之意識（把它看作精神以外的其他東西）都是「非真實的意識」。認知的動作就是把這種異質性、非己性、外物性加以穿刺撕毀。認知的動作在於把對象體的異化客體性剔除，把客體當成受外物（陌生的東西）之錯誤意識讓渡給視該物乃為「自身」（*Selbstich*）之真實的意識。

　　黑格爾稱呼透過認識的動作，而使客體從異己變成自身為「揚棄」（*Aufhebung*）。揚棄含有保留（部分的本質）與拋棄（不適合的加以毀壞）的兩種意涵。被揚棄的客體是它異己的、外物的那一部分，而保留的卻是感受的、概念化的內容。被揚棄的客體世界乃是去除異化的客體世界。此外，知曉的動作乃是主體與客體關係的揚棄，是精神自我異化的揚棄。它把主體／客體關係轉型為新的主客體關係，其中精神只有在意識當中以自身呈現出來，因為它早已承繼客體世界乃為外化的精神之緣故。

　　如今精神在其深處外在事物中意識到它本身的逍遙自在（如同在自家中）。客體已受到理解的中介，而精神已從自我異化的狀態中返回到它自身，它成為在己與為己的精神，因為在它意識中的客體世界已被承認為精神本身的外化，精神表現出它認識到它本身即為精神。當一個新的文化世界在世上出現之時，精神的自我分裂與異化便告產生，於是要求透過知曉、知道，去認識新的歷史現象，於是再度統合於精神的努力又告展開。歷史便是精神外化、異化，以及揚棄異化的循環過程。

　　黑格爾何以把主體與客體的關係看成為異化和異化的揚棄呢？要回答這個問題就必須回到我們前面所指黑格爾的上帝觀、神明觀。在他心目中，上帝也好、神明也好，都是絕對的、無限的、普泛的，是所有存在的整體表現，是故

他心目中的絕對乃是本體論、存有論（ontological）的絕對。

> 黑格爾認爲作爲主體的人要認識客體的世界，無異思想要去理解存有。他主張思想和存有並非敵對、割裂，而是兩者最終的統一。在《現象學》中，他說意識及其生成演變不只發生在個人的生涯中，集體的意識更是在社會人群互動和歷史變遷裡。在歷史發展的每個相續階段上，個人與人群的意識都會碰到困難、險阻，也就是發生問題。要解決相對、相反的問題，就是解決事物的矛盾，也就是把事物的正面和反面，藉否定的否定之辯證法發展到更高階的統一或綜合的境界（此時已把「正」和「反」綜和成「合」）。黑氏認爲精神的基礎爲理性，是故「凡是實在的就是合理的、凡是合理的也呈現爲實在的」。包括不含有精神的大自然，其運作井然有序，因而也是理性的化身。精神從主觀，發展到客觀，最後抵達絕對的境界。因之，實在最根本、最基礎的是絕對之物。黑格爾把作爲世界實體、本質的絕對理解爲精神、理念、客觀思想、上帝。他認爲這個絕對是能動的、是辯證發展的。它是哲學、宗教、藝術研究的共同對象。

這就解釋何以有意識的主體在意識內碰到的客體世界是陌生的、敵對的世界之因由。對他而言，客體不過是對主體的否定。既然神明自認爲自己是所有實在的整體，祂又是全知全能者，任何客體的出現，就是對祂絕對性的挑戰與否定。任何異己的外物對精神都是侮蔑、都是挑釁，因爲絕對性的認知者之神明一旦感受、認知有祂整全的宇宙之外尚存在的「外物」，那就證明神明不是整全、不是完善，這就導致自我異化的「非快樂的意識」。

對黑格爾而言，異化意謂有限，有限意謂受到拘束羈絆。在出現客體世界而經驗到自我異化之際，精神也經驗到拘束、經驗到遭人奴役。因爲客體代表著侷限，代表對擁有絕對性的精神之拘束、之桎梏（*Schranke*）。因之，在遭逢客體（客體世界、外物），精神覺得被拘禁在侷限之內，精神感受到有限的折磨。

是故精神透過認知而把客體穿越、摒棄，就變成了它對有限束縛的反抗，也表示它爭取解禁的自由。黑格爾特別的看法是：以爲自由乃是意識到自己不受束縛，是限制意識活動的客體之消失，也是非己力量的消除，自由表現非己成分不再呈現。這是自我意識不再受任何客體所羈絆，因之，隨後能從有限的束縛裡逃逸出來。由是可知在歷史當中精神的自我認知之成長，可以解釋爲對

自由的逐步加深意識。這是黑格爾用來講解歷史哲學所使用的公式。最終的自由乃是自我意識到它本身是無限的、無拘束的，也就是達到絕對的境界、絕對的知識。

不過黑格爾對自由的看法都是全體主義（極權主義）的看法。只有當世界本身（神明）經驗到它自己存有的整體、總體之時，它才獲得自由。換言之，世界本身必須把它自己提升到自我理解的總體之狀態，才能達到自由的意識。任何的短缺（做不到此點）就是異化，就是有限的折磨。黑格爾曾經說：「除非精神在其內部完成其本身、完成其本身爲世界精神，否則祂無法達到自我意識的精神之完整」（Hegel 1931: 801）。

世界史的關鍵時刻爲無限性的降臨，這是歷史最後的突破，那是指在哲學的科學形式裡，哲學家（大概也只有像黑格爾那樣的哲學家）的腦中浮現了絕對的知識之際。在黑格爾的設準裡，精神已經耗盡它外化的能力，它已取得所有客體的世界樣態，也有能力透過認知的工作把它們一一吸收、內化、揚棄。這時精神達到絕對知識的地步，也就是「精神自知其爲精神」。絕對知識具體而微地構成黑格爾學說體系，它包括科學的證明：證明自身是絕對的存有物、而且在世界史中知道它自己，這就是上帝成爲上帝的關鍵時刻。只有精神完全認識自身、實現它自己（自我實現）、絕對精神才會變成上帝。「上帝應該被定義爲絕對精神」（Hegel 1950: 105）。

人乃是歷史自我異化的神，也是神準備重返祂本身的路程上有靈性的生物。人面對著一個陌生與敵對的世界，正是神遭遇自我異化之際，當神瞭解世界不過是祂的化身之際，也正是神從異化回復到祂本身之時。「科學的哲學」是人變成神的運動的高峰。在自我做了哲學的意識，意識到自己是絕對的存有物之時，人就會知道他是神，因爲屆時他已變成了自知之明，精神瞭解本身是精神就是神性的自我承認。

在柏林大學講解歷史哲學的結論時，黑格爾語出驚人，他這樣說：

> 有限的自我意識已停止其有限性，在此情況下絕對的自我意識一方面達到從前所欠缺的〔如今浮現的〕實在。這是至今爲止世界史的全部，也是哲學家的全部……之所以如此乃是知識本身及絕對精神之結果，而這點使它〔絕對精神〕在眞實的科學知識裡的認知……這是今天的觀點……，我向各位〔說聲再見〕致上誠摯的告別。（Hegel 1896[III]: 551, 552, 554）

# 七、意識與辯證法

　　《現象學》一書分成三個部分，其篇幅有長有短。每一部分代表「意識階段」，也就是按其個人、人際和社群的不同位階，及其立論的簡易至複雜，節節升高。第一部分篇幅較短，題目爲「意識」，討論的是素樸的、自然的認知意識。它旨在批評哲學中十八世紀興起的偏狹的認知說，而至黑格爾十九世紀初仍舊在學界流行。第二部分稱爲「自我意識」，爲精神初次覺醒階段、對別人的初步承認，以及主僕之間宰制與順從之人際關係，這也是人自我承認與意識的原型。第三部分先談「理性」，再談「精神」，再其次談「宗教」，最終談「絕對的知識」。其中涉及理性的次級部分篇幅最長，除了追溯精神兼理性最早社群的感受，至精神在藝術與宗教的發展之外，也涉及黑格爾哲學最終的完成——絕對知識的掌握。

　　首先，我們要把「意識」這一部分的三個章節用辯證法的進展方式來加以析述。一般談到辯證法時會想到：古希臘蘇格拉底使用對話的方法，來逼使對方陷入矛盾的死巷，而使眞理愈辯愈明。其實它與辯士學派善用詭辯以及雞蛋裡挑骨頭的辯論技巧（sophistry）有關。康德則把辯證法定義作表象虛幻的邏輯，另一方面康德的二律背反超越我們經驗的「先驗辯證法」，也受到黑格爾的讚賞。不過眞正使用「正」、「反」、「合」三個概念的人，既非康德，也不是黑格爾，而是費希特。他指稱「我設定本身」（正），「我設定一個非我」（反），與「我在我裡頭設定一個可以分裂的非我以對抗一個可分裂的我」（合）。至於黑格爾的辯證法比較少使用「正」、「反」、「合」三部曲的這三個名詞，而較常以「在己」（*an sich*）、「爲己」（*für sich*）、「在己兼爲己」（*an sich und für sich*）來表述。進一步來說黑格爾的辯證法牽連以下三步驟：

(1) 概念、或範疇當成固定的事物，從而與別的理念和範疇儼然有別，這是知性（*Verstand* 理解）的階段；

(2) 人們對此概念或範疇加以反思，會發現其中有矛盾的出現，這就是辯證的開始，或稱爲辯證的理性、否定的理性（*negative Vernunft*）之階段；

(3) 由於辯證演展的結果，一個新的、更高的範疇出現了，它包含早

先的範疇，也把其中的矛盾打消，這就是正面的理性、或稱思辨
（*Spekulation*）的階段（Hegel 1817[I]: §79-82）。

瞭解了黑格爾的辯證觀之後，我們看他怎樣應用到《現象學》第一部分
「意識」之上。意識分占開頭〈序〉與〈導論〉之後的前三章。第一章為「感
性的確定性：這一個和意謂」；第二章為「知覺：事物與幻覺」；第三章為
「力和知性：現象和超越感官世界」。這三項概念（或範疇）與一般常識和
哲學的觀點相稱（配套）。最先出現的是常識的概念，那就涉及感覺的確定
性，在我們使用文字描繪、或概念理解之前，我們自認為、或宣稱對某事某
物「知道了」（認知了），也就是靠我們的五官經驗到的東西，可是這種知
道、認知卻經不起質疑、檢驗、辯駁。黑格爾稱，這種出現在我們眼前、直接
可觀的事物不經命名、定性、定量、歸類，固然是再豐富不過的知識，但最後
卻化約為「這個」無以名狀的東西。這只成了隱含不顯的知識，只成為感官的
單純資料。因之，這種直觀的、自然的、素樸的意識常混雜神祕的說詞，連
謝林、雅可比（Friedrich Heinrich Jacobi 1743-1819）都掉入其陷阱中而不可自
拔。傳統的知識論者都指出，人類知識的錯誤多來自於這個階段。吾人的知識
是可靠的，而非犯錯的，只有當我們把自己的經驗加以概念化與理解（透過知
覺加以掌握）之時。這種感性的確定性只是指涉、指出「這個」、「此時」、
「此地」而已，而非真實可靠、完整的知識。於是在感覺、感性、感知不充足
之下，我們躍升到更可靠的「知覺」這一更為深刻的知識階段，這也是從自然
的、素樸的意識進展到現象的意識之更高的階段（Werner Marx 1975: 1-41）。

滿腦子都是哲學範疇的康德

提出「正」、「反」、「合」的
費希特

對素樸的直覺渾然不知的
雅可比

　　知覺是康德《純粹理性的批判》所要展示的主要內容。在那裡康德把知識當作是知性、理解的一種方式。但是這種看法的缺陷，正像康德「物自身」的說法一樣均受到黑格爾的批評，因為人們如何知道那不可知的「物自身」呢？黑格爾這份著作《現象學》在於指出沒有經過概念化的知識不算知識，知識是一種積極而有所動作的過程。只有經驗無法獲得知識，知識必須包括一些「普遍化」、「寰宇化」之物（universals）來構成的。所謂普遍化、寰宇化之物是指所有的感性（覺）與指涉都依賴概念、原則等事項，這些概念、原則、範疇在於把一般的特徵不只應用到目前經驗或被觀察的此事或此物之上，也適用於同樣性質、特徵的其他個別事或物之上。不只今天如此，昨天與明天也如此。不只某甲在某地如此，連某乙某丙等人，在此處或在彼處也得到相同的結果。

　　知覺是吾人應用概念去解釋我們的經驗，也可以說是現象的意識、或稱知識的第一次出現。知覺的對象可以稱為「事物」（das Ding）。當成事物、知覺的對象，可以用其種種的特徵、特性來加以描述。這就是把普遍的、泛宇的可資應用之概念應用到特殊的對象之上。我們的經驗不再是「純粹」的經驗，而是用特徵、特性來描述經驗客體的經驗。在我們眼前的這棵樹，所以被我認知是「樹」，當然包括了「樹」所有特性（樹幹、樹枝、樹葉、綠色的、枯黃的、高的或是低的種種對樹之特性的普遍概念）。以傳統的哲學辭謂來說，「樹」是一種實體（Substanz），它代表了所有對「樹」的知覺、認知。可是柏克萊（George Berkeley 1685-1753）不認為「樹」有其物質上的實體，認為我們知覺的這個對象只有「樹」的理念而已。用黑格爾的詞謂來說本體是「無條件的普遍物、泛宇物」，那不是靠五官可以經驗到的東西，它不可能成知覺的一個面向。是故眼前所看的這棵樹不能被視為實體。更何況樹的各種特徵、特性如何可以統一在這個知覺的客體之上呢？是故黑格爾認為超越知覺以外的因素（例如各種特徵的統一），並沒有在傳統知覺的哲學中提起。於是他認為如果我們要真實地知道客體，而非只知道構成客體的一大堆屬性、規定、特徵的集合體，我們要辯證地把意識往上提升，而進入知性瞭解的階段之上。

　　是故知性、理解就是觀察或經驗的客體各種特徵、特性、屬性如何統一的問題之解答。知性、理解是康德的用詞，目的在說明概念怎樣應用到經驗之上。但康德在使用知性（理解）時，卻把其重點放在先驗的、「無條件的」概念之上，也就是他稱呼的「範疇」。在他幾種範疇裡，就包括「實體」在內，用以解決統一滋生的問題。對樹的覺知（tree-perception）就是有關樹各種屬性的統一體之存在，因為我們在談到樹時，已有樹的實體之概念。同樣的問題也

柏克萊爲英國經驗主義者，反對洛克抽象的理念，認爲這是造成哲學困惑與幻想的根源；與洛克和休謨齊名

喬治‧柏克萊（George Berkeley, 1685-1753）生於愛爾蘭Kilkenny，曾在Dublin三一學院求學並留校任教。1709年在都柏林出版《視覺新論》（An Essay towards a New Theory of Vision），認爲空間不是直接感知的，而是由視覺和觸覺的習慣組合推演出來的。1710年出版《人類知識原理》（A Treatise concerning the Principle of Human Knowledge），探討知識和信仰的基礎，認爲眞正幸福唯有透過認識義務和敬畏神明才有可能得到。他的唯心主義哲學，一句話概括，就是「存在即被感知或是感知者」，認爲萬物都存在於上帝的心中。

出現在客體的共存（並存）、各種知覺之間的因果聯繫之實在、各種知覺之相續。這些都出現在辯證的水平（位階）之上，這是康德超驗分析的結論。不過黑格爾對知覺的理論之分析卻導向雙元的世界觀，這與他要調解各種對立的一貫立場相違背。一方面我們看到一個被知覺的世界，以及內在於這種知覺的各種律則；另一方面又有一個世界本身，它設定在這個世界之後，目的在瞭解這個世界。

　　在知覺裡，我們在吾人的經驗中設定「無條件的普遍物」，用來表述知覺的對象本身。但黑格爾不肯採用傳統哲學「實體」的觀念來描述這些現象。他寧願使用一個更具活力、更富彈性的詞謂：「力量」、「能量」，有如康德所談「律則之主因」。有異於康德把自然律則當成外加的，黑格爾認爲這些律則是內涵的、內斂的，隸屬於世界本身。換言之，康德主張在「自然中尋找自然的普遍法則」，黑格爾卻主張「在經驗的可能性之條件中」來找出規律、律則。黑格爾認爲科學的解釋最好要被理解爲對現象的再度描寫。康德隱象與現象的分別，被黑格爾斥爲錯誤。「物自身」非屬隱象，而是現象之一部分，否則怎樣判斷它是「物自身」呢？因之，黑格爾說：「就其眞實而言，知覺除了知道〔認識〕外表的〔表象〕之外，其他一概不知……事實上知覺只經驗到它本身而已」（Hegel 1977: 165）。

　　在第三章「力與知性：現象與超感官世界」，也是第一部分「意識」即將結束前，黑格爾花了很大的篇幅大談一個「顛倒的世界」（verkehrte Welt），用以同現象世界對照，這個顛倒的世界也就是康德的隱象世界。康德認爲世界

本身（隱象世界）是知識條件所必要的假設，儘管世界的本身無人得知。知識所倚靠的人對知識的能力，但我們卻無從知道我們的知識是否對事物的扭曲，這些事物是在我們經驗以外獨立存在的。因之，當我們在假定我們的知識有效之時，我們必須依賴隱象之存在。儘管隱象世界有其與我們現象世界不一致，不同的原理、原則、律則等等。是故世界本身（隱象世界）就是「不可知之謎」（unknown "X"），我們無從知道其樣貌或運作之方式。黑格爾遂以嘲諷的口吻，來替康德描繪一個與我們現象世界相反之「顛倒的世界」。

康德的兩個世界論本來在為道德、上帝的存在、自由等做辯護的基石，如今卻被黑格爾嘲笑為自相矛盾的說詞。這些都源之於隱象與現象的兩元對立。黑格爾對康德的道德與宗教哲學的批判成為繼《現象學》之後，黑格爾後半生的志業。

在《現象學》全書中，黑格爾展示意識的一個不妥善樣態，到下一個不妥善樣態之種種歷程，這種歷程是辯證式的發展，最終要達到「絕對知識」，也就是抵達無所不包、無所不吸納的綜覽大局。辯證常是在矛盾、衝突、對抗的方式下，一一暴露意識某一樣態對另外一種樣態的矛盾，以及矛盾的消解。把黑格爾的辯證法看成「正」與「反」的機械性對衝，以及「合」的結構是對黑氏的誤解。然而這種「正」「反」「合」的想法是來自於康德，而由費希特予以公式化，而遭黑格爾的應用與批判。

辯證法應當是概念複雜的互演、互動，有些概念只是對別的概念修正（還談不到反對、或否定），另外一些概念則是對衝，而需要妥協與合作，來謀求矛盾的消除。另外一些概念則明顯進入死胡同，應加以遺棄、或重新出發。事實很明顯，黑格爾並沒有指出辯證發展是直線形的進展或上升，當然螺旋狀的階梯曾是《現象學》意識樣態接續變動與發展的一個譬喻。總之，不要誤會他的辯證法是從簡單的事物至複雜的事物之演變過程。其實他的辯證法不過是一幅五花十色的壁畫，上面織印著人類經驗與各派主張、各項學說。大家都在爭勝、爭著找到妥善的地位。在這個壁畫裡，西方的認識論與形而上學斑斑可考，也可以發現一大堆的倫理學說、社會史與宗教史。不管黑格爾是否已抵達絕對知識的最終階段，他有系統的哲學勇敢地、大膽地展示了理念複雜的生活，和理念的角色，為的是要為人類的歷史和意識做適當的界定（Solomon 1993: 194-200）。

# 八、自我與自我意識

　　隨著意識一篇的結束，《現象學》突然做了急轉彎，從意識而談自我意識。其中對「自我的確定性」、對「欲望」與「生命」都加以析述。這一方面的歷史關聯可以從數年前費希特的鋪路工作談起。原來他主張有關知識的理論，應當放在自我認識更為廣闊的脈絡上來論述，比較能夠得心應手。意識轉進自我意識只有當意識瞭解其本身為知性的泉源才有可能。只單單考察知識的問題，而不涉及知識的應用，以及知識發揮功能的心理兼社會的世界，是徒勞無功的。是故任何適切、妥當的知識看法一定要是從活生生的自我開端，這個自我不只是認知的主體，也是充滿欲望與需要的主體。

　　「自我的確定性」就像「感覺的確定性」一樣，先從常識的觀點、或模糊的自我觀感談起，這便令人想起笛卡爾的名言：「我思故我在」。可是黑格爾卻指出這個自我並未達到確定性的地步；且剛好相反，由於欲望和欲求混入認知之內，使自我不斷苦苦的尋覓其認同體，也造成自我認同的困惑或危機。在引用辯證方式，從日常、簡易的理解之缺陷，引向更為複雜、更為細微、精緻的哲學解說，黑格爾在這本書第二篇中，為知識引來了「實用」、「實踐」的新界域、新天地（dimension）。這裡所指的實用、實踐是指把自己視為真實的、真正的自己，而不是只有自己的呈現、現身（appearance）。因之，出現在本篇中的「自我意識」無非是表面（呈現）與實在（reality）兩元對立的再度浮現。有異於把世界分成隱象與現象、顛倒的與正立的兩個世界，自我之分裂為表象的我與實在的我會造成意識的「不快樂」。

　　黑格爾在簡短敘述自我確定的「我」，以及「我」與慾望同生命的關聯之後，便進入他那著名的主僕關係、宰制與順從的關係之論述裡。這個主僕關係說成為《現象學》最著名、最引人遐思的論證戲碼。之所以把主僕關係引進來細談，在於說明自我的特性（selfhood）並非從自己的反省、回憶而發展出來，而是透過人際關係的相互承認以俱來。自我基本上是社交的、社會的、人際的，而非僅僅是心理的、認知的而已。在此黑格爾也企圖對原始的、「不穿衣服的」部落人群之「自然的」關係有所猜測、有所思辨。這是霍布士、盧梭等哲學家曾經猜想、想像的初民生活狀況——自然狀態。他們共同的假設是初民先是個別的人，而只有在其後透過彼此的磋商同意，而變成社會的成員。黑

格爾卻反駁這種假設是無稽之談，蓋個體性就在人際（社交）的脈絡上才會發展出來。由是可知黑格爾既反對自然狀態說，也反對社會契約論。

兩個不同的意識之對抗是主僕關係的核心。黑格爾指出：「自我意識只有在別的自我意識中才能得到滿足」（Hegel 1977: 175）。又說：「只有當自我意識存活時，自我意識才會在己與爲己地存活。換言之，它只有在〔別人〕承認之時而存活著」（ibid., 178）。這些怪異的說詞反映了自我意識的眞諦。他也爲精神的首次出現有所鋪述：承認自己以外別人的意識之素樸形式裡，我們發現普遍的、泛宇的意識的存在，而對這個普遍意識存在的承認就是對精神存在的承認。不過黑格爾也提出激進的說法來討論自我性開端之特色，其激進的說詞可以這般地加以說明：第一，只有在與別人對衝之下，「自我意識」或「自我認同」才會產生。這意味著一個人如果不經他人指點，就不可能有自我的概念，也無法談與自己有關的任何事物，甚至對自己是怎樣的人、做了何事也無從談起。第二，比較沒有那麼激進，而較爲緩和、謙遜的說法是指在與別人碰撞（接觸、往來）之際，自我意識、特別是自我的概念才會湧現。這個比較軟弱的說詞是不堅持與別人對衝才會產生自我指涉，而是強調人對自己持有特殊的看法只有透過社交，而非孤獨自處之時。

不過通觀《現象學》全書，特別是第二篇，黑格爾比較不會採用第一種激進的看法（雖然曾經提起），而比較傾向第二種的說詞，因爲它與《現象學》的旨趣較爲吻合，表示不適合的、不妥善的自我看法，經歷了各種困難轉折才達到自我確定性的地步（Solomon, ibid., 202）。

主僕關係說的開端是簡單而直截。兩個具有自我意識的人碰在一起，每人在對抗別人時要證明自己的確定性（獨立與自由）。一開始主人與僕人都是有限的生物，但也彼此分開獨立。每一個自我意識開始時要把另一個自我意識當成客體來處理，但卻發現對方並非把另一個自我意識當成客體來進行反應。每個人要求對方要承認自己是擁有獨立的意識，可是承認別人是獨立的，卻限制到本身的獨立，於是每個人決心證明自己的自由與獨立。黑格爾指稱：

他們彼此尚未暴露給對方，有關純粹的爲己之物的形式，亦即未讓對方知道自我意識。每人當然意會自己的確定性，而非對方的自我確定性，這麼一來自己的確定性仍未達到眞實的地步。（Hegel 1977: 186）

　　黑格爾認爲只有當個人置生死於度外，這個眞實才得確立，也就是這兩個自我意識不惜展開生死鬥。對方必須被「做掉」，因爲對方的異己性、其他性與我的自我意識、自由與獨立的看法發生矛盾之緣故。在這個生死決鬥中，別人的角色不只是威脅性、破壞性。反之，在這種衝突中自我獲得別人的承認，反而成爲核心之重點。由是可見兩人的較勁、衝突的關鍵乃在獲得別人對自己的承認。由是黑格爾論稱：自我意識需要別人的呈現之際得到其確定性。只有自反而縮無法產生發展自我意識。在決鬥時，一方固然要勝過他方，而保存自己的性命，但也不希望在決鬥中把對方性命毀掉，因爲他需要對方存活下來承認我的勝利，那麼勝利的那方變成了「自己」的意識、獨立的、自主的主人，失敗者變成「爲他」的意識、屈服的意識，變成奴隸、成爲僕人。

　　依據黑格爾的說法，「主人是爲己的意識、它〔的存在〕依靠了別人的意識之媒介」（*ibid.*, 190）。主人在某種意義下是自足的，因爲有奴僕在倚靠他，但卻要倚賴這種別人對他的倚賴來生活，因之本質上也是不獨立的。換言之，主人有權所以是獨立，但要倚賴僕役的伺候，又成爲不獨立。主人享有各種「東西」（土地、食物、工藝品等），但這些東西都是奴僕加工特製的，因之對這些東西的依賴而言，主人只是間接的，而非直接的。但在辯證的過程中，由於奴僕對東西直接生產的關係，他變成了自足自立；反之，主人要倚靠奴僕的供養服侍，遂變成倚賴他人而活，成爲非自足、非獨立的人。在這裡奴僕由於勞動、操作，而對自然（外界）產生開物成務、利用厚生的創造活動。奴僕不但生產，還會創造，成爲自我意識的抬升。反之，主人靠享用奴僕的勞動成果，成爲四肢不勤、五穀不分的消耗者、破壞者。主僕的獨立與不獨立來一個辯證的翻身。主僕關係的不穩定性還來自於別人承認的持續需要之問題上。仰賴奴僕的承認而高高在上的主人，這時他儼然是以主人自居，但卻發現其奴僕毫無獨立的意志可言，無法給主人眞正的承認。換言之，奴隸成爲唯唯諾諾的人，他的承認是被迫的，也就是沒有份量、沒有意義的承認。

　　主僕的關係是產生自我意識的前提和基礎，其原因乃爲人類的爲求生存而有欲望，欲望既保持對象的獨立性，又肯定自我的存在。在與他人的欲望相互衝突，甚至進行生死決鬥之餘，鬥敗者對鬥勝者的承認與輸誠是主僕關係的形成。主僕關係最初是敵對和倚賴的，最後因勞動的關係使主僕關係大翻轉，而使僕人有翻身的機會。透過勞動僕人構造滿足主人生存之所需，主人的存活反而倚賴僕人的操作，主僕易位。在勞動中體現了主體與客體的關係，也落實了人類自身的聯繫，黑格爾把勞動和自我意識的產生加以聯結（范曉麗 2006，

23〔1〕：19）。

黑格爾主僕關係從個人的稱霸到雙方的生死對決，最後在彼此承認之下和平共存，其所顯示的意義是否對個我獨知論（solipsism）的排斥，引起近人的討論。支持這一說的論據略嫌薄弱，但如解釋爲自由是大家爭取而得，因之這一主僕關係乃爲自由的共性（sociality of freedom）比較會讓人接受（Stern 2012: 333）。

沙特在討論主僕關係時指出每個自我有企圖「奴役」別人的心態，這種奴役別人的企圖變成自我意識永恆和必要的結構。所謂奴役意指把別人化約爲客體，成爲一個供自己差遣的工具。這是人際關係大家熟悉能詳的一個面向，問題是我們如何能夠把別人當客體來看待呢？特別是要理解黑格爾何以把主僕對立當作自我意識的必要條件呢？而這種對立在人類歷史發展的盡頭有望化解嗎？

現代存在主義大師的沙特也評析黑格爾的主僕關係說

回答上述問題時黑格爾不能這樣做（視主僕對立爲自我意識之必然條件，又未來能化解）。他一旦這樣做便是前後不連貫。唯一解套之方法，是把自我意識的必然條件與歷史中特殊社會的說詞加以分開。那麼自我意識的必然條件究竟有那些呢？從《現象學》可以看出下列幾點：(1)承認；(2)自由；(3)工作（勞動）；(4)紀律；和(5)猝死與喪生的畏懼。前面四項爲人類經驗的特徵，是自我意識要完全達成缺一不可的條件。只有在一個眞正平等與自由的社會中，人人可望自由地工作與生活，其能力、成就、尊嚴、快樂與自由獲得別人的承認與尊重，每個人有其不同的社會角色，且其工作足以滿足自己、別人與社群的需要。但當社會充滿了宰制、壓迫與順服時，我們看到主人獲得承認與

自由，而奴僕卻必須工作和嚴守紀律。每個人（主人或奴僕）都無達成自我的實現，而只有部分的實現（Norman 1991: 52-54）。

黑格爾在《現象學》後半部似乎有預期自由的社會在人類歷史的終端有實現的可能。屆時每個人不但自由、得到承認、快樂地工作，還自動服從理性的指揮，而樂意遵從紀律。

在主僕關係中我們第一次看見精神追求自由的表現，這是自我意識追求其最終真相之努力。但在主僕關係中，我們也看出從人對待人身的獨立與相互對抗上，顯示要找出精神自由的真相不適當、不妥善。黑格爾還說，從這種主僕關係中尋找精神自由之道是不可能的；反之，只有設法在文明的不斷精進之途上尋覓。盧梭認為社會把人轉化為公民，黑格爾也認為個人的自由無法在孤獨的自立上尋得，而只有在民權中尋獲。但在〈自我意識〉這一章中，對精神承認的明示，卻略而不談。這種主僕關係開始讓渡給對主僕狀況的徹底排斥（不分主僕的關係），也就是讓渡給雙方彼此的倚賴關係，這就是斯多亞派的主張，它對外頭的實在完全予以否定，也把所有的行動加以排斥，認為所有的行動毫無意義。在這裡黑格爾詳述斯多亞臨危不亂、靜定穩重的哲學。該派哲學一度興盛六百年之久，因為無分主僕、無分貴賤，著名的羅馬將軍與執政官馬枯斯（Marcus Aurelius Antonius 83-30 BCE）與奴隸的愛匹克提圖斯（Epictetus 55-135）都是斯多亞派的健將。更為激烈或極端的主張古代的懷疑論者，他們不但無分主僕，更視所有的事物毫無意義。這可以說是自我意識的更高發展。

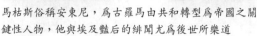

馬枯斯俗稱安東尼，為古羅馬由共和轉型為帝國之關鍵性人物，他與埃及豔后的緋聞尤為後世所樂道

愛氏身為奴隸卻教導人把哲學視為生活之道，而非抽象思維

自我意識各種形式的矛盾與不諧和，就是連自我意識都視爲變化不居，把其他理想的念頭全加拋棄，那就是早期素樸的基督徒之禁慾者，他們的意識是不快樂的。雖然承認自己是世界（現世）的一部分，但本質上卻是神聖的。由於是肉身之物，卻在上帝之前展示靈魂，遂造成靈肉的對立，也造成意識的不愉快。主僕關係出現在兩個不同的人身之上，但靈肉的對立卻內化於一個人心中，造成單一個人的精神分裂。把主僕關係內化於個人心身之內，造成自我分裂、自我鞭打，乃至自我否定，都是意識必走之路。在討論〈不快樂的意識〉之後，黑格爾預感基督與基督教新約、快樂的自我意識之重現，那只有「在理性的概念下，在確定性的理念下，特別是在個體性中，它才能絕對地在己，也就是它成爲所有的實在」（*ibid.*, 230），自我意識才能向前又走了一步。

# 九、理性與精神

從自然意識邁進到現象意識，又發展到理性意識，應當是《現象學》最終的目標。這也是「在其過程中不同的因素所做的統一」，俾爲所有眞理的「確定性之意識〔的完成〕」（Hegel 1977: 231）。理性化解爲揚棄個人與別人、神與人、道德與欲望、或然與必然之間的對立（與不協調、不和諧）。絕對知曉的精神既是內存於上帝，同時也內存於人類社會。它也是一種自然的狀態——也就是精神化成物質，或是呈現物質面向的自然。屆時神明與自然既不分離，也與人沒有分別，自由與必然、理性與激情、道德與社會也沒有分開的必要。在《現象學》中理性把各種各樣的衝突化解，並予以統合，也就是把傳統的認知論中所論述的各種爭執（像主僕對立、唯心與唯物之爭、主體與客體的對抗等等）藉《現象學》中的辯證過程一一予以克服。因之，我們不妨指出《現象學》是黑格爾初次嘗試把意識的各種與人有關的樣態加以協調、統整，並把它們置入於意識漫遊旅程的每個驛站之上。

　　〈理性〉這一篇占了《現象學》全部篇幅的三分之二以上，呈現出沒有組織的原則與直截了當的論述，這點與前面一部分涉及自然哲學冗長的鋪述，包括我們所熟悉的科學的哲學，而其論述的高峰則爲今日所不時興、所不相信的面相學和頭顱人格學，那套從面相、頭顱來解釋人格與心理方面的怪誕學說，使得黑格爾在整個論述中專心一志的工作受阻，不過他仍強調有機的本質，而

拒斥笛卡爾心與身的分開、內與外的分別，以及摒棄化約論者對自然的看法。

在討論那些面相學、頭顱學，亦即把心身連結在一起的假科學、準科學之後，我們發現處身在一個倫理永恆的問題中：「理性的自我意識透過它本身的活動怎樣實現、落實」的問題。在這裡除了由一個樣態暫往另一個樣態的過渡原則外，我們不易看出這些意識樣態的進程。在迅速的步伐下，黑格爾從享樂主義，也就是自以為是的道德主張，以及德性一體化的戲劇性看法往前邁進，整個論述似乎就追隨一條不明顯的主線，也就是對自我意識取不到一個愉快的解決之道，而蹉跎或勉知困行。對不快樂的意識的否定最明顯的辦法就是縱慾、就是忘我，而帶有偏差的享樂主義或是禁欲主義。這裡我們發現黑格爾是把他那一個時代同代人所熱烈討論與爭議的論題一一收入於這本著作中，包括盧梭心理學的問題、顏森派（Jansenists）[3]厭世的禁欲主義在內。貫穿這些學說的、沒有系統的說明的，卻是一條主軸：只要侷限在孤獨的個人之身心上，我們找不到任何一個妥當、合適的倫理看法。因之，這一檢討的重點仍就是上引「透過它〔意識本身〕的活動求其實現」之途。這條路徑必然引向挫折的、不快樂的、分裂的意識之嶄新的看法。這種討論最終必然走向康德的道德實現觀，走向他範疇性（無上）命令的研討之上。這是《現象學》最為持久不懈的論辯，它與早前對康德匿名的批判可以銜接起來。但在正面直衝康德的道德學說之前，黑格爾又掉入全書最混沌、最不清楚的泥淖中，討論了「精神的動物王國、欺瞞」等等無聊的話題。這部分大體上仍可以被理解，而令人發出會心的微笑。例如討論教授們自然為獨立自主的個人，事實上仍要求別人對他們的承認，他們何異學說中的動物？而學說中最偉大的動物乃為康德，此位動物首長自認為擁有自主，但這種自主並非實在，而是想像的。

自康德以來，自主成為倫理學中一個重要的詞彙。自主是當成理性的動物之吾人的一種能力，用以確定何者為正確、何者為正義，是盧梭所言人自加其身的道德律。一般所言的倫理，特別是康德的範疇性命令所關懷的是，我們道德上自主的承認。事實上，範疇上的命令的三種規定之一便是自主的概念。但黑格爾批評這個自主的概念，他所以這般批評是由於兩個理由：其一、康德道德本身之虛幻性，因為它建立在普魯士布爾喬亞的的道德觀之上，並沒有特

---

3 這是荷蘭神學者顏森（Cornelius Jansen 1585-1638）所倡導的運動，強調在宗教中只有經驗而非理性是指導的力量。人類的命運完全仰賴上天的旨意。不只信仰，更重要的是工作來證實人生之目的。人與神靈魂的溝通是仰賴教會之媒介而成為可能。

殊的人物之特殊的屬性（*ibid.*, 419f.）；其二、康德對理性與人慾的對照把道德的自我一分為二，從而把優先給予形式的律則，而非特別的道德情境（脈絡）。但那些形式的律則對吾人具體的、曖昧平常的情況並無法一一應用。對於試用的律則並無令人滿意的標準，只有個人行動的因應（*ad hoc*）的規定、或「訓誡」，用來使道德規則勉強適合行動（*ibid.*, 429-437）。除了對康德這種游擊式的抨擊以外，黑格爾有一種不同的倫理觀。他所反對的現象是那種偽裝的個人主義，和康德先驗的道德（*Moralität*）觀；取而代之的是涉及人群關係社會基礎的倫理生活（*Sittlichkeit*）觀，這是他年輕的時代對希臘民間宗教中萃取的精神之復現。

　　倫理成為黑格爾人際規範學說的核心。這也是精神領域中吾人最終要發現的行為規矩。主僕關係主要的出現在兩人之間的社會交往、碰觸、相互懷有意識的人之間發生的事體。但社會也好、社交也好，都超越了諸個人之集合體。他們預設了彼此的倚賴和密契，也預設了社會共同體（社群）的感受，他們擁有共享的認同體。因之，倫理係建基於社群價值、共享的習俗（*Sitte*）之上，而非個人的自主。在黑格爾的哲學中，理性必非指涉抽象、超驗的能力，用以計算和審思那種把自己當成整體一部分的自己之具體想法。理性絕非個人的能力，而是社會的過程。倫理不是實踐的理性的演出，不是為個人能力的表現，而是理解個人對社群應負擔的義務與責任。

　　當然群體不限於一個，而其習俗、倫理相互有別，甚至彼此會發生衝突。歐洲之分裂為數個民族國家，各為其信仰、領土而展開的意識形態之爭，以及日耳曼各種政治單位的宗教、或神學之觀念而抗爭，無法統一，都令黑格爾擔憂。另一方面他的哲學主旨，以及該書完成後才寫的〈序〉，都大膽地預告一個文化殊異的各族，彼此進入和平共處的新世界之降臨。

　　在大同世界降臨人間之前，在《現象學》中理論卻遭悲劇的發生而撕碎。在各社群之間，以及在一個社群裡頭衝突、抗爭總屬難免。而黑格爾的哲學卻不時指出，特殊的衝突常造成驚人的後果。於是黑格爾突然把索霍克勒斯悲劇《安悌恭妮》（*Antigone*, 441 BCE）拿來當成現世悲劇的比喻（儘管這齣古希臘悲劇的真正意義也等候十五年之後的《法哲學大綱》才加以詳細的析述）。

　　這齣悲劇的誕生在於神法與人法的衝突，被女主角安悌恭妮所衛護的神法乃是流行的部落之法、血緣之法與家庭法。她的哥哥戰死之後，安悌恭妮要按照這種神法予以安葬。但當時統治者克雷翁（Creon）卻要依照人法、世俗法、民法來加以處理。於是埋葬其兄之事所顯示神法與人法的衝突，集中在安

悌恭妮一人身上。因爲她既是家庭的一份子，也是社會（與國家）的一份子，
這種家族光榮與國法服從的矛盾，在她身上無法解決，釀成她個人重大的悲
劇。但歷史的進程與辯證的發展，自然化解個人的恩怨、困挫，儘管安氏無從
在歷史干預下得益。隨著現代市民（民間）社會的發展，個人與家庭都要歸屬
於國法的管轄。

　　隨著黑格爾對公民社會與文化概念做了思辨性的析述，這種作法後來在
《法哲學大綱》中繼續發揮。他討論啓蒙運動爲一錯誤的努力，正企圖建構一
個眞實泛宇（普世）的社會。然後他引進法蘭西大革命的議題，和羅伯斯庇的
雅各賓黨人之恐怖統治（1793-1794）。他認爲這是啓蒙運動僞裝理性對謙遜
的、傳統的精神性與社群性之壓抑。

Sophocles
（Σοφοκλής 497/6 – 406/5 BCE）的作品
《安悌恭妮》爲黑格爾每年必讀一遍的
經典作品

安悌恭妮以替其兄長收屍觸犯王
法，造成悲劇。家規 vs. 國法

　　就在這一時刻，康德又出現在黑格爾的論述中，並非講究純粹理性的康
德，而是企圖衛護道德世界觀的實踐理性之康德。此處黑格爾又批評康德，認
爲後者把人侷限在狹窄的道德觀中，使人與自然分裂，忘記人的慾望與快樂，
不是靠善盡義務便可換取。黑格爾論證道德與快樂不可分離，都要「享受存在

於道德原理裡」。康德的「至善」（*summum bonum*）乃是道德的基礎：「道德的諧和與客體的自然乃是世界最終的目的」（*ibid.*, 604）。只有設準並不是證明康德相信神聖的道德立法者與來生（天國），但只有設準而沒有證明就不算數。是故從康德的倫理在遵循辯證的運動後已朝新的宗教邁進，目的在擴大倫理的範圍，把義務與理性之分別打消，把道德情操與快樂追求的分辨取消。因之，黑格爾認爲比之道德更爲細微與精緻的行爲規範要在倫理中出現。須知早期基督教強調讓知識把善盡義務的命令與人性、人欲的激情結合而爲一。良知的行動是根據一種內在的隱示的原則，但卻是符合特殊情況因應特殊需要的作爲，這種作爲固然是個人的行動，卻從人群互動的社會習俗、道德衍生的。良知最好的、活生生的理想，無異爲黑格爾所稱呼的「美麗的靈魂」，這是一種神聖的模樣，它純全的善良、有點與實在格格不入，它化身爲歷史上道成肉身的耶穌，它成爲美麗的靈魂與最佳良知之典型。就是作爲人身的耶穌，美麗的靈魂把辯證推向意識的第二高峰，而稱爲宗教，而最高峰乃是哲學（*ibid.*, 631-671）。

黑格爾說：「宗教的概念乃是是能夠看待其本身爲眞理」（*ibid.*, 677）。他在簡短檢討原始的宗教與藝術的意識之後，黑格爾又把我們帶回基督教，其淵源的猶太教早已把上帝看成精神，看成「在那邊」的一個客體化或超驗的精神。他說，基督代表的不是道成肉身的上帝之顯示。基督乃是對神加以概念化的象徵，也就是把所有的人與神視爲一體的象徵。黑格爾說：「精神是實體也是主體」（*ibid.*, 18, 748）。這表示人與神的不協調、不諧和終於找到解決之道，這也就是造成黑格爾在早期譴責基督教的原因。但我們在此不要誤以爲黑格爾從此無條件支持傳統的基督教。基督教無法達致絕對的眞理，因爲它執迷於聖經故事與耶穌行誼之形象的思維（figurative thinking）之中（Soloman, *ibid.*, 210）。更不必提起這種樣式的思維還涉及其後基督教會的教訓與儀式化的故事敘述。要變成絕對眞理基督教必須拒斥這種樣式的思維，而變成全然的概念化。

《現象學》的絕對知道（絕對知曉）可以解釋爲基督教基本教條的再度概念化。基督教的三位一體之概念以外，都是這種樣式的思維之落實。黑格爾堅持基督教概念化，並沒有說要去除這個宗教的內涵。它的內涵最終成爲《現象學》的內容，而不是黑格爾經常攻擊的神學內容。向來的評論者常說，《現象學》的終結與目的，以及正當化、證成人類活動之結束與目的，完全在於黑格爾對基督教的修正。但正如祈克果所言，這裡所指的基督教與其說是耶穌基督

對黑格爾而言，耶穌的行誼只是形象的思維，無法達致絕對的眞理

的宗教體系，倒不如說是黑格爾的信仰體系。因之，黑格爾所指稱的「理性」與一般哲學家所指的「理性」無分軒輊，《現象學》中的曲折變化，以及其艱澀之語文，乃是理性的眞實體現。只是它是一部特別的、另一種類的名作，沒有它的出版，哲學不可能保持它的原貌。

# 十、〈序〉與〈導言〉

　　像其他的著作一般，《現象學》的〈序〉是在全書成稿之後才撰述的，目的在說明整部魔幻式的手稿之要點與目的。這是一篇現代哲學中最難懂的文獻之一。在不按照系統的安排下，這篇〈序〉是黑格爾強行解釋文本中未詳細析述的某些觀點。它的形式是漫談的、複述的、大言炎炎的自言自語，偶然穿插一些含有微言大義，看透他本人哲學的吉光片羽。就在這篇〈序〉中，他辯稱「眞理是整全的」、非片面的。眞理就是過程而非結果，哲學的形式必須有系統的、科學的、發展的。當然他也堅稱，這種評論在序言中並不合適，而應該在文本中展示才對。「意識的樣態」單方面的立場有待進逐步揭示，這樣吾人才能理解眞理從哲學中湧出，以及眞理便是哲學本身的演展史。讀者當明瞭理念與哲學，乃至歷史的各個階段乃是一個有機的、發展的過程。在一個令人印象深刻的譬喻中，黑格爾言不由衷的說出：

花朵綻放的那一刻間，蓓蕾消失了，人們可以指出後者是受到前者的否定〔拒斥〕；同樣地當果實出現之際，花朵可以被看作是這株果樹錯誤的表現，當今果實被視爲果樹眞實的發展。這些〔由蓓蕾到花朵乃至果實的〕樣態不但沒有嚴加分辨的必要，而是它們彼此之間相互排斥而不容。可是同時來思考它們變動川流的特質，使得它們成爲一個有機統一體不同階段的表現，在此有機的統一體當中它們彼此並不衝突，而且每一個對其他〔彼此的關係〕是必然的。同時這種彼此的必然性本身便構成〔這棵果樹〕整體的生命。（Hegel 1977: 2）

在〈序〉中黑格爾宣布拿破崙征服歐洲（德、俄）戰爭結束後，他對哲學「誕生之時」的遠見，也就是一場知識新時代的開始即將降臨，這是「概念」湧現的新時代，靠理性來對世界採取一種整體的理解（holistic comprehension）。誠然適當發展的哲學必須完全存活在概念的範圍內，不過這種哲學只有在《現象學》出版後的講課和著作中才能一一呈現。

整體或全體（das Ganze）係指發展過程中諸環節、諸階段內在地、必然地連繫起來，而形成一個統一的整體。在此意謂下，黑格爾說；「眞理是整體」。整體或全體是由部分組成的總和，這種部分與整體的關係是「直接的關係」。部分之異於整體，表示含有「對立性」，而它又與整體有相似的「同一性」。因之，全體與部分關係既有對立性，也有同一性的關係。（德文見前面第三節方塊；p. 142）

《現象學》的〈導言〉與上述〈序〉相比既簡短，而又直截了當，也不失爲引導入門的導論。它宣示該書的基本觀點，俾《現象學》能逐步演繹申展。〈導言〉開始於康德第一個批判（《純粹理性批判》）結束，對懷疑論拒斥也是對先驗的唯心主義（觀念論）之揭幕。現代認識論的歷史從笛卡爾、洛克、康德等的宏大言說在此都一一浮現，一如《現象學》最前面幾章的析述。在〈導言〉中黑格爾所關懷的是一個或數個譬喻，這些譬喻給人的印象是懷疑論的翻版，令人深覺諷刺的是這些譬喻的源頭乃爲數位著名哲學家，他們對懷疑論批評、攻擊無所不用其極，這些譬喻涉及知識與眞理偶然的關係。第一個譬如是把知識當成工具看待，透過知識這一工具我們把眞理「掌握」著。

第二個譬喻是把知識當成媒介看待，透過這一媒介，「眞理之光」會穿越而呈現在吾人之前。洛克與笛卡爾都曾嘗試去考察這個工具或媒介，而最終的結果卻是休謨的懷疑論。康德是從休謨的叫醒聲中「從教條的昏睡裡醒覺過來」。但康德卻在藉「理性」的批判與哲學窮追這個譬喻，進行其認識論的建構。黑格爾的辯論簡單地說在指出這個譬喻本身的錯誤。只有當知識的偶變性（contingency）與知識當作工具或媒介的譬喻，這兩個一開始就被拒斥、摒棄之後，懷疑論才會消失，而康德的努力似乎才有望成功（ibid., 73）。

在笛卡爾、萊布尼茲、洛克和柏克萊那裡，我們的知識與外頭世界之分開與分辨，引發了休謨嚴厲的懷疑論之抨擊。對此問題康德提出解決之道，那就是把外頭的世界納入知識的範圍內，使用的是知性（理解的範疇和直覺的形式）。可是康德接著分辨現象（吾人所知悉的世界）與實象（隱象）（世界的本身），使我們只能認識前者，而無法知曉後者。一旦把可知的世界與獨立於吾人知識的世界做了分辨之後，我們要瞭解世界自身便無可能。結論是我們只能知曉那個爲吾人而存在的世界，其他無法知悉。黑格爾要追求絕對的知識，便要拒絕康德這種兩分法，這種現象與隱象之分辨。

笛卡爾《方法論》

洛克《人的理解論》

休謨《人類理解之探索》

在〈導言〉中黑格爾以攻擊這種分辨，而開始了他對康德知識論的修正。把知識當成工具，吾人無法認識實在，當然無法認識絕對的事物（the Absolute），因爲它被知識工具所扭曲的、所操弄的緣故。因爲我們所知道的絕對事物是被媒介過的東西。康德所能爲力的是研究、考察知識工具本身，而

非絕對的事物。不過康德把知識當成工具這個譬喻，無異在玩弄「眞理」、「實在」、「知識」這三個概念。因爲在獲得哲學的知識以前，我們必須首先弄通知識的能力，何異在未下水之前便學會游泳一樣的荒謬。

黑格爾認爲康德這工具性的譬喻會造成兩種知識的分別，也造成兩種眞理的分別，結果是有條件的知識給我有限的眞理；而對絕對知識，亦即無條件的知識我們的意識達不到，也就無法加以掌握了。是故眞理只有絕對的眞理，知識只有絕對的知識，實在只有世界的自身（不管我們的經驗能否體認它）。

黑格爾排斥知識與實在爲兩碼事，爲兩截事物（兩元論）的理由不只是基於懷疑論的緣故，也是由於康德一開始把知識當成工具的錯誤引起的。因爲要考察認知如何可能，就要靠認知本身做爲考察這種能力的標準。但是對知識的考察本身便會改變知識，隨著我們概念的精緻化，知識不斷在發展當中。這不意味我們學得愈多，知識就愈爲增加，而是知識的增進不是數量的增加，而是知識種類（性質）的改變。特別是當我們聚焦到知識能力的探討時，知識種類改變，我們不再只討論我們對世界的知識，而是轉而檢討我們對本身的知識。對康德而言，自我的知識如果不是把自我當客體，有關我們自己的經驗知識，便是先驗的知識，告訴我們的意識有哪些必然的形式（範疇）。除此之外，我們沒有別種意義下的自我知識可言，我們對物自身也無所知道。但對黑格爾而言，客體（對象）的知識和先驗的自我知識，是達到另類知識的兩個不同之階段，亦即自知與知道世界是精神發展的兩個階段。《現象學》正是這類知識的展示與發展，從最低級的知識樣態開始，再經過揭露，暴露它對其他知識樣態而言不適合、不妥當，最後升高到絕對眞理，在那裡所有低層（低樣態）的問題、困局、不適當一概消失。

對黑格爾而言，哲學不啻絕對知識「變成」的展示與證明。這種「變成」不需任何特別的個別意識之發展類型，而在體系中的知識發展也不是任何個人心理學的發展。它也不必然與哲學史的演變若合符節，儘管這一發展史大體上與絕對知識或絕對精神的演展史非常接近。在知識發展的最後階段，傳統哲學的兩元對立都消除了、自然與精神合而爲一。黑格爾的系統之發展便是把意識樣態放入上下有別的位階（hierarchy）當中。這個定序的目的在於展示下（前）一個的概念層次之不恰當受到上（後）一個層次的概念所修正、所改善、所取代，而它們所有不適當處，最終會被克服，當哲學家不再死抱某一特殊觀點、見解，而瞭解無所不包的整體之偉景（vision）時。

# 十一、結論

　　黑格爾存心要把《現象學》作爲哲學系統的導論。它本來假定先建立絕對知識的觀點，從此出發整個系統便可以逐一形成。果然這種意圖在他後半生的學術生涯中最終實現了。結論大概是這樣的：我們或多或少會體驗絕對的實在（Absolute Reality），我們常以不同的方式感受它的存在，而不同的方式卻可以相互對照、比較，而把它們一一置入於哲學整個系統中。它們之間儘管有矛盾、有衝突，但卻彼此相互補充而不斷成長。因爲這個體系最後達到絕對的境界，也是包山包海的廣闊天地。因之，各種各樣的衝突得以消融、得以解決。因之，各種各樣的衝突終被吞併、終被消融。

黑格爾各種繪像與漫畫

黑格爾的《科學體系》之第一部分稱爲《精神現象學》

現代袖珍版的《精神現象學》　位於柏林的黑格爾墓地　黑格爾從費希特與康德爭議中吸取教訓

《精神現象學》各種英文譯本和詮釋　思想界夜梟的黑格爾大作《精神現象學》的英譯封面

Hegel entwickelt in dieser Wissenschaft von den Erscheinungsweisen des Geistes das Emporsteigen des Geistes von der einfachen, naiven Wahrnehmung über das Bewusstsein, das Selbstbewusstsein, die Vernunft, Geist und Geschichte, die Offenbarung bis hin zum absoluten Wissen des Weltgeistes. Dabei untersucht er das Werden der Wissenschaft als Einheit von Inhalt und Methode sowie die Erscheinungen des Geistes als Verwirklichung unseres Selbst, als Einheit von Sein und Nichts ebenso wie als absolute Ganzheit. Ort der Wahrheit ist dabei der Begriff im wissenschaftlichen System und nicht die Anschauung.

（上面框框裡德文的漢譯與引申）

在現象學中黑格爾把精神如何從簡單的感覺、發展到認知、理性、知性、意識和自我意識，進一步上升到精神，由主觀精神變成客觀精神，最後達到最高境界的絕對精神，那已超越個人、進入社會、越過歷史。他探討精神艱苦奮鬥的探索歷程，發現這種精神冒險史，不但結合內容和方法（形式），也在精神每個發展階段上把人的自我成就表述出來，從個人的心靈進階到社會制度，終止於文化境界，包括人發展爲宗教、藝術、哲學的最高知識，可以知物、知人和知天。天人的合一無異上帝透過人的知識認知祂就是神明，神終於認識了祂自己。當然這樣解釋絕對知識，有陷黑格爾於形而上學的毛病之嫌。另一解釋是認爲絕對知識爲無休此、不自我設限的知識追求，目的在自我超越、不斷探索。眞理並不獨立自存，而存在科學體系的概念裡。

第六章

# 黑格爾的辯證法

# 第六章　黑格爾的辯證法

一、前言

二、現象學的方法

三、黑格爾辯證法有關的幾個面向

四、辯證法與有機物的發展

五、辯證法與形式邏輯

六、後語

# 一、前言

　　黑格爾對馬克思的影響一般的說法是辯證法的傳承與改變，也就是說馬克思把黑格爾的辯證法（對實在的顛倒）重新扶正過來，把唯心辯證法改為唯物辯證法。但強調黑格爾辯證法不是沒有內在奧義的智慧（esoteric wisdom）——也就是混沌不清的祕義——這是一種亟需改正的錯誤之看法（Wood 2004: 197）。

　　不管黑格爾的辯證法，還是馬克思的辯證法，都不是討論問題的手續、規則，更不是用以產生與證成研討的結果的步驟、方法、手段。把辯證法當成一般形式邏輯來看待，或是教學的推演來看待是弊多於利，無法掌握辯證法的本質，最好把辯證法看作是世界可以辨識的結構之一。一般看法是把辯證法當成一種理論的結構，俾捕捉實在的結構之綱要（program），它是對實在（現實而存在的世界）的一種偉景（vision 不只是願景而已），以及對偉景之表述（*ibid.*, 198）。

　　經典的日耳曼唯心主義或稱觀念論，一般說是開始於康德，經歷其追隨者費希特、謝林而至黑格爾一脈相承。這雖是康德三大批判為基礎而展開的日耳曼新思潮，但吾人不可忘記對十八世紀下半葉日耳曼思想家（包括康德在內、列辛、孟德爾頌、雅可比、賀爾德和歌德等等）而言，把斯賓諾莎的觀念重新復活、傳佈是造成觀念論昌盛的原因之一。斯賓諾莎是一位思辨的單元論者，他認為最終的實在是一個簡單的、無法再細分的神聖之實體。反之，世事的龐雜、有限的、特殊的、被感知的紛紛擾擾之眾事物、眾現象，無非是那個絕對的、單一的、神聖的本體所顯示的表面、表相而已。換言之，在紛紛擾擾的眾生相的背後之基礎乃為單一的神聖實體。日耳曼的觀念論者接受斯氏這個單元論（單子論）。因之，對他們而言，哲學的基本問題是如何來想像（概念化），如何來描述這個至高無上、形而上學的絕對事物、絕對實體。

　　費希特認為回答這個問題可有兩種的答案，其一為神學的教條論，把絕對的看法當成「對象體」（客體）、或「實體」（substance）等同起來看待，它以因果的方式來規定世上的各種事物，也有可能被各種事物所規定，這是透過它必然的特質而進行規定或被規定。另一個答案則為觀念論，它掌握絕對為「主體」、為「自我」（ego），透過自由自主來創造它自身以及世上萬事萬物。在教條論與觀念論兩者之間做一個選擇，無異是把我們以及世界其餘眾物

| Baruch de Spinoza | Gottfried E. Lessing | Friedrich H. Jacobi | Johann G. Herder |
|:--:|:--:|:--:|:--:|
| （1632-1677） | （1729-1781） | （1743-1819） | （1744-1809） |

看成不具生命的客體性之產品，或是看作自由的本身、或自由的自我展示。費希特當然選擇後者，也就是採用觀念論，而放棄教條論。原因是觀念論方符合我們自動自發、能知的主體之經驗，或符合道德行動者之尊嚴的感受。費氏對這種唯心主義（觀念論）之解釋，聲稱是康德哲學之發揮，但後者卻難予於苟同，甚至認爲這種解釋是哲學的浮華不實，只有聲勢沒有實質。

　　謝林與黑格爾繼續康德的傳統，視絕對的事物爲心靈自由的創造活動，兩人對費希特的觀念論一概排斥，認爲是單面的、偏頗的主體論之無限上綱。他們認爲客體性、對象性扮演的角色對最終的實在之描述有助。謝林的絕對物是把主體性與客體性結合，也是兩者的超越。它是最終的「認同體」、「一體性」，也是原來主體與客體兩元性的「不可分割」、或「一視同仁、無分軒輊」（indifference）。黑格爾對於思辨的議題之不同想法，毋寧爲更加複雜，但更富創意。對他而言，「絕對的事物是自我設定（self-positing）的運動」。這是一種過程，其中「活生生的主體同時也是實體」。這個主體兼實體藉著變成客體來實現自己，同時它也知道這個客體是它自由的表述、或自由的展現，從而使主體與客體重新結合成一體來求其本身的實現（實現主體的實體之本意）。對黑格爾而言「精神」（der Geist）乃是「自我恢復其相似之處」的運動（Hegel 1952: 20）。

　　黑格爾攻擊費希特之唯心主義（觀念論），是認爲後者只做了一個空洞的「聲明」，聲明合理的自我便是實在的全部，但無從好好解釋這個「聲明」的內容（亦即何以自我便是實在）。對黑格爾而言，精神基本上是一種活動、一種過程，它牽涉到自我表述、自我實現與自我知曉（自我認知）。如果說精神

就是所有的實在、或說絕對的事物是精神，那就意謂實在之最基本的特徵就是這個過程。要瞭解觀念論的真相，就是要看這個精神的運動如何在世界的細節上表述它自己，要看精神的所有客體（對象）怎樣為此一創造過程留下腳印與足跡，這些都是精神在現世的表現。在黑格爾的觀念論裡，強調的就是世界的這個願景（或同時也是偉景 vision）。

黑格爾有關精神的概念是複雜的，是他在企圖把幾種重要的哲學理念匯聚在一個單一的、帶有強制性的看法裡頭。精神無異是亞理士多德的「靈魂」，是存在萬事萬物當中的潛勢力，也是賦予萬事萬物成形的原則。說精神「設定其本身」有一部分意謂它給它本身表達、具體化與實現，也是活生生的有機物當中的形式或本質。但精神的諸形式、諸樣態（*Gestaltungen*）卻是「概念」（*Begriffe*）、或「純粹的本質性」（*Pure Wesentheiten*），這些都是哲學家在抽象思維時，普遍的、一般的性質。這些概念、本質比起人們生活中感受的（用來表述概念）特殊的、瞬間呈現的東西來更為真實。對黑格爾而言，可以感覺到的特殊東西是精神所創造、所設定的事物，這是精神要實現其本身必要的媒介。如果沒有這些有限的、特殊的、具體的事物之中介，精神的思維必然留在抽象，不完整、無法全然表述，僅僅是潛能而非現能之階段。概念是真正地實在的，不過概念要求其最終完整實現的舉例（exemplification）。黑格爾形而上學技巧地把柏拉圖的原形說（形式的普遍的比起特殊的、個別的還更為實在）和亞理士多德的實在論（形式只能存在特殊的事物之上）做一個調解與綜合。

黑格爾思辨哲學的重點在於倚賴精神思想活動的概念化，以及精神在其對象（客體）裡自我表述的各具特徵之方式。黑格爾對精神活動的看法是建基在康德所說：思想是一種綜合而成的活動之概念上，也是對經驗之資料（素材）統一性和可能認知性。不過黑格爾在這裡所談的思想不是康德在《純粹理性批判》一書中人知性（理解）的能力，而是後者《判斷力批判》一書中涉及「生命」的概念、「理念」的概念，也就是活生生的有機體之生物，會朝其共同目標、目的邁進、發展之「組織性事物」，亦即由知性邁入理性或悟性的地步。

有機的生物體其部分（器官）的保存，常牽連到其他部分之間相互的關係（牽一髮而動全身），亦即部分與整體之相互性、交互性（reciprocity）乃為息息相關的（甚至生死、榮枯攸關）。因之，我們不難理解黑格爾何以選取有組織的、生機活潑的事物，作為他精神活動的模型。因為這種生命體、生物體就是亞理士多德自我求其實現，也是賦予潛力以形式的原則，這都是黑格爾視

為精神的基本特徵。再說,一個生物體的結構顯示給黑格爾的是思想綜合活動最高的概念化,也是它給予事務合理的、可被認知性之所在。有機的總體不只表現了內在的必然性和自足(黑格爾視此為自我設定的精神之特徵),它還接受各種各樣的形式、樣態,因之,能夠掌握精神自由自在的創造活力。

康德具破壞力的思想超過羅伯斯庇的恐怖主義對現實的改變

兩幅黑格爾俏皮漫畫

　　此外,康德把有機總體的概念作這樣的表述,使得黑格爾認為它適合了他的觀念論之深信,深信世界秩序的源泉是心靈的、是精神的。此外,康德的總體概念也便利黑格爾去主張精神最高的完成為瞭解它本身及其所設定的客體之間存有一體性、統一性。康德認為一個有機的生命體,其部分彼此倚賴,在彼此因果關係運作下產生一個整體,他又說整體的概念可能視為原則所造成的。因之,一個生物體理念的統一成為先驗的決定之基礎,俾其形式成為綜合與統一的。康德認為自然界如有目的性,那就是因為我們有反思的判斷,形成規定的原則,然後加給自然。有機體的「原因」或「基礎」完全存在能知者的心靈裡,這就叫做「理念」。康德說:「某一物質內含的形式與多種樣態的聯繫就形成有系統的統一,這種統一可以成為知識的基礎」。黑格爾把康德上述各點加以綜合,就形成主體和客體的最終合一,也形成世界可知的秩序與能知的心靈之創造活動的合一。

　　理解最終的實在為精神,意謂瞭解實在為有組織性、有機性的體系,一個活生生的總體,它在其部分中展現無窮的生活形態之不同樣式。有組織之物都有表現與保留某種形態之趨向。因之,最好的解釋模式,也就是能對精神之理解與表現找到最適合之模式,這就是目的性之解釋(teleological explanation）。

　　理解實在爲精神，就是表示精神在秩序中存在，精神的辯證過程可以透過精神要實現其本身之趨向，而解釋其存在。黑格爾的哲學便成一種神義論，它透露世界是上帝創造性的表現，它嚴格的必然性，也就是最完全的自由之表現。

　　以這樣的方式來理解世界，不只瞭解精神的自我實現與完成，它同時也促成精神走上實現與完成之途。精神的辯證過程爲精神首先設定一個能夠表述其特性的世界，其次在瞭解世界爲精神的創造品之後，精神與其本體恢復統一。精神在本質上是自我能知，它自知的完成是透過有限的心靈，合理地承認它們本身乃爲精神的表述。要之，精神乃至高無上，完善完美的上帝。祂的完善性卻只伸展到祂所創造的世界。一個全知的神明，其知識存在於能夠合理知道祂、認識祂的人心當中。上帝一旦完全自我實現，也就成爲黑格爾式思辨的哲學家，以黑格爾的字眼來說明：「上帝之所以是上帝當祂知道其本身之時。祂的自我知識進一步就是祂在人的心靈中的自我意識，以及人對上帝的知識，這種知識不斷邁向人類在上帝當中自我知識之途前進」（Hegel 1977: 298）。

# 二、現象學的方法

　　要瞭解黑格爾的思辨哲學與辯證法，最好的著作爲他的《精神現象學》、《邏輯學》和《哲學全書》。此外，他的法政思想則濃縮在《法哲學大綱》中。馬克思對黑格爾的興趣，主要的爲《精神現象學》，因爲此書是他所稱呼「黑格爾哲學眞正的誕生地與祕密」之所在。最令他覺得鼓舞的是把黑格爾的成就拿來與他異化的勞動之新理念相比，他評價黑格爾哲學的長處與缺陷用的尺度，就是異化與勞動相關聯的深與淺。黑格爾的長處是對異化（外化、對象化）的問題之強調，其缺陷是在《現象學》當中，黑格爾雖處理豐富的社會與歷史問題，卻把這一切問題歸結爲人的意識、或自我意識的問題（洪鎌德2007b：121-135；161-188），而不討論人在社會中的異化。

　　在翻譯黑格爾與馬克思的德文原著爲英文時，有幾個名詞有待澄清說明。首先，德文 *Entäusserung* 譯爲 alienation 或 estrangement，華文譯爲異化，原意倒有幾分外化（externalization）的意味。把異化當成外化卻容易與

*Vergegenständlichung* 或 *Entgegenständlichung* 的客體化（英文 objectification）混同，這點剛好與馬克思極力分辨 *Entäusserung* 與 *Vergegenständlichung* 之不同相碰撞。這兩者的分別，大約可以做如下的說明：*Vergegenständlichung* 客體化帶著「設定爲客體物」（posited as objective）的意思，它也意含放棄、去除客體物、對象物的意思。一旦客體建立之後，主體須被放棄、去除而異化。反之 *Entäusserung* 與 *Entfremdung* 則以主體爲中心，將其本質、或本質能力轉化爲對象物，主要在於說明主體性的轉移與變化。

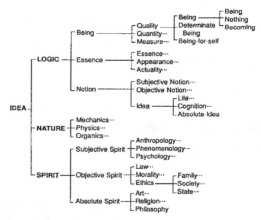

黑格爾視「理念」包含邏輯自然和精神

　　從《現象學》的〈導言〉中，我們知道黑格爾曾討論傳統哲學有關知識成立判定標準之問題及其爭論。因爲討論知識能否成立、何爲眞知，其所依據的判準仍舊爲知識，因此不是使用本身相似的判準，便是其他的判準。前者易流於層層相襲、循環論證的套套邏輯，後者則不斷往上推溯，尋找現象的原因（原因的原因），也得不到正確或可靠的判準，這些都可以視爲「認知論的兩難困境」。[1]

---

1　諾曼（Richard Norman）指出，任何的原則指明建立眞實知識之標準（或非標準）必須要向該標準做出訴求（這樣一來這個訴求便會進入循環論證的套套邏輯中 circularity）。如果不用此一標準，而改用其他的判準，那麼只有不斷對向後推溯（regress）原因之原因。因之，無論如何，這一原則本身必須聲稱是知識的，亦即以知識來解釋知識、證成知識。這種兩難的困局，便叫做「認知論的困境」（Dilemma of Epistemology）（Norman 1991: 12）。

　　黑格爾建議避開這些認知的困難，而直接進入科學工作程序裡，因為科學本身係找出證據證明其自身。它是採用科學的方法，但在面對其他途徑（哲學的、玄思的、常識的、直觀的）對知識進入或成立的種種要求，不免有公說公有理、婆說婆有理的情況產生。「因為一個明顯的保證與其他一個明顯的保證〔保證它們掌握到知識〕之價值是相等的」。所以黑格爾也避免走自然科學的途徑，但相信其哲學最後會接近絕對的知識，亦即真正的科學的知識，是故現象學成為意識經驗之科學。

　　就在論意識、或自我意識怎樣走上一步一步正面以及一步一步的負面，而往前、或往上（就像螺旋狀圓形的樓梯步步上升）攀升之際，真正的絕對知識最終會浮現。為此原因黑格爾進行「知識怎樣使自己出現之鋪敘」，這就是他所理解的現象學。這種方式下的敘述（聲稱對知識掌握的敘述）似乎不算科學，可是黑格爾相信「意識在穿越這條〔攀升的〕道路上呈現出來的一系列之樣態（*Gestaltungen*），究其實際乃是意識本身教養（*Bildung* 養成、教育）的詳細歷史，俾走上科學的觀點」。這是教養的精神（*der sich bildende Geist*）。換言之，這是精神怎樣從懵懂無知、毫無意識，而開始意識周遭事物，然後在與別人別物接觸（發生關係）下產生自我意識、理性而發展為主觀與客觀，最終達致絕對精神的艱難困阻之歷程。

　　在黑格爾的時代教養的小說（*Bildungsromane*）非常流行。所謂教養的小說在於描述主人翁怎樣從卑微、愚昧、貧寒而走上尊貴、有知、發達的成功之途的經驗。是故黑格爾的《現象學》無異為一種教養小說，它是精神的教養小說。影響黑格爾的精神教養觀的人及作品為歌德的《韋廉師傅的學徒年間》、席勒的《盜賊》、盧梭的《愛彌兒》等等。

歌德

席勒

盧梭

　　這部類似教養小說的精神教養論有其特殊的長處，那就是涉及到其方法。我們稱爲現象學方法、或途徑辯證法，因爲該書的方法仰賴的就是辯證的觀點。黑格爾進一步說明：任何一個對知識的聲稱（主張、訴求）一旦被視爲非眞實而遭拒絕之時，可以被解釋爲「在其非眞實的情形下，非眞實的意識之揭露〔白描〕，不僅僅是一種負面的過程而已」。原因是「這種論證的結果僅能視爲原始論題〔主張〕一個規定的否認而已。因之，隨著對原始論題的規定性否認之後，馬上會出現了新的論題〔主張〕。這是說前面所揚棄、排斥只是拒絕，而並非沒有徹底加以否定的部分眞理，只是在尋找相關的理由來加以拒斥而已」。任何對知識的主張都會遭逢某一方面特殊的拒斥，這樣意識便會在感受抨擊、排斥之餘，另覓新途徑，另找新解決、新詮釋的方法。在這一途徑或方法之上人們可以產生一個完整的系列，也就是知識諸種樣態的系列。每一階段上意識呈現各種不同的樣態，它們的有效性並不靠外頭的評判標準，而毋寧更倚賴意識內部提供的標準。會持這種觀點的原因，是把知識當成整體來看待的緣故。事實上，總體或整體並非瞬間呈現之物，而是在發展過程中逐一顯露，最後綜合起來的總表現。否定事實上富有創造性，原因是「否定」一詞是某種情況的孤立化，本身就是處於否定狀態，對否定的否定在於結束其孤立狀態，在於邁向全面、走向整體。假使否定性不存在意識的內部之整全中，那麼我們無法瞭解否定能夠生產出任何的內涵來。

　　黑格爾的目標在於達成一個最高之點，屆時知識不必再超越其本身向前、或向上發展。那麼在何種條件之下，知識能夠安然抵達這種終點呢？他的回答是「意識在推向其眞實的存在之際，它會抵達一個點，當它棄絕其表面外觀之時，這個外觀爲外物〔異物〕所負荷〔所麻煩、所困挫〕」。也可以說當意識掌握其本質之時，這意味「絕對知識〔掌握〕其本質」之時，才會達到發展的最高點。

　　黑格爾把這個意識生成變化的原理，敘述爲內在於現象本身諸種變化的過程。他說：「非實在的意識的諸樣態之間的必然進程與相互聯繫，將會靠它自己一步一步地通過整個系列」。是故無需把標準從外面輸進來，也不必應用哲學家絕佳的想法與理念去進行意識探險的歷程。他還說：「我們只要把這些〔想法與理念〕擺在一邊，而把手頭的東西當成在己（*an sich*）與爲己（*für sich*）之物加以考慮便是」。換言之，我們只要在旁觀察便夠了。是故《現象學》這部書，不需黑格爾對意識樣態贊成或排斥、證明或否定，只按其爲精神的教養小說來閱讀，那麼我們將會發覺逐漸走向完整的意識之本身，而且其面

對的種種世界逐項呈現在我們的眼前。

在《現象學》一書中，最關鍵的問題爲「客體性」（對象性），這個之所以成爲問題，主要的是黑格爾處理知識與其對象之關係的方式所引起。更特別一點這個問題是：意識到底怎樣主張它會認識其對象（Gegenstand），當後者被設定爲知識之外的事物時。德文 Gegenstand 一字在黑格爾出生的史瓦賓邦方言用法上，含有「阻礙、反對、阻擋、反抗」的意思。因之，《現象學》中所敘述的意識之發展活動，涉及知曉、認知時，無不傾全力把知道的對象之阻礙、反抗設法清除，而對象、客體則表現爲獨立於認知主體之外，不受影響，不易進入（侵）的阻力。當現象學的辯證方法往前推動的時候，主體性與客體性的兩元對立逐漸和解，意識逐漸能夠體會這是它的活動，這個活動把客體（對象）建構爲其認知的對象。知識及其對象的眞正分別是從意識的觀點來指明的，因之，可以解釋爲在意識的本身裡頭做出這個分別。

假使黑格爾從一個狀況出發，指能知的自我（意識）發現有一事物（客體）是站在反對它的立場之時，這一事物就具有客體性，這時要克服這個反對，只有靠更高的意識樣態（譬如對意識而言更高的樣態爲自我意識，對自我意識而言更高的樣態爲理性等等）之設定。這麼一來更高形式的知識，才能達到克服反對的初衷。這樣意識與客體的層層升高，最終抵達到絕對的知識，其中能知認識到任何當作客體的外表就是知識的本身。

由於處於認知的意識活動愈來愈在發展中表現突出，於是自我意識非常要緊地捲入這個活動中。同樣地假使自我要變成意識之對象的話，那麼它也要對它自己開放，讓其知道它實在究竟是怎樣的東西（事物），亦即透過自我的活動，自我實現來達成它爲意識的認知客體。黑格爾在這方面的討論在有意無意間使其陷入認知論中無法知曉的境界，這未免使他信誓旦旦要排除認知論的困境之初衷相違。知識與其對象的適當（相符合、相對應）之批判性反思不斷進展變成了精神發展史中的進步。精神在這個過程中學習知曉它本來的樣貌，以及它與客體世界之關係。同時也是在相同的比例之下，它還會「變成」它眞實的本身，譬如它所展示它所表現的客體形式（道德、民間社會、國家、宗教、藝術、科學等等）。精神在認同本體的時刻，也是它結束外化、異化而回歸自身的時刻。這種精神進步史與現實歷史之間的關係，是黑格爾派學者爭論不休的問題。無論如何在《現象學》中的舉例那麼多說明也不少，應該讓讀者知道知識史與世界史關聯密切。

恩格斯認爲黑格爾的《現象學》是一部心靈的胚胎學，也是一部心靈的

化石學。個人意識在不同時期、階段上的發展之描述（*SW* 3: 341），藉由各階段濃縮的再生產（複製），而反應人類的意識在歷史各階段中的演展。盧卡奇反對有些讀者在《現象學》中發現思想史與世界史的紛然雜陳，有失序之處。他指出這些環節、片段、段落，與歷史發展是有順序相符合，而且有三次重複的顯現。首先，黑格爾的出發點為自然意識，存活在個人中，其客體的實在呈現為既定的、給定的（儘管社會與歷史的規定潛藏在意識的樣態裡）。只有知性（理解）出現時人群方能認識社會與歷史是人創造的事物（典章制度是人工的、非天成的）。既然有此認識，擁有意識的個人進入第二個循環圈，必須把整個路徑再踐踏一次。這時人們已瞭解經驗的社會形式之樣態。到了「絕對的」階段，意識回頭反觀其經驗整個歷史的光景，於是在承認、回憶和整理這些環節、片段與段落時，精神終於掌握世界的重大意義。不過這個知識不只是抽象的真理，而是在特殊的範圍與領域下之辯證運動中獲得的。是故第三階段再度把過去的總體重新掌握，這時就不必對環節、各片段、各段落真實發展的事情一一縷述，而只對人類實在的勢力做一個摘要便足矣。《現象學》最後一章包含了現代哲學濃縮的歷史，在這一章的結論中，黑格爾把他自己的哲學比擬為完全發展的絕對知識——知識可以當成科學來看待（Lukács 1975: 470）。

恩格斯青年繪像

1917年盧卡奇的照相

絕對知識理解那個「對象性」、「客體性」乃爲一種的「主體性」，是從客體性與對象性異化出來、外化出來的主體，是精神的自我異化運動中產生出來的結果。盧卡奇算是很正確地指出異化、外化（*Entäusserung*）是《現象學》核心的哲學概念。

辯證法範疇中的「揚棄」（*Aufhebung*）有保留與放棄雙重的意思。因之，對客體性做爲絕對事物的環節片段、段落之超越有很大的幫助。這也是肯定與否定之交互引用。在《現象學》中，揚棄用來保留異化與異化的克服。

那麼自我意識如何來「超越意識的對象」呢？然後「把它帶回其本身」呢？我們可以說，精神所走過的路途上，它經歷了意識對象，而意識對象都有種種的規定，這些種種規定收集起來變成了規定的總體，精神對這些規定的總體之掌握就是精神本身的自我規定。對規定的理解與掌握黑格爾稱之爲「回憶」（*Erinnerung*），所謂回憶不只是精神對所經歷的意識樣態之再度思考、記憶，也是一種再度吸入其本身、內化爲精神的一部分，這也是德文*Erinnerung*「內在化」的原意。這是外化的反面，也是放棄精神的外在性、客體性之後，保留其內在的本質，這是揚棄的作用。

盧卡奇認爲黑格爾這個說法非常重要，理由很簡單，假使精神在外化、對象化的過程中，創造了現世實在的客體，那麼合理的、符合邏輯的推演則爲相反的內在之過程，也就是把它所創造的客體實在的樣態加以揚棄、超越，而把這個客體、對象性再度統合於主體身內。他指出絕對知識並沒有給我們任何新的內容：「所有可供吾人知悉的內容並不從哲學本身湧現出來……而是從精神的自我設定的歷史過程中湧現出來，……其證明爲絕對知識的光亮的燭照。」

從上面的推論可知，精神所攜帶的異化樣態會原般模樣保留下來，一旦精神設定本身是客體的、對象的、唯一新鮮的，嶄新的東西乃是哲學所提供的和解、妥協，使精神雖屬異化、外化仍舊能夠與其對象和好共處，有如在家時的逍遙安適，原因是外化的客體乃是精神自己的另一半。事實上，自我意識的異化是賦予正面的重要性，因爲它設定其本身爲客體的、對象的。因之，黑格爾強調沒有必要對客體化、對象化心生恐懼。

他指出：「精神曾經顯示給我們不是自我意識縮回到純粹的內在，也不是自我意識沉沒到實體裡」。既然談主體與實體，他解釋「精神是自我的這種運動，它把自己外化出來、掏空出來，而沉進它的實體當中，而且當成主體，乃是從實體跑回到主體的本身」，又說：「從即刻（現時）反省過來的是主體分辨本身與主體的不同……這是回縮到自身而變成純粹的『我』……但『我』並

不緊抓住本想當作自我意識來對抗實體性與客體性（像是害怕它的異化）。精神力量在其異化中保留其老樣子，就像在己與爲己，在爲本身的存有製作時，環節、片段的與本身都是一樣的處置」。

由此可知，由於精神必須設定其本身於客體樣態裡，意識把客體性（對象性）與它自身對立起來，無法藉由回憶的內化運動加以揚棄、給予昇華，其爭議性的特徵之解決只有靠對它出現在外物的頃刻（立即）之間的理解才能辦到。因之，吾人必須理解現象學的探索旅程，不只是精神奮力在否定外化的對象性，也要理解這是探險故事，是精神獲取客體存在的故事。這個故事之被理解靠精神在回憶中獲致絕對知識。這個故事的意義之理解在於一開始黑格爾與讀者靜觀其發展，也抱持這種看法來欣賞它。《現象學》的中段充滿一大堆歷史材料，包括存在實際異化的氛圍（宗教、國家、布爾喬亞的生活等等）都帶進這一架構中。

在意識裡給予的客體（對象）之樣態在走向自我意識和絕對能知之途上時，可以理解爲精神本身存在的樣態，因此是精神正面的成就。這個說明何以黑格爾說異化對自我意識而言是精神設定自己爲客體的、對象之物，也是精神變成爲己之物的原因。這也是解釋《現象學》和《哲學全書》中，何以客體精神比主體精神占有更大的分量之原因。在上述兩部著作中，精神樣態之創造頗爲豐富，涉及到國家、宗教、藝術等等，都可以看作是精神的正面成就，以及它捲入異化當中。「揚棄」是指將異化的「外頭性格」（外物、異物的性質）從精神樣態那裡剝除下來，而不是把它們一齊都消滅掉，也就是承認這是精神本身的操作與活動。

精神一旦沉澱爲本體的樣態，那就是意識進入一個特定的階段，在其中對客體性的意識高踞優勢而與意識相對立。之後意識轉向其本身內部而達到自我的確定，進一步變成了主體。最後在辯證發展的尾端自我承認它對待客體性負面的態度需要超越，這是透過承認自我異化有所必要的做法。這些意識變動的過程可以解釋「設定」就是「否定」的用意。黑格爾這樣來解釋這個運動：「假使自我意識把它自己豐盛起來、充實起來直至……它把實體主要成分的完整結構吸入它身內」，那麼「對客體性負面的態度也就變成愈來愈正面，這就是一種的設定」。負面與正面雙方產生自意識，「於是在同一時刻，把正面與負面恢復給意識」。黑格爾繼續說：「凡自知爲概念之概念，各種環節〔段落〕比起整體的完成還出現得早，這些環節的運動是一個過程，透過過程整體才完全顯現」。以上所談部分（環節、段落、片段）早於整體出現，是實在

的、歷史的過程，可是在意識裡頭，情況相反，「儘管對整體不瞭解，但整體卻早〔優先〕於段落、片段」。

在〈序言〉中黑格爾解釋他這樣鋪陳主要在顯示眞理不只存在於「實體」（存在於「外頭那邊」，而讓主體的意識來加以占有），而是「主體」之活動才產生眞理。他說：

> 進而言之，活生生的實體是一個存有物，它在眞實中乃爲主體，或另一個同樣的說法，只要設定其本身的運動，或是使它的自身變成另一個事物之中介〔都是主體與實體化成同一〕。當成主體它是單純的否定體，於是簡單事物兩分化。是它的學生體〔雙重的東西〕造成兩者的對立，然後再度把對立……否定〔化除〕。只有同樣之物的自我恢復，或是在本身裡頭的異物中做反思（這時還談不上是開始的，或馬上的聯合、合一〔本身與異物、主體與客體的合一〕），但卻是眞實的〔符合眞理與眞相的〕。這是它本身的變化，是一個圓圈，其起點也是其終點，其結束也是爲了其開始，而且在這個過程中一步步地完成，由始至終，這才是〔潛在勢力化爲〕實現的（*wirklich*）。
> （Hegel 1970a: 23; 1977: 10）

黑格爾續言：「因之，上帝的生活和神明的認知可以說是愛同自身的嬉戲」。這個高貴化的概念即刻的性質顯示，神的生活是與祂本身毫無麻煩的合一，因爲「對祂來說異物〔他物、外化之物〕和異化以及對異化的克服並不是嚴重的問題」。這當然不包括另一事實，那是指在發展完成的樣態下神的眞正落實、眞正實現之特徵爲在最後一章中他指出，精神需要時間來做上述各種生成變化與走完長途的全程。「把祂自我知識的樣態往前攜帶的運動是一種的勞動，祂把它完成爲現實的歷史」（Hegel 1970a: 586）。《現象學》的結論爲「被理解的歷史」，爲絕對精神的勞動。「祂的實現性、眞理和祂皇座的確定性〔證明絕對精神之勞動〕，一旦缺乏這些，祂將沒有生命，也是孤獨的」（*ibid.*, 591）。

假使「精神即刻的存在就是意識，包含了兩個段落，其一爲能知，其二爲（能知所否定的〔無法知曉的〕）客體性」。但這兩個環節、片段（段落）在絕對的精神裡卻告合一，而兩者之不同是「純粹否定性」的動作加以中介的結果。黑格爾遂說「我們在此的動作就是把分別的、分開的片段整合起來」。

　　但涉及「我們的動作」時，不只把片段整合起來便夠。因為在《現象學》
最後一章中我們看到的是兩項事件的彙合，其一為讀者「靜觀」，其二為理解
對我們業已明白、知道的事物（體會意識在各階段的經驗）轉型的必然性和自
我意識在每一階段上的觀點。自費爾巴哈以來，批評者都指摘黑格爾的哲學乃
為絕對的、神明的哲學，這是由於《現象學》的結語令人懷疑他精神最終停止
之處、休息之處，是黑格爾對實在的性質的理解。結語似乎是這樣的，《現象
學》不只是所有人類史的頂峰之描寫，它所下這些結語本身即是頂峰。

　　要之，黑格爾的《現象學》進行一種敘述，說明知識怎樣製造其外觀（表
面），也就是經由一系列的規定，而把知識的外觀一一描述下來，絕對的能知
知道所以呈現出來的外觀無非是能知本身的對象。要達此地步精神要藉外化、
異化來產生其本身，然後予以揚棄，而後才能知道，也才能變成為己之物（精
神不只在己，也變成為己）。這樣做精神可以與它本身相安無事，甚至在它的
另一半的外物中逍遙自在，如同在家一般，是故精神的真相與真理是展現的、
活現的，當它透過否定的否定而加以設定出來。對現狀加以破壞的負面性之勞
動與操作的進行，就變成歷史的運動與變遷（Arthur 1986: 45-58）。

# 三、黑格爾辯證法有關的幾個面向

## 1. 抽象和具體

　　黑格爾哲學採用與擴大十八世紀德國思想界共通的一種分辨之說法，亦即
分辨知性（*Verstand*, understanding）與理性（*Vernunft*, reason）的不同。這種分
辨在康德的學說中尤為明顯地展現出來。知性的功能在建立概念或理念抽象的
認同性（identity）。反之，理性卻在把知性所分開、分裂、或分析的那部分
之概念，把它統一起來。對知性而言，每件事物（概念或理念）具有獨特的個
體的認同，它必須從分析中看出其規定的種種屬性（例如該事物稱做「狗」，
那麼知性的作用在分析狗的特徵，尤其出現在你我眼前的這條黃狗的種種樣
貌、性格等等特性）。知性在分析概念或理念的屬性、規定時，常常把它與其
他概念、理念分開來處理，亦即在其獨立之處，不涉及其他事物的情況下，來
分析該物之認同體。反之，理性卻針對事實去瞭解知性何以把概念或理念處於

孤立之下，嘗試建構一個抽象之唯一的、單一的過程：這個過程是從「特定的脈絡下抽離出來」。也就是理性所瞭解的知性，是認爲後者對概念、或理念說法之抽象的、孤的狀況下，把它的認同性確立下來，但這樣做（分析）是不夠的。因此，理性的功能在於把概念、理念存在之有關其他事物（別的概念、別的理念）之具體關係凸顯起來，展示出來。具體意涵相關事物聚合起來，是故只涉及隱涵的脈絡的關聯性（implicative contextual connectedness）——一個概念同其他關聯的概念之關係——在這些關係中的概念、或理念得以存活下來，活動下來。康德以爲理性能夠做出這些功能、職責之能力有限。反之，黑格爾卻視理性是不可或缺的矯正力量，可以匡正知性之不足。黑格爾在其哲學體系中的目的，就是要證明所使用的方法與應用的範圍中，用辯證法來理解理性，則視理性恰好就是對知性不足的補救、補充、匡正。爲了瞭解黑格爾怎樣來完成他的任務，那麼我首先要檢討黑格爾體系中抽象化與具體化所扮演的角色。

　　前面已提及「抽象化」是把一個概念或理念從它所處的脈絡移開，目的在使它孤立（不涉及他物）之下，得受檢驗，也是建立一個專屬於它，與眾不同的屬性。抽象的意思爲說從表象「抽離」，這個抽象可以在抽象化兩個功能上看出來。其一爲把一個客體物（概念、理念）從其脈絡中抽繹出來，好讓該客體物以「本身」的樣貌來被考慮、處理、辨認，也就是它本身究竟是何物與其他客體物（概念、理念）有所分別。其二，在同一個時間下，或是同一個過程中，抽象化把各種不同的客體物中，共同的特徵抽離出來、挑選出來，從而建立共同的、普遍的、一般的天地（相似物所造成的寰宇與普遍之物 universals）。例如白天鵝的白、白狗的白、白雲的白、雪白的白，都被抽象成一個概念上的世界，「白」的一般性、普遍性、寰宇性。事實上在創造普遍（一般、寰宇）的概念時，我們幾乎把抽象化的兩個面向都加以利用。很多一連串特殊的事物都有其共性（上述「白色」），當我們把注意力集中在這個特別的性質（例如「白色」）時，我們能夠移開、或抽離這個共同的因素（在這裡稱「白」），從它們脈絡中顯示的例子（白天鵝、白狗、白雲、白雪等等）來，這些脈絡是我們的五官可感知的。我們只能注意到這個讓我們抽離出來的特質，本身是擁有與眾不同的屬性。

　　剛好就是「理性」有辦法在上述知性束縛的限制性之外，走向更寬廣的路途（超越侷限，遨遊天地之間）。黑格爾在《邏輯科學》中指出對辯證法而言，主體與述語之間是「非認同體」之關係。是故對黑格爾而言，相關的

概念形成一個諸概念的連結（nexus）。它們互相「限制」，也是互相定義彼此。概念與理念，親密的連繫性（connectedness），這種聯繫性就是黑格爾所說的思想的具體性。當分析的、抽象的能思（thinking）限制本身在其孤立下去考慮概念（理念、客體專物）時，具體的推理（reasoning）必須弄清楚。它使用的方法和推理的理由必須釐清，從而想到這些概念（理念、客體物等等）事實上已形成一個相互依賴的連結物。任何概念的定義因之產生「正面的環節」（段落、瞬間 moment），它用於表明（描寫為）理念在其自身之中（in-itself）；同時也產生「負面的環節」，這表示同一時刻每一個概念或理念也是同其他理念連結在一起，它是被描述的，也是因為這個連結的關係，而突顯出來、點明出來。對黑格爾而言，這個點明、指明、說明的過程，是一個嵌入邏輯「疆界」、「水平面」、或「界限」於概念之中的過程。就靠這個「限制」、「界限」把一個概念與其他概念的關係明定、劃清，然後在這思想中予以超越，這便形成黑格爾辯證法的基礎。

　　*Aufheben* 與 *Aufhebung* 都有保留與放棄的雙重意思，英文譯為 overcoming 與 abolition，不過英譯為 sublation、transcendence 或 reintegration 比較適當，至於 transcend-and-preserve 則嫌囉嗦（George 1987: 121）。

　　正如所述德文動詞 *aufheben* 是辯證法理念的核心。它可能會顯示三個可資分辨的邏輯環節（時刻、段落），第一個環節為「超越」（transcendence），亦即它走過，超過「限制」、「界限」、「疆界」之外；第二個環節為前面否定的「否定」，把界限加以去除，加以超越；第三個環節則為「保留」，對被超越或揚棄剩下之物的保存，之後帶入新的關係中。雖然 *aufheben* 的幾個環節（片段、瞬間）用抽象的表示（敘述）來說明段落的分明，與各自不同，但不可視為在時間先後下機械性的過程。反之，要看成邏輯統一的過程，它所以可以分割成不同的構成成分（因素），全是為了要瞭解過程不得已的作法。一個理念超越本身而去會合另一個概念（當它密切相關之概念的會合過程），乃是同一邏輯運動的過程，同一邏輯片段產生之作用，也就是穿越它本身有限的抽象的自我認同體，否定那個獨思者之認同體，而湧現進有連結的一體性或連結物之中。在這個脈絡中，它被保留下來當成更大的總體，更大的整體之內在的一部分，變成更高層次的綜合體之一部分。

## 2. 整體與部分

　　用「整體」與「部分」相互對立與補正（相對與相成）來說明辯證的過程可能使讀者更容易接受黑格爾此一邏輯的方法。相互關聯之物，所以連結了對方，其原因爲它們立基於辯證的關係之上。一個整（總）體之所以稱爲整（總）體乃是因爲它是部分合成的。假使事物沒有相互補充，連結的名詞像「部分」，何來「整體」的概念？辯證的關係也可以逆轉，「部分」的理念產生「整體」的概念，原因是「部分」指向超越其本身而隱含「整體」，在「整體」中包括「部分」及其他。是故「整體」的概念是「部分」概念邏輯性暗示物（implicative），「部分」也成爲「整體」邏輯的隱含物，這兩者（部分與整體）結合在主從分割的關係中，其中每一個（整體、或部分之）發現與完成有賴對方的發現與完成來相輔相成，也在對方中得以完成本身。*Aufheben* 的辯證過程於是變成一種途徑，在其中一個概念（以「抽象化」的觀點來看待），必須超越其本身的界限（限制）的分析性以及它孤立的定義，而變成鑲嵌在諸概念更爲遼闊的連結體，新的廣大的脈絡裡。

　　這三個層次的「正」、「反」、「合」的流程是費希特原創的說詞，但不是黑格爾與馬克思所採用的辯證方式。費希特式與黑格爾式的辯證法在效果上剛好針鋒相對的。費希特對辯證三部曲的看法是規定兩個有分別的、先存的、完整的概念，必要與直接的對立（反對）。這兩個不同的概念相互「否定」、「限制」對方，他又規定其後出現的第三個概念「合」之功能，在統一前面兩個先存的、獨立的、自我定義的反對面。可是一如前面所述，黑格爾證明了互相修正、補充的兩個概念，邏輯上之不同是說一個給定的與先前的一體性抽象化之物。它不是從費希特所說兩個截然不同的概念出發，然後藉由抽象化過程把它們分開，把本來是連結在一起的概念放入它們分別的元素中。在《邏輯科學》一書中，黑格爾明示地拒絕把「綜合」（synthesis「合」）當作他辯證法的基礎。「綜合」含有把不同的東西「聚合在一起」的意思，它也意涵把本來分開之物聚合在一起。黑格爾說，吾人如果進一步加以觀察，那些被我們分解爲彼此不同的組成概念是無法在孤絕的情況下存在的。只有這個理念，這種「具體的」面向才是我們知性或瞭解的基礎，也是辯證的理性之目的要把這種事情弄個清楚。對黑格爾而言，他稱呼爲概念的「存有」（「是」），也是它在其自身中，必須馬上補入「沒有」、「非有」（「無」），這個「沒有」對「存有」是在親密的隱示（含示）性的秩序中。傳統的（費希特與謝林）辯證

法解釋是把兩個敵對的、對立的原始概念用一個第三者（「合」）來加以綜合或統一，也就是我們理念或概念的原始合一，如今卻從「具體的」統一中「抽象」起來而造成這個結合。黑格爾不贊成這種從具體變為抽象的辯證法，反之，他主張由抽象而下降為具體之辯證法，也就是透過理性把一個概念及其否定的對立面在更高的層次上整合起來。

再以上述整體／部分的關係為例來說明，當我們想到整體的概念時，這個的概念乃暫時停留在隱含的「背景」裡；反之，當我們想到當成「前景」的「部分」之概念時，「整體」的概念也變成「背景」。它會產生其相輔相成的「部分」，目的在使理念獲得完整。如果我們使用黑格爾在《現象學》中的說詞，這兩個二元的概念之一形成「前景」，另一個則為「背景」，而兩者之間則有一個「水平線」存在。當然這種視覺上的譬喻，對概念化黑格爾的意思無多大作用，因為吾人要記住辯證法最先與從頭到尾都是邏輯的關係，因為對黑格爾而言，在抽象中考慮任何的概念，而隱示與其最緊接的有關聯的，而又可以修正，互補的概念而已，而且也包含邏輯的所有其他諸概念。對整個概念而言，通過不同的已建立的辯證關係，這個隱示的網絡或連結體都告浮現，現在其中每一個概念都會在與其他概念的關係中找到它本身的地位（Georg, *ibid.*, 120-125）。

列寧一度在致友人的信上提到：

> 對應物的認同體（比較精確地說應該是這兩者的「統一體」，儘管認同體與統一體之分別在此不重要。在某種意義下兩者都是正確的）是承認（發現）相對排除和對立的趨勢〔存在於〕所有現象與自然過程（包括精神與社會）當中。（George, *ibid.*, 125）

黑格爾的辯證法所關懷的是相互「包含」的對立面之統一。換言之，是相互依賴與相互連繫的對立面之統一，而不是無法相容的，互相排斥的對立物之統一。以「整體」和「部分」為例，這兩者並非相互排斥、不相容之物，這與德文 *Gegensatz*（相互設定為對抗的、對應的意思）接近，而非德文 *Widerspruch*（矛盾、無法相容）。

黑格爾必然想要主張，我們不只把一向熟悉的彼此有關聯的、彼此互賴的概念連結在一起，甚至更強烈地主張邏輯的概念形成一個鎖鏈，或這些關聯之聯結物（*nexus*）。對他而言，我們所有概念不可以加以分開的統一性係來自

我們自我的本性（nature of Ego）。

假設我們瞭解黑格爾的邏輯是對思想範疇的「關聯性」（connectedness）、或「連結性」（linkedness）的逐步揭示與發展（每個範疇有其隱含秩序一定的地位）的話，那麼辯證法當被理解為與各範疇，或各概念的一系列邏輯關係。但理念或概念的「辯證連結物」本身不足以解釋我們對世界的知識，它必須面對業已存在的世界。這是說它必須對人們被丟進的客觀世界有一些關係，黑格爾承認這種關係，而且在其《歷史哲學》中也提到，而受到馬克思的注意，以致後者說黑格爾「只考慮到概念的進程而已」（Marx 1985: 51-52）。黑格爾或者承認人與其他的世界之再度統合是單純在理念的層次的統合，以致馬克思會批評說這是唯心主義者概念的統合。

## 3. 主客體與抽象

在《現象學》中，黑格爾首先描繪外面物質的世界可被人類揚棄之方式，同樣的事物可被人類當成人之外的「他者」之既存狀態所引開、所改變，而最終成為人可以與之和睦相處、逍遙自在之物。要達此改變世界異化外在性之目的，必須首先採用三個手段：意志、思想與活動。用馬克思的說法（語言），這三者為意志、心思勞動與體力勞動。

對黑格爾（也與對馬克思）而言，人必須走出他本身，掌握或抓住世界（及其部分）。世界（他所接觸，而對的那個世界，或世界的部分）是以有異於他，也是本身不具目的，不具意義的外物來衝擊著他。人被迫這樣做因為他在這個世界中生存的條件迫使他無法得到太多的選擇機會，除了與世界打交道，發生關係，他還要利用世界的部分來滿足他與生而來的基本需要。不管人願意與否，他必須使用「意志」來對付物質世界強迫性的挑戰。例如人飢餓了，必須摘取果物來充飢。這種行動他業已「克服」世界，「降服」世界，其目的在保存其生命。在摘取果物解除飢餓時，他開始把果物和世界其他物分開，視果物具有意義（重要性），是「他的」食物。在沒有把食物的物質性破壞之際，（剛好相反，就是果物的這個物質性破壞才能滿足其需要而消除其飢餓），來達到維持生命的目的。在這個基本動作中，人改變外頭世界，把黑格爾所稱呼的「對象物」（*Gegenstand*），轉化為「客體物」（*Objekt*），這個僅僅是物質的，不被置入人身的外頭世界最先只是一個對象體。德文 *Gegenstand* 原意為「反抗的站立」，或稱是「站在我們之前」的東西，也就是

黑格爾描寫為「他者」之物。由於人的行動，不管是透過意志，思想或活動，都是把這個外在性加以「超越」。經過外在性的超越之後，世界停止作為「他者」，而變成我們做為主體的客體，此時客體仍然在外形上顯示他原來的物質性，不過它的物質性是從本體引申，產生出來的物質性，它們之間的關係可由下圖得知：

圖6.1　主客體與對象物之關係
資料來源：George, *ibid.*, 128.

由此可知，主體與客體形成一對相互關聯的概念，至於物質性則是尚未進入人身具體化之物，尚未形成為主體部分（或與主體發生關聯）之外物。為了使物質世界與主體發生關係，作為主體的人必須在有關既存物方面，做出心態的或物理（形體）的動作，像做出意志的表示。例如人必須做出判斷，判斷這究竟是何物擺在我面前，透過我的感官去認識這個事物。因之，人要掌握該物心態上或形體上的特質。人們也可以對此物作出一些勞動，來改變它，把它當作工具來使用。我也可以動用我的意志，把這部分世界之物轉變成我的財產，因為它與我關係密切，有助於我的存活。

我們先考察意志的運用。原始人占據一個洞穴作為棲身之地，這種常稱「這個洞窟是我的」開始，便顯示原始人放棄遊牧，而走向定居，洞穴開始對他有其重要性，它不再只是與人的欲望和需要相分離的自然景觀之一部分，它變成主體的對象物，也與其他的對象物洞穴有別，然後變成主體的客體、居住的場所。

意志的操作運用，使得原來僅僅是外在的東西，如今變成對人具有重要性之物。同樣的作法，心態的與形體的活動，使人克服外物的陌生性、外在性。透過思想、理想的使用，人瞭解分門別類（認識）和命名他所面對的世界。在這個實踐的活動裡，人把世界基本的物質加以利用，亦即開物成務，而滿足他的需要與目的——利用厚生。

客體變成主體所看的、所重視的事物，也變成了事物的載體，這個客體卻尚能保留它原始的物質（對象物）成分。在把這個既存的物質世界轉變為客

體的實在之際，人把他物變成為它本身之物，亦即它做為主體之隨身物、生存物。物質的世界不再面對人的主體站在陌生、敵對的反對立場（不再是對象物而已）；反之，變成與主體有親密關係或連繫的東西，這種東西成為主體發展為個體或社會單元（社會人、政治人）之基礎。一如前面所述，馬克思採用黑格爾這三重（意志、心態、物理〔形體〕）的辯證，而予以揚棄的方法來把外頭陌生、異化的世界揚棄（超越、克服）。

　　儘管馬克思從黑格爾的《現象學》取得靈感，他的結論與黑格爾的結論完全相異，而且極端化、激進化（George, *ibid*., 120-127）。

## 4. 主僕關係

　　在《現象學》中黑格爾首先指出，透過運作其意志，人企圖對物質世界進行揚棄的工作。在意志變成積極與活動頻繁之前，主體在面臨客體世界時，表現其消極、不動的姿態。在《現象學》論述主僕關係裡，黑格爾指出人之建構自我，要求別人承認，和意志的操作，對人類而言會造成何種的社會後果。顯然，人際之間的承認是肇始於彼此的生死鬥爭，為了避免你死我活的鬥爭，勢力弱的一方只好向強而有力者低頭，遂有主奴關係的出現，當一個人要求別人對他承認時，我們會發現他們捲入兩個不同意志的直接衝突中。這個衝突的解決是一方在怕遭到死傷的威脅之下，放棄自我的意志，而屈服於對方的意志，亦即承認他方的優越、權勢、地位之後才有免除「猝死」（sudden death）之可能。在這種情況下一方成為謙卑聽命，受人差遣的奴僕，他方成為發號施令宰制源頭的主人。但這兩種意志（宰制與降服）的衝突，不只造成一方聽命於他方的結果而已。黑格爾認為這個衝突的解決產生了強迫性的承認，也產生不安的感覺。奴僕只得承認主人，因為他是被迫這樣做。主人永遠不曉得，如讓奴僕也能夠運用其自由意志，則其承認必定是另外的一種方式，或根本不肯承認他也說不定。主人所獲得的承認其實是透過奴僕而反射主人的意志而已，這是主人命令下，奴僕勉強裝出來的意志表述。在此種情況下奴僕的意志無非是主人的意志，而在其實效方面主人並未得到他預期的承認。

　　主僕說被解釋為黑格爾對費希特這種人際不平等的關係之辯證法的內在批判（immanent criticism）（Clark 2014: 81-83）。其說法是基於彼此的相互承認，不過表面上奴僕可以說沒有得到承認，他被迫去操作那個他本身意志無法伸張而剩下之物，把他剩下的意志施放於外頭物質世界之上。實質上，他開始

對物質世界「他者」性質的克服上，用的是他的勞動，以及勞動過程裡培養的技巧。黑格爾瞭解要求承認的意志鬥爭的結果會創造一個不穩定的情況，主人無法走到作為主人的地步，奴僕為別人勞苦終日卻得到別人承認他擁有自我。就在這一點上馬克思開始他對黑格爾主義的轉型，或說開始他把黑格爾學說之邏輯的擴大或延伸。黑格爾認為主僕辯證的後果是在創造兩個領域（界域、天地），在那裡本身精神的，而是俗世的揚棄要發揮作用。主人變成心思勞動之操作者，奴僕成為物理性（軀體）勞動的載體。不難理解馬克思視這一首先的分工，是造成其後布爾喬亞與普勞兩敵對階級的分別之條件，前者指揮世界、亦即以心思的方式來應付世界，造成了心思活動的界域；後者致力發展一個實踐與積極改變世界之關係的勞動，但這個勞動的原因與目的，工人階級卻一無所知，或不加意識。

僕人聽命負重忍辱

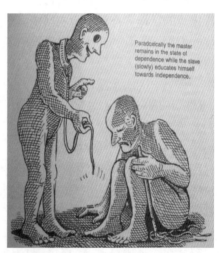

主人發號施令，四肢不動、五穀不分，改受奴僕扶養活命

　　一如馬克思在《德意志意識形態》長稿之所言，「分工只有到這步田地才算是真正的分工，當心思與體力的勞動開始分開的那一刻間」，然後他又說：「由於分工意味著可能性，也就是事實上知識的與物質的活動〔之分開〕，在每個人身上負擔不同，〔因之〕要使這兩者不致相互衝突，相互矛盾，只好把分工加以否定」（Marx 1985: 51-52）。我們用下圖把意志、心靈勞動與體力勞動之關係加以表述：

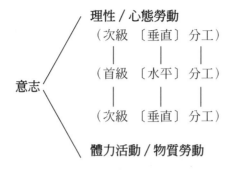

圖6.2　意志、心思勞動力與體力勞動之關係
資料來源：George, *ibid.*, 131.

　　要把世界的物質性超越之心思與體力的手段之分開，其結果造成觀念上的
與實際上事務演變之分別。這後者分開、分別、分辨構成意識態的基礎。是故
馬氏在該長稿中續言：

　　從這個環節〔段落、瞬間〕往前發展意識可以自傲地表示意識已不再
　　是存在的實踐的意識，它眞正能代表某物而不需代表眞實之物。從此
　　以後意識已開始能夠從世界解放其本身，往前發展爲「純粹」的理
　　論、神學、論述等物。（Marx 1985: 52）

　　這裡可以看出黑格爾曾把邏輯的與實際的事物混爲一談，把概念的關係
當作眞實的關係看待，後者眞實的、直接的關係乃是人的互動與社會交往所建
立起來的關係。這個事實正是馬克思超過黑格爾最核心，也是最重要的所在，
因爲它的意涵是根本的、基礎的。馬克思看出黑格爾建構的社會概念在中介過
的辯證關係的下面隱藏著眞實的，緊接的物質關係。黑格爾相當正確地論證邏
輯方面以及有關世界的知識方面（這些涉及人當成身外和無關的、可以分開的
事物看待之世界）──這些艱深難懂的神學──在概念的層次上建立概念的關
係是非常的重要。就邏輯的情形而言，把概念根據其本來的辯證性的邏輯，以
對全體／部分的方式加以論證，那麼這些概念彼此聯繫便成爲可能。可是當他
涉及諸如家庭、市民社會與國家等概念加以連結時，就必須要根據直接的人
的關係之實在辯證法，而不用亞里士多德的三段論法來進行概念的相互聯繫。
黑格爾事實上忽視透過主僕關係的辯證，他的辯證方法已變成比邏輯還多的事

物（方法）。馬克思所設定的說詞，是黑格爾的辯證法中，另外還有辯證法，包括頭與手的辯證法，中介的辯證法與直截（無中介）的辯證法。新的辯證法意味著人必須適用非中介的技術（手的靈巧）與非心態的判斷（頭腦的清晰認識與判斷），亦即強調勞力、肢體活動之辯證法，才能把世界形塑爲理想的地方，俾滿足人的各項的需要。

# 四、辯證法與有機物的發展

　　黑格爾把精神創造力比喻做活生生的事物的組織。不過用生物來比擬精神並非十分恰當，因爲無法捕捉精神展示出來的合理之被認知性。對黑格爾而言，生命是馬上（瞬間）呈現的立刻性、無中介性（*Unvermittelbarkeit*; immediacy）。無論是植物、是動物、是有生命物的靈魂之人類，或是任何合理的原則，都經常要與物質的「即刻性」展開搏鬥，在這個物質裡頭有生之物才能擁有身軀體、才能成形。「生命的過程包含在對它困擾〔包圍〕的立刻性之克服」。換言之，這就是生物之有限（存活的時間有一定）的原因。是故精神在它眞正的樣態裡，乃是一種充滿生命的有機體，它成爲其寄生的身軀（物質）的指揮者（精神指揮軀體），俾無逆於其生命維持之原則。至於精神的眞正樣態無他，乃是黑格爾所稱呼的「概念」。概念是「諸種環節〔段落〕的總體，而每個環節構成總體的部分，而且被設定爲總體不可分的統一律」（Hegel, *Logic* 223）。概念可以看成爲人們設定之內存在於世界裡頭，合理的可被認知性（rational intelligibility）。它也是思想的動作，藉此能知的心靈可以掌握這一可被認知性。

　　概念所以成爲可能乃是一個合理的自我意識（其實是黑格爾經常所指的活生生的人格）捲入同世界的交往，並力圖在困迫搏鬥中要求自我認知與自我實現。前面所提活生生的有機體來做爲精神的寫照不很妥切的原因，可由下面黑格爾的話得到證實。他說：

　　　對自然生命有所限制一事，指的是在生命中沒有穿越即刻存在以外的
　　　能力。除了死亡之外，沒有任何的力量可以超越其現實的存在。〔這
　　　是一般有生命之物的通例〕，可是意識對本身就是一個概念，它卻即

刻地超越其限制，原因是這個限制屬於它本身，故繼續進行便可超越
於它本身以外。（Hegel 1977: 51）

　　一棵植物或一個動物的有機體，一旦成長至成熟階段，就會有單一的、穩
定的有機結構。它一生的整個生命存在於拚搏、奮鬥，努力把這個結構外加於
物質（軀體）之上，假使它無法做到這點，它便面臨死亡。黑格爾看出一個人
的人格、價值和生涯規劃也是一種有機的結構，但這種結構卻是人可以察覺，
可以自己意識到的。一個自我意識的人格因之就像有機物一樣，它的結構與理
念是自己外加的（它是為己的自己之概念）。一個會反思、活生生的人在生活
過某些自我概念、追求過某些目標與價值之後，卻能夠把概念、目標、價值加
以改變，是故自我意識如同有機體一樣，可以在激烈改變過的、有機結構中存
活下來，甚至倡議如此這般激烈的改變。換言之，自我意識可以衝破有限、繼
續邁進，甚至超越它本身。

　　因之，自我意識之事物就像有機體的人類，其最終的發展趨向不限於抵
達成熟的階段，或促使其結構之保留，而是透過意識有系統地推翻和改變它的
結構。它的生命過程不只與「即刻性」、「有限性」拚搏、奮鬥，也與生命
歷程相掙扎、相奮戰。這些生命歷程傾向於在元素之間、部分之間產生衝突。
對自我意識這種行為（成長與改變）的描述，最好的理論模型莫過於人格成長
模型。因為人格在成長與改變過程中追求的是理想的實現，也就是成長者怎樣
選取理想與目標。當人格努力去實現其目標時，它對自己會學習更多、瞭解更
多，也會發現那種理想最值得追求。它對自己和對目標的看法不斷改變、修
正，有時經歷危機的階段，甚至深刻的精神衝突。

　　黑格爾視有機發展的範例對於精神性質之改變，文化與倫理的更迭，或
歷史中民族的變遷都有共通之所在，也是具有基本的作用。他認為思想之普泛
性、一般化，具有融解之力，可以化解各種規定之限制。民眾在反思他們的習
俗時，有時會發現其侷限，而尋求去掉舊規矩另立新規定。這是符合了理性的
要求，蓋意識發現理性要汰舊換新。「思想的融解必然產生新的原則……精神
再度規定其內在的樣態，它又找到另外的、進一步的利益和目標」。

　　精神之物（人格、民族、哲學背景）的整個性質並不存在於單一的有機
結構或理念之中，卻在一系列特定的結構裡頭，也就是它內在有機的發展中每
個規定的階段上所呈現的結構裡頭。每個階段成為前一個階段的最後歸趨。那
麼要瞭解這種發展過程的階段變化，就要掌握兩個相互矛盾與衝突的事物。

其一，我們必須理解每一個分別的階段都根據自我維持的有機結構之概念；其二，我們也得注意轉換的過程，由一個舊階段的結束，如何轉進一個新階段的開始之經過。是故我們對兩個相銜接的階段要採取看其兩個面向的觀點，亦即每個階段都有其獨特的雙重的目的論（teleology 目標論）。我們對每一個階段及元素既要觀察短程自我維持的趨勢，也要看每一階段造成的衝突、融解和過渡至更高階段之發展方向。

Originally stated by Aristotle in terms that everything material can only move or change for some intrinsic or extrinsic end, for example an acorn becomes an oak by intrinsic nature, while a stone becomes rounded due to external waterflow. Hegel introduces the notion of purposiveness or teleology, not "external", but "internal" or "infinite" teleology. In the case of internal teleology, the purpose is a "determination and an activity which is immenent in the matter, and all the members are reciprocally both ends and means". (*Enz.*, I: 57) (Hegel 1970c)

黑格爾主張事物的發展有其內在的目的

黑格爾稱呼這種有機發展的過程為「辯證」的過程，他使用這個名詞是再自然不過。在更為熟悉的哲學用語中，辯證法牽連到建立的或拒斥的理念之活動，也就是在辯論中取與予（爭取與讓步）的論證方式。黑格爾認為有機的發展基本上為宇宙理性的過程，是一個藉此精神「檢驗」與排斥其形塑不完全的樣態，從而上升至更為高級的、相續的形態的過程。康德視辯證法為理性陷入與其本身無可避免的衝突中之過程。對柏拉圖與亞理士多德而言，辯證理性並不由第一原則誕生出來，而是從假設或常識的討論中演繹而成。在常識或意見相互爭執中哲學的先決條件，先行假設逐漸浮現，辯證法走向帶有理性基礎的第一原則。同樣地，有機的發展開始於精神有機物在其立刻、瞬間。它是一個過程，在其中一個有機體透過本身內在本性的衝突，而把自己往完全、完善的方向推舉，或採用新的有機結構，俾解決那些衝突。

黑格爾所有的著作與演講之結構都是辯證的。在每一件作品裡，他把要討論的題目之內容按照發展的順序加以排列，把他的起點放在最低或「立即」的階段，然後試行從早一階段不適合或在衝突中必然地引向下一個較為合理的階段，來依序處理其議題。正如黑格爾所強調的，這個方法的完全之點在於敘述「內容本身內在的靈魂」。他曾經激烈地抨擊那種似真而假的辯證法，掉進形

式主義的陷阱「一個公式沒有形態的反覆，只應用到不同的材料之上」（這大概是謝林所犯的毛病，而爲黑格爾所批評）。不過黑格爾是否完全規避這種弊病，還有待爭論。但他清楚的意圖就是要進行論證需立基於對每個題目獨特的相互關聯之確立，而不是不分青紅皂白地跟著一大堆辯證邏輯的規則走，然後把各種問題納入一個固定的公式裡。黑格爾的意圖卻常被膚淺地曲解爲無聊的與不具啓示的「正」、「反」、「合」三段論法，這是費希特與謝林的用法，黑格爾本人未使用過，馬克思只使用一次，卻是用在嘲諷的意味之下（Marx *CW* 6: 164, 172; Mueller 1958[19]: 74）。

Fichte　　　　　　Schelling　　　　　The Young Marx

　　粗略地說，黑格爾的辯證方法有兩個種類，伍德（Allen W. Wood）說可以暫時定爲「時間的」（temporal）與「位階的」（hierarchical）。前面所提的有機發展是涉及時間的過程。在其有關歷史的演講中，黑格爾敘述社會習俗、倫理、政治制度、藝術、宗教和哲學之歷史，把它們看成是一種辯證的系列，也就是按照歷史先後當作是精神發展的階段之議題來處理。《精神現象學》發展了哲學知識的概念，從其最直接的、即刻的樣態發展到黑格爾的思想邏輯。其中涉及不同的哲學學派之觀點，彷彿它們在不同的時期對眞理之不同的追求。辯證法並沒有亦步亦趨地依照時間的順序進行其程序，而是表達爲準時間的過程。《精神現象學》包含廣闊的申論，涉及西方哲學、宗教與文化的歷史。這些申論是假定可以展示西方史，認爲西方史追隨著黑格爾所陳述的哲學觀點之內部序列在發展。

可是在《邏輯科學》、《哲學全書》與《法哲學大綱》中，黑格爾並不關懷時間先後的發展。他陳述的目的在以辯證的方式展示他主題的合理結構，而保證有系統地來處理這些主題。在這裡辯證的階段，不再是時間過程的時期，而是對一個主題更為適合的觀點之上下排序，也可以說相續指出更為適合的樣態，在其中單一的理念可以在世界裡落實出現。黑格爾的邏輯系統是一個概念的倉庫或彙編，靠著這些概念之助力，思想才能掌握實在（他說概念可以說是絕對之物、上帝的定義）。至於這個彙編、或倉庫所以是辯證的，是因為概念或定義並非同樣地、同等地適合於實在的捕捉；反之，形成一個上下高低的位階，從最貧瘠、最空洞（例如「存有」與「虛無」）至最真實、最細膩的（如生命、知識、絕對的理念，它成為其本身的客體〔對象體〕）。黑格爾的方法是依序產生內容較為豐富的定義來取代前面較為貧瘠的定義，也就是指出後者之不當或困難，來凸顯前者之可取可信。在這個方式下，黑格爾的邏輯陳述給我們的是一系列有關實在的觀點，每一個後者比起前面的觀點來更接近真相、真理。這類上下位階性的辯證法對馬克思影響重大，因為馬克思在《資本論》中採用的就是類似的辯證法。

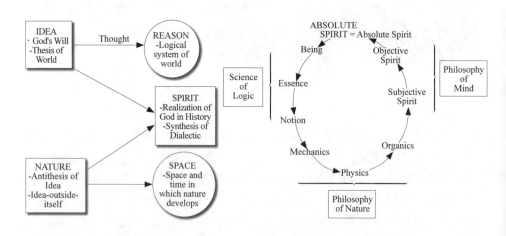

黑格爾論理念、精神、自然和空間　　　　　黑格爾之邏輯、心靈和自然三大哲學

黑格爾《哲學全書》最後兩部分敘述自然或有限的精神，當成宇宙精神從客體世界回歸其本身。儘管自然各種各樣（機械性、物理性、化學性或有機性）的過程同時並存，而且沒有顯示有時間先後的順序，它們卻形成一個上下高低有別的形式。因之哲學可以相續地陳述它們各自適當的努力，也就是在客

體世界的精神之理念要求實現的程度有高也有低。這樣高低之分的分辨也可以主體的心靈生活中分階段來窺知，也就是從感覺、意識、欲望、知曉到實踐理性步步高升之檢討，再從主體心靈的位階上升到客體精神的典章制度至社會生活。《法哲學大綱》把現代國家當成自由意願的原則之展開，一樣透過上下垂直的不同發展階段，從擁有抽象權利的個人，到權利所取得的樣態，包括私產、契約、犯罪、懲罰，至道德主體之擁有目的、企圖、責任和良知命令，乃至社會體系（其中道德有其重要的地位）之家庭、市民社會（經濟與需要的滿足體系），最終發展到政治國家。黑格爾處理這些道德的與社會的結構（它們並非存活在現代國家中）當成發展的系列，其中相同的基本性發展原則一一呈現。這個原則之每一個相續的、更為具體的表述，是前一階段必然的發展之表示。這是滿足階段要求，也是解決前段期間困難之方法。這上面的敘述可以看出黑格爾在《法哲學大綱》的邏輯推理與馬克思在《資本論》中從「抽象」到「具體」之辯證過程，有因果的相似性（causal resemblance）之關係（Wood, *ibid.*, 202-207）。

很明顯地，黑格爾特別的辯證理論係建立在他所識別的特殊因素，與主題發展階段之間所捕捉的特殊相互關聯（the specific interconnections）和發展之趨勢（developmental tendencies）。黑格爾可能是第一位哲學家堅決主張把主題根據古希臘哲學家名詞的正題、反題與合題加以處理之做法是沒有價值的。換言之，我們以「正」、「反」、「合」之辯證法來歸因於黑格爾的倡說是與事實不符。黑格爾最多使用「在己」（*an sich*）、「為己」（*für sich*）以及「在己兼為己」（*an sich und für sich*）這三個階段之變化。一個辯證法的體系之一般概念只是一種暗示的、燭照（照亮）的、與鼓舞的（這點可以說對馬克思而言，是有相同的感受）。不過就一個辯證體系的哲學價值、或科學價值而言，每項事情倚賴它執行的細節而定，也就是靠著「內容的生命」是否真實地展現辯證的相互關聯與發展趨勢，以及倚靠著辯證法的實踐者是否有能力論證來建立每一特殊的關聯與過渡。

恩格斯在連結馬克思的辯證法時強調這點（實踐者之能力）。他說辯證法並非建構證明的技巧，也不是鎖定特殊之物朝向一般規則來做解釋或說明現象之用。對恩格斯而言，辯證法的「規律」（律則）是單純描寫性的。對辯證法的相互關聯與趨勢的使用，俾解釋某些現象，還有賴「每一案件特殊的性質」。換言之，不是隨便可以動用辯證法來解釋或說明所有的現象。在《資本論》中，馬克思描寫歷史的過程，也就是在小型工業基礎上，從個人的私產轉

變成資本家的私有財產，再轉化爲社會主義公有財產是「否定的否定」之辯證
法的顯例。恩格斯因之批評了尤根‧杜林把馬克思上述說法誤解爲馬克思的意
圖，硬說這是馬氏要證明那個過程乃爲歷史必然的結果，而將馬氏上面的說法
歸類爲「辯證法則」之運用。恩格斯加以反駁，而指出剛好相反，在他〔杜
林〕根據史實加以證明，事實上這個過程描寫爲一種業已發生，另外一部分還
有待發生之際，他便把這個過程描寫爲一種被規定的辯證律則〔之體現〕，這
便是所有的〔事實眞相〕（Engels 1976: 185）（引自 Wood, *ibid.*, 207）。

# 五、辯證法與形式邏輯

　　黑格爾哲學一個令人困惑之處爲他對傳統的、形式的邏輯之排斥，他對同
一律、矛盾律、排中律等原則之否認。由於馬克思和恩格斯表面上對黑格爾學
說（特別是排斥傳統邏輯看法）接受，認爲傳統與形式邏輯阻礙了辯證法思維
的理解與接受，是以我們在此有必要把黑格爾的拒斥略加討論。

　　黑格爾並不完全否認形式邏輯的原則之正確性，而是批評它們太瑣屑、愚
昧、或哲學上無用。原因是形式邏輯學家應用同一或歧異原則時，無法把事物
的眞正性質表述出來。以黑格爾思辨形而上學的觀點，這種傳統邏輯看到的實
在、或對實在的看法是錯誤的。就算傳統邏輯原則不算錯誤，但對哲學而言卻
無價值、無多大貢獻。

　　對黑格爾的哲學而言，重要的論旨是認爲任何事物的本質乃爲「對立者的
統一」。黑格爾甚至解釋「辯證的」與「思辨的」是指「在它們的統一中掌握
〔理解〕對立物」（Hegel 1969: 56）。什麼是對立物呢？有上就有下，有左
就有右，有上就有下這當然是對立的兩項概念，如果說有白就有黑，還可以說
是對立，但有「紅」說成「綠」，就難言其對立了，正確的說法是有「紅」就
有「非紅」來做其對立面。

　　有機總體的體系和有機物的發展便構成一大堆對立物的出現空間，而且
它們也展示這些對立面必然的統一。有機物的典型也能夠調整其本身各器官的
功能，俾迎合環境之變化，而使該生物體得以維持其生命繁榮茁壯，這主要靠
著各器官活動與過程的互補性與平衡作用，也是每個器官各有不同、甚至相反
的功能，但經過生物體整體的調整、協同，使生物體能夠暫時保持原狀，而逐

青年時代的馬克思和恩格斯

中年時期的馬克思和恩格斯

漸適應外頭的挑戰，也不斷地成長與發展。這些內在於生物體本身的反對（對立）勢力彼此相互制約、相約扶持，才能使生命延續。在抽象中來觀察，汰舊與換新是兩股相反相成的趨勢，它們彼此否定對方、破壞對方，卻促成整體成長。在有機的發展中，一件事物未發展的「即刻」的樣態與它充分發展、或完全的樣態站在對立面，成為一個被規定的過程之兩極。事態完整的性質包括整個過程，過程的兩極（包括其中間的變化過程）成為必然的、必要的，也就是瞭解事物一定要瞭解其始終之過程。

黑格爾相信實在含有有機的結構，因為它是精神想法的表達。因之，認為他能夠在思想裡先驗地證實它對實在的偉景、卓見。其作法為在每一對的對立物當中，指出在概念上一物的存在需要他物的存在來搭配。他說所有的對立物基本上彼此相互制約，也是在彼此的關係中顯現出來。「是上就不是下，但上的觀念卻是從不是下顯示出來。但是有『上』就因為有與它相互對立的『下』來顯示出來。每個事物〔上或下〕完全由其對立物來加以規定」。邏輯上來說，沒有對立物的一方之存在，就沒有他方，沒有他方就沒有此方。

黑格爾的觀點並非放之四海而皆準，推廣到萬事萬物的泛宇性都有效的。例如男與女是對立的，但無法認定男與女合成一體的陰陽人才是正常的，慣用右手與慣用左手是相互對立的，但某一地方完全只有左撇子之情況不是沒有可能的。這說明對立面不一定非統一不可。

黑格爾的解釋，認為對立面的統一之原則產生了一些令人驚訝的結果。它意涵在事物當中存有矛盾。每一項事物都是由其內部包含的矛盾構成的。這至

少沒有任何東西從頭到尾都是不生變化的統一體、認同體，沒有任何事物與其本身認同始終一致。相反地，每一個有機體的整全是由不同的、功能上相互對立，甚至彼此否定的過程組合而成，這些過程構成事物，靠的是相互補充性與協調均衡的作用。由於這些流程不完全是對立，而是彼此否定或取消，因之，黑格爾描寫它們為「矛盾」，因之，他下了結論：事物的性質是從矛盾建立的。進一步還說，事物的本質彼此相互矛盾。發展的生物也包含矛盾，那是指發展階段中前後階段之間包含不同的發展趨勢，前面階段的衰弱造成後面階段的新興，兩者的相互搏鬥爭勝顯示其間的矛盾來。可以說前後階段的關係由原來的互補、相互倚賴發展為後來的競爭、衝突，與最終新階段棄舊迎新。事物進入新的情境，表現新的樣貌。

　　黑格爾說：「對立的東西一般就是在自身內包含有此方和彼方，自身與其反面之物」。對立是由於差異發展而來。不過本質的差異即「肯定與否定的差異卻非兩物的差別」；反之，肯定與否定雙方都「不是它的對方」，才「各有其自為的存在」。另一方面，「每一方面都映現在它的對方內，只由於對方存在，它自己存在」。在「對立中，有差別之物並不是一般的他物，而是與它正相反對的他物」。因此，在對立中，雙方既互相依存，又互相排斥，而且正由於此才互相連繫。「對立是同一性和雜多性的統一；對立的諸環節在一個同一性中是雜多的，因此，它們是對立的」。

　　一個有機的整體中相互對立或反對的元素，是彼此倚靠、扶持，一因素之存在要靠另一因素之存在才有可能。任何對立的配對，都在表現事物的相似之本質，也就是相似的有機形式或原則，這是使整體能夠生機蓬勃、繼續存活、進一步發展的原因。在這一意義下，對立面是同一的、認同的，每一面包含有對立面的性質。同樣，一個有機體能發展之物，其發展階段不相同、相互反對、相互否定、彼此矛盾。可是所有一切屬於同一本質，這一本質透過不同的階段來展開、來顯示。是故自我的歧異和自我的否定構成萬事萬物的本質，它的性質捲入發展的過程中。根據黑格爾的形而上學，這種發展（不管是時間性或是上下位階性）屬於精神每個表述的性質，也是屬於實在。他說：

考慮到每項曾經存有的、或正在存有的事物，那麼在它本身〔在己〕
每物都爲與其本身認同之物，但同時也非認同其本身之物，意即自我
矛盾；在其差別中、矛盾中，它與其本身認同。同時也在其本身裡頭
由一個規定轉入另一個規定轉變之運動。（Hegel 1969: 412）

儘管黑格爾的用字遣詞非常弔詭，伍德（Allen Wood）不以爲黑格爾否認
傳統邏輯中的同一律或矛盾律。傳統邏輯學家所言的矛盾律，並不否認事物由
不同的部分組成，它們具有不同的功能。他們也不否認有機過程中內部協調以
適應外頭挑戰的均衡事實（自然界的事實）。這個矛盾律並不否認事物之結構
有所改變，也不否認事物內部有趨勢走向改變。真正事物的衝突之存在爲矛盾
律所承認，包括事物內在部分，或在時間先後的不同階段中發生衝突。反之，
傳統邏輯的矛盾律是說，我們一旦指出某一主詞之相關謂詞可以肯定、證實的
話，我們不能同時否認該主詞之相關謂詞。凡是A就是A，不可以同時說A是
非A。

同樣，同一律指出，我們不能否認某物與本身爲同一物，或證實某物同時
是與它完全不同之物。這一原則並沒有說不同的東西或趨勢不可以屬於同一更
高更大的總體裡頭，或說不同事物不能展現不同的部分（元素）、或不同的面
向、或不同的發展時期（階段）。形式邏輯把事物有機的同一性，或其發展趨
勢排除，也不排除形而上學對生機物的解釋。在黑格爾學派與其他形而上學的
爭論中，形式邏輯採取中立的態度。

伍德認爲黑格爾對這些看法應該熟知能詳。他對形式邏輯原則採取形而
上學之詮釋並非建立在其無知或錯誤之上。黑格爾承認，形式邏輯家在意指
這些原則時，這些原則無所辯駁、無所排斥，這些原則只是「套套邏輯」而
已。因之，他認爲形式邏輯不是不正確，而是差勁、空洞、「瑣屑而不知指向
何方」。深一層的詮釋會發現「這些律則包含比被意謂〔指示〕者更多的東
西」。

依據黑格爾的說詞，形式邏輯的膚淺是把同一與差別的概念人工化的結
果。形式邏輯認爲某物之同一體乃是一種「抽象的同一體」。這個概念的產生
是由於「在它之外事物相對的否定，指示把它突出的部分從它本身分開，而只
剩下那些暫時視爲『是』的那部分」。如果使用這種概念，人們隨時隨意地把
某物從其有機關聯到其他事物抽離出來，也把它發展的基本趨向抽離出來。這
樣做便認爲某物有其「認同體」，甚至這個認同體與其脈絡、環境、實在、變

遷等無關。這便是真實的認同體概念之隨便的逆轉、顛倒。一件事物的認同體乃是構成它成為該物之一切，包括規定它實在的性質在內。但為了要達到傳統邏輯家的結論，我們被迫放棄事物具體的多樣性，或是忽視它的不同之處，把其多重的規定性拼湊擠成一個規定性。這樣做便會把唯一認同體概念加以虛擬化、錯誤化，而使它無法應用到實在之上。反之，如果取代這種形式邏輯的說法易以正確的認同體概念，就會把這種靜定的、不動的、非發展的認同體看法取消，而以動態的認同體之新面目取代。

黑格爾對形式邏輯家有關差別、否定與矛盾的抽象化也提出相似的反對。對黑格爾而言，某物的對立面乃是另一個確定之物，站在與此物互補、或反對的關係上，雙方屬於有機系統的脈絡上。一物的否定或矛盾是另外與此物進行衝突或鬥爭之物，就像火的熱度與鍋中水的冷度之對比，或是一棵發展成熟的植物與幼嫩的種子之對比。形式邏輯中的否定或排他律，會認為藍色之否定為非藍色，而忘了黃色、紫色等等更具肯定的顏色。於是在否定律中對立面成為一個缺乏、或不確定性，這個抽象的否定之概念完全是人為的、人工製造的，不會進入事物真實的構成中，更不能解釋事物的生成變化。

> 矛盾是「自身之內的對立」，「對立作為矛盾，便是在自身中反思自身」。這意味「那對方是直接地現存於自身之內」。「區別一般包含它的兩個方面作為環節，在差異（*Verschiedenheit*）中，這些方面彼此分離，各不相關，在對立本身中，它們是區別的方面——它們彼此漠不關心，互相排斥，是獨立的反思規定」。這兩個規定，一個是肯定物，另一個是否定物，這兩個規定既包含又排斥，既依賴又獨立，是故「獨立的反思規定」「就是矛盾」。

假使矛盾律使用更少的空洞的概念，則其哲學方面似乎又嫌說得太多、解釋得太廣。它居然指出沒有一個單元是由於部分、過程、趨勢、階段組成，而它們之間常有衝突或反對的情況發生。傳統邏輯這個矛盾律對世界的看法是視它由無生命、靜態的原子所構成，它們之間的關係僅僅是外在的與偶變的，缺乏相互聯繫，表現無本質的原則或無發展的趨勢。對實在的這種看法在哲學上來說是重要的，因為正是這種看法遭到黑格爾哲學的否認。

依據伍德的看法，黑格爾對形式邏輯實在的埋怨並不是它的原則是錯誤

的，而是這種傳統邏輯在哲學上是貧瘠、無創造力的。可以說形式的推理的技巧對黑格爾形而上學的偉景之瞭解無助，但它卻不必然得到這樣的結論，說形式邏輯無哲學上的價值。在馬克思與恩格斯的時代，日耳曼思想家會認爲它對哲學的趣味與貢獻有限。但今日研究黑格爾和馬克思的學者，如果再盲目依照黑格爾對形式邏輯的輕視，就自暴其短、顯示無知。我們後見之明是認爲黑格爾未免太低估那個建立在同一律、否定律、矛盾律、排他律之基礎上的形式邏輯學產生了非常有趣、反直覺與革命性的成果。當然這些發展在黑格爾的時代尚未出現在地平線上，因之，他不可被責備對這些發展無知。唯一令人遺憾者是他對形式邏輯之看法造成誤會，使黑格爾門徒對形式邏輯懷有偏見，也使形式邏輯學者對黑格爾哲學的反感（Wood, *ibid.*, 209-214）。

# 六、後語

　　要之，黑格爾的辯證法涉及三個步驟：(1)一個（或多個）概念（或範疇）當作是暫時性固定，可以清楚地界定，而與其他概念（或範疇）有別。這是所謂理解或知性階段下概念所呈現的樣態；(2)當我們對這個（這些）概念（或範疇）加以反思，會發現其中有矛盾產生，這是辯證的階段，或稱做辯證理性、或否定理性之階段；(3)這種辯證的結果是一個嶄新的、更高階的概念（或範疇）之出現。它將之前概念之間的矛盾消除、摒棄，而使概念（或範疇）進入思辨的階段；或稱之爲進入正面理性之階段（*Enz.*, I: 79-82）。黑格爾說這個新的概念（範疇）是「對立物的統一」。這種說法頗爲符合「有」、「無」與「變」的三階段發展。但在說明「機械性」轉爲「化學性」，再進一步轉化爲「目的性」方面，便沒有那麼貼切。黑格爾說在思想與事物中，對立面一旦全力拚搏，會使一方變成對方，造成一種存有其力量大足以摧毀任何抗拒的勢力。但不久之後，它卻力竭而衰，無法鼓其餘勇有所衝鋒陷陣。這就是說此一存有再無對敵物可供它摧陷廓清，所以其力量也告消失，事物（或思考）進到更高階段的平衡（暫時性的平衡）狀態之上。

　　黑格爾分辨內在與外在辯證，客體的事物之辯證是內在事物本身，因爲它的成長與發展完全靠出現在事物中的矛盾，以及矛盾的消除。但辯證也可以對概念以外在的方式來加以應用，也就是尋找其中的毛病，這種毛病並非事實上

存在事物本身裡頭。這就是所謂的詭辯術。適當的、正常的辯證應該內在於概念或範疇裡，必把概念本身所包含的毛病（矛盾）激化，才能使概念（範疇）逾越（*übergehen*）至另一概念（範疇）。黑格爾有時候令人感覺，這個概念的逾越，轉化是事物（或思想）透過概念而活動、而發展的，與思想家的想法無關。換言之，內涵於事物本身的內在辯證運動，可能與思想家追隨概念的演化並行馳騁。在這一意義下，辯證運動不算是「方法」、不算是哲學家對其研究主題援用的觀察、理解之程序、手續，而是主題本身內在的結構與發展。

　　黑格爾心目中，辯證一詞是用以說明所有的運動與變化，這種運動與變化都是發生在世上或人們的心理（思想中）。這也是用以解釋事物和我們的思想會有系統地彼此諧和、凝聚。有限事物的過渡以及有限事物的升揚（*Erhebung*），都是靠辯證的作用。可是對黑氏而言，辯證的思想蘊含宗教的重要性，他傾向於負面的意涵，而把辯證融化於上帝的權力（*Macht*）裡（Inwood 1992: 82-83）。是故黑格爾的泛神論也把辯證的觀念含括進去。

*For Hegel God is nothing but the Geist. The universe is Geist and it has an inbuilt purpose – telos – to reach perfect consciousness, to permit Geist to become Weltgeist – the World Spirit, the Absolute Spirit, the Absolute Idea, God fully conscious, completely actualised. God at this stage has attained Absolute Knowledge, Absolute Freedom and no longer lacks anything. The universe is ruled according to perfect Reason.*

*Of course, Hegel is not literally God since God, for Hegel, is the Whole, everything that exists, and it's even more than that – it's an entity greater than the sum of its parts, just as a human is more than the collection of all the cells that comprise his body. Yet, in Hegel, God/Geist first becomes completely conscious of what it truly is .*

黑格爾視上帝為精神，精神遍布全宇宙，成為絕對精神，也化身為理性

「正」、「反」、「合」三者的拚
搏、磨合

黑格爾的「絕對理念」對抗丹麥神學家
祈克果之排斥日耳曼的「時代精神」

Not the absolute ideal for Georg Friedrich
Hegel- the Great Dane, Søren Kierkegaard
kicks the Zeitgeist out of the German.

柏拉圖　　　黑格爾　　培根　　馬奇亞維利　馬克思
　　　　　　　　　　　　　　聖奧古斯丁　霍布士

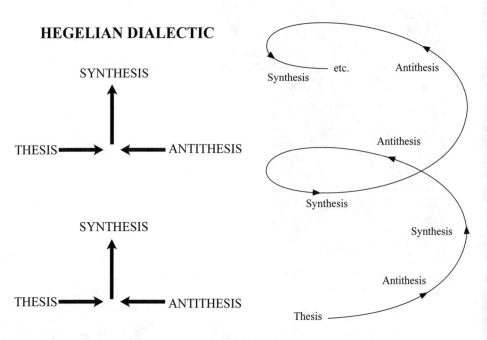

黑格爾式的辯證法

第七章

# 辯證法的發展 ——
# 從黑格爾到恩格斯

# 第七章　辯證法的發展 —— 從黑格爾到恩格斯

一、前言

二、辯證法一般的特徵

三、辯證法的哲學功能

四、這個方法被指責的幾種原罪

五、黑格爾辯證法的源始

六、黑格爾的概念辯證法

七、馬克思對黑格爾辯證法的批評

八、馬克思的辯證法

九、馬克思與黑格爾以及恩格斯不同的辯證觀

十、恩格斯的批評及其誤解

十一、恩格斯辯證法的當代重估

十二、黑格爾對時間兼經驗的辯證法之觀點

十三、馬克思主義者如何看待時間兼經驗的辯證法

十四、結論

# 一、前言

　　辯證法最早出現在古希臘伊里亞學派的哲學家芝諾（Zeno of Elea 490-430 BCE）的辯論中。他認為飛行中的箭矢分析到最後並沒有在動，因之把運動（飛行）當成不動，當成靜定來看待，含有把動與靜的矛盾打破的意思，遂被視為辯證法的始祖。伊里亞學派的辯證觀集中在「理性」之上，與之相對的便是愛奧尼亞學派強調辯證法為「過程」。蘇格拉底則利用對談的機會把對方對談話主題（譬如說「德性」）要求下一個定義，一俟對方下了定義（「德性」是犧牲自己，成全別人的道德行為）之後，蘇格拉底便一一批駁（什麼叫做犧牲自己？什麼叫做成全別人？什麼叫做道德行為？）其矛盾，直到他想要達到的教育目的接近之時才停止「拷問」。是故辯證法對他而言，不只是對話，還有詰問，打破沙鍋問到底的「破壞」作用。柏拉圖則視辯證法為產生原型、理念的知識之尋根究底的方法，具正面意義。不過此時對話的性質已在減弱之中，唯一的例外為思想，思想表示一個人與他內心的對話。

芝諾指示年青學子打開真理與命運之門

蘇格拉底

　　辯證法在古代便得到不太好的評價，而含有貶義。這是由於詭辯者（教導人們智慧獲得的術士）常常利用產婆協助孕婦把嬰孩生出來的擠迫方法，以及販賣辯術來賺錢的緣故。這裡把辯證法當成明察秋毫、錙銖必較、愛挑毛病（雞蛋裡找骨頭）的「詭辯術」（sophistry）。康德把辯證法貶斥為「幻想之邏輯」，表面虛相（Schein）之推理。這是從概念、形成原則超越經驗而衍生真理的方法。他以其「先驗的邏輯」來批判「幻想的邏輯」。康德影響黑格爾辯證法的觀點之一為前者所提出的四種二元背反（例如說世界有其開始，與世界沒有任何開始，兩種說詞之相互矛盾，但卻各個可以成立）。也就是回

答這種兩元背反的說詞（之問題），是企圖超越我們的經驗之辯詞、之說法（Inwood 1992: 81）。

費希特是正式提出「正」、「反」、「合」三種議題，或正式肯定辯證法的大師。他說所謂的正題（thesis），便是我設定（預設）一個自我；其次我又設定一個反題（antithesis），也就是我設定非我，最後我設定一個合題（synthesis），那是指在我裡頭，我設定一個可以分裂的、分解的非我，用來對抗可以分裂、或分裂的自我。

黑格爾一開始便沒有認為辯證法含有兩人對談、對話的性質。它是主體與對象（認識的客體）之間自我的批評，或說是主客體關係的自主的反思。因之，這個思辨方法（辯證法）是意識的形式，或是概念的形式。

由於黑格爾結合伊里亞學派的理性觀與愛奧尼亞學派的過程觀，遂把辯證法的概念當作是自我產生（self-generating）和自我分歧（self-differentiating），以及自我殊別化（self-particularizing）的過程。為此原因他首先採用芝諾、蘇格拉底、柏拉圖和亞理士多德的辯證法，經中世紀的爭論至康德的批判連成一個系列。其次他假設兩個辯證的形式，強調較高的實在之存在（像神明的種種形式），這便是向上揚升的辯證法（ascending dialectic）。與此相反對的則是向下降落的辯證法（descending dialectic）主要用來解釋現象界各種可以投射到人們經驗中的意識之具體事物，也就是藉後面這種辯證法來說明現象界怎樣展示出來。把上升與下降各個時期加以綜合的結果，可以得到原始統一、陷入分裂、復歸合一的邏輯類型。把伊里亞和愛奧尼亞兩派思潮加以綜合，黑格爾得到絕對的理念，亦即絕對理念怎樣經由自我異化來實現其本身之過程。由自我異化回歸到自我統一，就要靠承認異化是絕對精神的自由表現、自由展示。這些表現與展示最終在說明黑格爾體系之完成。導致辯證的動力在於否定的力量；換言之，在於「在它們的統一中掌握其對立面，也是在否定中掌握其積極〔肯定〕面」（Hegel 1969: 56）。這是指辯證的方法使觀察者看到意識的各種形態（樣態）、概念、範疇從彼此間湧現出來，而形成比之前更廣包的整體，直到當成整體的體系變成完整的範疇、概念、樣態的體系為止（Bhaskar 1991: 144）。

黑格爾認為「正」「反」「合」三階段的源起是康德，其後由費希特把這個辯證名詞推廣。他本人喜用抽象、否定、具體；或是「有」、「無」、「變」；或「在己」、「為己」、「在已兼為己」。他使用抽象、否定、具體在於說明後一個階段在彌補前一個階段之不足，事物經過一段一段地增補修改，可以達到更為完善的地步，最後甚至發展到絕對的境地。換言之，透過每一階段的否定、中介，事物不斷修正、補充而走上更為完整、美好。這就是通稱的 Hegelian dialectics。

辯證的方法可以說在黑格爾成熟的哲學作品中到處滲透、到處浮現，它特別是在黑格爾體系的三個部分中成為主宰的力量，《邏輯學》、《哲學全書》中的邏輯篇以及《精神哲學》。辯證法也是作為其體系導論的《精神現象學》之中心方法。

黑格爾學說中很少有與辯證法那樣具有重大影響力，也引發眾多爭論的理論部分。但是詭異地說，這部分卻是最少被理解的黑格爾之貢獻。

第二手資料有關辯證法的敘述卻有三種缺點：第一、大部分的評論者或是否認的確有這種方法的存在，或是對它的瞭解不甚清楚；第二、解釋者通常對這個方法的哲學動機不甚了了；第三、評論者視它原則上為無用之物，因為它與傳統邏輯的矛盾律相違背之緣故。

# 二、辯證法一般的特徵

有些作家居然否認黑格爾有什麼特定的方法，更不以為他在希冀與期待辯證法。像索羅門（Robert C. Solomon）就這樣寫著：「黑格爾根本無方法可談……黑格爾本人堅決地反對有什麼哲學的『方法』之說詞」（Solomon 1983: 21-22）。這種說法之嚴重錯誤在於不知黑格爾《邏輯科學》第一版〈前言〉中提到「能知的絕對方法」，認為只有藉此方法哲學才能夠變成「客體的、被證成的科學」（Hegel 1976: 53）。

很多評論家或解釋者對黑格爾辯證法之解釋有時不免太籠統與含糊，例如阿克頓（H. B. Acton 1908-1974）說：「這是一個方法，其中對立、衝突、緊張和駁斥是故意被激發而出，而非設法避免或逃逸」。也就是在看輕

形式的邏輯之下，他對形式邏輯中把矛盾力加以排除的做法頗不以爲然。因爲黑格爾深受亞丹·斯密政治經濟學的影響，認爲企業家的競爭與勞動者的勞動與焦慮，是造成國家財富產生經濟進步的動力。黑格爾相信藉由我們思想的範疇，哲學家的各種體系以及生活與社會各種樣態的競爭，促進歷史不斷向前推進。人無法在隱退或孤立中達成靜定不變。我們的概念與範疇不斷地遭受衝擊、挑戰、考驗，而相互競爭，思想才會進步（Acton 1967[3]: 444-445）。柏波爾（Karl Raimund Popper 1902-1994）則把辯證法簡化爲通常大家熟悉的「正」、「反」、「合」三個論題的依序遞進（Popper 1945: 404）。這些對辯證法之簡述基本上並不是錯誤，特別是「正」、「反」、「合」的模型能夠適當掌握到這個方法的蓄意的基本結構。黑格爾並沒像考夫曼（Walter Kaufmann1921-1980）所說存心排斥或嘲笑「正」、「反」、「合」之模式。問題是這樣來描述辯證法顯得含混不清，對其理解無所幫助。

　　在釐清這些曖昧含混之後，必須承認黑格爾涉及邏輯的論述占有優先的地位，至少比起他處理自然、精神和現象學中之辯證法來還要重視。後面這三種中出現的辯證法是當作邏輯在自然現象、精神現象與意識這三者的中介下出現之物。對純粹思想而言，它是邏輯的主題，辯證法包含著「所有自然與精神之各種事物，不但包含一切，也是每件事物的基礎。意識的發展就像所有自然生活與精神生活之發展，單獨停留在純粹本質性的特徵之上，這就構成邏輯的內容」（Hegel 1969: 28）。要想瞭解黑格爾辯證法的性質，那麼吾人有必要聚焦於他在邏輯的科學所提起的形式。

H. B. Acton（1908-1974）
阿克頓之墳墓

Karl R. Popper（1902-1994）
柏波爾夫婦之墳墓

Walter Kaufmann（1921-1980）
考夫曼

在《邏輯科學》一書中，辯證法本質上是對我們基本的範疇（不只是我們基本的概念，如因果、時間、空間，也包括我們對事物判斷的形式，如天氣太冷，或三段論法的形式等等）。這是一種表白的方法，在於顯示每一範疇本身隱含自我的矛盾，因之，有必要在特定時空中呈現的樣貌之外，去理解它下一步要變化成什麼樣的外觀。這樣便可以形成一個往上發展的上下垂直式的思想演進之系列，其頂端成為一個無所不包的範疇，這就是黑格爾所說的絕對理念、絕對知識。

不只《邏輯科學》是討論辯證法主要的文本，還要參考《哲學全書》有關邏輯的部分，我們不妨從後者中引出一句話。「邏輯之物，就其形式觀點言之，有三個方面……這三個方面並非構成邏輯的三個部分，而是邏輯的實在之三個環節〔段落、瞬間 moments〕，那就是每一概念的環節……(a)〔知性的環節〕思想，當成理解，緊貼〔黏住〕諸有限的規定性之上，而呈現它們〔規定性〕之不同……(b)辯證的環節，是這類的有限規定性之自我揚棄〔否定的理性〕，和它們轉變為其對立面……(c)思辨的環節或稱為正面的理性，能夠在它們對立的規定性之間看出其統一〔一體性〕，這個包含在它們消融與轉變當中肯定性環節」（*Enz.*, §§79-82）。這裡我們看出黑格爾對每一個邏輯的實在都採用這個類型的看法。

如果把採用這個方法的一般敘述做一個綜合觀覽，那麼以下的描述便使他對辯證法刻意的（存心的）一般性結構浮現。黑格爾一開始可能想到一個範疇A，在A做出概念上的分析時，發現範疇A居然包含著與它相反的、對立的範疇非A（-A），而範疇非A（-A）也包含與之相反的、相對立的範疇A。在這種情況下，顯示A與非A（-A）是相互間自我矛盾的。《邏輯科學》中提出「自我存在之規定性……包含有相反相對的規定性……同時又加以排除……這就造成矛盾」（*ibid.*, 431）。又指出「正面與負面，每一面在它自存中對自身的揚棄。每一面都是單純的過渡，或像是自我轉變，把自身轉到其對立面之上」（*ibid.*, 437）。黑格爾接著表示負面的結果卻有正面的作用，於是新的範疇A'出現了。A'有時被視為負面的負面，否定的否定，或「規定的否定」。這個新的範疇統一了前面的A與非A（-A）兩範疇。這就是《邏輯科學》中所言「這就是（第一個）概念，與它對立面的統一」（*ibid.*, 54）[1]。

---

[1] 有人以A、B和C三個範疇的變化與發展來描述辯證發展（運動）三階段，這不適當。這意味著任何的A，本身中就有非A（-A）的對立因素在其內部進行活動，導致A轉向

　　這就是說，在經過分析之後，一個新的範疇被發現出來，它是用在把前面「正」與「反」兩個概念加以統一的「合」。它把它們統一的結果是在既保留又消除的方式下，是故黑格爾用了「揚棄」（*aufheben*）這個德文的字眼。這是說這兩者原來的樣貌與性質部分被消除（修改），部分被保留下來而進入新的範疇中。這個修正、超越、揚棄的作法，使兩者之自我矛盾不再存在，至少在進入新階段、新範疇中沒有矛盾的現象。這是因爲新的範疇把兩者的反對面消除，在它們相互包含中不再有自我矛盾之出現。在這一點之上，辯證的一個層次已達到，於是從A到-A範疇進入A'範疇，但A'又要扮演早期範疇A的角色，從而第二個正、反、合的循環又告開始[2]。黑格爾認爲這整個過程的每一步驟都是必然的。

　　那麼我們不妨把邏輯的辯證法之一般模型，按照黑格爾在《哲學全書》有關邏輯部分的說法，指出他視「變化」（Becoming「變成」）爲「存有」（Being「有」）與「無有」（Nothing「無」）之綜合、之統一。他說：「進一步分析，存有的規定，以及它直接的另外部分，即無有，是包含在其間（變化裡面）」（*Enz.*, §88）。黑格爾從「存有」這個範疇開始，然後顯示它包含其反對面的「無有」。他說：「存有，純粹的存有，無須進一步的規定……它是純粹的不確定性（無規定性）與空洞性。在它裡頭無法直覺到什麼東西（一無所有、無有）……正如同在它裡頭無法想到什麼東西（無有）……存有，無法規定的即刻性東西，事實上是無有（無物），既不多也不少於『無有』」（*Science of Logic*, 82）。接著黑格爾以同樣的方式證明「存有」概念相反的內含物，亦即「無有」的概念。既然從存有到無有的負面結果之後，證明這兩者是自我矛盾的，黑格爾最終要指出兩者互相包含、對立、負面的結果，產生了下面的作用，也就是把兩者的矛盾消除，這就是說一面保持它們各自（某些）特性，而修改、或放棄其中矛盾的地方，而達致「改變」、「變成」

---

　　其對立面的-A。但-A本身仍舊不是穩定的、絕對的、不變。它裡頭另一股對-A產生支解，反對的力量可視爲--A，否定再否定的結果變成A'。這一方面保留了A與-A之認同體，但卻也是A與-A部分不合適變遷、不合時宜，而必須拋棄、揚棄的部分，由是A'代表A與-A之放棄與提升，亦即其揚棄。

2　以註1的方式來表示，則A變成其對立面的的-A，而-A又一次的進入否定中（否定的否定）而變成A'，但A'只是暫時性的穩定，不久之後又產生了A'的負面，即-A'，由A'否定的否定變成A"。A"變成-A"，變化至A'''……不斷地進行辯證的發展。

這個新的範疇。「變成」或「變化」這個新範疇又形成新一輪辯證法的開始，繼續發展其矛盾，而指向被決定的（規定的）存有（Dasein）（ibid., 106）。

黑格爾的辯證法涉及三個步驟：第一步，概念或範疇（一個或多個）當作固定的、被確定的事物來看待，彼此明確地界定而有分別。這就是知性（Verstand）的階段；第二步，當我們反思或檢驗這些概念或範疇時，其中的矛盾一一浮現，這是辯證階段的出現，或稱是辯證的，或否定的理性（negative Vernunft）之階段；第三步，辯證的結果是嶄新的、更高的概念或範疇，擁抱之前的兩個階段，也把其中的矛盾加以消除，這就是思辨的階段，也是正面的理性（positive Vernunft）之階段（Enz., §§79-82）。黑格爾認為最後這個階段乃是「對立物的統一」（「實有」、「無有」、「變成」；或「一般存有」、「規定存有」、「本質存有」；或「機械化」、「化學化」與「目標性」；或「家庭」、「社會」、「國家」等等）。

黑格爾認為在思想或事物中，相反相對（對立物）之物，當其發展至緊急、緊張、加強的狀態時，就像一項實有其權力膨脹到極端，遂陷入完全無力的對立面當中，由於此時該實有一般，已戰勝任何對其發展之阻力，消滅了各種反對、抵抗力量，遂成為無敵、無能狀態。由是該事物又進入另一個嶄新的階段。

在這種方式之下，我們在邏輯中敘明辯證垂直的各種範疇之節節上升，使我們想到黑格爾把邏輯的過程當成一個圓圈、一個圓形的樓梯之象徵性譬喻。其實他的辯證法不只是不斷往上提升的梯階，可稱為位階的（hierarchical）辯證法，還有時間中後成長的，時間的（temporal）辯證法。

不只在邏輯專論中如此這般地討論辯證法，黑格爾還在自然哲學、精神哲學中嘗試解釋自然的現象與精神的現象也是這種垂直的、位階的辯證法之應用；反之，只有在《現象學》中，則為時間的、生成的辯證法之闡述。

當然黑格爾的辯證法中某些面向還有待進一步的解釋，但它至少清楚地顯示他企圖的、刻意的方法，擁有更多的性格，比阿克頓的「反對、衝突、緊張的駁斥」還多，比柏波爾的正、反、合之說法更為豐富（Forster 1993: 130-133）。

對黑格爾而言，真理是整全的、總體的、具體的；錯誤則是片面的、不完整的、也是抽象的。錯誤之所以被認出是由於它產生的矛盾，要把錯誤糾正，只有透過把矛盾置入於更充分、更豐富、更具體的概念形式裡，這個更大更高的概念把矛盾收容起來、化解起來。在修正的、吸收的過程中「揚棄」

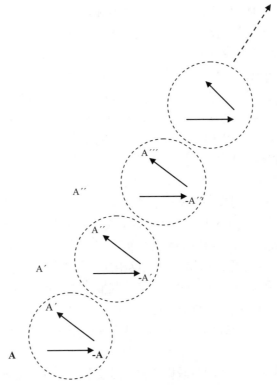

圖7-1　用英文字母A來表示辯證法由低階往上發展之過程
資料來源：作者設計

（*Aufhebung*）的原則便呈現出來：那就是在辯證展開之際，沒有任何部分的、成分的眞知灼見被丟棄。反之，這些灼見一一被保留，而只有不正確、不合時、不適宜的謬見被丟棄。事實上，黑格爾辯證的過程在兩個基本方式下展開：其一爲把隱義、晦澀轉化成明顯的、可以清楚表述的概念；其二把辯證過程中不適合的、欠缺的、缺陷的部分予以補全、匡正。在這種情況下，辯證與反思（甚至分析）的方法不同。它是思想在其體系的相互關聯中掌握概念的形式，而非其規定的歧異而已，也就是感受目前每一發展乃是之前發展較少、較低的階段之結果，也是一項事情必然的眞實（相、理）底表現。是故在發展過程中不斷因爲矛盾的出現、矛盾的清除而產生緊張、衝突，以致變化過程眞理與錯誤相互浮現、相互爭執，這就是造成辯證過程往前發展、往上提升的驅力（馬達、動源 dynamo）（Bhashkar, *ibid.*, 144）。

# 三、辯證法的哲學功能

　　解釋者多半會注意到辯證法背後的動機，亦即它的哲學面向。毫無疑問地這個方向企圖抓住我們的思想，與對自然與精神現象的看法隱藏的結構。這種結構對思想、自然與人文皆有其共通之處。既然思想、人文、自然都能一體注視，那豈不是可以用來證實黑格爾一元論的實在觀呢？這是一種描述性的功能，除了描述功能之外，辯證法尚能滿足幾項被忽視但卻重要的哲學功能。

　　所謂描述功能之外幾種其他的功能可能分成三個類別：其一為教育功能（黑格爾的教訓可以啟發讀者群眾）；其二為認識論的功能（對他的認識論與哲學體系有正當化、證成的功能）；其三為科學的功能（它的體系要達到的標準，俾顯示其學說的科學性）。教育功能和認識論的功能在其體系的導論之《現象學》中表現特出，辯證法在此應用到「意識的樣態」及其變化當中。此一方法的科學功能則在黑格爾哲學體系中游走，包括邏輯、自然哲學和精神哲學三方面，都可以看出這種功能的影子。

　　先談教育的功能。黑格爾在《現象學》前言中指出該書之任務為「引導個人從其沒受教育的觀點至擁有知識」（Hegel 1977: 21）。從無知到有知的過程有負面與正面兩方。負面方面它涉及(1)在展示自我矛盾方面，把黑格爾以外之體系一一駁倒。他自己的學科「當成疑問之途徑……或更真確一點，當成絕望之途徑」為是啟發那些未受教育之個人。正面方面它牽涉到(2)使個人從其開始的觀點，藉由一連串強制性的步驟走上體系的觀點，以及(3)同時給予個人有關體系內容強制性、臨時的陳述。

　　《現象學》的辯證法是一種手段，通過它負面與正面的作用使教育功能都能達致與完成。這個方法通過與穿越許多非黑格爾派之觀點，亦即「意識的樣態」，每一個樣態經過析述後發現有矛盾與有不適當之處。因之，利用揭露各個樣態的弊端，而達成負面教育的作用。加之，它也表示每一樣態必然發展到其下一個階段的樣態，最後發展的頂峰絕對知識，這無疑地為黑格爾整個體系（或至少是整個體系的雛型，或希望）之所寄、之完成。在這種「絕望的旅程」之後，實現了教育計畫的正面功能。

　　我們再來觀察認知的與證成的功能。在《現象學》當中，黑格爾努力來達成替代其體系之三個目標與標準：(1)第一個標準為顯示其體系不受懷疑論者

之質疑與挑戰，這裡他提出強烈與堅實的觀點以對抗同樣強烈的質疑或反對；
(2)第二個標準表示他的體系不致成為懷疑論者質疑的犧牲品，每個概念的例
證都是實在界、現實界之物，不容他人駁斥；(3)第三個標準為顯示他的體系
不只證明本身的觀點，也包容不同的、相反的觀點，也就是靠觀點與評準的包
容性，可以把反對理念一起容納下來，從而使其體系對任何質疑的問題都不受
傷害。

　　黑格爾以此策略去滿足這三個標準，主要是在《現象學》中使用辯證法。
他滿足第一個標準的方法，為指出他的體系事實上並沒有面對相反觀點的競
爭，因為這些相反觀點會轉成隱含的自我矛盾，也就是其他論敵對「意識樣
態」的陳述本身就是矛盾重重。在這裡辯證法在證明時發揮兩大功能：其一、
它顯示每一項不在考慮中的意識之樣態本身有自我矛盾性；其二、意識樣態集
合起來的完整性有問題，無法被接受。那麼要如何達致全部完整性的展示呢？
有兩個方法，其一、它顯示我們所知的所有意識樣態從一個演展到另一個，形
成一系列的生成變化，最終變成一個圓圈，從而證示它們構成了一個完全的單
一體系。它們能夠建構單一完全的體系是一個強烈的表示：這不只是包括我們
所知的各種各樣的樣態，也等於是全部樣態的總體；另一方面辯證方法所展
示，把那些自我矛盾的意識樣態之間的相互轉換，必然地發展到最高峰也就是
達成黑格爾的體系。這麼一來便提供給黑格爾解釋人類歷史過程的關鍵地位，
辯證過程的次序變成了歷史的次序——涵蓋了人類有史至今的生成演變——
在其中各種各樣的意識樣態，包括黑格爾的系統都一一出現。因之，黑格爾能
夠解釋人類的歷史為一個具目的、目標的過程。該過程之目標為意識之發展過
程，其目的在把最先自我矛盾者易以較少矛盾者，最終抵達自我一致的黑格爾
本身之體系。假使大家也可以接受這樣的解釋，那麼又提供一個證明給我們，
亦即證明《現象學》所涉及、所討論之意識樣態之集合、之彙編已達完全之
境。這麼一來這些意識樣態的總收集不只是一種體系，而且是人類歷史有意產
生的一種體系。而且因為辯證法的介入，這一體系被視為僅有的、絕對僅有的
體系，不是任何其他體系可以這般完整的加以處理。

　　為了滿足第二種標準，黑格爾認為任何觀點與其對象有別的說法本身就是
一種矛盾。這些觀點都以意識的樣態被他在《現象學》中加以處理，這個證明
與第一種標準（認知方面）若合符節，是故辯證法在此所演之角色與在認識論
標準所使用者相同。

　　為了滿足第三種標準，黑格爾使用兩個辦法。其一、它建構回答懷疑論者

的辯證回應，就如同他回應非黑格爾派觀點之方式。這個回應方式是採用「樓梯」的形式，在面對任何一種觀點時，站在樓梯的某一階層之上來對應懷疑論者，而加以駁斥。其二、他用這種方式來建構辯證的樓梯，也就是走攀梯級，便會把所有非黑格爾式觀點駁斥詳盡。最後抵達的是穩定的，內容連貫的黑格爾學說。

　　最後檢討一下辯證法科學的功能。這個功能在給予黑格爾的體系提供科學的性格，因爲它一度指出，只有通過這種方法哲學才能夠變成一個「客觀的、證明的科學」。

　　哲學要變成科學除了滿足上述證成的標準之外還有下列各點：

(1) 它必須要有眞正的方法；

(2) 它必須構成一個完整的系統；

(3) 其敘述必須涵蓋所有的東西，因爲「眞理是整全的」，「眞理只存在於總體裡」；

(4) 每件事的必須證明必然性，「理性要求對形式方面獲得滿足，這個形式是一般性的必然」；

(5) 它必須給經驗科學的主題「一個超驗的性格」。

　　在黑格爾的哲學體系中，辯證法滿足他上述五種科學標準之要求。特別是哲學要談方法，要談全部的系統性，要顧及各種事項（只討論事物實在的面向，是沒有考慮到實在僅注重其存在外表而已），要注意目的論（teleological）的必然性，以及經驗科學主題的超驗性。最後一點涉及是在經驗科學不只是現存的（existent）之物，也是實現的（actual）之物。超驗的解說要求對自然人的社會、歷史等等實際的特徵有所經驗，對絕對理念的結構（獨立於人經驗之外的抽象物）也能夠加以掌握。

　　對於黑格爾的辯證法吾人如果想要用一般的想法來加以看待，也可以把它變成一個大假設的核心來加以理解。這是有關我們意識樣態，我們的規範、自然與精神現象的結構之假設。其引人入勝之處在於一個事實，它如果是眞實，那麼會提供一個快速而整全的解決辦法來對應哲學的挑戰，這些挑戰不只是對世界採用單元論的挑戰，也是能否滿足教育的、認知的與科學的要求之挑戰。

# 四、這個方法被指責的幾種原罪

　　很多評論者指責辯證法犯有不少的毛病，而帶上了方法論的原罪，其結果導致辯證法原則上變成無用武之地，甚至是毫無用處（Forster, *ibid.*, 134-149）。

　　柏波爾說這個方法把黑格爾捲入肯定矛盾之存在，這種說法並非愚蠢的反對。因爲從上面所敘述我們知道黑格爾把邏輯的、辯證的、自我矛盾的範疇，當成所有自然的、精神的現象背後結構的本質。其結果他不時嚷叫著：「每項事物都內涵矛盾性」。許多現代評論家以爲當黑格爾談到矛盾或自我矛盾時，他所言應當是更明顯而非隱晦的事物。他主要地認爲是一般人對概念模糊性的判斷是處在流動的擺盪裡，或是他認爲邏輯上無法相容的詞謂之應用在於不同的時間，以及不同的地點之應用。他或者把矛盾當成「相互反對的趨勢」，或是認爲某物無法實現該物之目的性（*telos*）。上述各種解釋都可從他著作的文本裡找到，但無論怎麼樣解釋都無法進入黑格爾對矛盾眞正的、深刻的底蘊。

　　一個替黑格爾矛盾觀辯護的說法是說，他「肯定矛盾」之存在。他之所以說「每件事物本身內涵矛盾」，是可以分爲兩個不同層次或態度來討論：其一爲反對的態度，其二爲尊重的態度。所謂的反對態度係涉及對實在採取肯定其矛盾，但在觀念上不贊同之說法；所謂尊重的態度是指某些說法，或某些概念

本身的確是自我矛盾的。因之，當他說「每件事物內涵矛盾」時，是指我們對實在通常的看法是自我矛盾的。

這種辯護方式不爲黑格爾所接受，觀乎他對康德二元背反的評論，他認爲二元背反是人思想、觀念裡的矛盾，而非在世界裡眞實發生的矛盾。其次，反對這種辯護之策略的另一個理由爲，黑格爾認爲邏輯的範疇與它要表述的實在並沒有分別，而無法用上面兩種態度的說法來加以辯護。

黑格爾的眞正處境應當是，他同我們其他人一樣也承認無法接受把實在做矛盾的主張，但他的哲學觀點又無可避免地捲入肯定矛盾的存在。只是他肯定現實的矛盾，因爲他不使用，也不承認有關實在的概念之有效性，他拒斥實在與思想有別（他也否認存有的思想、對象與思想、客體與主體、客體〔對象〕與概念等等有所分別）。結果是黑格爾心目中，他放棄這些概念本身，原因是分別本身正是這些概念定義的部分或基本物。由是可知黑格爾的哲學觀點不討論實在，因之，不談實在的種種矛盾。

假使不談實在之矛盾，那麼他還要肯定什麼矛盾呢？一如前述，他肯定概念或思想的矛盾。在對實在的種種相反的概念的一方，與思想或概念的另一方之矛盾來克服、統一之前，黑格爾所要肯定這些矛盾之存在。這些留下之物，黑格爾有時稱爲「理性」、「邏各斯」、「絕對理念」，有時稱爲「概念」、「絕對精神」等等不一而足。這些概念的行動既不解釋爲對實在的事物之矛盾的肯定活動，也不解釋爲思想或概念矛盾之肯定行動。只要想到他何以對意識樣態命名爲理性、絕對理念、精神等等，那麼他一定理解他對實在諸概念之綜合的結果，是比較接近思想，而非接近實在的。

另外一個被指控爲辯證法負有原罪的說詞，是指「否定的否定」必然產生新的範疇，亦即從兩個相互矛盾的「正」與「反」的範疇中「必然地」產生出新的「合」。爲何「是然」（存有）與反面「無有」必定會跑出一個「變成」來？其中最大的問題倒不是正與反的統一爲合，而是指「合」必然由「正」與「反」發展出來。如果沒有這個必然的過渡，此一方法無法證明黑格爾學說的完整之體系性（entire systematicity），特別無法證明每個主題的相互關聯性和相互依賴性，特別是具有目的性。

在黑格爾討論「過渡」的文本處，看到他對過渡的看法與對必然性的看法是化約爲一個理念，即「否定的否定」。站在最初相反的規範之關係上，這個關係是要把這兩者的相互矛盾性消除，也就是一方面保留、他方面取消。因之過渡性存在於兩個最初相反的範疇之統一上。

黑格爾認爲否定的否定是從矛盾的產生到矛盾的解決的發展過程，是一個雙重否定的過程，從一個直接的、肯定的事物出發，對此事物進行第一次否定，始得此物在他物中「沒落了」。但是，這一個他物並「不是空虛的否定的東西，不是無」，而是對直接事物的否定，「它把它自己的他物包括在自身之內，從而是作爲它本身建立起來的辯證法的矛盾」。「第二個否定的東西，即我們所達到的否定之否定，是上述矛盾的揚棄」。「否定的否定是矛盾，它否定了否定」。

　　這就是思辨的法則，或正面理性的法則，「理解在它們相互反對當中的統一性」（*Enz.*, §82）。要之，否定的過渡時期之必然性在於統一性的規範，這一規範統一了彼此，相互涵蘊的矛盾性範疇既保留又遭受取消，從而把其間之矛盾性化解，這是唯一的可知之範疇，這是可以這麼做，而且在概念的內容中最接近的一種。要之，爲了發揮黑格爾辯證法的諸種功能，否定的否定之必然產生新範疇是黑格爾的要求，也是其哲學之特色。

　　第三個辯證法被指控犯了原罪，是指涉到辯證法負面的表現。它把我們基本的範疇證示爲自我矛盾性，讀者很難接受我們的思想會捲入基本的自我矛盾中。但黑格爾卻認爲他這個方法的負面是把他自己置入於傳統哲學家的行列，他們認爲思想在基本作法裡是自我矛盾的。他提到伊里亞的哲學家、蘇格拉底、柏拉圖和康德。事實上，在強調他的哲學與傳統哲學負面性方面，以及其哲學爲傳統哲學之延續應該是正確的。

　　對於黑格爾辯證法的批評之辯護，福士特（Michael Forster）建議一個較爲謙遜的保留、或修正之說法。他說當我們閱讀黑格爾的文本時，我們應當在腦中不斷反思如何把辯證法的應用重新建構之可能，或是把他辯證法本身加以修正，俾符合他哲學功能之表現。他對方法之特殊應用，或是視其方法之本身是一項目的。反之，辯證法對他而言僅僅是他哲學的挑戰、回應的手段，也是達成其哲學功能的方式。黑格爾偶然也期待讀者在這種精神之下來研讀他的文本，用他自己作爲最終眞理發現者之口吻來向讀者訴求。但這種不犯錯的眞理發現者應該要用更爲謙卑與令人同情欣賞的黑格爾來加以對照，後者發明或企圖發展一個科學式的哲學，而且也意識到自己在這種眞理發現或追求中也會犯錯。這便是黑格爾致辛克萊（Isaak von Sinclair）的信（1810年10月中旬）上所提「我的任務在發明科學的方式、或是朝此發展而工作」（Hegel 1869[3]:

32）。

　　把黑格爾的辯證法視為一個偉大的假設，俾能對一大堆緊迫的哲學挑戰做出決斷性的回應、或解決，是福士特有關「黑格爾的辯證法」長文的主旨。因之，如果這個辯證的假設無法通過事實的檢驗，視為違背事實之錯誤的話，最多證明此一假設之錯誤、之失敗，而不是這個假設一開始便犯錯，或這一假設前後不連貫，而犯自我矛盾的毛病。

# 五、黑格爾辯證法的源始

　　黑格爾成熟的哲學包括作為體系開端的《現象學》，其後接著有關邏輯形式篇幅的專著，自然哲學、精神哲學。與此相反的是他早期耶拿的系統（大約1801-1806）：包含引論性的邏輯、形而上學、自然哲學和精神哲學。杜星（Klaus Düsing 1940-）正確地指出：「作為方法的辯證法……出現在黑格爾早年邏輯論中，它有限的功能在系統性引導到〔他的〕體系……只有在後來才把〔辯證法〕當成一般的方法擴散到他系統的其他部分」（Düsing 1969: 128）。

　　在早期的邏輯中辯證法發展的路徑是特殊的。當他在寫《費希特與謝林哲學系統的差別》（1801）時，似乎已擁有與其後成熟期相似的辯證法觀，那是指一個方法用以展示規定的自我矛盾，以及它們建構起自我發展的系列。一再指出一個規定被其相反的規定所反駁，最終綜合成更高的規定。

　　自1801年上面那篇長文之後至1804-1805年的《邏輯、形而上學與自然哲學》之間，我們很少聽到他藉「否定的否定」來說明規定之變化、更迭。取而代之則是聚焦在自我矛盾的證明之上。之後1804至1805年的著作再度出現類似後期的辯證法，特別是強調「否定的否定」的作用。

　　表面上看來很明顯地，黑格爾的辯證法是費希特辯證法直接的承受，費氏的著作為《科學學說》（1794），其後也採用謝林的作品《先驗觀念論的體系》（1800）。兩種辯證法醒目的相似性，使得我們相信其傳承與繼受之關係。黑格爾與費希特和謝林辯證法不同，而又超越這兩人的方法之處為：它透過任何反對的規定之捲入，而使一個規定陷入自我矛盾，然後兩者在一個更高的層次上受到第三個規定的綜合，使部分特質保留，部分特質消失，這種證明

謝林與費希特

自然哲學主張者

使他比費謝兩氏的方法更爲進步，更爲高明。費希特的方法基本上與此相似，例如《科學學說》的開端爲絕對自我的原則。他先表示這個絕對自我需要一個非自我，然後這個非自我把自我化爲無物，這就表現出自我的原則與非自我的原則各自形成自我矛盾。這個表面上看來自我矛盾的自我與非自我稍後融解，亦即可分裂的自我相對於可分裂的非自我，最後卻綜合在絕對自我當中。黑格爾的自我矛盾過渡到「否定的否定」，係由此得到靈感。

謝林在應用費希特的方法後，在其著作《先驗的觀念論體系》中作如下描寫：「兩個對立物A與B……被X的動作所統一，可是X包含新的對立物C與D……是故X的動作本身又成爲一個客體，它本身能夠被闡明，靠的是一個更新的客體之出現，因之又包含一個對立物……等等」（Schelling 1978: 61）。黑格爾的辯證法與費希特所發展、謝林所採用的方法非常類似，因之，其接受費氏與謝林的方法是非常明顯可靠的。

在介紹邏輯與形而上學的耶拿時期，黑格爾曾在導論中指出「費希特知識的科學與謝林先驗的觀念論都是嘗試來描述邏輯——在其純粹獨立中的邏輯」，從此看出黑格爾接受費謝兩氏的辯證法是確定的。

前面杜星把黑格爾的辯證法只侷限於早期處理邏輯，只在爲其系統提供引論的作用，不能視爲精確的評論。原因是它第一，仍有教育的功能，與後來在《現象學》的辯證法之功能相同；第二，也有認知上與證成方面的作用；第三，先驗的解釋自然現象與精神現象的功能。

隨著《現象學》的出版以及與它相關聯的成熟體系，辯證法附於邏輯學的侷限下之情況爲之打破。從此（1807年以後）辯證法變成黑格爾整個哲學的方法，成爲他其後發揮思想各種各樣的功能之契機（Forster, *ibid.*, 157-161）。

# 六、黑格爾的概念辯證法

　　西方哲學的傳統裡有一個基本的問題，這個問題是涉及「對立面」（opposites）如何說明與解釋的問題，像心與物、本質與現象、一般與特殊、社會與個人、自由與必然等等，都是互相對立的多種概念。解釋對立面的方法依據諾曼（Richard Norman）的看法可以簡化為兩個：化約說與兩元論。兩元論在於指出對立面彼此獨立自主，無法化約為對立兩端的任何一端。反之化約論卻企圖把一端轉化為他端，例如心與物的對立中，有主張物不過是心靈放射到外面世界的產品（境由心造），這是唯心主義者，觀念論者的主張。反之，有人強調心靈的活動是身體、物質（人腦）的物理與化學作用所產生的假象（心為物之反射），這便是唯物主義，物質主義者的主張（Norman 1980: 26）。

　　柏拉圖的哲學主張世界最終是「理念」、是「原型」，因之，是唯心主義的始祖。不過卻不是把物質化為心靈，而採用化約說。剛好相反他把對立面放在兩個截然不同的世界裡，也是「實在」（reality）兩個氛圍中，是故他的方法不是化約說，而是兩元論。柏拉圖哲學論述的出發點為「特別的」和「普遍的」，而把這兩個名詞（terms）關聯到兩種不同的單元之上，這兩個單元隸屬於兩個不同的世界。一方面是物質的世界，到處充斥林林總總的物理性、個別的、特殊的事物；另一方面則為普遍的理性世界。前者是變化莫測的世界，也是生老病死、榮枯盛衰的世界；後者則為真實的存有，永恆而不變化的世界。我們靠五官、靠經驗可以感受無常的世事之物理世界，但不易掌握變遷的規則，無法對這個物理世界有鉅細靡遺的知識。反之，真正的知識來自對不變的、永恆的理念世界。人的軀體屬於物理上特別的自然界，但人的靈魂（雖是禁錮在身體當中）則比較接近理念的世界、精神界。因之，「殊別的」與「普遍的」的對立提供柏拉圖兩元論的形而上學，藉著這個兩元的形上學，他解決心與物、自由與必然、個人與社會等等對立的問題（*ibid.*, 29-27）。

　　不只柏拉圖，就是笛卡爾、康德、叔本華都是兩元論者。各大宗教，尤其是基督教也倡說靈肉的對立，天堂與人間（或地獄）的對立。

　　在某一角度下觀察，黑格爾的哲學是企圖對上述兩種解釋方法（化約說與兩元論）的回應與綜合。那麼要瞭解他回應的本質，可以先考慮他對「普

遍的」與「特殊的」對立怎樣思量。他爲了討論這組「普遍」與「特殊」的對立，便在《精神現象學》的開端提到「感覺確定性」。人們對外頭世界的認知就是靠五官感性的經驗，還是化約說與經驗論者所津津樂道，也就是人對外頭殊別的事物直接的感覺、感知、知道。所謂「感覺確定性」是觀察者對事物之殊別性透過直接的聽、看、聞、嗅、觸而得的，觀察者不考慮這個被觀察對象與其他事物的關係、關聯，便直接指出這是「某事」、「某物」。於是經驗論者遂稱觀察者這種現場觀察的經驗（包括從被觀察的事物之特殊性、歧異性的資訊之蒐集、綜合）是人類知識的開端與基礎，其他知識就是這種直接觀察的知識之累積。在與其他經驗所得到的知識比較之下，把這些資訊整理、抽繹成普遍的理念。黑格爾對經驗論者的回應是說觀察者無法馬上有這種的「經驗」，除非他在觀察之前早已擁有普遍的概念，一個人不可能對他周遭的事物有辨識的經驗（知道這是花、是紅花、是紅玫瑰、是帶刺的紅玫瑰），假使他連普遍的概念都無知（不知什麼叫做「花」、什麼叫做「紅花」、什麼叫做「玫瑰」、甚至叫做「刺」的普遍概念）的話。爲了敘述人對感覺的確定性、對事物有所知覺，黑格爾進一步討論事物矛盾的概念，幻覺、理性和超感官的世界，而及於意識自身的確定性等等步驟。要之，要辨識事物的殊別性，一定要使用普遍性的概念，而對普遍性概念的建立，也有賴殊別性的認知，因之，普遍性與殊別性，雖是對立之物，但兩者相輔相成，不可偏廢。

黑格爾在這裡的論證，並不是把兩元論拿來取代化約說，也就是指出他並不是主張我們對殊別之事物一旦擁有知識，就表示我們也對普遍性擁有知識，他是說我們對殊別的東西有所認知的同時，已擁有普遍性的知識。有異於柏拉圖把物理世界與心靈世界分成兩個界域，黑格爾認爲普遍物之存在完成依靠特殊的，殊別的性質之存在。因之，他並不是把普遍性化約爲特殊性，或是把普遍性從殊別性分開，他強調普遍性與殊別性的相互依存，亦即對立面的認同，這不意味對立的概念分別之消失，而是說在概念上兩者有所分別，但對其中之一的應用（瞭解、認識、掌握）成爲對另一的應用之必要。

在這裡我們看出黑格爾所意味的「辯證法」的最早指示，它是針對概念之間的對立加以拆除，也是對傳統哲學家把對立兩端的針鋒相對之說法的打破。黑格爾的努力在展示對立面的相互關聯。除了《精神現象學》以外，黑格爾還在《邏輯科學》兩個版本中談對立面的認同（同一）。在《邏輯科學》中他論述成對的概念，諸如存有與非有、數量與性質（質量）、一與多、本質與現象、同一與差異、形式與實質、形式與內容、事務與性質（規定性）、內在

黑氏與馬氏都讚賞法國大革命

黑氏哲學史

黑格爾德文原著袖珍本全集

與外在、自由與必然等等。每一組都曾經被哲學界的前人、前驅以化約說，或以兩元論處理過。而上述每一組對中，黑格爾都顯示任何一個組對中之一個概念，所以能夠被人們知曉、認識（intelligibility），完全要受到其對立的概念之關聯才能辨到（才能被知曉、被認知）。

　　除了「對立物」、「對立面」、「相反」、「相成」、「認同」（同一）等等詞彙之外，黑格爾在討論辯證法時，還會用「矛盾」一詞。在發現同一個事物既是特殊（殊別）的，而又是普遍的東西之時，黑格爾承認矛盾的存在。黑格爾有時會暗示：為了承認矛盾的存在，有必要接受邏輯上彼此矛盾的聲明、陳述都可能為真之主張。他至少聲稱在實在中不但有，也能夠有邏輯上的矛盾。不過這種作法不是正確的，也容易誤導讀者。例如古希臘辯士芝諾認為飛矢在每秒每刻占有時空的定點，是故飛矢不飛，運動乃是靜止，甚至運動是不可能的。黑格爾的批評是指出運動牽涉到動與靜的矛盾，而非運動不可能，而是證實在實在當中存有矛盾。其實飛矢不動的弔詭，並非實在中存有矛盾，而是芝諾對運動、時間與空間的理解與說明有誤。其錯誤為無人把時間當作無限的瞬間之累積，以及我們瞭解飛箭的改變與運動，是在一連串瞬間發生的情況之累積。把這兩樣東西放置在一起，而否定運動的事實是不可能之事，從靜定的因素去建構事物（飛矢）的改變、或運動是不可能的。要理解改變、或運動便要從一定時期的運動概念開始，這樣我們才能夠清楚指認（辨識）在該時期（時間運程）中之某一刻（秒、瞬間、片段）間，該物（飛矢）呈現何種的狀態（動或靜）。因之，我們無法接受在邏輯上運動是自我矛盾，運動為不可能的說法。

　　同理在論述其他的對立面時，究竟某物是普遍性，還是殊別性時，一定要有方法分辨在某一個觀點下（respect）某物是普遍的，而在另一觀點下它是殊

別的。因此，黑格爾在此所言的矛盾是比嚴格邏輯上的矛盾更爲軟弱的概念。是故對立面的相互觀點和關聯所牽涉的矛盾，便是這種非嚴格邏輯意義下的矛盾。以致兩個對立的詞謂（詞彙、名詞）可以同時應用到同一物（同一的單元），而造成一詞應用之可能性有賴另一詞應用之可能性的相互作用。

　　黑格爾在討論辯證法時，還用到另一大堆的詞彙，像流動、變化、運動、過程等等。這些詞彙有什麼意義呢？只要考慮到《精神現象學》一書，我們便知道黑格爾的哲學方法（思辨方法、辯證法）都是在這裡開始的，「感覺的確定性」（die sinnliche Gewissheit; sense certainty）提供起點。原因是這個議題正是人們經驗最簡單、也最直接的掌握方式。不過人們一旦檢查經驗這個最簡單，也最直接的方式時，會進一步隨著問題的指引走向更高深一層的思想境界裡，也就是從殊別的熟悉進到普遍的認知。普遍的認知成爲經驗嶄新的面向，這便是他稱呼的「知覺」（Wahrnehmung, perception）。知覺是對存在於世上的事物的描述，亦即描述這些事物作爲普遍屬性的擔當者、負載者──每件事物總有其名稱，譬如「山」、「水」、「草」、「木」等等，對「山」我們有許多屬性，形容詞要它去承擔、承載，像「青山」、「高山」、「光禿禿的山」等等。其他的「水」、「草」、「木」也有一堆普遍性的形容詞要去形容它們，例如「深水」、「惡水」；「綠草」、「枯草」；「參天大木」、「枯木」等。黑格爾就以鹽巴爲例，說明我們眼前這粒鹽塊，其形狀可能是不規則的塊狀物，其顏色爲白色，以舌頭去嚐它有鹹味，是故鹽巴的屬性乃是上述塊狀、白色、鹹味等等屬性之結合。從知覺我們獲得這些屬性的共相，而形成概念。概念由自在轉向自爲，最後發展爲知性，從而使意識進展到自我意識、理性、精神。精神從主觀，經由客觀最後抵達絕對精神的階段，這就是人類抵達「絕對知識」的境界。到此地步經驗所經歷的一切的樣態或形態，都變成了完整的體系之全部。於是人群終於攀爬到「精神現象」的高峰。

　　同樣思想或邏輯的發展呈現在《邏輯科學》中，黑格爾指出其出發點乃爲最簡單的概念，亦即「存有」（是、實有）的概念。「存有」這個概念必然要牽連到其對立物的「非有」（不是、沒有），然後在承認「存有」與「非有」的相互關聯中，必然要使用第三個概念，這稱爲「變化」。原因是從「存有」化作「非有」，或從「非有」化作「存有」，都要透過「變成」（變化）才能辦到。由是可知「存有」會有向其對立面，其否定面的「非有」，「非有」的否定面再度碰到另一個否定就進入「變化」這個範疇。「變成」是「存有」與「非有」的揚棄，也是兩者的綜合，本身又造成新的「存有」，新「存有」轉

化成新「非有」，新「非有」轉化爲新「變成」，如此周而復始不斷衍生變化。所有這些都在說明，並指出人們不能只把當前這個概念當作千眞萬確、固定不移之物，不能在不考慮它與別的概念的關係下，孤獨地考慮這個概念本身。爲了要瞭解當前這個概念有必要注意到對這個概念所引導、所指向的另一概念，再由另一個概念引向更進一步、更（與目前這個概念）無直接關聯的其他概念。這就是黑格爾所言，我們不能只接受靜態不變、固定的概念，而是動態、變動、不穩定的概念系列，也就相關概念變化之流程。在這種說詞之下，隱藏了黑格爾的哲學方法——一項事實，及我們從一個概念出發，從這個概念滋生一大堆有次序，有關聯的概念系列。

理性主義大師

黑格爾（左）與其夫人之墳墓

早期黑格爾的繪像

　　在這裡必須記住，也就是在這個邏輯的、概念的脈絡上，黑格爾所強調的改變與運動之事實，並非嚴格意義下的轉變過程，而是譬喻性的改變之程序，是邏輯的進程，是哲學體系演變的流程。當他說「特殊」變成「普遍」，並非指我們眼前所看到這棵樹轉變成柏拉圖式的「樹」的理念。樹的普遍性、泛宇性，他只是說在考慮眼前這個作爲特殊的、殊別的樹時，我們除了眼前的樹的各種特別之屬性、特別之徵象加以描繪以外，要承認它具有像其他的樹那些共相、那些特徵。

　　除了對立（矛盾）、變動之外，黑格爾所提辯證法還涉及第三個因素，那就是「體系」。前面提到《精神現象學》要達到的高峰爲「絕對的知識」，這個絕對知識相等於人類經驗所有可能的樣態（形式）之總和、之體系（系統）。同樣地，《邏輯科學》的高峰爲「絕對的理念」，這是實在（實相、現

實）經過排序、整理以後，所有基本的概念或範疇之總數、整體。由於在《現象學》中所碰見的每一個經驗樣態（形式），或是《邏輯科學》中所出現的每一個概念，是全體過程中所出現某一特殊事物，我們要加以瞭解的話，只有掌握它在整個系統中流程上的部位（location）才有可能。是故黑格爾最樂用的字眼包括「總（整）體」（*Totalität*），以及構成總體的「環節」（段落、片段 *Momente*）。環節的累積不等於總體，換言之，每個段落不只是體系的一部分而已。原因是總體的構成之部分可在孤立狀態下被認識、被瞭解，因之，總體不等於全部的部分構造而成。恰好相反，總體的環節只有當環節與環節之間、環節與總體之間的關係弄通了之後，才有被瞭解的可能。換言之，構成總體的環節形成了種種關係的系統性結構，只有掌握系統的結構才能理解各個環節。是故「體系」或「總體」是從靜態的觀點來觀察，而「辯證的過程」則是從動態的角度來觀察（Norman 1980: 33）。

把反對的、對立面的的概念統一起來，把「過程」與「體系」的理念關聯起來，構成了黑格爾辯證法的核心。這當然不是他體系或方法的全部，但這兩項卻是它最具特性的面向，也是要進一步加以討論的面向。要注意的是它的形式乃是概念的辯證法，這是有異於恩格斯經驗的、歷史（時間）的辯證法。概念的辯證法，是指辯證的過程是從一個概念出發，轉進到其對立面，然後這雙概念（正面與負面）由往前往上發展，直到整個體系（概念的體系）完成為止。

# 七、馬克思對黑格爾辯證法的批評

馬克思的想像裡有關黑格爾的辯證法之析評，至少經歷三個階段：其一為對黑格爾法政思想評論中，涉及黑氏「神祕化的邏輯」之提法，此一提法後來又在《經濟哲學手稿》後段再度出現。在這裡黑格爾談到的勞動之概念被馬克思大大讚揚。其二為《神聖家族》、《德意志意識形態》和《哲學的貧困》三書中，對黑格爾展開激烈的抨擊，包括對他倡導的思辨哲學之攻訐。其三是《政治經濟學綱要》（1857/1858）（以下簡稱為《綱要》）之後直至《資本論》（1867）及其後期的作品，馬克思再度以正面的姿態重估黑格爾的辯證法。這個重估牽涉範圍大，引發的爭議至今尚未停止。值得注意的是《綱要》

撰妥後，馬克思繼續批評黑格爾的辯證法，但卻相信他自己的辯證法與黑格爾始終有關。在致庫爾格曼的信上（1868.3.6）馬克思認為與他爭論不休的杜林應該知道「我所發展的方法不是黑格爾式的。因為我是唯物主義者，而黑格爾為唯心主義者。黑格爾的辯證法是所有辯證法的基本形態，不過〔這種說法〕要把它神祕的形態剝奪之後〔才談得上〕，這也就是他這個〔方法〕與我的方法截然有別之處」（SC 187）。

在《資本論》德文版卷一第二版的〈後言〉中馬克思說：「辯證法在黑格爾手上所遭受的神祕化〔之傷害〕，不足以排除他是首位在完整的方式下描述運動一般形式之哲人。只是它〔辯證法〕在他那邊頭顫頂地〔雙腳朝天〕。〔吾人〕必須把它翻轉〔扶正〕過來，俾發現藏在神祕外殼下的合理內核〔核心〕」（SW 2: 98）。在說這段話之前，馬克思還說出下列的話：

> 我的辯證法不只與黑格爾的辯證法不同，而且恰好是他的對立面。對黑格爾而言，人腦的生命流程，那是指思想的歷程，被當作「理念」來命名。他甚至把理念當成獨立自主的主體來處理，把理念當成實在世界的最高主峰，而實在的世界只化做這個理念的外部形式而已。（SC 2: 98）

上述兩個譬喻，不管是「翻轉」、是「內核」（「核心」）都曾經是神學思辨的爭論主題。特別是內核的譬喻給人一個印象，以為馬克思相信從黑格爾辯證法當中抽繹出其部分，拿來發展他自己的唯物辯證法是可能的。這個說法同恩格斯以及其他黑格爾青年門徒的看法相左，蓋他們認為從黑格爾的整個體系中，把辯證法完全抽離是不可能的。另外馬氏這種說法，也與實證主義心態的伯恩斯坦乃至柯列悌（Lucio Colletti 1924-2001）的看法相違。後者認為任何的抽離都辦不到，因為黑格爾的辯證法會因為任何的抽離，而使其唯心主義徹底砸碎。也就是說他的辯證法與其哲學體系完全無法分開。

馬克思在致恩格斯的書函（1858.1.14）中，曾經說他要用幾頁打好的文稿，把黑格爾發現的方法論中，合理的部分與其神祕化的部分之分別說個清楚明白，好讓擁有普通智慧的人也容易理解（SC 98）。然而很遺憾地他這個願望並未實現。

Engels and Marx　　　　　　　　　Lucio Colletti（1924-2001）

不管馬克思欠缺黑格爾多少債務，受黑格爾影響多深，我們可以指出：1843至1873的三十年間，馬克思對黑格爾的批評是始終一致，這可以分成形式上與實質上之不同來加以縷述。

（一）**形式上**，馬克思攻擊黑格爾之處主要有三個目標：其一為黑格爾的倒立、顛倒，必須加以翻轉、加以扶正；其二，黑格爾認同原則（主體與客體同一；精神與外界同一；思想與存有同一）應予批判；其三，黑格爾邏輯的神祕主義之批評。現分別來詳加評析。

關於顛倒與翻轉的問題：根據馬克思的說法，黑格爾犯了三重顛倒、翻轉的過失。每一種顛倒，馬克思都加以翻轉過來，於是變成了翻轉之翻轉。這三重顛倒牽涉到黑格爾的絕對觀念論的存有（本體）論、思辨理性主義的認識論、實體的唯心主義的社會學。這些過失的源頭，第一把個別的、殊別的事物當成普遍性的概念來看待所引起的。也就是針對黑格爾論存有、本體，馬克思不贊成凡事只看普遍性、一般性，而應當看各物之個別性、殊別性。第二，針對黑格爾思辨的認識論，馬克思提出經驗科學的認識論來對抗、來翻轉。第三，針對黑格爾視國家為人群倫理生活的落實，馬克思提出市民社會（其後以生產方式）才是法政和其他典章制度的基礎來抗衡。不過在這裡我們無法確定馬克思是在證實黑格爾上述三點的反面之後才是眞實，也無法證實他企圖藉提出三個與黑氏相反的觀點，而打算把爭議消除、轉型。

## 1. 黑格爾學說顛倒之扶正

事實上，馬克思經常所做的是在消弭爭議，而非證實黑格爾的反面。他的批評指向黑格爾的詞彙和關係，目的在彰顯馬氏本人的「翻轉」、「扶正」。馬克思感知（概念化）無限的心靈是有限心靈所做虛幻的投射（異化的、有限的人類對無限的嚮往、幻思）。他反對把自然當成超驗的實在（黑格爾視自然處在尚未發展意識的沉睡階段）。

黑格爾又主張無限精神有其內在的目的性，這點為馬克思所否認。無限精神的內在目的性業已僵化、石化。至於有限的心靈要被經驗性考察的方法論所取代，這種經驗性的考察在把發展中的人類，也是在歷史上浮現的人類的因果關係做科學的解析，而且對無法再化約的、真實的自然進行科學的研究。以上為馬克思對黑格爾的心靈、自然、社會三方面的主客體之顛倒──扶正過來，雖然這三種翻轉或扶正無法明確地分辨，但在馬克思著作之字裡行間多少會透露他批判黑格爾唯心主義及其辯證法的用意，主要在批評黑氏把存有（being）化約為認知（knowing）之不當，指摘黑氏犯了「認知上之失誤」（epistemic fallacy）；以及把科學化約為哲學之不當，指摘黑氏犯了「思辨的虛幻」（speculative illusion）。

## 2. 認同原則之批判

除了抨擊黑格爾「翻轉」、「顛倒」之錯誤以外，馬克思又批評黑氏認同原則是雙重的、兩極的，也就是在存有與思想加以認同，並且在思想中使兩者合一。在其外義（明顯的對外的）批評上，馬克思效法費爾巴哈的轉型批判法，把主詞與謂詞（述語）翻轉過來、扶正過來。這是馬克思揭露經驗世界被黑格爾當作思想之實體化（hypostatization）。在其奧義（內在、深層的）批評上，馬克思指出經驗界乃是黑格爾體系祕密的條件。換言之，明知經驗界、現象界才是根本、才是實體，黑格爾卻說它是思想的結晶，是理念、概念的化身。因之，馬克思留意到黑格爾怎樣把他自己的活動，或思想一般的過程，轉化為獨立自主的主體（亦即理念），當成是經驗的世界之神明、主宰。然後馬克思聲稱思辨哲學家的思想現實上，包含了未經批判直接接受的經驗資訊素材，這些資訊素材乃是現存的事情之狀態中吸收而得，而居然把這個狀態當成固定化、事物化、永恆化的東西。馬克思反對上述黑格爾的辯證法之邏輯可以

用下圖來表述：

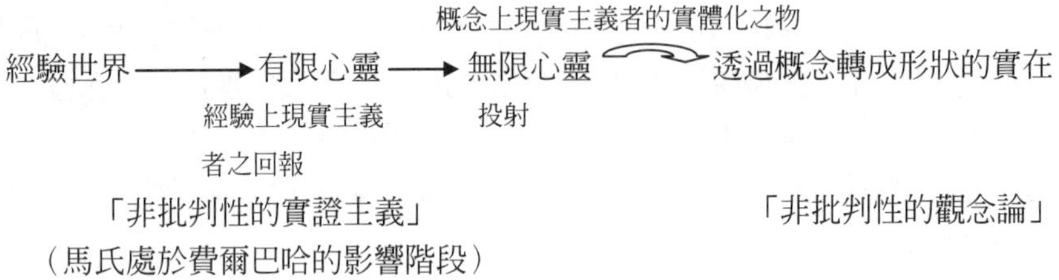

概念上現實主義者的實體化之物

經驗世界 ──────→ 有限心靈 ──────→ 無限心靈 ⌒⌒⌒ 透過概念轉成形狀的實在

經驗上現實主義　　　　　　投射
者之回報
「非批判性的實證主義」　　　　　　　　　　　「非批判性的觀念論」
（馬氏處於費爾巴哈的影響階段）

圖7.2　馬克思對黑格爾認同原則之批評
資料來源：Bhasker 1991: 143.

　　馬克思的分析意涵：(1)保守主義以及護航的企圖內涵於黑格爾的方法之
內，而不是左派黑格爾門徒所認爲是黑格爾本人屈服與奉承普魯士權貴的結
果，也不是他妥協的性格使然；(2)黑格爾邏輯理論與他實際的作爲不一致。
這表示他的辯證法受到非辯證的動機，非反思的、粗糙的經驗性考慮所影響。

## 3. 黑格爾邏輯神祕主義的批評

　　由於黑格爾概念沒有原因的產生和意識形態的操弄，使得馬克思轉向哲學
（或是一般理念的）自足，或哲學自主的概念之批評上。不過在這裡我們仍舊
弄不清楚到底馬克思在辯護（A）嚴格意義下的「翻轉」，也就是使用科學來
吸收哲學（及其實證主義的揚棄），就像在《德意志意識形態》中之作爲；還
是（B）把哲學做實踐的改變，這意謂哲學仰賴科學及其他社會的實踐，但本
身卻擁有相對的自主功能，就像恩格斯對自己實踐的說明。

　　（二）至於**實質上，內容上**馬克思對黑格爾辯證法的批評，可以從他在《經
　　　　濟哲學手稿》中所聚焦的兩點看出來：

## 1. 自然的客體（觀）性

　　也是一般性的存有是被概念化（感受）爲與思想激烈之不同，或稱是外在
於思想的事物。自然與其他存有的實在性是獨立於人的心靈，也不因爲心靈的
影響而具發展的必然性（目的性）。換言之，馬克思認爲自然應該獨立於人的

心思之外。

## 2. 客體化與異化之分辨

須知目前是過去所規定的種種實現，也就是把目前的狀態合理地轉型，則視人客體化之異化形式爲絕對主體的自我異化。在這裡黑格爾在概念上一開始便排除（pre-empt）人作爲主體之可能性，一開始就排除人客體化模式（人的客體化可以不受異化的扭曲之模式）之可能性。於是在《手稿》裡馬克思攻擊黑格爾唯一認識到的勞動便是「抽象的心靈勞動」。爲此馬克思認爲勞動首先「假設物質的基層〔材料〕的存在……它無須靠著人工〔製造〕而自然地供應」（CW 3: 273）。勞動牽連到實在的轉型，產生無法贖回（原料、時間、勞動）之損失，或完結狀態〔工作過程的終點〕。由此可知每項馬克思的辯證都受到自然的客觀性所制約，也受到絕對性的工作完畢和現實上的各種可能性開放之制約。

馬克思對黑格爾認同哲學的批評，有可能是由於他和馬克思主義者不把辯證當成單一的（unitary）現象，而看成一大堆不同的樣態和論題。因之，對馬克思及其跟隨者而言，辯證可能涉及到哲學、科學、世界中的類型（pattern）或流程，包括存有、思想或它們彼此的關係，由是呈現了存有論的（本體論的）、認識論的和關係的辯證法。自然或社會；時間之內、或之外（歷史對抗結構的辯證法）、普遍的或殊別的、超史的或過渡的等等不同之辯證法。在這些範疇中還可以細分其次級的種種辯證法。要之，馬克思可能始終感恩於黑格爾所倡說的辯證法，儘管在其作品中完全把黑格爾的辯證法轉型（不論「內核」、「外殼」；不論「顛倒」、「扶正」），而發展他自己的辯證法。

# 八、馬克思的辯證法

馬克思辯證法正面的、積極面的理論有下列數項：(1)對世界的看法，亦即他的世界觀（辯證唯物主義）；(2)有關理性的理論；(3)思想與存有、主體與客體、理論與實踐之關係。毫無疑問馬克思所強調的就是認識論的概念。有時他會把「辯證的」方法當成「科學的」方法來混同使用。在《資本論》卷一

德文版再版的〈後言〉中，他指出聖彼得堡書評者對他特出的實證主義之描述時，他這樣來回應：「我眞正使用的方法，不管他如何描寫，都是辯證的方法，除此之外還有什麼呢？」（SW 2: 96）。但是馬克思的方法與其說是實證主義、自然主義與經驗主義的，還不如說是實在主義（realism）的。他認識的辯證法使他遵從一個本體（存有）論的與有條件的關係辯證法。這種說法可從他致舒懷哲（J. B. Schweitzer）的信（1865.1.24）上得到明證。他寫「科學辯證法的祕密」仰賴理解「經濟範疇是生產的歷史關係之表述。〔這種關係〕同物質生產的某一發展階段相搭配」（SC 144）。由此可知馬克思的辯證法所以是科學的，主要是思想裡解釋了矛盾，造成思想的矛盾的主要由於現實的、特別的矛盾關係所造成，這種本質上矛盾關係用以說明社會與經濟生活中的危機重重；亦即他採用了存有（本體）論的辯證法。馬克思的辯證法不只是科學的，也是歷史的。原因是它（辯證法）根植於其所描寫關係與情勢的改變中，亦即他採用了關係的辯證法。由是可知馬克思既有本體論的辯證法，也有關係的辯證法。

　　與馬克思分辨經驗性控制的考察模式，和他敘述的半演繹方法相搭配、相當的分辨爲批判性的辯證法與系統性的辯證法之不同。前者是採取實踐的方法去干涉歷史，採用三層的批判（經濟學說的批判、行動者看法的批判，以及結構和主要關係之批判）。在這裡康德的因素（片段、環節）具體化、歷史化，從而把各種範疇、理論、形式的有效性和實踐妥當性等等歷史條件小心處理，擺在其歷史情況之下。要之，馬克思批判性的辯證法可以是爲經驗上開放的（沒有上下結論的）、受物質（生產方式）制約的，而在一定歷史階段上被圈定的辯證現象學（有異於黑格爾的精神現象學）。

　　馬克思有系統性的辯證法從《資本論》第一卷、第一章開頭，這是商品的辯證法，其高峰則爲《剩餘價值理論》，亦即從政治經濟學批判的歷史敘述。最終，馬克思認爲資本主義體制所有的矛盾，來自使用價值與商品（交換）價值結構成的矛盾，也是從勞動表現出來具體有用的與抽象社會的兩個面向之結構性矛盾產生出來的。這些矛盾伴隨著其他立基於其上的結構性與歷史性的矛盾（像生產力與生產關係之矛盾、生產過程與估價〔量價〕過程之間的矛盾、工資與資本之矛盾）都是(i)眞實的、內涵之反對面，在其中矛盾的一端之存在完全靠對立的另一端之存在；(ii)其內部方面與外表的神祕化形式有連帶關係。像這種的辯證性的矛盾既不侵犯非矛盾之原則，也與重力律無關（這是因爲一個實在的客體被顚倒地扭曲〔不實的描述〕之概念，乃是非經驗主義業已

妥協接受的觀點）。馬克思認為這些基本結構的矛盾本身乃是歷史的遺緒、遺產，包括直接生產者從他的生產資料與生產物資分開的緣故，也是由於直接生產者彼此分離獨立，以及生產者開物成務、對付自然時，所採用的社會關聯之緣故。在這裡我們甚至可以追溯到席勒的歷史觀之痕跡。席勒認為原始人所過的生活是不加分別的統一（undifferentiated unity）之生活，其後陷入分別的不妥協、不統一（differentiated disunity），最終回歸到分辨、分別的統一，也就是分工仔細、分別清楚的統一（differentiated unity）（洪鎌德 2014：21）。為此馬克思說：

> 並非生活的一體性〔統一〕和人類與自然的、無機的，同自然新陳代謝的交換（人占有自然）需要加以解釋、說明，因為這是歷史過程的結果。反之，需要解釋、需要說明的卻是人群從人生存條件（非有機的條件）和其積極動態的存在情況分離。這種分離乃是完全設定的，亦即在僱傭工資與資本之關係上設定的分離。（*Grundrisse*, 489）

對此馬克思可能認為這是從經驗、從客觀事實建立起來的說法。無論如何，把這個看法從科學中加以規定是沒有必要的。這種看法可以說是形而上學發現新知、或發展的計畫之核心也無不可。

馬克思的辯證法突出之處，不在其「辯證」的定義，也不在「辯證」的偏雜之指摘，而是其辯證的「解釋」。在這些解釋中對立的勢力、趨勢或原則的依賴、存在的共同之條件來加以解釋，也是把不適當的理論、現象藉歷史條件來解釋、來批評。馬克思對政治經濟學的批判何以採取「揚棄」（*Aufhebung*）的外觀形式呢？一個新的理論掌握現象的絕大部分，也就是比舊有的、原有的理論更能成功地去解釋現象，因之把舊有的、原有的理論揚棄掉。不過在理論上新的解釋固然保留現象大部分的說明，但馬克思主張要把舊有的定義徹底翻新，把現象放置在新的既可批評、又可解釋的境遇、界域之內，這也就是說他對實踐的轉型、改變之過程有所增進、有所貢獻（Bhaskar, *ibid.*, 147）。

我們不禁要發問：在他這個批評的或系統的辯證論中，馬克思有真正地拜受到黑格爾對實在（reality）的看法之恩賜嗎？黑格爾存有（本體）論三個關鍵之所在為：(1)實踐了的觀念論；(2)精神的一元論；(3)內在的目的論。在反對觀念論方面，馬克思拒絕黑格爾的絕對精神說，也拒斥思想與客體的認同

說，他視存有與物質無法化約爲異化的精神或思想。至於第二點我們可以用阿圖舍的說法來回應，阿氏說馬克思主要的世界觀是歧異與複雜而非單元。歐爾培又強調馬克思各種事物的總體（諸種總體）是靠經驗來證實，而非靠思想來證實、來統一。至於第三點目的論方面，馬克思強調的是因果必然性，而非概念的必然性。目的性是受限於人的實踐，它的出現在自然科學中被狠狠的揍打，等於是致命的一擊，不過卻在經驗的方法裡可以指陳其合理的意義，也就是可以「合理地加以解釋」（1861.1.16致拉沙勒的信，*SC* 51）。最重要的是馬克思倡導歷史的科學，存有論中的階層化與變化無從再化約爲任何的東西（精神、心靈、怪力亂神之類），與此相反的是，黑格爾把階層化與變化置入於本質與存有的邏輯範疇裡，於是它們便可以溶解爲實現性（actuality）和無限性（infinity），也因此可以把階層化（不同時期的實現）與變化（有限轉爲無限）放在概念的自我解釋之領域中。在所有哲學重大的面向上，馬克思的存有（本體）論與黑格爾的本體論大有分別，正如同在原子論的經驗主義方面兩人也大相逕庭，這便成爲恩格斯後來對黑格爾學說的攻擊之處，也是青年馬克思批評黑格爾式的唯心主義隱涵這些經驗性的假設之因由。

# 九、馬克思與黑格爾以及恩格斯不同的辯證觀

關於辯證法有三個比較普遍的觀點、立場。第一個以伯恩斯坦爲代表，視辯證法沒有意義；第二個以恩格斯爲代表，認爲辯證法可以應用到自然界、思想界、社會界，亦即普遍性的應用；第三種以盧卡奇爲代表，視辯證法只能應用到思想（概念方面）或是社會界，但反對把它應用到自然的生成變化之上。恩格斯挾著他權威的身分爲第二種解釋打上烙印，依他的看法辯證法是「自然、人的社會和思想運動和發展一般法則的科學」（Engels, *Anti-Dühring*, pt.1, ch.13）。在《自然辯證法》（1878-1882）一書中，恩格斯還進一步把辯證法化約爲三條律則：(1)量轉變爲質、或質轉變爲量（質量互變）律；(2)對立面相互穿越（反對的統一）律；(3)否定的否定律。

恩格斯的討論中顯示了曖昧不清之處，也就是這三條律則究竟是先驗的眞理，還是超越經驗概括化之物？是否科學實踐不可或缺的指導原則，還是爲敘述的方便所羅列的條款？此外，恩格斯所舉的例證其隨意性和獨斷性令人側

目。而辯證法對馬克思主義的關聯性、重要性令人質疑。因為它像是設定的、推測（putative）的社會科學，因為恩格斯本人反對任何化約的唯物主義。雖然有證據顯示馬克思同意恩格斯對辯證法大體上的描繪，他本人對政治經濟學的批判既不假設，也沒有引申任何自然的辯證法之上。馬克思對先驗主義的批評隱涵著實在當中辯證過程或其他過程存在的後驗性（a posteriori）與主題的特殊性格。

　　認為自然界有辯證法的假設引發很多人的批評，包括盧卡奇和沙特在內，都認為這是錯誤的範疇。這種錯誤源之於以人為中心，一如以人的模樣，包含了人的心靈（例如觀念論）反射到自然這個範疇上所造成的錯覺。原因是矛盾也罷、否定也罷，只有在人的活動領域內才有意義。這些批評者並不否定自然科學是社會——歷史界的一部分，因之自然科學有辯證的主張是可以理解的。但自然不可能呈現矛盾、否定、辯證的過程，問題的所在為自然有其辯證法本身引起質疑。當然自然圈和社會圈有所不同，問題是它們特殊的差異重要呢？還是這兩個基本上的相同（對實在的理解、解釋）重要呢？在效果上，自然的辯證法的問題會化約為自然主義普遍性問題的一種。

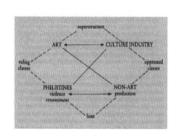
馬恩物質主義的辯證法

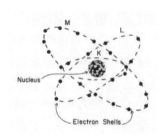
應用於原子的分析之上

恩格斯名著《自然辯證法》

顯然，我們把馬克思、恩格斯的立場牽連到黑格爾的立場以下圖表示：

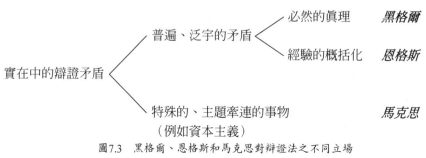

圖7.3　黑格爾、恩格斯和馬克思對辯證法之不同立場
資料來源：Bhaskar 1991: 148，本書譯述者加以修正

此一問題的解決端視辯證法是否可以推擴到自然那麼廣大的範圍裡，而社會也含有那麼多的自然之屬性，而有必要把社會推擴到自然（與自然合一）嗎？就算我們承認社會可以擴展到自然的範疇，回答也未必一致，因爲在自然中可能有辯證的兩極彼此相包容的對立，而不是知性和理性可以看出它們就是處於辯證的關係中。

高恩（Richard Gunn）在一篇題爲〈自然是辯證的嗎？〉中提出，辯證概念的「否定」和「矛盾」可以用來描述概念與概念之間的關係。它們也可以應用到人的思想與行動的詮釋上，只要人類是有意識的、能夠思維、能夠使用概念的高級靈智動物。但這些概念卻不能應用到自然的流程之上，以免造成以人爲中心，或視萬事萬物都有靈魂（泛靈論）之錯覺。是故主張自然有一個辯證法在操作、在活動，不屬於唯物主義的哲學，而應屬於唯心主義的哲學，這就是恩格斯違背他信奉的唯物主義（Gunn 1977: 46）。

替恩格斯解套的人會這樣的辯稱：(1)對自然的考究主要靠的是人；(2)人從自然中出現（歷史性的誕生）就要首先設定「沒有識別的出發點」（謝林之主張），或稱是「辯證的同一」來支撐「穿越範疇的」（transcategorical）辨識的能力（可能性）。可是在認知論、認識論中有同型化（homogenization 認知與對象具有同形、同質的特徵）、或等同（equating在實驗和衡量中認知與客體相似相同）的說法，也有在歷史中湧現（進化論）的說法，這兩種認知論都假設：相關的自然之辯證的關係都是非黑格爾式的看法，也就是人的心靈與自然處於不對稱的關係之上，亦即社會的形態之先決條件變成自然的形態，這是與黑格爾的主張相反（自然爲心靈投射到外頭的「他者」，也是異化的心靈；自然形態要回歸社會形態；把異者、他者變成自我、回歸自我；自然的形態要以社會形態爲其先決條件）。因之，任何認知論的、存有（本體）論的同一，只能發生在範圍更大、更高的物質主義之不一致、不同一的領域內。

在短期間觀察，恩格斯對辯證法的干預（擴大解釋）是第二國際期間對進化論推崇備至的馬克思主義之一種傾向，亦即倒向超級自然主義與一元論的時尚所造成的結果，這點可與海克爾（Ernst Haekel 1834-1919）、杜林的實證主義相提並論，儘管這兩人的學說爲恩格斯所大力抨擊。不過長期看來，恩格斯取用黑格爾辯證法的某些形式上之結果卻也值得省思。恩氏把黑格爾辯證法看作反思論在認識論上取代了同一原則，以流程、過程來看待世界的生成變化，俾支持形式的同源相似說（homology）。恩格斯這種做法只會造成強調本身學說的正確、權威性，但也導致馬克思主義知識的封閉性、絕對性，把哲學溶

解爲科學，甚至現狀的樣貌表面上的改變（transfiguration），而實質上則固定不變，導致蘇維埃馬克思主義的教條化、僵硬化。

德國生物學家 Ernst Haekel （1833-1921）　　　Eugen Dühring　　　恩格斯大作《反杜林論》

　　恩格斯無意間建立了歷史的自然化流程，俾作爲一個「新的絕對」（比照黑格爾建立之「舊的絕對」——精神之絕對階段之完成）。與此可以相提並論的爲盧卡奇的嘗試，他企圖把歷史的目標予以實現，這個目標是黑格爾在冥思的、思辨的哲學要追求的，但迄未落實的夢想。同恩格斯、盧卡奇、黑格爾相對照，馬克思卻企圖在政治經濟學當中來尋找歷史的最終答案。對馬氏而言，普勞階級的命運與角色乃是歷史主體與客體的合一。在恩格斯與盧卡奇那邊，歷史在效果上其實體完全是空洞的。因爲恩格斯用泛宇的流程之範疇「客觀地」看待歷史，把歷史看作很多的中介運動、或環節（段落 moments），也就是自我實現最終無條件的行動之中介活動、之環節。這些活動、環節都是歷史變遷的邏輯之場域。

　　儘管有上述原始的瑕疵，不管是辯證唯物主義和西方馬克思主義的傳統，都曾經產生一大堆值得矚目的辯證法大師。除了盧卡奇、寇士對歷史的自我意識、主體與客體、整體與部分之辯證法，強調馬克思主義中主體性、行動性以外，尚有葛蘭西理論與實踐的辯證統一。此外，馬孤哲強調本質與存在的辯證，柯列悌外觀與實在的矛盾，這些學說與主張多少是黑格爾辯證法觀念的引申和擴大。至於卞雅敏把辯證運動看成歷史不連續與災難重重的面向，卜洛赫則強調客觀的幻思，沙特把辯證法看成個人本身總體化，活動可以被理解的部分。列費布勒視辯證法在標誌去除異化的人之目標等等，都可以說是在黑格爾

的遺產、遺緒中加以發揮的例子（洪鎌德 2004b；2010a）。但西馬並不完全
接受黑格爾的思辨方法，例如阿圖舍、柯列悌、歐爾培便倡導反黑格爾哲學傳
承的說詞，或強調馬克思認知上的斷裂從哲學轉向科學，或強調馬克思主義理
論與行動結合的社會科學，或在特定歷史時期獨一無二的理念價值、制度引導
下以經驗的研究法來研究實在。是故概念的抽象化可以掌握實在。要之，歐爾
培的辯證法包括非僵化、非實體化的思維，而阿圖舍的辯證法卻代表了總體
（社會、國家）的複雜性，表現泛層決定之相互關係。阿朵諾的主張可以說是
上述贊成與反對黑格爾觀念之間的說法，一方面強調所有的批判都應該是內在
的，而非外面加進來的，另一方面他也採取非統一、非認同的想法（Bhaskar,
*ibid.*, 149）。

Karl Korsch　　　Louis Althusser　　　Lucio Colletti　　　Maurice Godelier

　　值得注意的是強調辯證唯物主義的傳統中，史達林把恩格斯第三條辯證
律（否定的否定）加以拋棄，而毛澤東則把第一條律（質量互變律）化做第二
條（對立面的統一律）的特例。這個做法可以說是在延續列寧的精神，蓋蘇維
埃馬克思主義在列寧之後，已逐漸把辯證法當中累贅的說法一再清除。造成這
個情勢固然與唯物主義有關，也與政治的動機有關。否定的否定（恩格斯第三
律）是黑格爾要為限定的事物走向無限、無窮之途的解套辦法。不過像葛德
利爾（Maurice Godelier）所指出：一般唯物主義者鮮少注意到馬克思所言的
「統一」（unity）與黑格爾主張的「認同」（identity）有何不同。在這些忽
視中，毛澤東對矛盾的看法──敵對的矛盾與非敵對的矛盾之分別，主要矛盾
與次要矛盾的分別等等──可以說是頗值注意的說詞。這也是列寧與托洛茨基
所強調的矛盾發展中，有「合併的」、有不均衡的發展之原因。

# 十、恩格斯的批評及其誤解

假使黑格爾的概念辯證法可以如上簡述，那麼恩格斯與馬克思主義者卻在抨擊它、斥責它（或多或少否認這種辯證法有獨立自主的價值），恩格斯說：

根據黑格爾的說法，辯證法是概念的自我發展……從無限而來（無人知道其出處）〔朝無限發展〕，這些事件完全獨立於人腦之外〔在發展〕。這種意識形態的倒行逆施應當被拋棄。我們理解我們手中的概念一旦更為物質地〔去掌握它〕──當成真實的事物的映像（*Abbild*），而不是把真實的事物當作絕對概念的這個或那個階段之映像。因之，辯證法化約其本身為運動普遍規則之科學……在此情形下，概念本身變成真實世界辯證運動有意識的反射，是故黑格爾的辯證法是放置在他的頭上，也就是把他的頭腳反轉過來，不再說他的頭顱抵地〔雙腳朝天〕，〔應該〕把辯證法放在他的腳上。（*SW* 3: 362）

因之，恩格斯分辨了概念的辯證法和「真實世界的辯證法」，後者是經驗論上可以知悉、查證的，亦即不藉哲學而靠科學便可以瞭解的。他認為黑格爾式的辯證法與唯物主義無法相容，而主張唯物論者必須拋棄它，而以「真實世界的辯證法」取而代之。

諾曼認為恩格斯這種說法是錯誤的。在分辨概念的與真實世界中這兩種辯證法時，恩格斯所言不虛、值得肯定。而且上述引言大體不差，可作為對黑格爾辯證法合理的、重大的批評，但恩格斯假設黑格爾的概念辯證法與唯物主義不相容之說法卻值得商榷。

諾曼指稱把黑格爾的辯證法視為概念的辯證法，並沒有把作為事物的概念當作物質世界的事物截然有別的東西。換言之，它仍屬於物質世界（現世）的東西，而非理念界的東西。否則又要倒退到柏拉圖把物質界與理念界分成兩界的兩元論之窠臼中。雖不贊成兩界說、兩元論，但諾曼卻承認傳統哲學所做的概念與經驗真理的判別。就是做了上述哲學的真理分別，才能夠把黑格爾的方法看作概念的辯證法。

黑格爾「概念辯證法」就是在這個哲思（邏輯的、思想的、哲學的）意思

之下包含了概念的眞理。他主張所有特殊的、殊別的事物同時也具有普遍的、泛宇的性質，在經驗現實中可以說無法找到。這句話所以爲眞，只有在「殊別的」概念與「普遍的」概念兩者之間的關係中找出來。但這個眞理對眞實世界的某一樹、某一屋卻也可以應用，指特殊物也是眞實的。這個說法是指某樹、某屋之所以是一個特殊的東西，正是由於樹的共相、屋的共相之普遍性爲人所熟知的緣故。因爲概念上的關聯而說出這個聲明爲眞，何異爲相關的詞彙（概念）在語言的使用中是眞實的。這何異有形體、有軀體的人在說或寫的有形活動中做出這個眞實的聲明（聲稱、主張、描繪、敘述），是故對概念眞理的承認不能像恩格斯一般看作與唯物主義不相容。

只有這樣批駁恩格斯的說法未免太消極，比較積極的講法是說任何適當的哲學（在辯證唯物主義一般觀點之下）應當承認和包括概念辯證法。經典的馬克思主義對辯證法的表述、描繪，實質上呈現了概念辯證法的典例，儘管未獲得公然的承認。列寧在其作品〈論辯證法的問題〉討論了普遍性與殊別性的一體（認同）性，他對黑格爾這個一體性大爲讚揚。再說上述引用的恩格斯之話語，他表示辯證法有某些一般性的科學的規則，包括恩格斯所歸納出來的辯證三律（質量互變律、對立的統一律、否定的否定律）。量轉爲質的變化律則可以說是對黑格爾學說的擴大與增補，只是諾曼不認爲把這些律則當作經驗的、科學的律則是恩格斯成功的嘗試。它們最多只能看作是黑格爾概念辯證法的例子而已（*ibid.*, 35-36）。

# 十一、恩格斯辯證法的當代重估

恩格斯的辯證法在二十世紀引發爭論，但在二十一世紀初卻受到科學界的重估與好評。

（一）**古生物學所揭示的進化新理論**：過去指摘恩格斯把辯證法應用到自然界的人（如：盧卡奇）是誤會他所認識的自然科學爲十九世紀過時的學問。殊不知，現代科學所討論自然現象的複雜和混沌，已提供資料證明：恩氏把辯證法應用到自然界的睿智。過去的科學學說，誤把進化看作緩慢的、逐步的變化，而不受驟然突變的影響。以生物的演進爲

例，新的古生物學說（paleontology）主張：生命形態的演變，是在使生物適應其環境；不過，環境條件一旦改變，生物為了生存，即會發展其特殊的本事（殊別化 specialization），俾適應其變化。甚至適應相反的脈絡（context 環境）所要求的進化流程。這就是古生物學家古爾德（Stephen Jay Gould 1941-2002）所提出；之後，也被學界所證實的新理論。其原因為：生命常瀕臨混沌的界線；任何些微的改變，都會造成災難毀滅的後果。

Stephen Jay Gould

Richard Lewontin

　　古爾德對恩格斯的著作，特別是《從猿猴轉變為人類過程中勞動所扮演的角色》，則大加推崇。他認為：歷來的科學家如能注意此書，就不會犯那麼多的錯誤。辯證法教授人們，要去理解變動不居的流程，以及事物彼此的牽扯和關聯。馬、恩的哲學著作，雖然沒形成有次序、有組織的體系，但他們語含機鋒，常有超凡的卓識；如善加利用，即可以成為科學方法論的利器。馬克思主義不僅是政治學說和經濟理論，它更是未來之學，為人類指明一個新的路向。「辯證唯物論讓吾人研究實在（reality 實狀、實相），而非一頭栽入乾澀無味、毫無關連、毫無意義的系列事件（「事實」）裡。反之，它是研究事象，即由於事象因內在矛盾的驅使而造成的動態流程，以及其變動與豐富的內涵。此際，馬克思主義呈顯出它的重要性和緊迫性」（Woods 2015: 15-16）。

（二）**辯證唯物論可防止現代人陷入抽象教條中**：對恩格斯辯證法的三律用現代進化論來補充、辯解和支持的生物學家李翁亭（Richard Lewontin），則指出：辯證唯物論不曾是，也不是計畫性解決物理性的問題。相反的，它是一種高瞻遠矚的整體觀和預防性的警剔記號，以提

防人群陷入教條和褊狹的心態。它告訴吾人：歷史會留下痕跡；自然有存有的面向，也有虛無的另一面向；條件的變化一方面會開創一條新途徑，另一方面也會消滅舊的路線。這一學說讓人在注視時空的當兒，不致浸淫和沉沒在抽象的、唯心的理論之泥淖裡。當現象陷入孤立無緣（援）的境地時，境遇和互動的性質之影響即喪失掉。任何不作為的，或中斷的作為，會提供吾人警告和防範的警訊；其在現實社會的應用，常是隨機而定的（contingent）。這說明唯心主義的理性思想無法應付百般變化的、複雜的、分歧的當今世界（Beatty 2009: 685）。另外，前述的古爾德，也響應李翁亭之對辯證唯物論正面的評價。他們都把辯證唯物論，當作發現新知的角色（heuristic role）來定位。

古氏認為西方學者對辯證唯物論可要嚴肅以待，不致隨著蘇東波的變天而輕言放棄。他說：當辯證唯物論被表述為變化哲學的指導原則，而不是官方下令的教條時，這三條經典式的辯證原則或律則，倒是具體而微地表現為一種整體觀（holistic view）；目的則在理解體系的成分（成員）之彼此的互動，不把互動的成員看作先驗性的（*a priori*）單位，而是當作體系的投入（input）和產出（output）。所謂相反勢力的相互穿鑿（interpenetrating opposites）之律則，可以記錄體系成員的相互依賴、相互扶持。量變轉化為質變之律則，在解釋以體系為基礎的改變觀點；它可讓逐步增強的投入最終足以改變事物（甚至國家）的結構和屬性。否定的否定的律則描繪社會發展方向和歷史趨勢；亦即企圖解釋每一現時瞬間的變化，而無法把現狀扭曲為過去的樣貌（Gould 1990: 154）。

（三）**辯證唯物論與科學革命觀**：這種辯證唯物論的發現新知觀（heuristic view），還可以應用在當今生物演化的新理論，亦即古爾德與艾椎濟（Niles Eldredge）提出「穿刺平衡論」（Punctuated Equilibrium）上。前者是有關生物進化的理論；它指出：在地質學史某一期中的化石的紀錄，顯示種類有其穩定不變的靜態（stasis）。當重大的演變發生時，種類不是由原狀逐步變成另一狀態，而是因為分枝的特殊化（分殊化 branching speciation）的驟變過程，會使種類分裂為二；這種一分為二的演進過程，就是種類受到穿刺而進入另一平衡的新狀態。

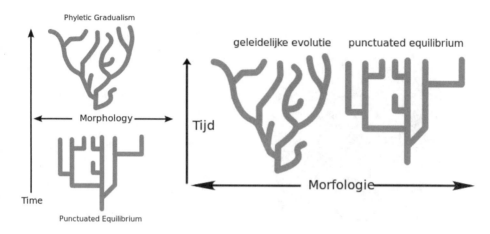

　　於是，這兩位古生物學的進化論者即稱：「黑格爾說，歷史是由否定〔的歷史現象〕螺旋式地往上昇進。穿刺平衡論則是一種解釋性的模型；旨在說明地質學史上種類的布置，分殊化不連貫的改變過程，以及種類〔求取存活所擺出〕的陣勢〔部署、安置〕」（Gould and Eldredge 1977: 145）。在這個解釋模型中，這兩位古生物學家屢用「量變轉化為質變律」，以及「新性質是由於〔舊性質〕緩慢的質量累積之變化後，由量變跳躍為質變而成；也就是穩定性的狀態，在抗拒改變失敗後，突然被迫轉型」。量變轉化或躍入質變最通常的案例無過於水（液體）燃燒到100℃時便化做蒸氣（氣體）。

　　古氏與艾氏還以「資訊理論」（Information Theory）為例，說明辯證唯物論的量變轉化為質變的律則之可信度和應用性。他們說：「透過負面回饋平衡狀態之看法，會讓那種穩定的說詞、不變的老套或可暫獲保持；可是正面消息不斷的湧入，反會很快推翻既定的看法」。這種量變促成質變的說法，尤其可從孔恩（Thomas Kuhn 1922-1996）所提出典範和典範轉移（paradigm shift）有關科學革命結講說得到明證，即人們不再堅持科學知識是累積的、統一的、證成的。典範是指：相同領域的科學家，接受共同的訓練、研究方式、概念結構和共享學術價值而呈現的成績。科學革命表現在學界從一個舊典範跳躍到另一個新典範的選擇上；當新舊典範的不可共量性（incommensurability）遭跨越之後，科學革命才會發生。這種學說可以稱為：辯證唯物論對科學革命的結構的說明暨應用（Kuhn 1962）。這些學說和主張，係無疑地在為辯證唯物論提出堅強的學理之辯護。

Kuhn made several notable claims
concerning the progress of scientific
knowledge: that scientific fields undergo
periodic "paradigm shifts" rather than
solely progressing in a linear and
continuous way, and that these paradigm
shifts open up new approaches to
understanding what scientists would never
have considered valid before; and that
the notion of scientific truth, at any given
moment, cannot be established solely
by objective criteria but is defined by a
consensus of a scientific community.

Thomas Samuel Kuhn
（1922-1996）孔恩（庫恩）

# 十二、黑格爾對時間兼經驗的辯證法之觀點

　　不過嚴格地說，概念的辯證法尚無法涵括黑格爾辯證法的全部。前面業已
提過當黑格爾說辯證法涉及已改變與過程時，他並不以吾人普通想法來談改變
與過程。有時他的確是指日常人們所見到的變化與流程，例如下面引言，便看
出他使用普通人所言的變化。他說：

> 我們必須不假定〔辯證法〕的存在只限於哲學家〔的想法〕，比較
> 真實的說法是指意識不同程度感受的律則，辯證法提供表述。環繞
> 我們周遭的每件事物都可以看作是辯證的例子，我們意識到每項事
> 物都是有限的，取代穩定和終久，也是變化多端和臨時過渡。（Enz.,
> §81）

　　他接著說這個變化的例子為星球的運轉、個人或國家命運之變化。我們不
禁要問黑格爾這些物質、物理、天象的變遷與概念的辯證法有何關聯？
　　在自然界的變遷事實上在黑格爾的哲學中扮演的角色有限，這是他對自然

哲學的闡述不若對邏輯、精神、社會、歷史那麼詳盡的緣故。儘管他對自然演變的事實確實強調過，他的主張傾向於準宗教的形式，亦即強調有限事物的過渡性，他特別否定當成整體的自然展示任何的發展跡象。他說：

> 在自然當中發生的改變──儘管變化萬千──表現出來的一種永恆的自我複現底循環。在自然中所發生就是「太陽底下無新鮮的事」。它的現象多樣性的表演造成令人厭倦的感受，只有在精神界發生之事才令人耳目一新。（Hegel 1956: 54）

這段話特別表示黑格爾拒絕自然種類的進化理念。再說：

> 這完全是空想去表述在時間中種類一類換一類地、連續地往前發展。時間先後的不同對思想而言引不起任何的興趣。假使它只是把存活的種類假以分門別類，目的在為心靈指出它們如何被歸類，或是就其假定與內容上從最差勁、最貧困上升到更為發展的、豐富的種類，或是相反的次序〔從最佳到最壞〕，這些運作多少還是可以激發一般的興趣……千萬不可想像這一個枯燥無趣的系列可以導致動態的、哲學的、或可被知曉（不管你怎麼說）的〔表述〕，也就是藉它們可以彼此一類產生另一類的說法……陸上的動物不可能從海中的魚介類自然地發展出來。（Enz., II; Hegel 1970: 20ff.）

鑒於馬克思主義者聲稱達爾文的進化論是一種科學的辯證法，但這種說詞在達爾文學說尚未發展之前，便被黑格爾的哲學（概念）辯證法、或時間兼經驗的辯證法所拒斥，這真是何等的諷刺！

對黑格爾而言，自然的變化不若世事人物的變化那麼強烈、那麼複雜、那麼顯眼，特別是涉及人類歷史的遞嬗演變，更是辯證法突顯其威力的場域。

歷史不是國別史、朝代史、個人功過的紀錄，而主要的是文明史、思想史、哲學史。黑格爾認為歐洲哲學史是完整的哲學體系漸進的精雕細琢（elaboration），也就是把各家的哲學除舊佈新的彙整。是故在它的體系仔細建構的《現象學》和《邏輯科學》，也透過他對哲學史、歷史哲學、心靈哲學、宗教哲學、國家學說等等著作與演講集之外，把古往今來的學說重新捕捉、重加整理，從中看出思想的辯證運動，以及從辯證途徑邁向體系的目標。

　　黑格爾這種思考與探察方式，爲哲學史提供頗富創意和有價值的門徑。過去人們質疑哲學史的研究無助於哲學的瞭解與進展，原因是每一哲學家各有其主張，都在批評與拒斥另一哲學家或另一學派的說詞。因之，哲學史充斥一大堆被排斥擯棄的理論，而造成一無所成的感受。這種質疑無法一下子澄清，而需要耐心的檢討與考量。而回答這個疑問最好的答案，似乎是黑格爾所提供的。他認爲縱然以往的哲學家均未建立完整的、最終的哲學體系，但他們各自的努力仍代表一種正面的原則，是應保留在完整的哲學體系中。於是他努力在哲學史中認眞發掘、質疑、辯駁，便是這個正面的原則，也努力去找出這個原則與其他相關聯、或相對立的學說如何相輔相成，最後爲滿意的哲學體系提出進步性的貢獻。過去的哲學難免不符合時宜，但其重要性卻不能一筆勾消。

　　黑格爾不只說出過去各種哲學學說對目前、或未來完整的、最終的哲學體系可能的貢獻，他還把學說之時間先後的進展當成邏輯的進展看待，也就是一個（派）哲學與下一個（派）哲學內容方面的邏輯關聯。過去的諸種哲學不但當作整個哲學體系的要素來處理，而且它們時間上的次序提供給體系邏輯的序列和結構。因之，黑格爾大可以說概念的邏輯展示的是一種發展的先後序列，靠著這個先後排列的哲學（學派）多少有邏輯發展的情況發生，譬如十七與十八世紀理性主義的傳統，是對洛克、柏克萊、休謨等人的經驗主義之反應，而康德則企圖對理性主義與經驗主義加以綜合。不過把整個哲學史看作是單一邏輯的發展，爲避免把哲學史放置在一個類型的框架裡，這未免違背事實。事實上，哲學史裡頭有進步也有倒退，有行不通的死巷，也有順暢的大道。

　　假使上述諾曼的看法大體上不致離開黑格爾的基本想法，那麼兩人的不同不在內容，也不在形式，而在於強調之輕重而已。比較引起人們嚴肅性的質疑的所在是黑格爾對政治與社會生活歷史的觀點。這裡頭固然有值得稱讚之處，也有可議的地方。

黑格爾紀念郵票

《邏輯科學》德文原著

　　黑格爾承認社會與政治制度需要靠它們的歷史發展來加以理解，而且人類社會的結構沒有必然的、或無可避免者。但在這裡卻碰上了麻煩，原因是黑格爾把社會（與政治）生活的歷史發展認同（等同）為概念的辯證法的邏輯進程。時間先後的變化被他視為概念辯證的展示。在《現象學》中黑格爾把歷史分成三期：(1)古代世界，以希臘城邦的榮景盛況為例；(2)封建世界，靠法蘭西革命加以終結；(3)現代世界，從法蘭西革命開端。當黑格爾著手要為上述三個時期的關係，亦即從每一時期轉型為另一個時期做說明時，他的解釋之方式似乎是從邏輯關係──從「普遍」到「殊別」的概念──中衍生出來、推演出來。

　　在古希臘的城邦中，個人被吸收到社群的普遍性生活當中，他與其城邦的生活一體，而發現他生活的實體只存在於城邦（社會）的實體中。中古的封建世界一度被黑格爾描述為「自我異化的世界」，在其中人們生活在雞零狗碎化、孤獨之中，是故為殊別化之表現，這包括主人與附庸、地主與君王的關係在內。其結果在封建世界，社會界的整體被諸個人感覺為外在的、陌生的。社會呈現國家的權力，或呈現有錢者的財力。這種情況不只中古世界的特徵，也是絕對君主制盛行的近古之特質。到了第三期的現代，上述相反的面向被統一起來、綜合起來，個人再度悠遊社會普遍生活、泛宇生活當中。不過不像古代希臘城邦無分別地、無分辨地被吸收在社群中，而本身有意識，也願意接受這種合理的安排。這時的個人是一個有殊別的、自由的個人。於是歷史的這三個時期可以表述為「普遍的」、「殊別的」、「個體的」（綜合前面兩者而形成

的「具體普遍性」）三個階段。

　　黑格爾很可能這樣來假設，由於普遍的、殊別的和個體的邏輯之演展、辯證之運動，強調普遍的必然會過渡到強調殊別的，而強調殊別的最後也會轉型到強調個體的，於是一個世界轉變爲另一個世界，一個社會轉型爲另一個社會。換言之，古希臘強調普遍性而排斥殊別性，最終必須變化爲代表殊別而排除普遍的封建主義時期，最終這兩者的對立再度被否定，而轉入重視群體中含有個體自由發展的現代世界。

　　我們不禁要質問黑格爾何以要堅持這種明顯地匪夷所思的歷史變遷之觀點呢？回答這個疑問就要在其哲學的觀念論（唯心主義）中去找尋。偏偏這部分的觀念論是黑格爾最壞、最難取信於人的唯心主義觀點——泛神論。黑格爾在《邏輯科學》中暢論的理性的結構簡直不是人思想的結構。理性本身是一種獨立自主的力量，是在世上發動萬物存活、活動的力量。它是隱藏在自然界背後的創造性力量，也是歷史驅動的力量。這個「理性」幾乎可以等同爲上帝。人類的歷史是理性的展露，是上帝在世上的自我顯現。這就是黑格爾何以能夠把概念的辯證等同爲時間的辯證之因由。

　　這樣做也說明黑格爾何以犯錯。假使是他的觀念論使他能夠把兩者認同，則一旦拒絕他的觀念論，則必然發現兩種不同的辯證法之並存。我們必須把它們當作彼此互相獨立、互相分開的辯證法來看待。我們有必要承認世界眞實改變之事實，以及這個改變所做出來的形式，這個改變的事實無法從概念辯證法演繹而得，而必須從經驗上來確定這個改變的情況。這個批評在上一節引用恩格斯的話已說明過，我們認爲就這方面而言，恩格斯的批評是很正確的。把時間上的改變從概念的自我發展引申出來，黑格爾以頭頂地、雙腳朝天，因之有必要把他翻轉過來、扶正起來。只是恩格斯接著說，由於黑格爾把實在顛倒來看，吾人有必要把他的概念辯證法一併揚棄，但這無異把嬰孩洗淨之後，連同髒水一起丟棄，實際上我們只需分辨概念辯證不同於時間辯證便足夠（Norman 1980: 37-42）。

# 十三、馬克思主義者如何看待時間兼經驗的辯證法

　　一旦從概念辯證法分開，我們要如何處理「時間的」和「經驗的」辯證法呢？後者為恩格斯以及馬克思主義者關懷的主題。我們或者可以說，當概念的辯證法論述一個概念轉變為另一個概念時，經驗的辯證法就事物怎樣生成變化。不過這樣說未免太寬泛、太通俗。不管是芝諾、是帕門尼底斯（Parmenides 515-450 BCE），無不承認萬事萬物的變化。

古希臘哲人帕門尼底斯

He was the founder of the Eleatic school of philosophy. In his poem, Parmenides describes two views of reality. In "the way of truth" (a part of the poem), he explains how reality (coined as "what-is") is one, change is impossible, and existence is timeless, uniform, necessary, and unchanging. In "the way of opinion", he explains the world of appearances, in which one's sensory faculties lead to conceptions which are false and deceitful. These ideas had a strong effect on Plato, and in turn, influenced the whole Western philosophy.

　　我們暫時拋開泛泛之談，而看恩格斯所舉的特別的例子，俾瞭解經驗辯證法的重要事項、重大意義。恩格斯指出透過經驗科學的檢驗，一些被視為靜態的東西，實際上都是處在不斷的改變當中。其一為現代物理學的觀點：物理的宇宙基本上不能看作一大堆事物的複合體，而應該看作各種各樣過程的綜合；其二，發現我們的太陽系不是沒有改變的星球運動之組合，而是從原始的星霧團塊產生出來的；其三，達爾文的進化論改變了長久以來沒有時間觀念的動植物種類的分門別類；其四，社會制度（像薪資勞動、資本、家庭、國家）是歷史上特殊的制度，其出現每隨社會脈絡之不同，而有不同的存在或表現方式，但這不是永恆的事物，也有消失的一天。

　　這些例子有何重要的意義呢？後面所舉的三例明顯地告訴我們，這些現

象不能用靜態的眼光來看待，而是發展過程的產品。如果單純用現在的狀態來看待某物，而不對該物過去的樣貌以及其在時間過程中的發展加以矚目，該物無法被人們所認識、所理解。達爾文知識上的突破，就是在解釋活生生的有機物如何適應其變遷中的環境，以求自存、以求繁衍。這種生物的進化絕非大量的、偶發的對稱性，也不是神明刻意的、好心的創造，而是藉由以往生物的基因的隨機變化之假設，來設法理解進化的可能性。除了基因的變化，還要靠這些變化的特徵之遺傳，以及適應不良的有機物之遭受淘汰等等之設定，我們對進化論才能知道梗概。同樣地在涉及人的社會時，馬克思主義者指出要理解當代的資本主義社會，我們有必要認識它是歷史上特別的社會生活之形式，這個資本主義的社會形式是從過去不同形式的社會演化而來的。更重要的是要瞭解它不只要對它過去的發展狀況有所知悉，還要進一步知道它未來的走向。換言之，要在注意其目前的展現性、實現性（actuality）之外，探究存在目前情況背後的潛在性（潛能 potentialities）。以社會形態的進化而言，我們不只觀察構成目前社會的本質性、基本性的勢力，也要測知其發展的潛勢力，以及其成長、發展的轉捩點。因為一般超過這個關鍵點，社會就轉型為另一個與前大不相同的樣態。

　　對社會生活這種辯證的看法與通常的常識見解相違，也與知識理論的主張背反，後面這兩種看法是企圖在歷史變遷中社會生活之特殊樣貌加以概括化、一般化，而歸結於沒有時間觀念的「人的條件」當中。常識上我們常聽到人們說人性不可改變，或說人性是競爭的、貪婪的、侵略的等等，而忘記這種強調人的競爭、貪婪、侵略之行為，係受到社會形態及人際關係的制約。不只通常的人犯這種見樹不見林的毛病，就是大部分的社會思想家有時也缺乏這種歷史的意識。以霍布士為例，他錯誤地以市場為主要的社會形態之訴求競爭擴大到人性追求自利，不惜造成「每人對抗每（他）人」（*bellum omnium contra omnes*）。洛克與盧梭居然相信原始人智慧十足，可以靠著理性的指引而進行社會契約的締訂，擺脫自然狀態而進入有官署、有政治組織的文明社會。休謨把公義、正義視同為私有財產的保護。經典的政治經濟學者誤認供需律和「薪資偏低的鐵律」成為全部經濟生活的律則。所有錯誤都是受著時間的辯證法觀念錯誤所造成的。

Hobbes　　　　　　Locke　　　　　　Rousseau　　　　　Hume

　　恩格斯認爲所有表面上顯示穩定，而實際上卻是受到變動不居的的理論，包括達爾文的進化論和馬克思的唯物史觀，都應該受到經驗科學方法的檢驗。他這種主張是正確的。它們（這些理論）不能從辯證的一般通則上推衍而生、演繹而得。每個案件都必須分開考慮、獨立審視，並且其學說應該建立在相關的經驗的事實之上。太陽系的理論、進化論和馬克思主義者的社會理論，彼此都是獨立而沒有相關的理論，都各自牽涉到一組經驗事實。但是恩格斯似乎假設我們一旦在它們分開的領域建立各自的理論，那麼它們能夠被視爲提供經驗性的支撐，也就是支撐更高的、更進一步的一般性論題，彷彿是超科學的法則、定律，目的在主張當成全體、整體的實在是一個辯證的實在。這種擴張性的解釋，不但是容易誤導讀者，也沒有必要。

　　「實在是辯證的」究竟有什麼含意呢？這不過在說明萬事萬物變動不居而已，這是一般大家熟知的事物，沒有什麼新奇。說某事某物正在變化中、轉型中，暗示變化的過程中保有事物一定時間中的認同體、同一性，我們怎會知道那個處於變化與轉型中的東西是某事、某物呢？像封建社會轉變爲資本主義社會，首先我們要確定封建社會是怎樣的一個社會，如果它如今變資本主義社會，一定是同一個社會在不同的時間中的變化。因之，爲了確定變化的發生，就需要假定該社會的認同性、同一性之識別，以及變化中之不變成分、繼續的成分（這個社會）之確認。這也就是說「所有事情經常在變化的」這句話隱涵在某一層次上要否定變化，要確定認同性、一體性、連續性之存在。換言之，社會不斷在變遷這個說法，與同一社會繼續存在（不變遷）之說表面上是矛盾，實質上卻可以彼此相容。

　　因之，經驗的辯證法不可與任何單一的、一般性的論題（提法）看作是同一、相等的。這個單一的、一般性的提法有可能是眞與對，也有可能是假

與錯。反之，一個經驗的辯證法之概念的價值在於幫忙解釋，也就是發展之解釋。在此一意義下的辯證法並非對整體實在的超科學之律則，而是觀察實在某些區域的方法，也是瞭解這些區域的方法。在檢驗這一區域的細節特徵之後，這一特殊的例子可望能夠產生豐富的研究成果來（Norman 1980: 42-45）。

# 十四、結論

　　諾曼在他這篇文章中主要在分辨「概念的」辯證法與「時間的」、或「經驗的」辯證法之不同。對兩種辯證法之內容、特質有所說明，而指出其中一個正確或錯誤，並不必然牽連到另一個辯證法的正確、抑或錯誤，而是指出每種辯證法各有其適用的範圍。這個分辨的說明本身並非辯證法，它只是黑格爾所說的「知性」、理解的操練而已。知性或理解的功能在分析事物，也是把一件事物從另一件（其他）事物分開來探討。討論辯證法採取非辯證的手段並非不可思議、或不適當。黑格爾所理解的「知性」應當就是如此，他描寫它「這是最奇妙、有力、甚或是絕對的力量」。諾曼希望他的作法是更謙卑、更爲嚴肅的工作，知性只是進行分析、識別的初步門徑，也是研究、考察的預備功夫。黑格爾的瑕疵就是建立關聯，也就是把概念的辯證牽連到時間（經驗）的辯證之上，甚至讓兩者有彼此一體化、認同化之可嫌。

　　一如上述所言，黑格爾很少使用費希特標明的「正」、「反」與「合」三種詞謂。因之，視黑格爾的辯證法應用在思想，或自然之上的正、反、合之運動與生成變化，是錯誤的。不過他的學說中卻再三應用「三個步驟」（Dreischritt）的程序來表達心靈、意識、甚至典章制度（特別人的教養、培育、文化）之發展。嚴格言之，黑格爾式的辯證法涉及思想或概念由原狀、原樣轉變成爲其對立面，然後經由對立面的否定，而抵達更高的、更成熟的、更無懈可擊的階段。它並非創新的營構或是嶄新的辯證法，而是古希臘以來傳統辯證法的當代應用。事實上，黑格爾對柏拉圖在《帕門尼底斯》的對話中之辯證運用推崇備至，視爲古代辯證法的傑作。就算把辯證法應用到宇宙史、人類史之上，也非黑格爾之首創（古代赫拉克里圖與新柏拉圖主義的普羅克魯斯〔Proclus 410-485〕便有此觀念）。

　　看起來比較算是黑格爾對辯證法之新貢獻，在於他辯證運動視爲「必然」

（necessary）。對他而言，辯證法「在思想的本質中所呈現的規律性之科學應用」。蓋事物或概念有限的性質是一種自然演展的結果，這種演展乃是由正面、原狀與原狀有差異、有不同；亦即「變成其對立面」，這是靠否定的力量造成事物或概念的生成與變化。在思想、社會、自然中之矛盾，在一個必然的趨勢下，走向發展的更高的階段（Hall 1967[2]: 388）。

除了上述思想觀念的相互競爭、相激相盪、相輔相成之外，對立的兩極（善與惡、主人與奴僕、思想與自然）的相互倚賴與轉型，哲學與道德態度的搖擺、不穩與轉變等等都成爲黑格爾所強調的辯證法運動之例子，這些都是否定發揮作用的所在。

總之，黑格爾的心目中，辯證乃是所有運動與變化改變的說詞、說明。這種運動與改變不只發生在世界，更多發生在我們的思想中。這種解說也用來闡明所有事物、所有思想有系統地聯結、或融合在一起。有限事物的過渡性，以及有限之提升（*Erhebung*），是由於辯證思想所造成的結果。這點對黑格爾而言，也含有宗教的意涵，因爲這是上帝權力（*Macht*）否定的力量之操作所引發的後果（Inwood 1992: 81-83）。這點使我們想到黑格爾辯證法多少牽涉到他神學的理念，他說「神學是關於神的科學」，是研究宗教信仰的科學。其主要的唯一的對象是「上帝的本性」。因之，黑格爾從思辨思維的觀點出發，認爲只有對上帝的本性、宗教的內容做思維的考察和探究，才是科學的神學。他按此觀點系統地評述了歷史上出現的各種形式的神學學說，從經院神學到近代神學，以及情感神學、自然神學、理性神學的。

Plato（427-347 BCE）　　　　　　　　　Proclus（410-485）

In the 20th century, Hegel's philosophy underwent a major renaissance. This was due partly to the rediscovery and reevaluation of him as the philosophical progenitor of Marxism by philosophically oriented Marxists, partly through a resurgence of the historical perspective that Hegel brought to everything, and partly through increasing recognition of the importance of his dialectical method. The book that did the most to reintroduce Hegel into the Marxist canon was perhaps Georg Lukács's *History and Class Consciousness*. This sparked a renewed interest in Hegel reflected in the work of Herbert Marcuse, Theodor Adorno, Max Horkheimer, Ernst Bloch etc.

20世紀黑格爾哲學再度振興，這歸功於盧卡其等人的的鼓吹

Lukács　　　　　Adorno　　　　Horkheimer　　　　Bloch

　　黑格爾把人類反思爲「有限／無限」之思維動物，導致後人對他形而上學作出種種不同的解釋，例如羅悌（*Richard Rorty*）不喜歡黑格爾動輒用「上帝的眼光」來說明世間萬物，但卻欣賞黑氏把歷史注入哲學天地裡。遺憾地是黑格爾深陷柏拉圖不理會歷史，而強調永恆的理念之泥淖中，而成爲唯心論的殘渣。19世紀末英國哲學界吹起黑格爾的研究風尚，主要忽視《精神現象學》，而選取《邏輯科學》。這是誤認前者太形而上，而後者比較有系統，較能把歷史因素注入思想中。顯然20世紀的學者還是把黑格爾的學說主要地看成爲形而上的觀點。不過1980年代相反的看法浮出檯面，也就是提供黑格爾學說是「非形而上」、「後康德」之觀點。

恩格斯以卡通的方式來描寫青年黑格爾門徒的歡聚

　　青年黑格爾門生又稱左翼黑格爾門生，包括布魯諾兄弟，施特勞斯、施悌訥、路格、馬克思、恩格斯、齊次科夫斯基等人。這一群號稱博士俱樂部（Doktorclub）成員的年輕學子在黑格爾死後十年間，展開對大師的哲學進行詮釋、批評和推廣（包括對耶穌平生的新敘述、對基督教和猶太教的論評）。他們大力推崇黑氏歷史哲學之主旨在發揚理性與自由，任何社會、政治、經濟秩序和思想文化的安排，一旦妨礙理性與自由的發展，都應予以抨擊甚至採取行動加以摧陷廓清，因而採用改革和革命的手段來對付官方或教會的壓制，變成這群「偏激」和「異議」份子的言行和想法。其中不乏對未來社會懷抱理想、期待和幻想者。

黑格爾以及其絕對精神是否類同帶有濃厚酒精的烈酒呢？

# 黑格爾的國家學說

# 第八章　黑格爾的國家學說

一、前言

二、有機的國家觀

三、市民社會與倫理生活

四、國家的結構和諸種權力的並立

五、戰爭與世界史

六、引論與結語

# 一、前言

黑格爾的思想體系由精神現象學、邏輯學、自然哲學、心靈哲學、法政學、宗教哲學、歷史哲學和美學（藝術哲學）等構成。其中精神現象學的主要內容爲認識論與心靈（精神）哲學，又與其法政學緊密連結。其原因無他，這是由於法政理論與國家學說正是精神從主觀邁向絕對過程中的客觀價值。換言之，國家與社會以及典章制度正是客觀精神之表現。是故討論黑格爾的政治觀、法律觀、國家觀（尤其是當年瑞士和于騰堡的憲法、英國1830年代初的憲政改革，成爲黑氏終身不渝的志趣）是瞭解黑格爾哲學大系最重要的支柱之一。

黑格爾對法政與國家問題的興趣是怎麼產生的呢？是由於他對當代（近現代）社群（*Gemeinschaft*; commuuity）崩裂爲社會（*Gesellschaft*; society）的驚駭與疑懼。這種社群轉變爲社會的情況係起因於個人自由意識的高漲，以及法律對私有財產的強力保護。企圖把天下大事建造成一個體系的黑格爾哲學，遂努力把人群（個人、社會、國家）相互衝突的生活經驗之種種切切連繫起來，亦即把理性與欲求、有限與無限、私利與公益做一個對照，從中設法予以調解妥協。於是他的名著《法哲學大綱》（1821）（以下簡稱《大綱》）遂成爲現代理性的國家學說、諧和的政治體系、衡平的法律體制、合理的倫理生活之範本。其目的無法在解決個人與社群的衝突、私人利益與社會責任之間的矛盾和對撞（Cullen 1979: xi-xii）。

在這本鉅作中，黑格爾對法政與社會哲學最大的貢獻在於分辨政治國家與市民社會的不同。應用他辯證法的原理，市民社會是介於家庭與國家的中間階段。市民社會的群體生活與家庭中建立在血緣與愛心的道德生活截然不同，也與立基於政治事務、國家運作的公共生活明顯歧異。因之，黑格爾會把市民社會你爭我奪、追求自利與私欲滿足的需要體系看作是邁向現代政治社群（一個以理性爲原則而建構的領土團體）之途上的基本驛站，亦即從家庭而社會、而國家成長過程上的一個發展之環節（洪鎌德 2014：363-373）。

把國家與社會做概念上的分別、分辨，是黑格爾社會與政治哲學最具創意的新猷，儘管這種區分引起的爭議也不容忽視。原因是這種區隔引起人們的讚賞，也激發後人的批評。這種原爲市民居住城市的人民之市民社會

黑格爾所著《法哲學大綱》（1821）討論政治國家和市民社會

（*bürgerliche Gesellschaft*）的詞彙，後來被馬克思襲用，改爲相當於法文布爾喬亞（*burgeois*），亦即有產、資產階級的社會，而且變成馬克思社會與政治理性的基礎——基本概念，用以批評現在資本主義社會。馬克思對當代資本主義社會大肆抨擊之前，對這個名詞進行研析與批評，其方向有三：其一，首先、馬克思質問這個名詞（市民社會）的哲學背景與脈絡，也質問黑格爾的辯證方式（唯心主義的辯證法），批評黑格爾把人的眞實社會、歷史因素神祕化爲精神或理念。這無異爲形而上學的種種發展階段或樣態。其二，馬克思雖然保留黑格爾主張的國家與社會的區分，但否認國家是無所不包，本身具有特別的、突出的特徵之政治共同體，否認國家比人群社會生活與政治生活更爲優先。他把黑格爾的優先次序對調過來，而認爲市民（或稱布爾喬亞）社會是國家的基礎，是政治變化的來源。其三，馬克思把黑格爾的市民社會支解，把一個複雜的概念解剖、分析，最終把市民社會化約爲勞動、生產、交易、流通的經濟圈（Pelczynski 1984: 1-2）（洪鎌德 2007a：289-292；2014：363-371）。

馬克思把黑格爾的市民社會濃縮成現代資本主義的經濟基礎及其活動，遭到他人很多的批評。儘管正統與官方馬克思主義者，如列寧一再強調馬克思主義與黑格爾哲學之關聯，只是由於馬克思保留黑格爾辯證法的菁華，而揚棄黑格爾唯心主義的糟糠（洪鎌德 2007a：34，452-453）。這是效法恩格斯的看

恩格斯和馬克思

列寧

葛蘭西

法，與列寧後來在《哲學筆記》上的修正觀點不牟。而葛蘭西則採取與列寧革命和奪權策略不同的方式，認爲1920與1930年代的義大利，要談革命與奪權，非在市民社會搞霸權，聯合一般社團（宗教團體、學校、傳媒等）無法完成普勞階級的革命使命（洪鎌德2004b：195-206）。

　　法蘭克福學派的學者發現黑格爾對現代社會文化現象的複雜性似乎比馬克思更爲敏感。他對規範的、社會的與經濟的結構之間的關聯，看得更爲清楚。因之，無意把法律規範的合法性功能，或政府行政權力之伸張與有效發揮，簡化爲布爾喬亞社會財產關係的意識型態之證成、之合理化、之正當化。

# 二、有機的國家觀

　　黑格爾的法律哲學與政治哲學，包含了他三個信念：其一，現代法律哲學與政治哲學必須把自由的理念具體而微地表現出來。這是歐洲，尤其是日耳曼啓蒙運動的中心要求。其二，整體比個人、國家比公民占有更爲優先的地位。這是現代政治哲學的慧見，這也是古希臘亞理士多德《政治學》的傳承。其三，黑格爾整個哲學體系的原則必須付諸應用，亦即政治哲學扮演重大的角色，目的在證成，或證實理性才是實在的（凡合理的必然成爲實在的）。爲了使上述他的三項信念得以落實，他引述有關自由的看法；把亞理士多德整體的觀念以「倫理生活」（*Sittlichkeit*）來加以表述；其後宣稱這個所謂「倫理生活」乃爲「理性的實在〔現實〕」（*die Wirklichkeit der Vernunft*）（Horstmann

1998[4]: 274）。

黑格爾把國家當作有機的，有生命的、有目的、會成長、會發展，甚至會走向衰萎的人群組織。他的國家有機觀或稱國家官能說、器官說，可以說是襲取古希臘亞理士多德的主張，進一步把它應用在自由主義盛行，資本主義萌芽，以及人的自我意識覺醒的近現代日耳曼的領土之上（雖然日耳曼繼承神聖羅馬帝國的稱呼，本身並沒像鄰國的英、荷、西、葡變統一的民族國家〔nation-states〕）。在很大的程度上，他的國家觀與普魯士王國的興盛、法治人文的薈萃，和黑格爾本身哲學受到推崇重用有關。這也是黑格爾對於哲學界的米內瓦的夜梟展翅高飛的時刻。難怪亞威內里（Shlomo Avineri 希伯來文 ירניבא המלש 1933-）在討論黑格爾《法哲學大綱》（1821）的內容時，指出海姆（Rudoph Haym 1821-1901）大力譴責黑格爾的國家觀是向普魯士政權邀寵的保守，甚至反動的作品。因為黑格爾所獲尊崇榮寵的普魯士正是當年反動、保守、反民族主義的大本營（Avineri 1972: 115）。

以色列政治學者亞威內里　　海姆所撰《黑格爾及其　　Organistic state 由眾人合成就像人體
　　　　　　　　　　　　時代》（2011新版）　　　器官各盡其職

黑格爾指出國家有三大基本的特徵，藉此來顯示他的國家有機觀，其一整體是為部分而存在，而部分也為整體而存在。換言之，個人是國家的手段，也是國家的目的（*PR* §§269-270）。是故涉及國家的目的時，自由主義論者與社群主義者不該爭論不休。自由主義者指出國家應當促成個人的自由、權利與利益，國家是為個人而存在；社群主義者認為個人應當致力於國家的事務、服從國家的指揮。因為這樣做，最終也有利於個人利益的推擴。其二，在國家的構成部分中顯示這個龐大的組織體自具生命。每個部分應當擁有相當程度的獨立與自主（*ibid.*, §272, 303R）。這兩項特徵在指出國家必須尊重個人的權利，國家範圍內需有自主的社群團體之存在，不必受到中央政府或行政官署之

干涉、制壓。這部分涉及經濟事務和地方自治的事務。其三，國家中的部分或成員在追求自利時，也會同時促成全體的利益（§§184, 286）。第三點主要在表示私利和公益並不必然發生衝突，現代國家所以比起古代國家更具強盛力量之所在，黑格爾認為是由於個人與國家連結，靠的不是道德、善行，而靠的是自我利益追求與規整。個人能夠承認他的私利仰賴他對公共生活的參與，而他不必為公利而犧牲本身私自的利益（*PR* §§260-261）。

　　黑格爾的國家有機說未免太抽象，難以看出他怎樣把自由主義者自由主張，來和社群主義者追求公善、公利、公益結合為一。這個有機的概念只能提供可欲的理想，卻找不到具體行動的方案來步步推行。我們尚無法從他的學說中去看出制度的安排、或憲法的設計，俾私利與公益可以密契、可以合致。

　　對黑格爾而言，也就是對所有浪漫主義者而言，國家的有機概念為一個統一的，但本身卻是分歧的社會組織（§§269-271）。黑格爾的信念是認為國家為乃分歧的統一。統一的環節只是一個單純的中央權威在發號施令，中央權威包括君王、議會、市民社會中的低級公務員或行政機關。至於分歧的表現則為需要體系的市民社會，而其中人人為追求自利，進入嚴密的分工中，且既分工而又競爭，這就是市場的寫照。在市場裡人人要發展其本事，既保障其權利，又伸張其自由。在市民社會中，或需要體系中，能夠把不同、歧異、同一掌握起來的機制乃是社會存在一大堆獨立自主的社團，像地方社團、行會、商會、工會、農會、基爾特以及各種協會。黑格爾賦予組合團體（corporation）和國家中的議會重大的職務，俾能夠調解個體與社群之間的紛爭。這些民間團體、組合，提供諸個人隸屬的感受，形同「第二個家庭」（§252）。另一方面它們也回應對自由的需求，因為這些組合社團不受權威的控制，而代表地方與民眾的利益。

　　法國大革命之失敗，回歸到恐怖統治與復辟，就是沒有獨立自主的團體抵抗中央的集權（§290）。絕對專制與雅各賓主義的弊病，就是沒有為充分自治、自理的政府提供活動的空間。它們把國家化約為單一中心的權力和群眾，而把其中的中介團體全數清除，這就造成長期的爭鬥與不穩。

　　由是可知黑格爾的國家觀中在沒有強調權力分立與制衡，卻提出眾多的獨立的中介團體，說他的學說含有多元主義並不為過。這種說法與中世紀商會、行會、組合的國家（corporate state），容許各種行會、基爾特，以及自治市的存在，幾乎沒有什麼不同。黑格爾相信日耳曼中世紀的某些制度假使能夠稍加改革，可以成為政治改良的基礎。儘管馬克思的歷史學說排斥中世紀制度

之反動，黑格爾及其浪漫主義的友人都以爲中世紀的憲政足以保衛自由、防阻暴政。黑格爾以爲法蘭西大革命把中古的傳統一掃而光，是再愚蠢不過的觀念（*VD* I 536/206）。

不過黑格爾和浪漫主義者有關現代國家要取法自中世紀的制度並非一致。他說現代國家不能完全建基在中世紀政府的原則之上，原因是中世紀的政治秩序缺乏中心權力，它只是世襲特權而已。此外，中世紀的中央政府或有承認市民社會的基本自由。黑格爾說如要返回中世紀的行會和基爾特制度，必須首先進行改革，掃除對商業買賣的限制，以及代代傳承的特權。

由於黑格爾的國家採取多元主義的結構，因之批評黑格爾自由派人士，誤把他看成專制政治的衛護人，甚至是現代極權主義的先驅者。原因是他與自由主義者相同都痛恨極端主義，因之才會發展有機的國家之理論來防阻它。國家有機觀正是一種設計，目的在阻止普魯士國家的專制主義，同時也企圖阻止法國雅各賓主義的「機械性國家」。機械性國家是視國家只當一個統治工具，由上而下層層控制，不允許地方與志願或利益團體有發揮作用的機會。在這方面黑格爾多元社會義國家觀與托克維爾以及涂爾幹無分軒輊（Beiser 2005: 243）。

托克維爾（1805-1859）

涂爾幹（1858-1917）

THE JACOBINS, the most famous of the political clubs of the French Revolution. It had its origin in the Club Breton, which was established at Versailles shortly after the opening of the States General in 1789. It was at first composed exclusively of deputies from Brittany, but was soon joined by others from various parts of France, and counted among its early members Robespierre, and Sieyes. etc.

# 三、市民社會與倫理生活

　　黑格爾法律哲學也可以稱爲法權哲學，其中最精彩的地方爲他仔細考慮與分析市民社會。他這方面的努力曾贏得蘇格蘭啓蒙運動家，諸如亞丹‧斯密、亞丹‧費居遜（首次提市民或民間社會概念之經濟學者）、司徒亞的讚賞。他們對黑格爾犀利的觀察力，能夠把逐漸興起的日耳曼工業社會做細膩的描繪以及深刻的分析，表示非常的敬佩。黑格爾無異爲他的時代中，最瞭解經濟對社會、政治、文化等生活具有重大作用的一位思想家。他對政治經濟學的涉獵，無疑地是馬克思的導師與先行者（洪鎌德 2007a：190-193）。

　　嚴格來說，黑格爾並不是1790年年輕的浪漫主義者當中，一位對民間社會、市民社會發生好奇的人。反之；他以廣大的歷史觀點來大量估計市民社會，但也不免有見樹不見林的弊端。更何況他對政治經濟學的律則並沒有研發，不像亞當‧繆勒那樣評析勞動、貨幣、交易的細節。

　　上面敘述或批評，並沒有減少黑格爾對市民社會討論的重要性。他的討論中包含了有趣的嘗試，要把市民社的價值同社群的需要做一個調解。有關市民社會一章，正標誌黑格爾要把自由主義的原則，同社群主義的理想做一個結合。他細心地、客觀地檢視市民社會，然後以辯證法的觀點來保留其中有用之物，而揚棄不適當的東西。黑格爾對激進烏托邦者有嚴厲的批評，蓋後者要把市民社會（人人相爭、與求取本身利益的滿足）排除。它也要達到個人自由的極限。對這兩方面的抨擊，使黑格爾的著作《法哲學大綱》聲譽不衰、大有看頭。

Adam Smith
（1723-1790）

Adam Ferguson
（1723-1816)

Adam Heinrich Müller
（1779-1829）

市民社會或民間團體在其早期現代中，意謂與自然狀態相對立的文明社會。但到了十八世紀末，這個稱呼卻是指向現代工商業社會的面相，亦即強調資本主義的經濟，私人企業的經營，市場作爲交易的場域與機制，生產與交易的熱絡，以及對個人私產的法律保護，亦即資產階級爲主導的布爾喬亞社會。

根據伍德的說法，現代國家含有一個將之與先前發展較不成熟的社會秩序斷然區別開來的特別的制度，黑格爾稱之爲「市民社會」。在他之前，「市民社會」這個詞（*bürgerliche Gesellschaft*，及其拉丁文、法文和其他語言中的辭源）普遍都可以和「國家」這個詞互換，「市民」社會是公民的領域（realm of citizens〔*Bürger, cives, citoyens*〕），與「自然」（natural）社會或家庭相對。然而，黑格爾卻把市民社會與家庭（private society based on love, §158）和國家（the public community based explicitly on reason and aiming at collective or universal ends）都區別開來。市民社會是一個領域（realm），在其中個體（individuals）作爲人身（persons）和主體（subjects）而存在，作爲私有財產的擁有者和處置者，作爲根據其偶然和主觀的需要，及利益進行生命活動的選擇者而存在。在市民社會中，人們的目標乍看起來是純粹私人的、特殊的和偶然的（private, particular and contingent, §185），而不是一個共同目標（communal ends），透過感覺（feeling，像在家庭中）或理性（ration，像在國家中）與他人所共享。在社會中個人當成主體而能接受社會規範，而融入倫理生活的原因，在於習慣。是故習慣是主體跨過社會紛擾，而進入自由的橋樑（Lumsden 2012: 220）。

換句話說，市民社會是市場經濟的領域。黑格爾認爲個體只有在他們靠自己取得他們自己的生計和福利時，才應該被評價爲自由的個人（free person），並作爲「主體」（subjects）達到現實性（§182）。他主張集體化或國家主導的經濟是前現代的機制，與個人自由（individual freedom）的現代原則無法共存。

同時，市民社會並非簡單地等同於市場經濟。作爲市民社會的一個成員，個體擁有一種決定性的社會認同，稱之爲 *Bürger*，在法文中是 *bourgeois* 的意思，而與 *citoyen* 不同。對黑格爾來說，*bourgeois* 不只是顧及自我利益，忙於計算的 *homo economicus*（經濟人）。黑氏對政治經濟學的研究使他確信人們的集體市場行爲具有一種集體理性（collective reason），雖然這個集體理性確實是非有意的（unintended, §189R）。這個「內在必然性（inner necessity）」形成了人們之間眞實社會關係的非意識的基礎，並且導致市民社會中一個「普

遍性的原則」（principle of universality），與自由個體性的原則（principle of free individuality）相協調（§182-184）。市民社會並非僅是人們的自由和自利行為的自然結果（這是早先他在《現象學》有關「有靈性的動物王國」中所諷刺的概念）。市民社會是一個真實的社會形式，一個「普遍性的家庭」（universal family），對成員有集體需求（collective demand）並且對他們負有集體責任（collective responsibility, §239）。

作為這個社會中的成員，個體們擁有責任透過勞動來支持自己並且造福群體，而市民社會作為整體，應該透過提供一個安全、受敬重的和自我實現的生活模式，給每個個體勞動的機會（§238）。這意味著市民社會要承擔其成員的個人教育（§239），以及防止成員陷入貧窮的惡運，不管是因為他們的浪費（§240），或是因為市場系統的偶然性。市民社會中的窮人不是什麼自然災禍的受害者，而是一個社會錯誤（social wrong, §241）所造成的。

雖然市場經濟有一種朝向理性的趨向，黑氏也看出存在生產者和消費者之間系統性的利益衝突，以及對所有人不利的一些偶然的不平衡；如果要維持正義和穩定，市民社會的活動必須被有意識的監督（supervised）（§235-236）。因此他將國家主導的經濟和完全的商業貿易自由視為兩個極端；市民社會的健康需要一條中間路線（§236R）。監視和調節市民社會經濟活動的責任，屬於黑格爾所稱的國家的「治安」（police）功能（Allen W. Wood. 2009 "Civil Society" Editor's introduction to Hegel's *Elements of the Philosophy of Right*, 1st ed. 1991, p.1）。

根據黑格爾的觀察，市民社會附屬於倫理生活之下，倫理生活（*Sittlichkeit*）在《法哲學大綱》中扮演關鍵性的角色。這一倫理生活章節占全書過半，涉及的有抽象的權利和道德。這個概念對黑格爾是那樣重要，因為它主要表述他社會與政治的理想：如何把社群融合諸個人，如何把個人融合為社群。

德文的 *Sittlichkeit* 並無適當的英文譯字（勉強可譯為 ethical life），它有時含有道德、公序良俗，也包含抽象的法權（天良、良知、權利），這個名詞涉及行為、舉止、禮貌與進退有據的德行。這個名詞涉及個人與群眾生活之道、行為之道，黑格爾便是以廣義的意思來使用此一概念，他首先把此詞做為古希臘 *ethos* 的翻譯來使用，*ethos* 涉及民風道德、民族風俗、一個族國或人民整個生活之道，民族的精神表現。

儘管黑格爾有意把倫理生活包括道德在內，但他仍分別 *Sittlichkeit* 與

*Moralität*（道德）。道德涉及個人內心的生活，他的道德傾向、他的宗教良心。它與抽象權利和合法性有別，後者處理人們外部行動，只要行動者與法律條規符合即顯示個人的權利和義務被尊重。它與倫理生活不同之處是因爲它只處理每個個人，而不牽涉此人在社會與國家中所占的地位。與此相反地，倫理生活視個人爲社會總體的關係。道德是抽象的普遍性，一方面把優先放在個人之上，以爲每個人是自足的、獨立的。倫理生活卻是具體的普遍性，它把優先放在社會團體，個人的眞正認同在倚賴他在全體中之地位。黑格爾還以爲道德的觀點是片面的、是抽象的，這是由於它把個人從社會全體分開出來，而給予個人以認同的身分之緣故。

在黑格爾的倫理生活中，我們看到他依邏輯變化環節而出現的三種群落，其一爲建立在主觀與愛情之上的家庭（其邏輯意涵爲緊密地、直接地一體性、統一性）。其次則爲你爭我奪，在經濟市場上展開的人人廝殺、人人爭權奪利，但也造成大家都能享受互利、公利的市民社會（邏輯上代表著分歧、不一致、分裂）。最後的全社會的環節卻出現了，協調各方利害衝突、減少階級、地域、生產集團之間的對立的國家（邏輯上爲分辨復歸統一、或分裂重回一體）。這三個環節與古希臘亞理士多德的主張極其神似，不過亞氏的說詞含有順序演進、由小而大、由前而後的目的性發展（*Teleologie*）。可是黑格爾不贊成這種演展說、進化論。

黑格爾這樣的作法顯示他企圖把市民社會保留在現代國家，但卻限制其角色與功能。同時他指摘古希臘政治哲學家像柏拉圖，未能把經濟生活的重要性在其理想國中陳述（§185R）。在批評柏拉圖之餘，他還指摘現代自由主義過度地捍衛市民社會（§258R）。反之，把市民社會放置在倫理生活的範疇中，黑格爾認爲它本身便建立在人工的、抽象的基礎之上，這樣可以使倫理生活的本質上之統一性更爲顯明（§182A）。

在討論市民社會之始，黑格爾大膽地提兩個原則（§182）：第一原則爲在市民社會追求自利。原因是在此種社會中，人人都是追求其好處、其自利，把每個人看成是實現他目標的手段。第二條原則，每個人追求自利之際，也在滿足他人的需要（§199）。因之，嚴格言之，人人追求自利，卻也在促進他利、眾利。由於他看出公共生活成爲滿足他們的目的、需要的手段，黑格爾遂把市民社會看作倫理生活的「異化」（*Entfremdung*）（*H* 149）。在這裡黑格爾使用「異化」並非「一分爲二」（*Entzweiung*），或徹底「解體」（*Zerrissenheit*），而是指一個簡單的統一、聯合不久之後卻出現了不諧和、

不合作、不連繫的情況，但在更高的層次上，亦即國家的位階上，卻靠「和解」（*Versöhnung*）來回歸統一（賀瑞麟 1994：9）。

　　黑格爾所以把市民社會當成國家理論重大的階段、必要的階段，這是由於他認爲這是人群從不自由邁入自由必要的發展。此外，市民社會所以那麼重要，乃是現代世界基本原則的展示：主體性的權利，也是個體性的自由（§185R），成爲時代的主流精神。爲此他讚賞各種各樣的自由：機會的均等、追求自利的權利、在市場上做買賣的自由。古代的城邦不存在這種自由（因爲國家與社會合而爲一，只有城邦、沒有市場社會的出現），所以上述這些權利、自由都未曾出現過（§§185R, 261R, 299R）。但在市民社會中的自由並非正面的自由，而是負面的、消極的自由。那是追求我的自由，是在不關心別人的干涉之下的自由（*H* 150）。黑格爾有時描述市民社會中的自由爲形式的、抽象的，因爲吾人的目標之內容靠我們的熱望與欲求來賦予、來描繪的（§195）。這不像國家範圍內的自由是積極的、正面的，是靠國家的法律與生活之道，也就是靠理性來決定的。

盧梭（1712-1778）的繪像和雕刻，以及其作品《社會契約論》

　　黑格爾要爲市民社會辯護，使得他有時不免與其精神導師盧梭的想法偏離，甚至牴觸。盧梭在平等第二論指出：市民社會會摧毀自由，其原因爲我們在市民社會中喪失力量來滿足每個人自然的需要，而完全倚靠別人來滿足我們的自然需要。對盧梭這種說法，黑格爾說，我們在市民社會中不但沒有失掉自由，反而獲得自由。這是盧梭錯誤的假設，以爲自由包含了自然的獨立（獨立於自然之外），才會滿足人們的自然需要。反之，黑格爾認爲自由

牽連到吾人從自然（天性）需要中解放出來的力量，而一切作為完全依照理性諸原則去操作（§187R）。由於這種更為高級的自由在於國家的倫理生活中，則市民社會是一項重要的部分、環節，為的要使吾人朝此目標奮進。在市民社會中，我們靠工作、勞動把我們從大自然中解放出來，我們被迫去形塑概念（§194）、認知周遭事物、從知天、知地到知人。為了使我們對別人有用，也被迫通過教育、訓練去發展才華、技巧（§§195, 197）。盧梭排斥人工的事物，由於這些人工的造作破壞人群自然的需要，使人無法達到自然的獨立。與此相反，黑格爾讚賞它們，原因是這些人造品、產品乃是人類自由活動的產物，而非大自然的產品（§194）。當盧梭感嘆人群和樂兼愛（*amour-proper*）使人人相安，社會和諧發展之時，新的理念的引入和彼此的競爭卻破壞了大家和諧。對此，黑格爾卻不敢苟同。正是新契機、新精神，促成個人反思、冥想和不斷求知。人有必要透過意識的發現之旅、困知勉行，更透過必要的歷練與教養（*Bildung*），把個人塑造成理智之人、現代人（§193）。

在保衛市民社會方面，黑格爾又槓上盧梭。這次涉及的是不平等的問題。盧梭認為市民社會中人類從自然狀態轉變而來，人在自然狀態下享有他基本的平等，不受典章制度所限制，每人在滿足自然需要時的能力是相等。黑格爾否認自然狀態這種原始的、優先的平等。他認為自然也罷、天然也罷、天性也罷，是各種不平等的源泉，因為存儲於每人身上（天然）的完全是不平等的才質、能力。使人們後來會趨向平等，不是靠自然的力量，而是靠自由（追求自由的動力，打破限制的意願與本事），也就是靠個人們的奮鬥、認真打拚，養成好的習慣，也靠本身的活動培養德性。當然黑格爾和盧梭一樣，說社會與國家再給個人如何有利的條件，來發展才華與能力，也無法造成人人皆可成為堯舜。明顯地，每個人體質上不同、精神智慧上的歧異、外頭的影響，只能稍除其不平（§200），如此而已。其中的原因為：每個人從市民社會獲得者，與他或她為市場提供的買賣、或稱貢獻成正比。

黑格爾堅持市民社會不平等，可從他三項「等級」（*Stände*）的理論看出，這是有異於馬克思視生產資料的擁有的有無所分化的社會「階級」（*Klassen*）。在《法哲學大綱》中，他分辨了農業等級，亦即靠農業的種作求活之農民群落。其次，為商業買賣，亦即布爾喬亞。其三，泛宇普遍的等級，亦即文官與官僚體系（§§201-205）。黑格爾企圖把他對「等級」三分法建立在概念的基礎之上（§202）。農民群落是直接同大自然相互交接的人群，他們靠天吃飯，完全仰賴自然為生。布爾喬亞則靠反思、回想、明辨利

害，俾把自然的原料轉換成人工產品，而在市場上講價還價。至於普遍（泛宇）階級的官僚，則運用理性來使公共的利益獲得伸張和擴大。黑格爾這種社會階層的分化看起來相當傳統，但也與向來把歐洲上流社會分爲僧侶、貴族、地主不同。最令人印象深刻的是這種劃分是功能的、是經濟的。在這個新劃分的「等級」中，僧侶被排除，主要的是他們並非生產者（H 265）。而貴族可以進入治理政事的官僚等級中，假使他們在政府中有其角色可以扮演的話（H 270）。一個等級社會可以說是不平等的社會，也是一個分層歧出的社會，只要它能夠堅持機會平等的理想（§206）。他堅信自由會產生平等的力量，個人的社會角色、地位，最終要被他的選擇、努力和才華所決定。教階制度和世襲特權都是黑格爾所深惡痛絕，這些都是壓迫的、守成的，最差勁的社會制度。

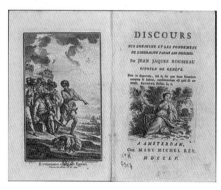

Frontispiece and title page of
the edition of Rousseau's
*Discourse on Inequality* (1754),
published by Marc-Michel Rey in 1755.
盧梭著《不平等的原始與基礎》

In *Discourse on the Origin and Basis of Inequality Among Men* (French: *Discours sur l'origine et les fondements de l'inégalité parmi les hommes*), also commonly known as the "Second Discourse", Jean-Jacques Rousseau first exposes in this work his conception of a human state of nature, presented as a philosophical fiction (like by Thomas Hobbes, unlike by John Locke), and of human perfectibility, an early idea of progress. He then explains the way, according to him, people may have established civil society, which leads him to present private property as the original source and basis of all inequality.

　　雖然他可以忍受社會的不平，但與盧梭相似，黑格爾對貧富兩極端高度憂心，認爲貧富之差距威脅了倫理生活的社群之價值。他對貧困的看法不免抱悲觀，認爲其源頭爲市場機制的結果（H 193）。供需律的操作有時失效，使某些貨物從工商業的各行各業中突然消失，以致絕大多數身爲消費者的人民陷入貧窮。貧窮的重大危險在製造遊民、浪民、暴民，他們拙劣的維生資料無法使他存活下來（§244）。遊民、浪民不只無法維生，也造成他們鋌而走險，進

行暴亂、搶劫（§244A）。這些問題之發生在剝奪諸個人的自由，使他們喪失在資產（市民）社會應享的各種權利，以及自由（§243）。

黑格爾對市民社會最大的保留是有關它的生產方式。在他耶拿體系建構的初期，他對現代社會分工的配當性之效果有所論述。廣大的勞動群眾遭受「天譴」似地被迫在大規模的工廠、礦場，不衛生、不安全的條件下操勞（VIII, 244）。儘管勞動的分工是生產效率抬高，卻使群眾愈來愈機械化、愈倦怠化、愈去掉精神化（VII, 243; VI, 321）。技術的改善、精緻應當在使人群愈來愈從自然的桎梏下解放出來。但自然卻向人類反撲，把人化作機器的奴隸（VII, 321）。人們不但沒有愈來愈工作得少；反之，人群卻被迫在無聊無趣的方式下拼死拼活的苦幹，目的在與別人爭一日之所長。黑格爾也注意到現代工人怎樣從他本身的需要異化出來。工人們並不在設法滿足他的需要，而是不斷尋找工具、手段、資料來解決需要。勞動只是創造工具的工具（例如設法去弄錢、賺錢），俾達成人生的目的。勞動者必須創造一種多餘的（surplus）貨物，這是一種特殊的種類。這樣他可以有時不必為需要而生產、或不需靠生產去獲得滿足，這種多餘的貨物乃金錢之謂（VI, 321-322）。勞動變成愈來愈不安全。工人必須學習特殊的技巧，可是這種學習的技巧、本來是隨市場的變化而改易，如今卻轉成明日黃花——無用之技巧（VIII, 244; VI, 2）。

儘管黑格爾並沒有像馬克思把「異化」直接應用到現代工人身上。不過，他的分析卻多少預見馬克思《經濟哲學手稿》（1844）中的異化論述之出現。

再說，黑格爾認為市民社會包含個別的、自立的諸個人或社團，這些成員各個像原子般地在活動與追求自己的利益，但他卻也把市民社會看成一個抽象的國家之團結統一中比較具體的例子（§184A）。這是他用以抨擊放任無為的自由主義之基礎。市民社會秩序不再自給自足，也不再自治，而是積極要求國家的介入，俾各方面能夠順利發揮其功能。黑格爾質疑公益可以從私利中「自然地」湧現，也不是從市民社會的經濟勢力的相激相盪自動出現。儘管他同意亞丹‧斯密的說法：人人追求自利的結果自然會創造社會秩序，和人群相互倚賴（§§184R, 187, 189）。他否認這也是產生公共利益的方式。黑格爾說達成公益的出現，市場機制要受國家的規範（§§185A, 201A, 246）。他說市民社會是一隻猛獸，需要不斷地、嚴格地控制才不致傷人（GW VI, 324）。

黑格爾主張國家干涉的重要性：

1. 遵守抽象權利，因而採取的公共行動，有時也會對公共、大眾會造成沒有預期的傷害（§232）；

2. 生產者與消費者的利益未必永久一致；應當有中立、公平的第三者來仲裁其糾紛；公眾有權對貨物之良窳進行檢驗，才決定是否購用；

3. 大規模工業因為擴增、分廠，分公司愈設愈多，常使母公司或相關監督機關無從控制。尤其環境污染危害公共健康，更宜由國家介入、改善；

4. 供需的變化、循環有時甚至可以摧毀一個產業，把人群驅入貧窮的淵藪（§244）。

令人印象一新的是黑格爾的干預說法都是內生的、內涵在市場當中。換言之，他估計市場活動的價值是根據社會的標準。在指出沒有受到約束、規定、規範的、或規整的市民社會的問題之時，他並沒有說這樣做會使整個社群侵蝕渙散，而是這種沒有規定市民社會有可能顛覆了個人的自由和人自利的追求。因此，他不斷抱怨市民社會使人的需要增大，但人們反而得不到滿足（§185）。他之所以攻擊貧窮，是貧窮剝奪個人在自由社會享受諸自由的權利（§243）。

為了改善市民社會的弊端，黑格爾建議國家採取一些措施，包括徵稅或限制營利所得；利用公共建設計畫協助貧民（§241），給貧困人家的子女教育補助，俾他們學得一技之長，能夠與人競爭（§239）；對供需循環做出預測，使實業計畫得到落實。此外殖民、移民、開拓海內外新工業，另創新的市場（§§246-248）。除了大力管理市場之外，他認為國家應該增進公利，包括提倡公共衛生，交通建設、修橋造路等等（§236A）。

對黑格爾而言，基本的理念在於為自由主義與社群主義尋找一個平衡點，一方面注重市場的自由；另一方面求取社群的公益，如何在自由與管理之間拿捏清楚，變成政治哲學的藝術。是以中庸之道，尋求左右間的界線，在自由與干涉之間游刃有餘乃為上策（§234）。干涉與自由的界線不斷隨情況的改變而移動，國家只有保證人民至少有工作的機會，靠著他們的勞動來養活自己。由是黑格爾指出：市民社會固然擁有一些權利，也必須擔負某些義務（§§238A, 240A）。它的義務在保障人人有權利工作，而每個都可以餵飽自己（§240A）。最重要的是它有義務保障人人可以享受好處與自由（§243）。

近年來有學者指出，黑格爾對古希臘悲情戲劇《安悌恭妮》的愛好和欣賞，是由於女主角強調其戰死的兄長，不像丈夫或情人可以再尋覓替身，所

以在違背王令下給予安葬，成為家規與國法矛盾難容的困局。但正因兄妹的關係，在市民社會中不是建立在彼此欲求的市場交易上，而是在兩個各自獨立的實存體之間相互的承認之上。因之，在現代公共倫理生活的奠基者眼中，兩性的秩序深藏於市場勢力和布爾喬亞的經濟體系裡。市場的勢力仍阻止婦女被承認為與男性平坐平起的獨立實體，就像現代夫妻一樣，兄妹彼此的承認關係未跳脫布爾喬亞市民社會婚姻中之不平等關係。安悌恭妮埋葬兄長的儀式代表精神的昇華，也是男女平權的倫理之體現（Burke 2013: 27）。

黑格爾站在社會公利的立場，而主張國家有權力控制實業，給人一個錯覺，以為他是社會主義者。但進一步思考他的方法，特別是解決市民社會的問題之方式，他的關懷面、策略面並非社會主義。儘管贊成國家介入市場機制，他提議非社會主義的解決方略：他主張公會、聯合會、行會（*Koporation*; *Genossenschaft*）。公會或聯合公會是一群致力於同一行業的同工、同僚所組織的行業保護社團，其組織權力得自國家公然承認，是故其營作也獨立於國家之外，這與中世紀的行會（基爾特）制度一樣。是以公會建構在基爾特的模式上組織、吸收、支持和承認入會的每個會員予以保護，訓練、教養，而使人人會發揮其才能為其事業，也為公會盡力（§252）。這個公會有時被黑格爾描述成第二家庭，也就是在第一個家庭親情上建立的另一種同業、同僚的友情，使各別人除了隸屬於家庭之外，在廣漠的職場上有新的歸屬感，俾克服社會的異化（大城市中的舉目無親，大工廠、大賣場中人際的疏離感）。另一方面也用以克服政治的異化，利用公會、行會、專業社團把諸個人的利益有機表達出來、代表起來，俾為等級議會中政治利益之爭取代言人。

# 四、國家的結構和諸種權力的並立

從《法哲學大綱》第283節起至329節前後46節當中，黑格爾提供他理想的國家的結構，並加以理論的說明。黑格爾中心思想與主題在闡述憲政（立憲）君主制（§237R; 238）。第一眼給人們的印象是黑格爾這樣做不但保守，甚至反動。可是在1820年代這種讚賞英制立憲君主的人士大有人在，特別是哈諾威的輝格黨和普魯士的改革派思想家、政治家。他們深抱志向要把國家從舊政權中改革起來，也就是由上向下施行改良，才能抵擋與適應時革命潮流的趨

勢。

　　改革派的主張與反動份子要維持絕對專制的君主制是針鋒相對，後者要解除絕對君主所受憲法上的種種限制，而讓君主的意志超過國家之上。當年普魯士絕對君王制的發言人爲瑞士法學者馮哈勒（Karl Ludwig von Haller 1768-1854）。他著有《國家學的復辟》（*Die Restauration der Staatwissenschaft*），是主張復辟之明顯的反動政治著作，黑格爾對馮氏這種保守而又反動的主張大爲不滿，因之在其《法哲學大綱》中以較長的篇幅予以譴責和指正（§§ 219R, 258R）。

馮哈勒及其著作《國家之憲法》和《閒人祕史》

　　但黑格爾對君主立憲制的堅強信念卻也令人訝異，這是由於他討厭深入探討理想的憲政體制之緣故；另一方面令人訝異的是他向來支持孟德斯鳩的《法意》，同意後者認爲一國的憲法與其特殊地理環境，包括地理位置、土壤、植礦物分配、民情民俗、文化、歷史等有關（§§ 3R, 273R）。這麼一說，他沒有理由堅持普魯士應施行君主立憲制，況且他不認爲對普魯士王國而言，君主制是最好的、最適當的政制，也不認爲這種制度在那個普魯士歷史發展階段上最爲理想。那麼他究竟爲何仍要堅持君主立憲制呢？這真是一個令人費盡猜疑的問題。

　　他之贊成此制可以說是對國家而言，立憲君主制是符合理性的，比起其他的政制而言，更能夠實現自由的理想（*H* 238）。黑格爾的主張經過以下的說明，可以讓我們相信他贊成此一制度的因由。他的觀點不在《大綱》上，而在海德堡講學（1816-1818）的講義中。在這些講課裡黑格爾聲稱君主立憲

制是唯一可保證現代世界特徵之一的個體性的權利之落實（*VNS* §§ 315R, 137R）。就像康德、洪博德、雅可比、席勒以及其他同代學者，黑格爾對激（基）進民主極為疑懼。後者為人民提供無限制的權力，而並沒有對別人基本權利有絲毫的尊重。這種激進的民主主張，不僅見於法國大革命後雅各賓的濫殺無辜，製造白色恐怖，就是古希臘人民迫害與公審蘇格拉底的事實都令人不寒而慄。

孟德斯鳩（1689-1755）及其《法意》主張三權分立

德國大探險家洪博德（1769-1859）45歲自畫像

　　立憲君主制對黑格爾而言，無異是一種混雜的憲法，把三種政治形式（政治）的好處融合在一起。他認為立憲君主制等於把君主制、貴族制和民主制三者揉合為一（§ 273R）。立憲君主制包括三種基本的權力：其一為主權，其在形式上頒訂法律；其二為行政權，它在應用與執行法律；其三為立法權，它在創造法律、製造法律、建立法律。由於主權者為國家「獨一」的個人、個體（君主），而行政權則由「數個」個人持負、擔承，最後立法權則由「多個」個人承擔。因之，每個權力都代表一種的政府形式（政制），亦即君主制、貴族制與民主制（§273R）。

　　從上面的敘述不難理解黑格爾對政制、對國家的看法、想法還是從他邏輯的「一」、「少」、「多」這三個觀念出發，或是從「個體性」、「殊別性」、「普遍性」的範疇去思考。這證明他不是以經驗的、實體的世界去探討政治，而是以邏輯的、概念的、思維的方式談政治制度。

這種混合式的政府的好處，黑格爾認爲在於權力的分立、分化。由於各有所司，所以不愁任何單一的權力（像行政權、或立法權、或主權）可以侵犯或凌越其他的權力。由於權力的分立可以保障自由不受侵犯、干涉、減縮，等於是自由可以獲得落實的制度性保障。就在這一節骨眼上黑格爾再度證成孟德斯鳩三權分立與制衡的可行性。他說：「瞭解〔分權〕的意義，它可以被視爲公共自由的保證」（§272R）。他當然也提出警告，權力的過度分開會導致國家的統一遭到破壞（§§272R, 300A）。但現代國家可以實現人民普遍的自由，一旦它採用職能的分割和政府各部門分化清楚的話（*VNS* §132; *H* 231）。

其後黑格爾花費更大力氣有系統地、形而上學地爲君主立憲制鼓吹，彷彿這個制度是國家理念實現的唯一途徑（§§272-273）。

每一項立憲君主制的權利代表了概念的一個環節：由於它訂立各種普遍性、一般性的法律，這一立法的動力代表了泛宇性、普遍性（*Allgemeinheit*）；此外，它又把特殊的法律應用到特別的情況之下，因之，這一行政權代表了「殊別性」（*Besonderheit*）。再說，這一主權的權力由一個君主的人身具體而微地表現出來，它又代表了「個體性」（*Individualität*），君主便是具有主權的個人。

當黑格爾以邏輯的觀點來論述普遍性、殊別性和個體性之際，也就是以系統的眼光來看待政府組織的功能時，他並沒有用愼重的考量，歷史與經驗的研究途徑，來找出最佳的政府形式（§272）。他這一系統性、邏輯性的論述最多被理解爲立憲君主制提供自由實現的制度性保證。由於在他心目中立憲君主制更能使人群的自由獲取實現，是故君主立憲制對他而言，是能夠把國家的觀念發揮到最大最高的機制。

談到立憲君主制與現代民主制度與人民自決的理論與實踐時，我們發現黑格爾的自我決定論是以現代社會經濟利益掛帥爲核心，而展開的政治哲學的思索。以職業團體（行會、公會、專業組織等）爲骨幹的明示之自治、自管、自理乃爲現代公民保障與發揮其勞動之機制，這是「明示的自決」（expressive self-determination）。也就是照顧本身的經濟利益的同時，注意到社群的公共利益之明智選擇。只有立基在明示的自決之原則上，才會達致保障自我經濟利益之政治制度的出現。這應當看成爲黑氏的看法與當代民主政治理論共通，甚至更爲高明之處（Church 2012: 1021, 1026-1033, 1037）。

那麼他理想的國家究竟是怎麼樣呢？爲了進一步瞭解他的政治價值，俾評

估後人對他權威主義的指控，或是探究他怎麼樣在自由主義和社群主義之間拿捏清楚，我們有必要把他國家指揮中心的主導者，行政機關與等級議會再深入析述。

# 1. 主權擁有者的君主

君主是主權的象徵，也是主權的擁有者。黑格爾替君主制做辯護，認爲它是合理的憲法必要的組成部分。由於君主只是單一的人身，因之，無論是男王或女王都是擁有無可分割的權力，這樣在代表和執行主權時比起其他多數人形成的國會更具效力。原因是多數人形成國會常有政黨在朝或在野之別，而有所分裂。是故把主權交給單一人身的國王（男或女）都可以完整地、獨一地代表國家最高的權力（§278）。黑格爾堅稱現在國家有必要只倚靠單一的主權來源。與現代國家相對照的是中古世紀權力分散、政治單位龐雜的國家，它常是從獨立的行會與社區構成，這些中世紀的國家缺少單一的主權來源，因之在保護本身時，力不從心，前後不一致（§278）。

黑格爾贊成世襲君主制，其理由在於保證穩定的傳承，而避免黨派的爭鬥與紛擾（§281; *VNS* §138）。儘管君主是全國最高權威之所寄，但黑格爾不認爲他（或她）便是國家的最高官員，原因是君主並不爲百姓的安危興衰直接負責，也沒有與人民有社會契約訂定的關係（*VNS* §139）。君主並不爲其所做所爲擔負責任，而是君主把職務、職能、權責分配給內閣首相以下的各部會的首長（§284; *W* §140）。這就是黑格爾把最重要的地位賦予君主，以致在他的思辨推理下幾乎變相地討論了君權神授的過時觀點。彷彿君主在世上代表了神明的攝理（§279R）。

雖然黑格爾對君權神授的說詞有給予君主重大權力的嫌疑，但他與衛護昔時的君主專制——絕對權力君主制之主張者——卻都保持一大距離。與衛護君主專制者相反，他企圖把君主約束在憲法規定之內。他強調在一個合理的國家中，君主的個性、癖好、人格並不重要。就在君主人身不被重視之下，憲法的理性紮根了（*VNS* §138）。他唯一允許君主可以使用的權力是對犯罪者的大赦與特赦，以及內閣成員各部長的任免（§§282-283）。他堅持地說，君主所以擁用主權唯一的原因爲受到憲法的節制、緊綁（§278R）。君主必須遵循其任命的部長之建議，因之，各部會首長上呈之文件只有畫押贊成的份，而不可妄加修改、否定（§§279R, 280A）。就由於這一理由，君主不得以人身

而承擔任何的政治責任（§284）。原因很簡單，要承擔國事的責任就是全體閣員的各部會首長。在黑格爾式的國家中，君主只扮演形式的、虛位的角色，只提供「形式上決定最高的層次」而已。但無論如何對黑格爾而言，這個象徵的角色意義重大，它代表了百姓的統一、主權和文化的一體化（§279-280）。

## 2. 行政機關

行政權力的目的在執行與落實主權者的決定（§287）。行政權力包括警察、司法和文官系統（§287）。行政權力的基礎在於文官（公共服務）制度，或稱官僚體制、科層制。其職責在於中介與調和各行各業（行會、財團、工商組織大小企業等）的利益和國家一般的利益（§289）。官僚體制在黑格爾式的國家當中擁有很大的權力，其建議不只拘束君主（§279A），它還知道各行各業利益之所在，甚至各行各業對其本身利益還沒有清楚指明之前，官僚體制便洞識機先、未雨綢繆（§§289-301R）。不過黑格爾也不是對官僚習氣積弊一無所知，他早已意識到官僚本位主義與腐敗的危險（§295），也體會到官僚宰制整個國家權力的獨大。因之，他強調官僚的權力應當有所限制，其行為舉止君主應多加留意監視，而各行各業也有告發、摘除官僚惡習、浮濫、貪腐的責任（§§295, 297; *VNS* §145）。他建議國會（等級議會）中，居於反對黨、在野黨的成員，有權質詢各級部會首長與文官首長，目的在於使內閣、部會、文官等體系向公眾透明施政，而負起官方責任（*VNS* §149）。

## 3. 等級議會

黑格爾效法英國的模式主張等級議會（國會）為兩院制（§312）。上議院的議員出身於貴族，其職務為世襲的；下議院則由一般百姓選出的代表組成，他們靠選舉而進入國會。黑格爾認為這兩層樓式的國會建構，是透過慎思明辨而造成不同的層次，這有助於提供成熟的決斷，而減少與行政機構發生摩擦爭議（§313）。等級議會代表了市民社會的兩個等級：農業的等級（或稱擁有土地的貴族）以及布爾喬亞（資產階級）的工商等級（§§303-304）。儘管下議院的議員是透過他們所屬的行會與社區來選出為代表，但卻不受行會與社區的委任（mandat指令）所限制。

等級議會的主要角色在發展政治議題的公共意識，在為百姓與主權擁有者

的君主之間搭上一座溝通的橋樑（§301-302），他們也為政府與百姓之間可能發生的直接衝突發揮防火牆的作用。由於議會代表人民的權益，也把利益組織起來，使它清晰化、明確化、承轉化（articulating），因之有保護人民免於受專政與暴政之迫害。另一方面議員也利用職權，替百姓的利益和精力有所引導、控制和疏解。

我們不禁要問黑格爾式的立憲君主制究竟有多少民主呢？毫無疑問他在立憲君主制中有利民主發展的成分、元素是大力支持的。他常申論一般的倫理生活或稱理想的社群之落實要依靠民眾的參與。只有當人民參與國政以及公共事務，他們才會認同國家，也才會關心國事（§§261, 308R）。因之，黑格爾式的國家提供一些民主的程序。另一方面，他早已看出下議院選出的議員之間的競爭激烈，就是整個等級議會（國會）也有黨派爭權奪利，大力拚搏的現象（VNS §156R）。當然這些黨派尚不能與今日政黨相爭同日而語，因為他們並不在為權力而鬥爭。但它們卻代表相反相對的觀點，俾有關機關的責任度、能見度、透明度日益增大。黑格爾看到三種派系在等級議會中隱然成形：其一為以百姓的利益為依歸者；其二袒護政府之施為；其三為中立勢力，企圖在百姓與政府的衝突中排難解紛。他進一步強調政府應當要爭取等級議會中的多數黨派之支持，其施政才會獲得百姓的贊同（VNS §156R）。

無論如何，我們無法期待黑格爾會用現代公民普遍投票的方式，來表達他對民主的看法。剛好相反，他一生對直接民主採取疑慮的態度，原因是他懷疑一般百姓的智慧，他們欠缺充分的知識去瞭解本身利益之所在。就像許多他同代的哲人一樣，他也主張有限制的投票權，把勞工、僕役、婦女排出於投票櫃之外。他對當時所謂的「激進的」觀點，認為男性達到一定的年齡，擁有一定的收入便有權參與選舉。他說一個人不知自己的真正利益所在，並不受年齡長幼的影響，更與他的收入無關。此外，這種激進的選舉觀念會造成投票者漠不關心，因為他的區區一票很難使其喜歡的政治人物當選，更何況在國會三、四百名議員中，你只能投你的一票選出一人而已，因之，你投票的無力感造成你對投票的漠然與不關懷。

黑格爾遂倡說取代公民擁用地區性的普遍選舉權，不如根據選民所隸屬的群體之忠誠，或根據其職業上的利益來投票。換言之，選舉者並不是以一個直接的、抽象的投票人去參與選舉，而是間接地，以一個群體的一份子去進行投票。是故主張：或是行會或是地區的投票人去選舉等級議會的議員，而非個別投票的群眾參與國會的選舉。黑格爾認為這種制度的安排的好處頗多：其

一、它能夠把人民的利益加以引導和控制，而不致使人民意見無法宣洩而變成暴民；其二、它可以減少選民的冷漠。因爲選民是以群體（行會、地區）一份子的身分投票，總比以單獨的個人身分去投票更會抬高公共參與的熱情（§§ 302A; 303R, 311R）。

雖然黑格爾的憲政民主多少包含了眞正民主的元素，但我們仍不免質問這些因素足以提供黑格爾充分的支持，來支撐他的倫理生活嗎？倫理生活的落實要求每一位公民必須與國家認同，每一個公民應當在倫理生活中找到目的與歸屬。黑格爾曾多次強調要發展這種認同、目的、歸屬感必須有先決的條件，那就是公民要熱心參與國家事務的管理和推行。可是黑格爾有限制投票表示他對完整的民主擁有保留的態度，這種有限投票權把廣大的群眾排除到國事參與之外。從事耕牧的農民與獵人在等級議會中沒有任何的代言人，其代言要靠非選舉，而世襲的土地貴族之代議士（§ 307），這未免太離譜。黑格爾甚至懷疑從事工商企業的人士有充分的時間、充分的自由以及充分的知識，去致力國家事務的析論、關懷和改進（§§ 308, 310A）。他雖然一再強調行會的重要性，俾發展其成員的歸屬感，但並沒有把靠日薪報酬的臨時工包括在內，因之，不認爲這些短工們擁有選舉權。由是他把這些亟需群體保護的臨時工排斥到社會的整合之外，其結果導致倫理生活陷於困境。

綜合上面的敘述可知，黑格爾的政治哲學很難不受後人的批判，尤其抨擊他有威權主義的傾向，甚至是極權、全體主義之先聲（Popper 1945）。他對基本自由主義的價值之擁護，是否能夠滿足他理想的社群——實現倫理生活的國家——之要求，還有待商榷。一個令人啼笑皆非的事實是攻擊黑格爾國家學說者主要來自自由派的陣營，像柏波爾。但社群主義者才應當挺身而出指摘黑格爾政治哲學的缺陷。黑格爾雄心建構的大綜合之所以失敗，並非他爲社群做（說）得太少，而爲自由主義的主張做（說）得不夠，而是由於他太多闡述自由，而對社群的分析卻嫌不足的緣故（Beiser, *ibid.*, 258）。

# 五、戰爭與世界史

黑格爾除了談國家本身的組織和功能以外，也論述「對外主權」，也就是從國家對外的行動來討論國家維持和平或發動戰爭的行爲。國家既然是自我存

活的個體性之發展形式，也會意識到它本身的獨立與自主，是故國家乃爲「一個國族〔民族〕*Volk* 首要的自由與尊嚴」（§322）。因之，在先驗方面對一個民族或國家而言，放棄其主權的說法是不可能的。黑格爾對國際永久和平不抱信心，這就表示他對康德《永久和平》（1795）的熱望難以苟同，康德的建議只會造成國家發展的停滯不前。

對黑格爾而言戰爭是罪惡，但並非「絕對之惡」（§324R）。戰爭有贖罪去腐的作用，明顯地它對各國精神的健康有助。戰爭帶給人民一個國家的意識，意識到它的完整性、一致性、獨特性（integrity）。一般民衆在和平時期只關心內政與民間事務，如今面對戰爭或外國威脅之際，這一切便成「一無所有」（§323）。面對戰爭的陰影，國民不得不做出犧牲生命與財產的心理準備，俾「盡職來保護這個主要的、實質的個體性〔國家〕，也就是國家的獨立與主權」（§374）。戰爭提供給國民展示勇敢的德行之概念，這種勇敢的德行之所以是形成的，其原因爲「它顯示自由的最高之抽象性，亦即從個人的目的、擁有〔財富〕幸福和生命中抽象出來」這就是《現象學》中生死之鬥的大規模展現。勇敢的德行所以是形成的，主要的是它有待去執行的美德（executive virtue），這是古希臘哲學家亞里士多德所描述的、落實的、實現的德性。這種德性常也被罪惡、愚昧所欺矇，而盲目地付諸行動，正如同過份看重本身名譽而與人進行決鬥一般（§327A）。爲個人、爲家族去傷身捐軀談不到榮譽可言。反之，爲了國家而殺身戰傷則是可貴的、值得歌頌的。顯然，只有正義之戰、衛國之戰才能使獻身國家者名垂不朽。

黑格爾論國家最後的兩節涉及的是〔B〕國際公法（§§330-340）和〔C〕世界史（§341-360）。這兩節所談的獻身於某時代某國的情況下，做

該國的公民，這是被其他人或其他國家所承認的事實。世界史對黑格爾而言，是指其高峰恰好就是他存活的年代，其地理位置則為信奉基督教的日耳曼土地。黑格爾對國際關係的描述同霍布士對未進入文明之前人人相爭，隨時都有人猝死的自然狀態如出一轍。換言之，霍布士視人對他人為一條豺狼，而黑格爾也認為國家對另一國家虎視眈眈，隨時都有侵併的野心。國家彼此承認獨立，有如獨立的人身彼此互認一般，唯一不同之處為國家最大的關懷為其國民的福祉，國家之內的協定、契約之遵守只是靠內心有意遵守而去盡義務，也就是在欠缺國際強制力之下勉強維持世界秩序的暫時穩定──短暫的和平狀態。是故國際的自然狀態內含暴力衝突，乃至戰爭的因素，「在表面隨機變化下不停的騷動，包含了各種激情、利益、目標、才華、德性的翻滾，也包含了它內在特別的暴力、錯誤、罪惡的升降」（§ 340）。黑格爾因之下了結論：國家與國家之間的行為，與它們的領導人與民眾之行為差不多，好不到哪裡去。

在《法哲學大綱》中，黑格爾所描述的世界史不過十頁左右，要進一步掌握他的史觀與歷史哲學有必要看他逝世之後，其學生所整理的筆記：《歷史哲學講義》。這些講學的紀錄是《大綱》一書尾端最後一節的延伸與擴大。黑格爾在《大綱》的結語（§ 360）上這樣地敘述：

> 當前〔歷史〕已拋掉它的野蠻主義與不公不平的專斷隨意，而真理也剝掉它彼岸性（Jenseits）和它偶然的暴力。因之，真正的和解（Versöhnung）成為客體化，也把國家顯示為理性的圖像和落實化。在國家中自我意識只把它實質的知識與意志在有機的發展裡找出來，就像在宗教裡對真理的感覺與想像是發現為理想的本質一般。在科學中，這個真理和自由的與被理解的認知，它找到真理是所有相輔相成的表現之化身。亦即在國家中，在自然中，在理想的世界裡的所有表現都是同一真理的諸種表現。

講完這個高度抽象的話，黑格爾終於結束這部厚達512頁的《大綱》鉅著（Knowles 2002: 340-342）。

# 六、引論與結語

　　要之，黑格爾使用*der Staat*（國家）含有兩層的意思：其一、國家是用來與其他國家相區別、相對照的政治組織，它包含了人民、領土、政府和主權等元素。在這方面他不認爲古希臘的城邦（*polis*）可以同現代國家相提並論。其二、國家用以與國土以內其他社會組織、機關相區別、相對照、特別用來與家庭與市民社會作區隔，雖然也有時稱呼市民社會爲「外部的國家」。

　　在後面第二種意義下的國家，帶有以下幾項特徵：

1. **抽象的權利**：國家保護人身的各種權利，不過這點並非國家唯一的目的，洛克卻強調保護人民權利爲國家存在的理由。

2. **道德**：國家及其行動不能以普通人、個別人的道德標準來加以衡量。

3. **家庭**：在與市民社會做區隔與對照時，國家擁有某一單位可以同家庭相提並論。家庭係立基於愛和感情，但在「國家中感情喪失，在那裡我們只有意識到法律是統一的，在那裡內容是合理的，而且爲我們知悉」（§158A）。是故有別於家庭和市民社會與國家聯合的不是意識，而是自我意識。國家把全民團結在起來不靠暴力，而靠「秩序的感受」，亦即愛國主義（§§268, 268A）。

4. **市民社會**：國家不靠契約而建立；反之，市民社會中貨物的流通就要靠契約、合同。國家的契約存在並非靠它要滿足我們的需要，而是國家把老百姓轉化成完整的諸個人（§75A）。由於市民社會人人競爭，社會凝聚力分散，如今靠國家化零散爲完整，把個人還原爲社群的份子、成員。在法蘭西大革命後舊社會秩序崩解，要恢復統一的局面不能靠暴政，也不能靠回歸舊社會的秩序，只能靠合理的政治結構讓個人來認同，而新架構應允許多個人主義在市民社會有自由發揮的餘地。

　　在《大綱》中從§§257-260以及從《邏輯科學》第三部§§535-552，黑格爾用三種小標頭來說明國家：其一、國內法權（*inneres Staatsrecht*）；其二、國際法權（*äusseres Staatsrecht*）；其三、世界史。

1. 國內法權，亦即憲法（*Verfassung*），涉及三個權力（*Gewalten*）的分立：

(a)個別人的因素：擁有主權、世襲的君主（§280A）；

(b)政府權力（*Regierungsgewalt*），這是涉及殊別性，也就是從普遍昇揚爲殊別，把君主頒布的法律付諸實行（§287）；

(c)立法權力（*gesetzgebende Gewalt*）：人民無法以個人身分來代表政府有關機構，是故必須以等級議會（*Stände*）的成員被選進國會參加立法、制法、修法的工作（§§298-320）。

2. 在涉外方面，國家需要別國的承認（§331），國家有時也是個體性的主體（*individuelles Subjekt*），常以君主爲代表，他統帥三軍，對外進行外交事宜（§329）。國與國之關係以國際公法、或條約來相互規定。

3. 國家最終會在世界史中被沖刷一空，世界史就是世界法庭（*Weltgericht*），這是歷史對個別國家最終的裁判所（§340）。

黑格爾對國家寄予厚望，甚至說出國家是「上帝在世上的行走」（§258A）。這種說法有必要加以商榷後才能夠解釋：

1. 他曾經說國家並非手藝產品，它是出現在地球之上，而且是在「隨意的、機遇的、錯誤的形式下出現」（§238A）；

2. 把國家當作上帝在世上的行走，並不是說國家就是上帝。對黑格爾而言，絕對精神比起客觀精神層次更高。因之，國家只是客觀精神的表現，還達不到絕對精神的境界。

3. 黑格爾反對把國家和個人做強烈的對照。國家與個人之間尚有一堆的典章制度在中介——家庭、社團、行會、社團等等。這些制度把諸個人塑造成各種各樣的人物，國家卻希望養育公民（國家的公民 *staatsbürger*；*citoyen*，而非市民 *Bürger*）。現代人變成多層的、各種面貌的人物，強調諸種個人的自由，而不強加他的社群意識、民胞物與的精神，是現代國家的失職。

4. 受到柏拉圖與亞理士多德的影響，黑格爾也採用國家有機說、或官能說。一個人要成材、要得自由，而又不危害社群的利益，則必須在國家的境域上做好一名公民才有可能。他重視公益，也不忽視個人主觀的自由，因之向來國家的好處以予保留，俾個人的人格發展是多方面的、全能的（Inwood 1992: 277-280）。

有鑑於《大綱》第三點列出「世界史」對現代國家的重要性，我們有必要探討黑格爾的歷史觀，特別是他的歷史哲學。這方面引起的爭議尤其重大，故下一章專論其史學觀點。

城邦

帝國

**The Rise of Monarchial Nation States: 1500 - 1700**

民族國家

# 第九章

# 黑格爾歷史哲學及其貢獻

G.W.F. HEGEL

# 第九章　黑格爾歷史哲學及其貢獻

一、前言

二、黑格爾的歷史學與歷史哲學

三、歷史與理性

四、黑格爾的認識論與個人自由實現的場域

五、基督教在歷史中的角色

六、黑格爾的歷史主義及其爭論

七、黑格爾歷史主義的政治

八、黑格爾的歷史方法

九、黑格爾論歷史的終結

十、結論與評估

# 一、前言

"The history of the world is none other than the progress of the consciousness of freedom." ─Georg Hegel

黑格爾說：「世界的歷史不過是自由的意識之進展〔的過程、的紀錄〕。」

黑格爾在析論歷史方面，並沒有像討論邏輯、法政、哲學等方面有專門的著作，不過由其學生上課的筆記整理而成的《世界歷史講義》（簡稱《講義》）（1970〔1840〕），卻可當作他論述歷史觀和歷史哲學的一部作品。

在《講義》的〈導言〉中，黑格爾區分了三種不同的歷史，即原本的、反思的和哲學的歷史。在原本的歷史中，歷史學者親身參與歷史的觀察與描繪，對事件進行瞭解與建構，敘述者的精神和歷史事件的精神合而爲一，歷史學家做了事實的紀錄。黑格爾雖然讚賞史學家與其研究主題的一體性，但仍有其缺陷，因爲它只限於作者親自閱歷見證的事物，而缺乏一個廣泛的、普遍的觀點。這個弊病由第二種歷史觀——反思的歷史學來彌補。它的觀點是廣博的，論述的是整個時期，也涉及整個世界的歷史。反思的史學家把一般的、普遍的理念應用到歷史的詮釋上，突顯歷史的意義，他不像原本的史學家限於對事件的描寫和解釋。但這種反思的歷史仍有其缺點，即史學家將他的看法硬加到過去發生的事故之上，從而使主客體、史學家與事件的一體性或認同性遭受破壞，進而產生人與事的兩元性。

黑格爾本身的歷史哲學就是哲學的歷史，這是第三種研究歷史的方法，乃是針對前面兩種研究法加以去蕪存菁。哲學的歷史學者具寬闊普泛的觀點，也不把自己的理念硬性加在所研究的主題之上。至於要如何達成哲學的歷史之描述呢？對此黑格爾並沒有清楚的交代，他只在〈導言〉中提到哲學與歷史的方法有所矛盾。原因是哲學是一種先驗的方法，靠思想的活潑活動產生其本身的內容；反之，歷史要訴諸經驗方法，要求我們對既存的事實做出查驗，而把先驗的預想拋棄。對此矛盾黑格爾的第三種歷史方法似乎也行不通，他在文本中也沒有明確的說明。

因此，我們只好重新考察他的哲學研究法。當然，我們不能只靠他的《講義》來理解其方法。在他成名作《精神現象學》（簡稱《現象學》）中，他

雖然談意識、精神的成長與變化過程，但可視之爲哲學或歷史（賀瑞麟 1994:
173）。其實正是《現象學》〈導論〉中普通的意識和哲學發生了矛盾而引發
吾人的注意。普通的意識指出對象是給與，是外在於它本身的東西，可是哲學
堅持主客體的一致性、認同性，不把客體視爲外頭（身外）之物，而是純粹思
想的產品。因之，解決普通意識與哲學的矛盾便要靠現象學的方法。在此哲學
家擱置本身的原則與預設，而讓意識能按其標準查驗本身，客體與自我意識是
彼此連結的。

　　是故歷史哲學的方法與現象學的方法相似，歷史哲學家擱置他自己先驗的
原則，根據研究客體（歷史事件）本身的標準去進行考察。他根據各民族本身
的價值、理想去考察其文化。透過反思，哲學家先驗的知識（認爲歷史的盡頭
爲自由的自我意識）變成了歷史內在辯證的結果（Beiser 1993: 282-285）。

# 二、黑格爾的歷史學與歷史哲學

> 黑格爾的著作包括歷史哲學和哲學歷史，而且他的整個體系徹底地
> 用歷史〔的觀點〕來思考，這幾乎是之前的任何哲學所未曾爲的。
> （Löwith 1978: 44）

　　黑格爾的哲學是歷史學兼神學的作品，目的在討論基督教的聖靈（精
神），他也以此觀點來著書立說。在倫理生活的第一個體系裡，黑格爾把歷
史的力量當作「克服所有事物的時間」看待，也當作「沒有開始的命運」看待
（Hegel 1913: 74）。在這裡他首次提起「世界精神」，這是「樣貌笨重、稍
有發展之物，但卻擁有絕對的自我感覺」，而且在每一民族裡表現了「整體的
生命」（ibid., 409）。在該體系之後便是他《現象學》的出版，該書敘述現身
（呈現）的精神之發展史，也是知識養成階梯的描繪。這裡有系統的思想進展
與歷史發展逐個呈現，兩者互相滲透、糾葛與互動。

　　凡是存在之物，只是可能性或潛在性，都尚未將潛能轉化爲現能，因爲
只有依靠活動才能把原始的概念或隱涵的決定性實現出來、表現出來（Hegel
1970: 69-70, 81），而精神也是如此。在歷史因素中，精神辯證運動的最終的
目的在於獲取「絕對的知識」。此目標的發展，只有當精神以已經歷過所有的

過程（也變成了意識樣態在不同發展階段所呈現的各種樣態的精神），做一個「回憶」之後才有可能。

　　精神也擁有外部的衣物，那就是精神的歷史。精神不但有歷史，它也是一個處於運動中自我發展的實有。精神不但為「如是」，也為「變成」。在歷史中精神不斷外化、也不斷回憶，藉由生成變化的辯證法漫無目標地運動，此種打圓圈的運動之終站為起點的完成。當精神在前進的路途上達致完整的實有與絕對知識，能以達致自我意識，那麼精神的歷史終告完滿。黑格爾認為歷史的完成代表最高圓滿的獲致，此時所發生的歷史事件亦與其哲學思維合而為一。再說，精神的本質在於從外頭回歸其本身，過著逍遙安適的存在，此即自由的本義。因此，歷史的完成乃是自由的獲得（Löwith, *ibid.*, 45）。

　　黑格爾依從精神自由的原則建構了世界史，並指明最終要達到的目標。精神自我解放的途徑有如太陽的東升西降。世界史開始於古代的東方（中國、印度、波斯），經過古希臘與古羅馬，最終成全於日耳曼世界[1]。歐洲是西方，是歷史終結的所在；正如亞洲是東方，是世界史的開端。這種世界史始於東方而終於西方的說法，在十九世紀的歐美學界固然引發了西洋文化中心主義的喜悅，也造成對黑格爾歷史哲學的曲解，事實上東方建築（包括北非古埃及的金字塔）、印度的哲思、詩詞等文藝，都有超越歐洲的卓越表現。因此黑格爾作為一位思想界「構作大師」（*Werkmeister*）在有系統、有綜合的建築學（architectonics）闡釋下，是主張人的意識、理念產生於東方，而在西方修成正果，其發展是辯證的、批判的、對立物統一的，而絕非線形的發展（Ladha 2012: 37-38）。在這一歷史運動中各種精神在戰鬥拚博，目的在追求自由：「東方只有一人意識到他是自由的，古希臘、羅馬世界少數人意識到是自由的，而日耳曼世界所有的人都意識到自由」。發生在東方世界的歷史事實為思想幼童之時；發生在古希臘、古羅馬的為成年精神之時；發生在日耳曼世界的，則為老人成熟的精神之表現（李榮添 1993：111）。

　　東方的精神實體（*geistige Substanz*）是團塊的、是單一形式的，但古希臘世界的特質卻是精神個體性的解放。有別於東方文化建基於廣闊的流域與平

---

[1]　有部分學者不認為黑格爾的世界史只分成三期，而是認為四個階段（東方領域、古希臘地區、古羅馬帝國、日耳曼基督教文化廣被地區）之從普遍性走到殊別性的辯證過程（White 1959: 92）（賀瑞麟，1994：166-167）。但本書主張分為三個時期探討即可。

原，也是單一民族，希臘文化乃是建基於破碎與複雜的地形之上，殊別的諸個人產生了可塑造的、富彈性的各種樣態，從而使精神的內涵趨於豐富（史偉民2005：272-273）。古希臘這個生機煥發、青春活力四射的時期中，以阿基里斯和亞歷山大這兩位歷史名人為其代表。

個人樣態豐富而又精神充沛的希臘不久便告淪落，這是由於個人的爭權奪利、缺乏一統的觀念與合作的心態所造成，取而代之的是古羅馬的大一統帝國。它要求政治的普遍化與個人權利的保障。由於羅馬帝國善於運用組織力量，遂為其後的歐洲發展奠下堅實的基礎。羅馬建構的條條大路上，洋溢著希臘的文化教育與養成的精神，從而為基督教的傳播奠定良好的根基，也是造成基督教變成世界宗教的關鍵之所在。

希臘人與羅馬人內心生活的疆界受制於抽籤問卜式的神諭，而不知求教於人的良知。在基督降生前的人群尚未自覺自識，精神尚未得到解放。西方人最終精神的解放，只有在基督教的世界得以看見。基督教的上帝是眞正的精神，也是神在肉身顯現，精神實體變成一個主體、一個歷史性的人。從而神性與人性化為意識，人的樣子與上帝的樣貌一致，也就是人得蒙贖罪與拯救。「這個原則就是世界的槓桿，地球就是為此自動打轉。從那裡到這裡歷史就像這樣一路走來」（Hegel 1913: 331）。歐洲開始的紀年從基督誕生開始，對黑格爾而言是具有「絕對的歷史」之意義，因為這個關鍵性的年代對歐洲世界而言，變成基督教的接受與傳播之開端。

基督教信仰的宣揚也帶來政治的效果。在希臘時期，人們的自由是靠奴隸的勞作而得到，基督教的自由則是無條件的、人人都可以享有的。

基督教的歷史是「自由決定無盡的力量」之發揮，在這力量的發揮過程中基督教做了完整的發展。這段歷史從日耳曼各族接受基督教的信仰，經由羅馬天主教會之統治到新教的宗教改革，使得教會與國家、良心與法律化解對立、相互協調。雖然馬丁·路德的宗教改革完成了人內心的自由，然而直到啓蒙運動和法國大革命之後，個人的良心從教皇的威權下獲得解放，人本身自主的意志才能實現，而現代合理的國家終告出現。亦即受到盧梭的影響所產生的法國大革命，便是以精神的意志（普遍意志、全民意志）做為社會成立的契機與內涵。

歐洲精神史的此一最終階段產生了「純粹自由的意志」，這是人類第一次頭顧頂天，也就是世事與哲學的想法趨於一致。哲學史的原則乃是「在自由的意識中邁進」，人按其理性與意願來改造社會、改變自己的命運。對黑格爾而

言，原始基督教的世俗，非從其原意之下墮落、遠離。剛好相反，由於正面的實現，它原始的眞正解釋得以落實，基督教世界史是進步的運動，但它仍舊有對舊世界的「孺慕」、「憧憬」（*Sehnsucht*）。

由上述把古希臘的哲學與自古至今的基督教在原創性（起始）方面做一個連結之外，黑格爾偶然會失掉具體的歷史感，把古代世界與基督分爲兩椿事件，在討論抽象的來源、起始時，或回歸古希臘文明，或是逕自溯源於基督教信仰（Hegel 1913: 342; Löwith 1978: 48）。

黑格爾歷史最終的建構之基礎，建立在他對基督教絕對的評論之上，也就是相信上帝最後審判的末世學之信仰（*eschatologischer Glauben*）的實現——基督再臨——歷史將走完全程。由於黑格爾把基督信仰的絕對性置入凡事之上，置入於歷史的理性之中，因此對他而言，世界史與精神史最終的合致，可以當成最初的完成來看待。開始與最終成爲世界史圓圈的起點，同時也是終點。

黑格爾哲學中這一歷史意識造成後人的評價不一。由於他的文本中充斥著形而上學的味道，而遭致馬克思、克羅齊等人的批評。他們抱怨儘管黑格爾勸人不要陷入形而上學的迷魂陣，他自己卻樂此不疲。瑞士大史學家布克哈特（Jakob Christoph Burckhardt 1818-1897）則與黑格爾相似，將主要的歷史哲學放在古希臘、古羅馬與基督教的世界中，不過他明瞭古代的精神與近世的想法與做法大相逕庭，而現代人利益與權力的追求大異於基督教義的儉樸自足。除此之外，布克哈特對歐洲史的體認之最後動機是認爲古老歐洲的終結。他的歷史哲學甚至是悲觀的，蓋歷史並非直線上升，而經常有進退反覆、危機、戰爭充斥其中。

歷史是人類自由發展的故事（李榮添 1993：13），這是黑格爾歷史哲學的核心，也是黑格爾學說的心臟。他的其他說詞便是從這個心臟流出的血液。

# 三、歷史與理性

黑格爾談到歷史中的理性，以致他二十世紀全集的主編者（Georg Lasson 與Johannes Hofmeister）給他《講義》加上副標題：「歷史中的理性」，這樣做並不恰當。原因是黑格爾從未堅稱在歷史的細節中都充滿理性，剛好相反，

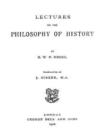

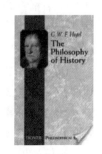

黑格爾《歷史哲學講義》英譯　　　　　　　Lasson 所撰《黑格爾作爲世界史的哲學家》

歷史中的荒謬、非理性到處可見。黑格爾在1800年撰述的《基督宗教之正格性〔實證性〕》，使他決心對過去採取一種不同的觀點，也就是企圖理解歷史上百萬人死亡，難道只爲「單純的荒謬要求、或無道德的表現」而已？

　　就因爲歷史充滿了太多天然與人爲的慘事、悲痛、苦難，使得黑格爾把世界的歷史當成是屠宰牛羊的墊桌（slaughter bench）或稱祭壇來看待，「在其〔桌〕上諸民族的幸福、諸國家的智慧和諸個人的德行被犧牲掉」。他接著提出無法避免的問題：這一切可怕的犧牲與不幸「是爲誰？是爲什麼目的呢？」（Hegel 1955: 79）。這是他在杜賓根神學院時代便常思索的問題。事實上他的作品顯示他對目的比對犧牲更覺關心，對於絕對理性的注意遠遠超過對非理性的敘述。

　　對此問題的解答，只能找到兩個輔助性的說詞，其一爲黑格爾本身的遭遇。從他最好朋友賀德林後半生幾乎變成植物人，長期在等候死神的召喚。他熱愛的妹妹瀕臨瘋癲，甚至在黑格爾死後爲他自殺。他的母親也在他十三歲便逝世，這正是印證他這一生活在痛苦不幸當中，這也難怪他熱愛古希臘索霍克列斯與近世沙士比亞的悲劇。

　　把黑格爾當成樂觀主義者是錯誤的看法，他在歷史中看不出人群的快樂在遞增中，他也不認爲人們從歷史長河所記取的教訓，可以避免人類最終的悲劇。他說：「經驗與歷史的教訓是這樣的：各國的人民與政府從未在歷史中學習任何東西，不知把他們可能學習到的東西付諸現實」（Hegel 1955: 92）。

　　黑格爾一度提到世界級的諸個人（耶穌、亞歷山大、拿破崙等等），認爲這些偉大人物「選擇的不是快樂，而是勞苦、奮鬥，爲他們的目標而工作」。他無疑地也自我比擬爲世界級的個人（能獲得絕對知識，世界性的哲學家）。所以對他而言，快樂只是他命運的一部分而非全部。他認爲：「世間偉大的事

情無不靠熱情來完成」。

　　黑格爾又指出「有機的個人產生他自己本身，他把自己隱晦不明的那部分顯露出來。因此，精神也是能夠製造它自己的事物，它也是把本身隱晦不明的本質製造出來、顯露出來」（Hegel 1955: 151）。他又說：「人之爲人在於他的行動，他一系列的行動，也就是他自己所作所爲，把自己做成什麼樣子〔之動物〕。精神本質上是能量，人們在看待精神時不要從他的外表抽象出來看〔要看它的本質〕」（ibid., 114）。另外他也指稱：「人的內心活動與外部行爲常做區別。但在歷史中這種說法並不正確：人一系列的行動都是他的行動……眞相是指內在與外在〔的行動〕是沒有分別的」（ibid., 66）。

　　從黑格爾的觀點來說，所有個人的內外活動之分對歷史而言是偶發的意外的。他基本的觀點係指歷史與自由的演展有關，這是第二個輔助性的說法。他說：

> 哲學的慧見在於幫助我們〔認知〕現實的世界乃是它應然的表現……上帝統治世界；祂的治理的內容，祂計畫的執行是世界史；去掌握這個〔慧見〕是世界史的哲學之職責。它基本設準〔先決條件〕爲理想事物〔理念〕成全它自己，只有與理念相符合、相搭配，才擁有現實性……普通人所稱呼的現實性在哲學的思考中認爲是陳腐的，但這不是在己兼爲己〔眞正的〕現實性。這一卓見包含人們所稱呼的舒適，用來反對發生事情之絕對不幸、瘋狂等概念。舒適是指對不該發生的病痛的替代品，也是自覺做爲有限物的逍遙自在底感受。因之，哲學並非舒適。它超過舒適，而企圖調解現實、改變現實，使現實的不當〔不公、不正〕變化爲符合理性、合理的……。（ibid., 77）

　　嚴格來說，黑格爾本身並非相信「現實的世界應當就是那樣」。這裡現實的、實在的（wirklich）必須是「與它的理念相符合的〔搭配的、一致的〕」才算數。這正似他在《法哲學大綱》（簡稱《大綱》）〈序〉所說「凡是合理的便是實在，而凡是實在的便是合理」（Was vernünftig ist, das ist wirklich; und was wirklich ist, das ist vernünftig.）的那句話。這點不過呼應古希臘柏拉圖的說法，因爲柏拉圖一度指出只有完善的正義和善良才符合原型（Form）、符合原始的理念（Idea）。亞理士多德則放棄了另外世界的原型說，而把原型、理念、目的性置入於事物當中，這就是他事物的「因特列希」（entelechie 事物

內涵的潛能），靠著不斷地發展，因特列希才會達成事物的目的性、現實性。呼應著柏拉圖《理想國》的說詞，國家的「概念」（*Begriff*）只是現存國家模仿、奮鬥的理想。因之，現世的國家談不到業已實現理想的境界。它們都不是現實的、眞實的，只是徒具形式的。

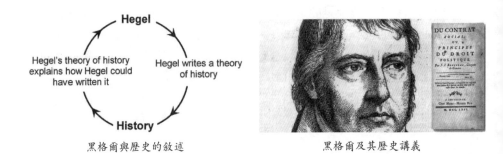

黑格爾與歷史的敍述　　　　　　　　　黑格爾及其歷史講義

　　黑格爾在《歷史中的理性》一書中，談到「對歷史採用哲學的研究途徑，除了消除偶發因素之外別無他意」（Hegel 1955: 29）。所謂的「偶發因素」（*das Zufällige*）是一般史學研究（historiography）要分辨的，要從事實發生的事件中區隔出來的東西，後者是必然的、一定發生的；前者是偶然的、不一定發生的。

　　無論如何，歷史學家一般會從本國的立場，或他所處的社會去看待世界史，黑格爾當然也不例外。他把1820年代的普魯士當成當時最自由的國家，便引來強烈的質疑與抨擊。不過如果以當時普魯士制度面的健全（相較美國南方還有奴隸制）而言，他這種說詞不會引起荒謬的評斷。另外替黑格爾世界史觀辯護的說詞是指，他並沒有把普魯士當時的發展看作是世界演變過程的高峰。當時的日耳曼（以普魯士爲代表，因爲德國尚未統一）爲西方文明的前鋒之一應無問題，尤其在哲學、文藝與科技的發展方面。他僅僅相信，儘管有上升但也有沉淪，廣義的日耳曼各族（*die germanische Welt* 包括日耳曼語系、信仰基督教的西北歐各國）在緩慢而困苦的發展裡，認識到所有的人都該自由。而他又相信世界史就是這個認定緩慢的發展（Kaufmann 1965: 259-260）。

　　因爲擁有這種慧見，他告訴他的學生在歷史中有理性的存在，所有歷史發生之事（好壞、善惡）不是白白地、毫無意義地出現在那裡。人們要以信心來接近歷史、看待歷史。這不只是信心而已，而是「我熟知的結果，因爲我已熟悉了整體〔整個事件的來龍去脈〕」（Hegel 1955: 30）。固然我們要以經驗

的、事實的態度來看待歷史的變遷，但先擁理念再看發展的細節，是掌握歷史整體所不可缺的。「當人們以理性看世界，那麼世界也回報以理性」（*ibid.*, 31）。另一種說法則是如此：「假使個人以主體性接觸世界，那麼這個人會發現他在建構他自己，這時他所到之處，他會知道得更多，也會知道他該做哪些事情，以及事情是怎樣發生的」（*ibid.*, 32）。

# 四、黑格爾的認識論與個人自由實現的場域

　　黑格爾的認識論建立在三個階段之上。由人最初接觸外物，接納其印象的「感覺」開始，經由認識的主體（人）與客體（被認識的人事物）之分辨對立的「理解」（知性發揮作用之）階段，最後達成人與物的合一，認識的最高「理性」階段為止。由是感覺、理解、理性構成了認識的三部曲。認識的這三個步驟不限於個別的人，也包括人群、民族，甚至高高在上的上帝，其發展的終極目標，為精神的徹底復歸，達成完整的自我意識。但是要達成完整的自我意識，捨棄與外物的周旋折騰，別無他途可循。於是黑格爾說：「一個人無從知道他是誰、他是什麼，除非他通過行動把自己造成真實的事物」（引自 Cohen 1978: 5-6）。亦即將人的潛能發展為現能（顯能）方能獲致，例如一個民族要藉它對同代人群、對世界的特殊貢獻，來顯露該民族的風貌、精神、性格，同時也達到民族自我認識、自我意識的地步。

　　心靈只有藉著創造一個本身之外的事物，一個非我之物，然後承認這個非我之物為自我創造的表述，這才能達到心靈的自我意識。也可以用來說明上天何以有好生之德，創造自然萬物的原因。上帝的自我意識過程，是由分辨上帝所創造的諸種事物（包括自然和人類）開始的，由簡單的事物趨向複雜的現象。同樣地世界精神自我意識的加深，也由代表它的諸種相繼文化的日趨發達，日漸圓熟而顯露出來。什麼是世界精神呢？他說：

在客觀世界中，建立起它的地位。客觀世界的存續顯示在崇拜的特殊宗教儀式上，風俗習慣、憲法、政治法律之上，亦即在各種文物制度的綜合體之上——在事件與變遷所構成的歷史之上。（Hegel 1955: 74）

由於上帝無法即刻認識祂自己，必須在整個歷史過程中，由祂的創造物——自然與人——逐步認識，而最後達致神的自知。黑格爾遂說：

> 上帝的自知是人的自我意識，是人對上帝的認識，這是由於人在上帝裡頭的自我認識而達成的。（Hegel 1971: 298）

黑格爾自認爲他所處的時代是人類歷史的高峰，是世界精神（上帝）達致自我認識的頂尖時期。在此一時期中，不僅世界精神完全自我認識，就是人類也達到徹底自我意識的地步。黑格爾認爲，只有當人們體會到他們已經自由自在時，也能夠無牽無掛地同自然與社會建立起一種和諧的關係時，亦即容許自由的體現，也鼓勵自由的表達時，才算達到自我認識的地步。另外，如黑格爾所言：當人與自然脫離，但又能夠控制自然之際，才有自由之可言。自然不僅是指涉我們身外的環境而言，自然也包含我們內在天然的習性。只有當人們獲致自我意識之時，外在於心靈的自然環境，才會逐漸喪失其生硬疏離的外在性格，並乖順降服地接受人的控制統御。

最早的人類文明顯示心靈與自然合而爲一，心靈爲自然的一部分。黑格爾認爲：把石頭或動、植物當成膜拜對象的民族，不可能享受到自由的社會關係、自由的政治關係。只有當崇拜的對象轉變爲人的形式、或精神之屬（「聖靈」）之時，自由自在的政治與法律關係才變爲可能。

在世界史的演展裡，東方的中國、印度、波斯世界中，人的心靈與外界的自然無從分辨，所以成爲靜態的社會、專制的社會。希臘的文化代表了心靈與自然的分開，這就是由辯士分辨「天然」（physis）和「人爲」（nomos）兩者的不同可知。不過希臘人尚未充分理解精神力量遠超過自然的力量，因此未臻歷史的巔峰。心靈優於自然的道理，要到基督教興起之後才大白於天下。

黑格爾接著指出，由意識到自由的人數之多寡，可以看出文明的興衰。在東方只有君王（獨夫）一人；其後希臘與羅馬文明裡，少數人意識到自由。至於黑格爾所處的時代之歐洲國家中，大多數人甚至所有的人應該能夠意識到自由的價值（Hegel 1956: 104）。

由於黑格爾認爲世界精神的自我意識就是理性，而理性的自我意義爲自由。因此對他而言，歷史一方面是世界精神與理性辯證的發展過程，他方面歷史又是自由與理念的體現。然而不管是精神、還是理念，或是眞理，都要經由正、反、合辯證的階段，回歸到其目標（telos），亦即由分離而回歸統一。因

此，歷史無異為精神、理性、理念辯證運動史。

人類在原始時代，天地人渾然一體而不加分辨，這便是不加分辨的一體（undifferentiated unity）。其後，人知道自己是主體，其他典章文物是客體，由是人類進入懂得分辨主客彼此的時期，這便是分辨而攜二（differentiated disunity）的時期。及至近世，人類還進一步達致物我兩忘之天人合一的境界，遂進入分辨而又一體（differentiated unity）的時期（Hegel 1956: 79），這三個階段的人類進步史，最早由席勒指出，其後由黑格爾和馬克思加以發揮（洪鎌德 1995：72-73；2014：21）。

黑格爾形而上學的歷史哲學最終停留在它的目的論（teleology）之上，也就是世界史被一個單一的目的所主導。他認為歷史的目的牽連到形而上學與自然法的概念，也牽涉到人的本質、人的特性。人的「本性」（by nature）和本質就是自由（Hegel 1969-1971[XII]: 30）。此種自由並非指他出生便自由，也不是說他在自然狀態之下是一個自由的動物，而是指人的目的或目標在追求自由和實現自由（ibid., 58）。這就是他屢次提到的「自由的自我意識」，也是人應當是這麼樣自由的覺知、認識（Hegel 1970: 54-55, 62-63）。

在整部世界史上我們容易地發現不少英雄豪傑的豐功偉績，他們的野心與熱情激發了他們驚世的行動。依據黑格爾的看法，這些偉人們——他稱其為「世界史的個人」——的貢獻，固然由於他們個人的才華、抱負、時勢等所驅使。歷史中的驅力常轉化成創造歷史的偉人之熱情，在不顧群眾的拚命犧牲中，把歷史巨輪往前推轉。社會變遷與歷史的遞嬗常常在不顧及、甚至違背當事人的本意之下產生，難怪在這個名詞之後的註釋中，黑格爾寫著：「在世界史中人們的行動常常產生與他們的目標不同的結果」（Hegel 1913: 88）。可是他們的所做所為，長期來看對現代世界的自由之發展有相當的幫助，他們無疑成為世界精神（理性）的工具，完成歷史使命而已。

的確，有些偉人們可能體會本身的歷史地位和使命，但大多數的偉人們卻無意識地、不自覺地完成理性所交代的任務，為理性的辯證發展向前推進一步。因之，黑格爾鑄造一個新詞，來稱呼理性這種利用偉人來完成其使命的狡猾，此即「理性的狡計」（die List der Vernunft）（Hegel 1953: 44）。這名詞幾乎與亞丹·斯密對市場供需律的詞謂「看不見的手」（an invisible hand）一樣的出名，表示冥冥中有一股勢力在左右人類的生活與命運。雖然所有個人的行動出於私心、己意，卻與理性的型模、理性的目標符合一致，也是與精神的自我實現若合符節（張世英 2003：1，270）。因此世界的諸個人完成歷史的

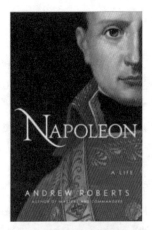

"I saw the Emperor – this world-soul – riding out of th e city on reconnaissance. It is indeed a wonderful sensation to see such an individual, who, concentrated here at a single point, astride a horse, reaches out over the world and masters it ... this extraordinary man, whom it is impossible not to admire."

在耶拿大學當講師的黑格爾，在1806年10月13日目睹世界性的個人，也就是代表世界精神的拿破崙，坐在白馬鞍上雄糾糾地進入此一古城巡視，內心無比興奮

使命，可謂中了「理性的狡計」而不自知。

在閱讀黑格爾的歷史哲學時，我們要明白除了歷史之外，他也關心永恆的事物，那就是道德、倫理生活和宗教虔誠。此種內心深處的良知表現為主觀的自由，也是人類意志的、決定的、行動的樞紐。

從《現象學》第四章與第四章A的部分之文本當中，我們便會找到所謂「自由的自我意識」。精神是自由與平等的諸人之間的相互承認，這就是他們自由的互為主體的自我意識，也是黑格爾所說：「是作為我們的我，也是作為我的我們」。在這些章節中他指出：任何一個人的自我意識是當作自由人，他

必須是社會動物，也是互為主體的動物。自我意識要求別人承認彼此都是平等的和獨立的事物，但是精神的相互自我意識不能化約為某些人的自我意識。只有在放棄他們是分開的諸個人的感受，只有在把本人認同為社群的一部分之時，這種自我意識才有可能產生。精神的本身是一種相互的、互為主體的自我意識，因此就是一種抽象體。是故黑格爾的《法哲學大綱》在指出特殊的政治條件，這些條件對精神的實現是必要的，也是對自由的自我意識之發展大有必要。歷史的終點為精神的實現，是一個完善的國家的達成，在其中自由和平等的諸個人最終建構了一個社群。故此黑格爾把國家當成歷史最首要的主體，是一切現實存在之物的最高實體（程諾蘭 1999：248-249），同時也是理想國家的出現。

黑格爾曾經在一個註釋裡頭指出，人要實現自由只有在國家的範圍之內才有可能，因之，國家成為人自由實現的場域。相對於這個概念，是人的本性，就是自由。他主張「在本性方面人是自由的，是根據人的概念、根據他的命運，這是他在己〔在其本身〕中的自由」。因此對他來說，國家是重要的，因為它實現了自由，因為它使精神的繼續發展成為可能，是故國家成為從客觀精神躍入絕對精神的領域。他這裡所指的國家是具有道德倫理意涵，發揮藝術、宗教與哲學價值的國家。除此之外，國家是人去掉獸性暴力的煉冶爐。

如果沒有國家，人能否自由大有問題，大概要端賴他的運氣。國家的存在是由於要「建立公正的秩序，穩定內部的紛亂，提供共同的防衛，促進一般的福祉，以及確保自由的恩典」。把國家當作是限制個人天生的自由是無知的說法，是不肯接受哲學，反而是粗野的、庸俗的、常識的判斷。

所謂的自由不是隨意，憑個人喜惡而做的言行；反之，是遵守道德、習慣、法律而盡職之事，亦即個人在特殊境況下盡了他的義務，也明白他能滿足盡責稱職的要求是什麼，才算符合傳統的導引。但對於熱愛悲劇的黑格爾而言，他認為在歷史過程中，人民、國家、生活秩序的保障是一回事，然而因為過勞、疲累而使民族精神受到毀損、破壞、貶抑、降服又是另一回事，「現行的、被承認的義務、法律和權利等等與反對這類〔規範〕體系之力量的重大衝突、對撞」（Hegel 1953: 96ff.）。這類衝突、對撞經常發生，悲劇遂告發生。

之所以產生悲劇主要是在歷史轉換的關頭，舊的制度、習俗、倫常無法維持、繼續發揮作用，而新的制度、習俗、倫常尚未建立，或已建立但無法獲得完全的信任遵從，以致引發新舊體制與理念的衝突。

# 五、基督教在歷史中的角色

　　整部西洋的歷史哲學與基督教救贖的神學幾乎脫離不了關係，歷史成為人類救贖的過程（賀瑞麟 1994：35-36）。難怪德國史學家羅維特，把歷史視同為「救贖所發生之事」（*Heilsgeschehen*）（Löwith 1953）。黑格爾之所以特別推崇基督教，是因為基督教對真理的瞭解，與他的哲學之真理觀最為接近的緣故。然而，近代啟蒙運動興起，人的意志取代神的意志作為歷史遞嬗變遷的主宰力量，神的歷史也就變成人的歷史。這主要由於啟蒙運動人本主義、人文思想、人道精神湧現的結果（洪鎌德 2009：39-86）。

　　但是其後浪漫主義興起，它不承認各時代、各民族的人性是一成不變的；反之，主張各時代、各民族各具特徵，不容混同。黑格爾就是深受浪漫主義（特別是法國的孟德斯鳩與德國的賀爾德、列辛、洪博德等人學說）的影響，而肯定各民族自具其獨特的民族風貌和民族精神。然而民族精神的昂揚淬勵，卻又源之於世界精神自覺性、自我意識的呈露。因此，要瞭解民族風貌，必須要瞭解世界精神。要之，整部人類的發展史無異為世界精神履歷，以及演變的過程之紀錄。

　　黑格爾一再告誡吾人歷史的主要主體為「精神」（*Geist*），他說：

> 世界史是一個合乎理性的過程，是世界精神合理的、與必然的進化。這個精神是歷史的實體（*Substanz*）。它的本質是唯一的、本身的。它顯露這種性質在世界的存在之中。世界精神就是絕對的精神。（Hegel 1970: 29-30）

　　假使這個絕對精神是任何的東西，那麼它不是我們任何的一個個人，也不是個人們的累積，這是批評黑格爾絕對精神者所指出的，而卻非他的本意。這個絕對精神是超個人的實體，有限的個人們只是它所顯示的樣態而已。

　　那麼世界精神是什麼呢？世界精神可以說是上帝，但這只是神學領域中最高的觀念。黑格爾心目中的世界精神，不只是基督教的上帝而已，它更是哲學中的概念，亦即心靈或精神之屬。由於世界精神講究生成變化，力求擺脫羈絆束縛。因此，世界精神的基本特徵為自由。由是可知世界史無異是世界精神追

求自由的奮鬥史（Hegel 1964: 388ff.）。

因此，黑格爾認為：歷史的每一階段，反映了人類自由心靈，或自由精神落實的面向，或實現的階段。在人類漫長的發展歲月中，在諸種進步裡面，近世尤其表現各個民族國家在種族的民族性格與風貌上，創造與提昇文明的努力尤為明顯。在人類歷史裡我們上發現某一民族的精神風貌特別淬勵昂揚，特別意氣風發，這都是受到世界精神控制和指揮的結果。

可是黑格爾卻認為，宗教在人的知識和智慧發展中，遠不如哲學之高明。在《講義》中，黑格爾論到絕對精神，先提宗教再提藝術，最後才提到哲學。他認為藝術比宗教更具現實性與感性，因為它要表述的不是上帝的精神，而是上帝的諸種形式，也就是一般的神性與精神性的（*geistig*; spiritual）。黑格爾繼續說：「不像在宗教，直覺和藝術裡頭，真理不只抵達人的概念與感覺，還表現為能夠思維的精神，因之第三個〔客觀與主觀〕結合的形式之哲學〔成為透過宗教、藝術〕而到達的最高峰。這就表現為最高的、最自由的和最聰明的形式」（*ibid.*, 124ff.）。在哲學中神祕的概念、想像（*Vorstellung*）和主觀的感受、感覺（*Gefühl*），以及直觀、直覺（*Anschauung*）都被穿越和揚棄，而到達本真的理解裡。

在談到啟示的宗教──而基督教正是黑格爾目為最典型的啟示性宗教──時，他一反神學強調上帝不易為人所知，而指出啟示的宗教之教義乃在於讓人們知道這一位能坦然讓信徒理解祂的上帝。換言之，基督教擁有最高的精神內容，將「神性」與「人性」結合，俾使信眾得以理解這位獨一全智的上帝（李榮添 1993：347）。他說：

> 在思想裡，正確地、確定地知道上帝是精神〔聖靈〕，這需要勝過思辨〔哲學，而非神學〕之助力。這包括下列命題：上帝如果單獨知道祂是神不算數。祂之自知完全靠人的自我意識，知道人們尊祂是神明。（*Enz.*, §564）

正如同我們不把處在子宮中的胚胎當作完整的人看待，而待孩子呱呱落地之後才稱他為「人之初」一樣，那股未成形的力量（神創造宇宙的前期）不得謂為精神。必待上帝創造了人，因為人的生成長大，才有精神（上帝）的存在的。在這意義下，黑格爾顯然是以人為尊，是人本主義者。這也是他哲學體系的第三部稱為「精神哲學」之緣由。再說《講義》中，黑格爾也指出：「精神

的領域，乃是人所創造的領域」（Hegel 1913: 50）。他甚至說：「世界精神是在人意識中顯示的在世之精神」（*ibid.*, 60）。

黑格爾使用「精神」一詞固然有其宗教上的意涵，但也與他的時代的文藝作家如歌德、席勒、賀德林之喜用 *Geist* 一字有關。德文 *Geist* 固然與拉丁文 *spiritus*，希臘文 *pneuma*，希伯來文 *ruach* 相同，卻有時與 mind，*nous* 相通，有時則和 *logos* 有關，都含有氣息、吹風能動的勢力之意思。這也是生命的元素，含有酵母、發酵的迸發力量之意。

黑格爾一旦選用 *Geist* 這個字眼，便很難不把它等同爲上帝。這點與古希臘哲學家、文學者（荷馬、柏拉圖、亞理士多德）喜用 *theos* 或 *theoi* 來描述諸神、眾神有其相似之處。當時就連斯賓諾莎、歌德、席勒、賀德林都喜談上帝、聖神。正因爲黑格爾自認爲比他同時的神學家更靠近上帝，因此自稱爲基督徒。然而在他的哲學體系中對眞理能夠細加分辨、精密分析的，卻不是僅能憑信仰的模糊概念來理解眞理的宗教，而是哲學。

這不是人們試圖瞭解上天救贖的意義，原因是神學已把世界化約爲這麼絕望無助，我們要知道上帝不能再靠神學，而要靠哲學。在他早期認爲以宗教達到辯證的高度，而哲學思維仍在分離的對立當中。到了1807年左右，黑格爾已經採取觀念論的形而上學，也對康德、費希特使人無法達到瞭解絕對知識，亦即神自己被人所覺知、認識加以批判（賴賢宗 1997：19-20）。上帝的智慧出現在自然界，而其生成變化則爲歷史，所以在人類的歷史中，尤其是精神中去發現上帝的作爲與攝理。黑格爾說：「時刻終於降臨，我們可以瞭解這個創造的理性——上帝——的產品，這部世界史，……在某種程度內我們是採用神義論〔證成神的存在〕之途徑來進行，在這方面萊布尼茲還採用形而上學的方法」（Hegel 1913: 48）。

這些「高尚化」的說詞並非黑格爾的本意，而是在面對柏林大學神學家（特別是 Schleiermacher 等人）虎視眈眈下，黑格爾必須在他的講課中爲上帝與靈魂拯救辯護。事實上，列辛也好、康德也好，在他們論述歷史之時都會提救贖和拯救之事。這也反映在席勒的詩作中：「世界史就是世界〔末日審判〕法庭」。對黑格爾而言，這意味著唯一的世界法庭，除此之外再也沒有任何的判決可言。

綜上所述，黑格爾提出的歷史哲學是依循下面幾條論題，按步推理而得（Cohen 1978: 6）：

第一、近世歐洲的歷史，無異爲各民族國家互爭雄長、力求表現的歷史。

事實上，過去數千年的文明史，特別是近三百多年的歐洲史，顯示各個民族的風貌性格各有不同，而它們對歷史的貢獻還有差別歧異（此為一不可否認的經驗事實）。

第二、在整部人類發展史當中，進步是其特徵。後浪推前浪，不只是自然現象，更是人文現象。這種不斷進步的現象，特別表現在文明與文化的發展上。但載運文明與文化進步的工具，卻為各個不同的民族與國家（這也是一項不容否認的經驗事實）。

第三、上述這兩項經驗事實是不容辯駁否認。不過我們卻無法依靠任何經驗性的學說（譬如歷史科學），來解說這兩項現象與其關聯。這便指出經驗事實無法通過經驗科學來解釋，因此只好轉而求助於神學與哲學（由事實描寫走向價值判斷）。

第四、可是這項有目共睹的人類整體性進步的歷史過程，卻與基督神學中，上帝的創造與救贖之教義完全符合。由是證明神學能解答宇宙生成和人生的歸趣，因此神學可以濟科學之窮（內生說、目的說的哲學與神學觀念）。

第五、然則使用神學來解釋世界史，卻不是啓蒙運動以來，人本主義昂揚的現代人所能接受，黑格爾遂倡導以哲學來解釋人類的進步史。他所提出的世界精神一概念，既可以合理解釋上述前兩項事實，另一方面又與第四項神學的上帝概念相輔相成，不致扞格難容，而能達成解釋人類進步史實的目的（洪鎌德 1995：70-72）。

黑格爾哲學的高峰既非歷史哲學，也非宗教哲學，而是哲學的歷史（Kaufmann 1965: 271-275）。因之，討論哲學的歷史主義頗有必要。

# 六、黑格爾的歷史主義及其爭論

其實對黑格爾而言，哲學的歷史何異為歷史的哲學，這兩者幾乎是相等。原因是他認為哲學必須以歷史的眼光來看待、敘述或析評。捨開歷史的變遷，哲學只變成空洞的說詞，而沒有立足的可能（楊祖陶 2001：406-413）。他說：「哲學是在其所處的時代以思想來掌握」（Hegel 1970[VII]: 26）。

從對哲學企圖歷史化（historicizes），我們可以看到黑格爾推崇一種「歷史主義」（historicism 或稱唯史主義）。歷史主義有種種的解釋，包括每一

代對前代歷史的解釋是以今論古；也有每代各有獨特的、相對的歷史之看法；更有把歷史變遷看成是一種模式（patterns）、規律（regularities）、律則（laws）的演變，因而鑑往知來，準備把這種歷史變遷的軌道拋射到未來（柏波爾〔Karl Raimund Popper〕的說法）。黑格爾的歷史主義應該是強調每個時代、每個國家（民族）的歷史，是單一獨特性，由其時代盛行的精神來予以解釋。相對地，歷史不該由其他沒有關聯的歷史學者，依其所處的時空或個人觀感來隨意說明。

　　黑格爾的歷史主義發展到哲學史的革命之地步，不只強調哲學成為可能，是由於哲學家意識到他學說的源頭、脈絡與演展而已，這便推翻十七世紀法國哲人笛卡爾不仰賴任何的預設條件（而只靠「我思故我在」），便要建立哲學體系之說法。因為黑氏認為笛卡爾無須靠自足的、自我封閉的心思，把歷史超越，便可以進行哲學的思維。哲學如能夠不靠先決條件，那麼它必須融會於歷史中，而非從歷史中抽離出來。

　　黑格爾的哲學革命不只在推翻笛卡爾的傳承，而且改變了西洋經典的形而上學所討論的上帝、救贖、不朽等課題。凡是先驗的與歷史無關的形而上學，都不可能成為哲學討論的議題。在黑格爾所處的時代，強調以歷史去研究社會制度與人群行動是學者們的共識，其中孟德斯鳩在《法意》（《法律的精神》1749）一書中，便強調一國的憲法為歷史的產品，受其民族的風俗、習慣、宗教，甚至地理條件、土壤豐瘠、氣候寒暖的制約，這便是黑格爾歷史主義的先驅（洪鎌德 2006c：112-113；2013：104-105）。賀爾德亦指稱文明產品的哲學、宗教、文學，無一不是民族文化的反映，也是在歷史中成長出來的。

笛卡爾　　　　　　　　孟德斯鳩　　　　　　　　賀爾德

　　顯然歷史主義並不自黑格爾起始，但他這一學說之特點在哪裡呢？可以說從黑格爾開端歷史主義成為哲學自我意識的普遍方法，目的在挑戰哲學的自滿自大。在黑格爾之前，沒有任何哲學家會刻意強調自我反思，或批評對哲思的重要；相對地，他認為哲學同政治、宗教、文學相似，都需要歷史的解析與評價。哲學並非永恆的理性之物，而常混有幻想與迷思存在其間。

　　黑格爾歷史主義的自我批評之內涵，可以說是康德純粹理性批判的延續與發揮。有異於康德之處為，反思的省察要求哲學注意其學說之淵源、脈絡之發展，並非如康德所謂這些學說的生成變化為純粹理性的產品，而應為歷史演展的結果。只有對理念的生成變化忘記的人，才會相信超自然的、不朽的力量，而忘記這些都是特殊文化背景下出現的學說。總之，忘記過去、忽視歷史，將自己學說的歷史源頭和脈絡去除，把造成這種源頭與脈絡的社會的、政治的、文化的關係鬆綁，都是超驗的幻想之毛病，對哲學的廣化與深化毫無助益（Beiser 1993: 270-274）。

　　黑格爾歷史主義的基礎在於他的堅持，他主張每一社會都是生機活潑，能夠成長的有機體，因之是一個獨特而單一的整體，其部分生息與共、不容分割（Hegel 1970[XII]: 65-66）。一個民族的藝術、宗教、倫理、法律、語文、文化形成一個體系的整體。這個整體黑格爾效法孟德斯鳩謂為一個國族的「精神」，為其國民思想言行的特徵（洪鎌德 2006c：107-108；2013：99-100）。社會既然是有機的整體，而哲學又無法從其脈絡（時代環境）解脫而出，那麼說哲學是其時代、環境的產物，也是在思想中掌握時勢時局也就是自明之理。

　　另外構成黑格爾歷史主義基礎的事項，為賀爾德對傳統的看法。賀氏認為藝術與科學的發展，要歸因於傳統之角色。傳統是「神聖之鎖鍊」，它把現時與過去連結在一起。傳統顯示給我們，過去怎樣活在現代人心目中，我們的今天就是早前（前輩）的樣子變成的，人類的變化生成就是歷史。哲學就像藝術和科技一樣，都是從過去發展、改善而至今日的樣貌。如果沒有前人的辛苦耕耘，就沒有今日哲學的豐碩果實。

　　另外，哲學之充滿歷史材料與解釋還有更深一層的意味：為何哲學的主題不斷在發展與變化呢？因為黑格爾認為哲學的議題是思想、是理念，藉著這些抽象事物，哲學家在思索世界（包括歷史、人生未來等等）。但思想、理念、概念是隨時間在變化的，從不確定發展到確定，從晦澀不明發展到澄清明晰，從抽象發展到具體。因之，也就是歷史的。這個過程需要思想者（哲學家）思想的積極參與，並且思想的客體還得仰賴思想者的主動出擊。因之，他在《講

義》中指出：「擺在我們眼前的〔哲學〕歷史是思想自我發現的歷史，它的存在、它的顯形完全是透過發現才有可能的」（Hegel 1970[XVIII]: 23）。

　　一位哲學家及其思想體系，表面上看來是哲學家及其宗派的主張，但卻常常是一個國族與一個時代在文化方面的具體表現。事實上一個理念（例如人創造神，而非神創造人）之所以變成某個地方，或某段時期的主流想法，絕非只是一個（如費爾巴哈）提出這個口號的人之心血來潮，而毋寧是長時期的醞釀，以及多數人的（例如青年黑格爾哲學運動）的努力之成果。這就是黑格爾常言的「精神之路是崎嶇坎坷的途徑」（Der Weg des Geistes ist der Umweg.）（Hegel 1969-1971[XVII]: 54-55; Hegel 1969-1971[XX]: 506-509）。

　　《哈列年鑑》與其繼承者《德意志年鑑》是1830年代底1840年代初，青年黑格爾門徒發表意見、理念最重要的兩個機關誌。其中引起讀者最大興趣的文章並非賀斯（Moses Hess 1812-1875）的歐洲三劍客、三個統治集團（德、法、英），也不是齊次科夫斯基（August von Cieszkowski 1814-1894）的歷史哲學，而是黑格爾的史觀，這是主編甘斯（Eduard Gans 1797-1839）刻意把至今為止一般人不熟悉的、不清楚的黑格爾的歷史哲學，加到其整個思想體系裡頭。這造成青年黑格爾門徒重新審視黑格爾的體系，也展現出青年黑格爾門徒的政治思想，進而促成青年黑格爾哲學運動的勃興（White 1996: 11）。

　　黑格爾主張哲學不能，也不可與哲學史分家。在哲學中發現思想的本質變成哲學史的本身。他聲明在哲學史的理念之依序承續，與理念環節的邏輯性承續是相同的（Hegel 1969-1971[XVIII]: 49; Hegel 1969-1971[XX]: 48）。雖是如此，黑格爾卻沒有把時間次序與邏輯次序，簡單地視為同一過程。他的論點主要在指出，在時間裡哲學體系的相續主要受體系理念的深層邏輯所決定、所制約。一個完整的B系統所以會緊接著A系統在歷史中出現，主要的原因是B比A在邏輯上更為前後一致，在解釋上更為精確、圓融之緣故。

　　黑格爾歷史主義遭到後世的批評，依據白塞爾（Frederick Beiser）的看法，包括三個反對的理由，頗值我們來轉述，並試圖替他辯護。

　　第一個反對面來自馬派的傳統，特別是馬克思在《德意志意識形態》（1845/1846）一長稿中，對黑格爾歷史觀的嚴厲抨擊。首先馬克思認為黑格爾唯史主義受到其形而上學的牽絆而告失敗。黑格爾雖想改變形而上學，但卻沒有消滅形而上學，黑格爾的歷史主義把實在與絕對精神的主客體地位顛倒過來看，這是受到他形而上學的病菌傳染的緣故。個人的具體要求（特別是物質要求）是驅動人群在社會活動的主力，進一步也是形塑歷史的主力，但黑格爾

看不出人的物質需要，卻強調絕對理念。因爲他認爲：「世界爲理念所支配，理念和概念是決定世界的原則」。馬克思說爲了達致、接近或理解實在，我們有必要把黑格爾的世界圖像顚倒來看，其原因爲理念和概念是人群在特殊時空背景下的產品。馬克思認爲：人的物質需要才是主詞、才是首要之物。

但馬克思這種批評可說只是打空氣，原因是在黑格爾的歷史主義中，基本上並不排除理念的原始，與自然描述或物質描述的關係。就像馬克思一樣，黑格爾認爲哲學、宗教、倫理都是社會與政治條件的產品，他更不輕視經濟對社會形塑的作用。事實上，在《哲學全書》中，黑格爾解釋人的智慧是在自然界中，所有力量最高的組織與發展。有異於馬克思，黑格爾視社會的、政治的和經濟的因素，是絕對理念的表現與化身。用另一個角度來觀察，黑格爾歷史主義與馬克思的歷史唯物主義，毋寧是更爲接近的史觀。原因是在推溯理念產生的政經、法社的脈絡時，黑格爾指出市民社會的形塑以經濟因素爲重要，此外把人看成勞動動物，進行生產是滿足人需要的不二法門。可以說在黑格爾的學說中，早已蘊藏馬克思的唯物主義，是一個尚未脫去絕對理念外衣的黑格爾歷史主義。

第二個反對黑格爾歷史哲學的說法，是擔心其歷史觀會引向完全的相對主義。這是由於他的學說主張所有的文化如果不依絕對的標準來衡量的話，則彼此無法通融化約（incommensurable 共融），也無法估量（appraisable）。就因爲黑格爾指出只有少數幾個特定的文化，才能明顯地達致普遍（寰宇）的價值。因此，使很多人擔心他這種激進的說法不免把泛宇的道德標準加以顚覆或削弱了。

不過這一反對並沒有命中黑格爾歷史哲學的要害，因爲黑格爾認爲歷史的終端是人們對自由的自我意識，這個目標不是純粹形式的與抽象的。在《法哲學大綱》中，他描述實現自由所需的必要條件。一個國家要達成眞正自由的目標，必須先行滿足本身獨特路徑發展的要求，譬如說它要有民意的代議機關，以憲法明文限制中央政府的權力，必須容許新聞、言論的自由等等。當然不是任何一個文化、任何一個憲法，都眞正滿足這些條件的規定。另外，黑格爾不排斥自然法，也將歐洲歷史在某個階段的社會規範，成爲歷史目標的一環。這便賦予他一個絕對標準，來審視、評估世界史中不同的憲法與文化之良窳，亦即能否達致自由的自我意識。

黑格爾的歷史哲學在兩個層次之上在進行、運作。我們可以稱其一爲橫軸的層次，其二爲縱軸的層次。在橫軸上，一個國族特殊的處境，其經濟

的、地理的、氣候的和人口的條件（史偉民 2005：269，272），是獨一無二的，是故每一國族擁有無法與他國、他族通融化約的價值，在憲法與立國精神（*ethos*）也顯示出此種特性。在縱軸上，整部世界史是一個整體、總體，每個國族的貢獻在於達成其目標之實現。以此觀點來出發，各國不同的文化呈現或多、或少、或善、或惡的一面，俾對自由的自我意識有所助力。這也說明何以黑格爾的歷史哲學，允許不同的國族有不同的表現之因由。這與它的相對主義無涉。

第三個反對是指黑格爾的歷史哲學犯了邏輯的錯誤，亦即造成「發生學（起源）的謬誤」（genetic fallacy）。這種錯謬的發生是建立在假設爲了決定一個理念的源頭，遂決定其是爲眞或僞。舉個例子來說，有人說基督教的教條是虛假的，因爲它爲僧侶（牧師）階級服務。根據邏輯的規律，人們在評估一個學說（或命題）是眞是假，其提出的證明是一回事，但找出其源頭卻是另一回事。

我們雖承認發生學的謬誤的確是一種邏輯的錯誤，但不能因此便指摘黑格爾犯了這個錯誤。原因是黑格爾本人完全意識到發生學上的謬誤，甚至還明示地提出警告。在《大綱》中，他的〈導言〉批評了日耳曼歷史學派，認爲後者爲了證成（正當化）某一法律制度或法律實踐，居然專談本身的起源，黑格爾認爲這是不對的（Hegel 1969-1971[VII]: 35-36）。根據法權的規定，指出一個制度或一項實踐的起源，不足以證成其本身。所以說倘若黑格爾犯了發生學上的謬誤，便顯示他對自己提出的警告視若無睹。

其實這個反對是基於兩項誤解而產生的。其一，它假定黑格爾的本意，企圖比照一般世俗人的想法。他要把一個理念打破，以便顯示該項理念的起源是遭人詬病的、有瑕疵的。事實上他並不這樣做，其原因爲他主張哲學在接受理念的起源時，應持中立不阿的態度，不妄加揣測、不妄加判斷。因爲他在《法哲學大綱》的〈序〉中指出，要瞭解世界是瞭解它何以呈現如今的模樣，而不是規定世界應當要怎樣才是好的世界、理想的世界。

其二，這個反對未能注意到黑氏批判主義之準確目標。這不是哲學家學說本身的眞實之問題，而是他對哲學家不採取歷史的觀點之指摘。哲學家爲加深其學說的體系是純粹運用理性推敲的結果，他們理智上的直觀是純粹天才的慧見，或自吹其發現的理論、學說具有摧陷廓清、汰舊換新的革命力量，是與過去一刀兩斷的新說。這些假設之眞假只有在檢驗它們的發生與源起之後才能分曉。

　　總之，黑格爾並沒有聲稱一個從特殊社會或政治脈絡上產生的哲學，僅僅因為是那脈絡，便宣布其為真實。如果他接受這種說法，那麼他的確陷身於完整的相對主義之陷阱中。但就知識論方面黑格爾絕非相對主義者；在倫理方面他也不是相對主義者。他明確說出的是與這種反對或指摘完全相反的：真理是永恆的、寰宇的、長久的。這是他在柏林演講歷史哲學時所說的話語：

> 思想、本質性的思想，是在己的，也是為己的，是永遠的。只要是真實則包含在思想當中，不只今天，明天還是超越時間都是真。只要在時間的範圍內是真的，那麼每個時刻也是真的。那麼思想的世界之擁有歷史如何可能呢？（Hegel 1969-1971[XII], 23-24）

　　最後這個疑問是指思想的世界之真理既然是永恆的、永遠的，它就沒有起伏、變化之可能，也就不需歷史的紀錄來表述其生成變化，歷史對它成為不可能之事。哲學的主題是永恆與寰宇的真理，則哲學哪需不斷變遷的歷史來支撐它、證實它呢？換言之，黑格爾拋出一個十分嚴肅的問題，做為泛宇的與永恆真理的哲學，如何與其時代之自我意識結合成一體呢？

　　要解決這個問題，有必要分辨黑格爾歷史哲學中真理的兩個標準。第一個標準在檢驗某一哲學是否適當地表示其時代精神，在描述時代的信念和價值時是否正確？據此任何不相同，乃至不相容的哲學，若能夠妥當地表示其文化的精神，則都可以是真實的。第二個標準是世界史泛宇的目標，亦即自由的自我意識。由於每一文化都努力來達成其理想，而且要走到終極目標的途徑，每一文化都不相同，其結果顯示某些文化更適當、更成功地達致目標，其他文化則仍在路途上（Beiser 1993: 277-282）。

# 七、黑格爾歷史主義的政治

　　黑格爾歷史主義背後隱藏的政治意圖是什麼呢？這個問題在黑格爾逝世之後的一百五十年間，引起學者熱烈的討論與爭執。有些學者主張黑格爾的目標基本上是在鼓吹保守、反動的思想。批評者聲稱黑格爾把重要性賦與歷史，其目的在強調業已建立的制度與傳統之價值，從而排斥激進份子採抽象原則（正義、自由、平等）來變革國家與社會的秩序，黑格爾將普魯士國家神化為世界史發展的巔峰正是明證。另外一些批評者像左翼青年黑格爾門徒，則視黑格爾的歷史哲學是造成他們激進學說的活頭泉水，他們強調黑格爾的辯證法隱涵了革命的激進思想。把歷史當成辯證發展的過程，是不斷衝突、破壞和再生的過程，黑格爾對維持現狀的說詞加以嚴厲的評判。

　　假使吾人仔細核對文本來檢視他從歷史汲取的政治觀感，便不會苟同上面兩種的解釋，真相應當介於兩者之間。事實上，黑格爾引用歷史的目的，在證成他想走的中間改革路線，也就是既批評保守份子，也抨擊激進份子。對他而言，激進份子與反動份子都不瞭解歷史。激進者沒有看出他們的理想必須與其國族的歷史相切合，而反動份子盲目到沒有看出歷史是不斷地在遞嬗變遷。假使歷史無法如激進者所想的全然地創造出新社會，那麼它也禁止回歸傳統與過去的保守主張。

　　黑格爾的政治立場，在法蘭西大革命之後日耳曼政治信念的光譜中，應屬中間偏左。與反動份子不同，他推崇法國大革命，和法國人權宣言中人民機會平等、立憲政府、個人自由、代議國會，以及反對復辟為「老舊政權」（*ancien régime*），俱為其進步的見解。但與激進份子不同，黑格爾不認為這些目標藉由煽動群眾、亂搞民粹便可以達成，更反對把日耳曼過去歷史傳承全數掃清才可以辦到的說詞。

　　不過平心而論，黑格爾的歷史主義有其保守的一面。例如他引用歷史在批判激進者企圖運用抽象的理想原則要為整個社會徹底翻新。法蘭西大革命的失敗，依據黑氏的看法，是脫離歷史而根據抽象的原則，而對憲法與制度進行完全的改變，這是不可能成功的。

　　另外，黑格爾歷史哲學中保守的因素是由於他信持自然主義，他認為一國的憲法與傳統為其珍貴之產物，特別受到其地理環境、人口、經濟、宗教與傳

統的制約。黑格爾的保守觀念是他在青年時代對孟德斯鳩《法意》的理解與終身服膺，堅信一個國族的憲法與傳統要與時世相推移，也要與其歷史發展相配合（洪鎌德 2006c：112-113；2013：104-105）。

黑格爾就把這些觀點放在他《大綱》中。他說：「每一國家都有與它相適應的憲法」（Hegel 1969-1971[VII]: 440; §274）。基於這個理由他大肆抨擊烏托邦者和激進改革者，因爲他們在討論國家應當是怎麼樣才算是合理的、公平的、理想的國家之時，他們未能進一步去探求國家自然的狀態與處境，以致他們的應然面與實然面發生重大的差距。

黑格爾把歷史的終端看作自由的自我意識，亦即承認所有的人終將意識到自由，這是他將法蘭西大革命自由與平等的理念轉化成歷史的終極目標。他甚至以必然的鐵律加諸這些理想（自由、平等、博愛）之上。然而此種歷史發展卻與當時啓蒙運動的樂觀預期背道而馳。更在十九世紀前半葉的革命、復辟之戰火頻仍下，推翻了對歷史未來發展的樂觀想法。因之，在大革命產生以後，要重返老舊政權、或維持現狀都是不可能的。主張復辟者顯然無視於現代世界必然的歸趨。

黑格爾歷史主義進步的一面呈現在兩篇在不同場合，針對不同情勢寫作的政治文章中，其一爲〈論日耳曼的憲法〉（1799），和〈于騰堡等級議會的議程〉（1814）。這兩篇文章抨擊法學家與貴族，企圖把政治結構復辟爲舊政權的模樣，他們彷彿視神聖羅馬帝國尚未崩潰，一切都是查理曼大帝留下而未改變的舊傳統，而貴族們卻企圖恢復昔日的特權與地位，彷彿拿破崙大軍橫掃過日耳曼，而沒有絲毫的變革一樣。在大革命後的歷史趨勢彷彿要恢復神聖羅馬帝國的舊觀，但它無法與改變中的歐洲情勢相契合。因此，黑格爾不客氣地指摘日耳曼大小邦的君主、首領的復辟行爲。時代的精神要求各邦的領導人要爲日耳曼締造嶄新的憲法，也就是提供強而有力的中央政府，代表各方民意的代議機構，重視法律的角色和尊重民眾對立法的影響。

事實上，黑格爾兼有進步與保守的觀念，可以從他《大綱》〈序〉的那句名言獲得印證：「凡是合理的便是實在，而凡是實在的便是合理」（ibid., 24）。這兩句字訣的第一句表現了他進步的理念，第二句則含有保守的味道（程諾蘭 1999：187-190）。這使得他的門徒分成左、中、右三派，左翼（青年派）服膺第一句話，而右翼（老年門徒）與中間派則接受了第二句話的眞諦。所謂凡是合理的必定會是實在的，意謂自由與平等的理想必然在歷史發展終端實現。第二句話意指一國目前的憲法與制度之所以是合理，係由於它們的

環境、條件、情勢下的必然產物，也是與國族的情勢相配合。這兩句字訣若彼此間有矛盾與衝突要怎麼辦呢？黑格爾這樣回答：每一部憲法不但與其所處情況相符合，並且也與它在發展自由與平等階段的先後相符合。理性的狡計意指如果國族暫時不承認它們的理想，這還有待一條漫長的辯證路途讓它們緩步向前，最終也會達理想的境地。由是可以把上述這兩句話的矛盾加以消除。

　　造成黑格爾把他歷史主義的進步與保守成分合而為一的原因是，他深信在中世紀當中，進步（突破）與守舊（持續）兩股勢力早已並存在其中。它們並不與封建主義訣別，而是讓潛在中世紀的精神之自我意識的逐漸浮現。在上述有關日耳曼憲法文章中，黑格爾嘲笑某些冬烘的學者，誤以為代議制度肇始於法蘭西大革命。其實代議政府就是封建主義時代政治制度的一個中心安排。中世紀理想的政府便是每一個封侯、附庸，可以直接派代表參與中央的共同政策之釐定。現代政府所面對的主要挑戰，是現代國家變得太大和複雜，而使直接參與變成困難，因此神聖羅馬帝國的崩潰也成為無可避免的史實。現代國家若無視前車之鑑，則其分崩離析便在所難免，這就是黑格爾在生之日看到日耳曼領土有那麼多分開而非統一的各邦之原因（當時日耳曼有123個政治單位，與鄰國英、法、荷、西、葡之國家統一，民族國家強盛恰成對比）（洪鎌德2006c：112-113；2013：104-105）。

激進者與保守者的角力造成自由主義的分裂

　　黑格爾認為激進份子與反對份子都無法看到歷史中的理性之存在，也就是無知於歷史發展律中，自由與平等的實現之趨勢，早在中世紀以來就不斷地浮現。激進份子承認理性的權威，卻不知理性橫加於歷史之上，而與傳統決裂；反之，反動份子充分承認歷史延續與發展的價值，但卻不知隱藏在承繼與發展

背後的是理性，也不知歷史的終端是自由與平等的落實。

黑格爾與柏爾克（Edmund Burke 1729-1797）都強調歷史延續與傳統的價值，兩人也都反對法國激進份子根據抽象的原則來對社會作全面的改造。與柏爾克不同的是，黑格爾視歷史爲理性的新建構。一般而言，黑格爾肯定是革命基本的、合法的原則，只要與批判理性相符合，革命過程中與結果後頒布的法律就是正當的、合法的。黑格爾批評柏爾克等傳統主義者，硬把歷史上的檔案前例當作法律的源泉。他認爲時間的古老不是正義或權利賴以產生的開端，我們豈可容忍違背古老特權與權利之奴隸的廢除與暴政的出現與延續嗎？以實證法來對抗古老的傳統，黑格爾論稱法律的基礎在歷史，也隨歷史而變遷（Beiser 1993: 293-297）。

# 八、黑格爾的歷史方法

黑格爾對他本身的歷史方法所談不多，只有在《講義》的〈導言〉中可以發現少許想法。作爲一個「思辨的歷史家」，黑格爾在歷史中僅尋求其最終的目的。他被抨擊爲先驗（a priori）史的實踐者，是把先驗的格式硬行套在歷史事實之上，俾強制這些事實跟著他形而上學的感知來走。不過細觀黑格爾的歷史主義又與上述兩種說詞——歷史最終目的之研究途徑以及先驗的研究途徑——不同。首先他堅持歷史學家必須撇開所有形而上學的先決條件，追隨事實的演變。他說：「我們必須就歷史怎樣便認定它是怎樣，我們必須歷史地、經驗地進行〔歷史的考察〕」（Hegel 1969-1971[XII]: 22）。其次，他曾經痛苦地感受到套用先驗的格式到歷史事實之上的錯誤，也爲此他批評了日耳曼的歷史法學派。

如前所述，在《講義》的〈導言〉中，黑格爾分辨了不同的歷史：原始的、反思的和哲學的歷史。在原始的歷史中，作者的精神與事件的精神可以相契合，不過其缺陷爲只限於史家親自目擊與體認的範圍。這個缺點可從反思的歷史得到彌補。反思的史學應用一般的觀點來看待歷史，但卻把史家的觀感、想法加諸過去的事物之上，作者與事件、主體和客體的認同性被毀壞殆盡。這也造成客體與主體之雙元論。此種形而上學的歷史哲學，正像啓蒙運動認爲對於神明的崇敬只是信徒個人的設想，而不具客觀性。

　　黑格爾主張的，是第三種去蕪存菁歷史途徑。哲學史家擁有寰宇的眼界與視野，但他不會把自己的理念添加於研究的主題之上，他能夠把原始歷史的主體與客體合而為一，他這樣做在普遍的或反思的層次上來達成。

　　黑格爾對歷史方法中所要面對的問題十分瞭然。在其〈導言〉中，他指出哲學的方法與歷史有「矛盾」的存在（Hegel 1969-1971[II]: 20）。當思想活潑而從其本身產生出內涵之際，這就表示哲學有一個「先驗」的方法。與此相反的是歷史，它要求對給定的、過去或現存的事實做出經驗性的考察，係採用經驗的方法。如果這兩種方法並用，那豈不是說明歷史哲學本身含有兩種相反的方法，亦即存在內在矛盾呢？對此黑格爾的文本並沒有清楚的交代。

　　假使想要在黑格爾的歷史哲學中找出他的研究方法，那只有把他所言歷史的哲學方法重加建構，因此《現象學》也要列入參考之中。在《現象學》〈導論〉中，黑格爾指出普通意識與哲學（現象意識）的矛盾，這與歷史同哲學的矛盾是相似的。普通意識會指出其對象是給定的，是在身外之他物。可是哲學強調主體與客體的同一，則客體並非給定的，而是主體的思想產生出來的。那麼這兩種看法的矛盾要怎樣消除呢？黑格爾便是採取現象學的辦法。此法要求哲學家把他想到的原則和假定先凍結起來，而讓普通意識根據其標準自我檢驗，最終普通的意識會被迫去承認主體與客體同一的真理。普通的意識會透過它自己的經驗去發現客體是由普通意識給與的，亦即主客體應為同一。

　　是故歷史哲學的方法可以視同為現象學的方法。如以歷史更占優先的觀點來說，哲學家不妨藉它們不同的信念和價值，來檢查過去文化的種種表現。就像普通意識一樣，每一文化受到辯證的指引，自我檢驗，而發現它們的理想與目標常常與其經驗相左。要解決這種衝突，只好透過發展更高等的文化之更高的理想來謀求解決。這種文化向上攀升的道路與終點，同《現象學》自我意識、精神所經歷的發現之旅和最終目的是如出一轍。

　　由此足見，把黑格爾的哲學方法用現象學來解讀，可以解釋：一、歷史同哲學的兩種方法之衝突如何解決；二、哲學的歷史方法比原始史學、或反思史學的方法高明，去其糟糠，而存其菁華。

　　如果黑格爾的哲學是現象學的方法，那歷史哲學家的當務之急，便在於考察歷史的主題是一個國族的自我意識，以及它達成自我意識的辯證過程。在他的〈導言〉中，他說：「這些國族的精神變成能夠意識到它們內在的原則，變成意識到它們是什麼，意識到它們的行動代表什麼意義」（Hegel 1969-1971[XII]: 12）。就另一個角度來觀察，黑格爾歷史的主題就是「精神」

（*ibid.*, 31）。精神主要的特徵爲「它能夠意識其本身之目的和利益之所在，以及意識到這些事物〔目的、利益〕背後潛藏的原則」（Hegel 1970: 7）。他進一步把普通意識當作界定精神的特徵，係將自身當成客體物來加以探究。這種看法是黑格爾從費希特那邊衍生之物。哲學家不需爲其思想再輸入抽象的原則以解釋其研究的主題。他只需描述「事情的本身」（*die Sache selbst*）即足，這也是「概念內在的運動」之表現（Beiser 1993: 285-286）。

《現象學》的英文譯本　　　　　　　　意識和自我意識發展成理性

黑格爾對現象學的方法之實際應用，連最忠實的門徒也會質疑其實踐常常違反他自己的心意和原則。在他對主題的分析裡，其形而上學不時湧現出來。譬如他在處理何以古代中國之發展必須比印度爲遲爲後，或是把歷史分成東方的、古典的和日耳曼三種不同的歷史時期，都可看見受其形而上學的邏輯判斷形式之限制。一般來說，黑格爾毫不遲疑地對陌生的文化加以嚴厲批判，這完全受到現代西方個人主義、西方種族中心主義的觀點之影響。難怪祈克果在批評黑格爾時說出：「黑格爾受人敬重的原因在於他意欲〔以意志來要求〕某些偉大的事物，但卻無法達成他的欲求」（Kierkegaard 1969: 100n）。

# 九、黑格爾論歷史的終結

在黑格爾對歷史的看法當中，他認爲歷史和哲學糾纏在一起，歷史是精神發展過程中外部的表現。他說：

歷史是一椿有意識、自我中介的過程——歷史把自己掏空而置入時間
當中……〔歷史的〕目標是絕對的知識、或稱爲知道其本身爲精神之
精神。是故目標對其路途而言，是諸種精神的回憶，在它們爲己之
時，以及當它們完成其領域的組織之時。……被理解的歷史形成了絕
對精神向內前進〔內化〕性以及其騎士風範（Calvary）。……假若
沒有這些特質〔特性〕，歷史〔絕對精神的騎士〕便成無生命之物，
也是孤單的。只有從精神的這個範圍〔領域〕的聖杯裡才會溢生對他
自己無限的泡沫來。（Hegel 1977: 443）

對黑格爾而言，精神（*Geist*）實現的偉景（願景 vision）是哲學的眞知灼
見，但卻含有濃厚的神學味道。這是因爲黑格爾的哲學括約了基督教訓示之緣
故。

評論者對黑格爾「精神」的概念可能有種種不同的詮釋，其中的一端視
「精神」大體上等同爲基督教的上帝；另一端則把「精神」看作爲人群、社會
的心靈。無論如何都可以論證黑格爾希望把「精神」當成無所不包的概念，既
可以概括基督教的神明，也包括人群集體意識最通俗的看法。

World history is the record of the spirit's efforts to attain knowledge of
what it is in itself. The Orientals do not know that the spirit or man as such are
free in themselves. And because they do not know that, they are not themselves
free. They only know that One is free.... The consciousness of freedom first
awoke among the Greeks, and they were accordingly free; but, like the Romans,
they only knew that Some, and not all men as such, are free.... The Germanic
nations, with the rise of Christianity, were the first to realize that All men are by
nature free, and that freedom of spirit is his very essence.（Hegel 1974: 54）

黑格爾認爲世界就是精神的產品，但這並不意謂每個個人知道精神爲何
物，每個人有義務、有必要去熟悉、去知曉這個精神。精神只有靠哲學才能辨
識其整體。人只要活在世上一天，只要是社會的一份子，早晚總會認識精神、
或精神的一部分。

黑格爾的觀念論是高度的具體性和具有社會的性質，他並不接受《聖經》

當中《創世記》的描寫，而寧願接受當時有關宇宙誕生的科學敘述。他深刻感受自然科學的成就，因此在《哲學全書》中特立部門專心研討「自然哲學」。但是他仍舊把自然當成觀念的、理想的（亦即自然是尚未發展成熟的心靈，人類和社會則爲發展成熟，或正向絕對精神之途上邁進的集體意識）。他視自然爲精神的另一面，在自然發展的尾端將會變成精神的一部分，自然科學的偉大成就正是把一大堆有關自然的外部資料濃縮爲科學律則的總體，而且這個總體是人們可以理解的。律則是思想的產品，是故黑格爾暗示自然最終也是思想。

　　另外，黑格爾對歷史的進路，就是他對自然的看法之延伸。歷史哲學無異爲眾多個別的歷史作品的排序，呈現其樣態、瞭解歷史遞嬗演變之後的原則、原理，以及歷史走向的最終目標等等。要之，把歷史中的精神活動加以揭露、點破，應是歷史哲學的使命。

　　黑格爾認爲他的時代中哲學已到達發展的巔峰，他認爲歷史已走到盡頭，亦即他的時代爲人類歷史終結之期。黑格爾基本的論題並非涉及歷史的終結，而是哲學的終結（Williams 2000: 202）。這由他的下列引言獲得證據：

　　一個新的紀元〔年代〕業已降臨世上。它看起來似乎在指出世界精神最終成功地撕開它本身所有外在〔異化〕的客體存有，而最終理解其本身爲絕對精神，在從它本身發展出來，亦即從其客體的〔外在的、對象的〕保持力量、處於休息狀態中發展出來。有限的自我意識同絕對〔無限〕的自我意識之拚鬥如今已告停止。有限的自我意識不再有限，而且在這種方式下絕對的自我意識（另一方面）獲得從前所缺少的實現性（actuality）。這是至今爲止整個的世界史，也特別是哲學史。後者對這個拚鬥做出描述。如今一切看來都已到達其目標，當這個絕對的自我意識（它的職責在進行表述）停止變成異化〔外在、疏離〕之物，而當精神如此這般地以精神的面目來實現之時。（Hegel 1971[XX]: 460）

　　顯然黑格爾歷史終結的理念，是建立在他對哲學史累積的看法之上。這點影響到他對當代哲學的看法，也影響他對其哲學在當代哲學中的地位之評估。他似乎相信他的哲學體系是迄今爲止舊有的、傳統的哲學累積之高峰，也成爲他的時代哲學主要爭辯的集大成。就學術上而言，黑格爾企圖對所有未來的哲學不但正面迎戰、一一擊敗對手，而且把對手眞實的部分、可取的部分，悉數

納入他的體系當中。雖然黑格爾的確走了不少崎嶇坎坷的道路而達到其目標，在柏林大學他知識生涯的尾端已被公認是當年日耳曼諸多哲學家當中相當傑出的一位（Williams 2000: 202），但是否已攻上哲學思想的頂峰則有待商榷。

不過黑格爾的哲學如果加以批判性的考量，我們便無法依照他的自我評價妄加高估。他雖然不失為一位成功的哲學家，但他不可能被看作把哲學帶到最完美的境地，因而達成哲學的終結，而只能把哲學發展的既存、現存的戲目做一個綜合與完結而已。

在他早期的著作《現象學》中，他告訴我們絕對精神是同時有限精神各種樣態的衝突下逐漸浮現。在《邏輯科學》中，絕對精神從邏輯的概念之形式的迷魂陣中湧出。在《大綱》中他指出國家是從現代市民社會抽繹出來，成為完整的、完成的樣式。黑格爾把哲學描述為真理逐步在顯露其本身（Williams 2000: 203）。黑格爾企圖攀越哲學思想的高峰，但相較於康德謙卑的性格與恭讓的態度，盡量鼓勵人人都會思想、都會表述自己，建立起自己的思想體系，而不受別人學說所束縛。與此相反，黑格爾的霸氣十足，要求同代或後代哲學家放棄他們的想法，完全接收他體系的真實，而不鼓勵百家爭鳴。

黑格爾有關歷史終結的觀點，是從他全體性投入哲學思想中而產生出來。由於絕對精神在哲學中露臉，如今則有必要在社會界實現它本身。他這種努力在其哲學史中的亞理士多德身上也可以看見，亞氏從別人的學說來找出真知灼見，而建立本身的學說。為了嘗試回應柏拉圖，亞氏從前蘇格拉底的辯士那裡找到不少的靈感。黑格爾也藉著模仿亞氏的作法，來回應康德的種種說法。在受到亞理士多德的激發之下，黑格爾試圖以功能的觀點來看待自然與社會。亞氏相信客體（對象）與制度都有其內涵的目標（telos），黑格爾便把這種進路應用到歷史與歷史哲學的考究之上。

歷史哲學遵循於黑格爾哲學的總路線，世界史是精神在世界中的發展與實現之過程。在歷史中證成上帝的存在與公義，只有這種卓見才能把精神同世界史調和，亦即每時每地發生的大小事情，都要與神明掛鉤，因為這一切事情都是祂的傑作。

精神並沒有一下子以完整的方式把它本身展示出來，世界的精神是在一系列上升的攀爬中展示其本身，最終達到自由的境界。黑格爾說：

> 普遍〔寰宇〕的歷史展示在發展中的階段。它要發展是一個原則，這個原則之目的是對自由的意識。（Hegel 1956: 56）

進入康德與黑格爾
的心靈世界

用意識發展到精神的辯證
過程無異往上爬升的圓形梯

戴太陽眼鏡看待人間眾
生相的黑格爾與康德

他認為這個上升的形式（樣態）一開始便內涵於精神裡頭，以致他說：

這裡我們僅能指出精神擁有無限可能性的萌芽，不過也只限於可能性——在尚未展開的形式裡保有它實體的存在、當成客體的目標。這個客體與目標精神會抵達最終的結果——完整充分的實在。（*ibid.*, 57）

精神的發展從東方開端，這裡是人類歷史的起始：

在亞洲精神的曙光乍現，因之世界史便出現。（*ibid.*, 99）
但它接受其完成〔之成績〕卻在西方；世界史從東方旅行到西方，對歐洲而言是歷史的終歸，亞洲則為其起始。（*ibid.*, 107）

就像太陽東升西降一般，精神的燦爛便在西方展現，其目標為自由：

關於自由發展其本身到世界所使用的手段之問題，使我們注視歷史現象的本身。儘管自由最先尚不是發展完全的理念，它所使用的手段在外在的，也是現象的，卻能呈述它們本身在歷史之中，而讓歷史為我們感知的偉景〔願景〕所知曉。（*ibid.*, 20）

　　世界史外表的運動是其內在的本質的證據，整個過程是目的論的（teleological）：

> 只有在其隱涵的形式裡，〔它〕以自然的面目出現，這是隱藏的，深沉隱藏〔的形式〕，也是未曾意識的本性〔本能〕，而整個〔業已被觀察的〕歷史的流程，是指向要把這個沒有意識的衝勁改為有意識的動力。（*ibid.*, 25）

　　這個終點顯然已經達成，不過這個終點的本身卻是不斷演化的流程：

> 思想是一種尺度，這是精神業已達到、進展到〔的程度〕，這牽涉到實有在其最純粹的本質是諧和狀態，向外頭世界挑戰，要世界展現同樣的理性。這個理性是做為個人的我所擁有〔之物〕。（*ibid.*, 439）

　　如前所述，黑格爾認為有機的發展之歷史有如太陽的升落，從東方經古希臘、古羅馬，最後降落於日耳曼世界。歷史有其本身的運動性、目的性。哲學的終結，亦即歷史發展的頂峰在已達到的終點，這也是當時各族文化的寫照（程諾蘭 1999：281-282）。

# 十、結論與評估

　　黑格爾的歷史哲學是建立在日耳曼唯心主義發展至高峰的精神現象學之上。他視歷史為精神透過認知的方式，而自我認識和實現之歷程，這也是理性尋求自由與實現的歷程。當精神瞭解它本身是絕對性的存有，是一個整體，世界精神方才復歸自我，由分歧而重歸統一。世界精神既然是上帝，則人類史無異為上帝自我意識、自我實現的傳記。

　　有異於猶太教與基督教的神學，黑格爾不認為上帝始終是全知全能。反之，上帝一旦存在世上，就必須在世上完成與實現祂自己，亦即與人類一樣經過挫折困頓，然後才能立己立人、成己成人。換句話說，世界史是上帝如何成就一個全知全能的神祇之歷史（Tucker 1972: 45ff.）（洪鎌德 2010b：61-

68）。

　　至此，我們勢必將黑格爾的歷史哲學當成神學看待。其實不然，這是由於他把上帝當成世界的精神、世界的心靈來看待，又強調上帝自我完成之途，不僅在創造萬物上，更通過認識的過程，把認識的主體與客體由分辨、分離，而復歸統一，其重心仍舊是哲學的，雖然是唯心哲學的。

　　黑格爾的歷史哲學是西洋史觀的精深偉構，它雖然引起柏波爾（Karl R. Popper 1902-1995）的嚴厲批評，視為「歷史主義」（historicism 唯史主義）的典範，卻是體大思精，影響深遠的學說（Popper 1966[II]: 27ff.）。不過，談到歷史的終結，黑格爾會認為其所處的時代已是世界史發展的高峰，其實他的本意就是其哲學體系已大功告成，應當是哲學史的終結。這點倒是留給我們一個可以充分討論的空間。

　　黑格爾的歷史哲學對馬克思的唯物史觀產生重大的影響，儘管馬克思是用唯物來取代黑格爾的唯心史觀，但卻保留黑格爾學說的精華——辯證法。因此，瞭解黑格爾的歷史哲學，也是瞭解馬克思主義歷史觀、世界觀重要的途徑之一。此外，黑格爾對自由的嚮往也影響馬克思的自由觀，馬克思終身夢寐以求的人類解放無異為黑格爾自由觀的落實（洪鎌德 2000；23-112：2014：22-124）。

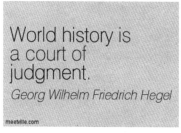

世界史是審判的法庭

哲學的力量無窮

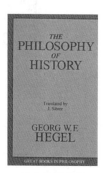

歷史哲學英譯

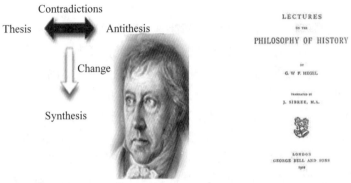

在時間中「正」與「反」可以變化成「合」

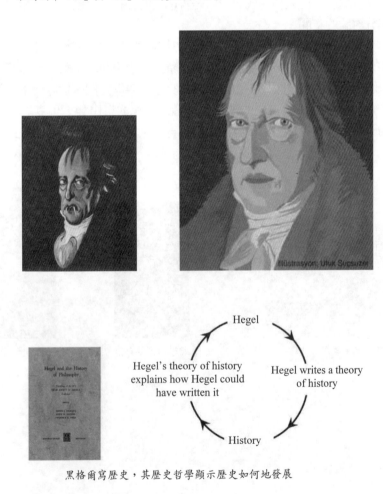

黑格爾寫歷史,其歷史哲學顯示歷史如何地發展

第十章

# 從黑格爾到馬克思的思路轉折

HEGEL

# 第十章　從黑格爾到馬克思的思路轉折

一、前言

二、人性觀與人生觀

三、從唯心主義轉化爲唯物主義

四、概念辯證法轉化爲經驗辯證法

五、黑格爾與馬克思的社會學說

六、國家學說的演變

七、歷史哲學與唯物史觀

八、馬克思對黑格爾的傳承

九、結論

# 一、前言

　　從前面九章的論述，我們看出黑格爾的思想影響馬克思本人的學說，以及馬氏信徒所建立的馬克思主義最主要的幾個方面，這包括第一，黑格爾與馬克思兩人的人觀，也就是人性論，人類的本質和存在的意義，這方面馬克思還受到費爾巴哈的深刻影響。第二方面包括黑格爾的唯心主義、觀念論怎樣轉換成費爾巴哈的人本主義（哲學人類學），再變化成馬克思的物質主義，馬克思與恩格斯的唯物主義。第三方面黑格爾邏輯學中的觀念論辯證法轉化為恩格斯歷史的、經驗（自然辯證法和辯證三律）最終出現在馬克思對金錢、資本的唯物主義辯證法。第四方面，黑格爾有機的、官能的社會觀、社會的階層說，與馬克思工具性的社會觀、社會階級說與社會階級對立鬥爭的理論與策略。第五方面，黑格爾的國家官能觀對抗馬克思的階級統治說、階級剝削說。第六方面，黑格爾與馬克思對歷史相同（看出歷史目的性、最終目標為何）與相異的看法（神明的自我認知、絕對精神的落實，相對於人的勞動生產所創造的科技文明，以及人最終的解放，社群──直接生產者的組合──之實現）。

　　最後，我們還要以後現代主義的觀點，檢討黑格爾與馬克思的關聯是否為另一類的「敘述」（narrative）。

黑格爾和馬克思德國同根生而分歧發展

馬克思站在黑格爾的頭上尋求新發展

馬克思把黑格爾的觀念論顛倒成為唯物論

# 二、人性觀與人生觀

　　相信人類在世的活動與消失，冥冥中有一隻看不見的手在指揮與操縱，這種主張成爲黑格爾幾近神學的人類學與思辨哲學，特別是歷史哲學的主要說詞。換言之，人生在世主要受到絕對精神，亦即泛神論的萬有主宰所操縱。萬有主宰是理性的化身，是故社會與歷史（人類活動的舞台）都在「理性的狡計」操弄下展示其樣貌，也改變每一國族的發展。

　　黑格爾把人定義爲「主體的精神」，人之所以有異於其他禽獸，人之所以優於其他動物及其周遭的事物，在於人擁有「精神性」（Geistigkeit）。在《精神現象學》一書中，黑格爾指出人優於大自然的兩種作爲：其一，人獲得榮譽、尊重和承認，是透過生死的鬥爭，包括人與人爭、人與天爭；其二，透過人的工作、活動，人能夠開物成務、利用厚生、控制自然。但人無法永久與自然鬥爭，無法經常展示他超越自然的優勢。是故人轉而認眞工作、致力勞動，從而在開物成務上表現他的卓越。是故整個黑格爾的人性觀、人生觀表現在勞動上，難怪馬克思在《經濟哲學手稿》中如是這般地禮讚黑格爾：

> 黑格爾《現象學》及其結果的傑出成就，便是否定的辯證法，把它當作運動與生成的原則……是故首先黑格爾認爲人的自我創造是一個過程，他瞭解客體化便是對象的喪失，是異化與異化的揚棄，因之，掌握勞動的本質，理解客體化的人——亦即眞正的人——乃是人本身勞動的結果。（FS I: 645; CW 3: 332-333）

　　換言之，馬克思肯定黑格爾把人當成他自我創造的歷程。在此一歷程中，人的勞動成爲人存活的本質與手段。勞動的結果，把人的心血汗水化爲外頭（處於自然界與社會界）的產品，這是人的異化、外化之表現與結果，但異化與外化的克服，便是產品體現了人的價值與尊嚴，是人以理性看待世界，也是世界以理性返觀人的本身，是故最終達致異化與外化的揚棄。

　　在社會與歷史當中，人類超越了自然的直接性、緊接性（natürliche Unmittelbarkeit），把人潛在的能力、本質的能力宣示出來、發展出來（Popitz 1973: 111-112）。事實上，人將自然的原貌加以改變，而賦予人工的、人性的

新樣貌，從而明顯地、生動地把人優於自然的卓越性表露無遺。在他勞動的產品中，人所碰見的客體是他經手改造之物，因之客體對他而言不再是陌生、敵對的對象體。相反地，他看到他自己的計畫在客體中實現，此種實現正是人的自我實現。由於這個人造之物具有相當時間的耐用性，人們可以不時進入他精神性的意識裡頭，而感受他對自然的優越。

在勞動背後潛藏的是人對他人的承認，其首要之務卻是滿足人迫切的、基本的需要。是故黑格爾說：

> 獲取和準備特殊的手段，俾滿足我們特別的需要之方式〔工具〕謂之勞動。透過勞動自然直接提供的原料，經由各種不同的〔製造、改變、加工〕過程，特別地採用爲各種各樣的用途〔目的〕。如今這種形式上的改變〔改變原料的樣貌〕把價值加之於工〔用〕具之上，賦予它功能利益、用途。因之，人所消費的主要的是其他人所製造的產品。人所享受、消費者明顯地是別人勞動的結果。（Hegel 1976: 351; 英譯 1967: 128-129）

在黑格爾的心目中，勞動扮演一個重大的角色，目的在中介人與自然的關係。它包含在其本身中有內在的價值，這是創造與解放的價值。勞動使人能夠把自然對人的種種限制加以超越、克服，勞動永遠含有企圖心、目的性，而非本性的、直覺的，其原因無他，乃是代表人的能力可以創造一個適合他生活的世界。勞動不但中介人與自然，也把人與人聯繫起來。勞動成爲社會的勞動，因爲它立基於人的相互性、互賴性。人所生產之物不只滿足生產者之需要，也滿足他人的需要。「勞動是爲眾人，也是滿足眾人〔之需要〕。每個人在服務別人時，也使他得以存活，只有此時每個人才是個體的人，在此之前每個人都是抽象的人、自然的人」（Hegel 1932[II]: 213; 英譯 Avineri 1972: 91）。至此明顯的，透過勞動獲得他人的承認。「勞動是人普遍的〔寰宇的〕互動與養成（Bildung），是一種相互的承認、或最高的個體性〔之表現〕」（Hegel 1932: 430; Avineri, ibid., 89）。

當黑格爾以正面評量人的勞動（視勞動爲改變人性與自然的手段）時，他也看出勞動的條件造成人的疲倦、軟弱。黑格爾認爲在勞動裡包含了兩個面向，這些面向在人的歷史上表露出來。其一，勞動把人的內在能力外化出來、客體化出來。透過勞動自然變成了人開物成務、利用厚生的歷史。其二，勞動

會產生與碰上阻礙，而人必須予以克服，其結果把其本身統合於世界之中。這種勞動過程的異化之特徵並非不重要，而是深植於社會結構裡頭，隨著現代社會的降臨，異化的問題變成了更爲複雜，而不易處理。

馬克思正確地解釋：「黑格爾的觀點是現代政治經濟學的觀點，他掌握〔理解〕勞動是人的本質，是人有待考驗的本質」（*FS* I: 645; *CW* 3: 333）。

馬克思在欣賞黑格爾對人性正確解釋之餘，仍舊毫不客氣批評黑格爾的勞動哲學。他說：「黑格爾唯一知道與承認的工作是抽象化的心智勞動」（*ibid.*）。對黑格爾而言，透過他身心的鍛鍊，人接受其直接的存在。這個身心的鍛鍊最高的目的是瞭解人的本質，也就是透過人意識到其本身是自由的自我意識之際，達到認識他自己的本性。人可以達到這個目的不是通過抽象的、精神的冥思，而是每個人將他的自然的、與生俱來的潛在能力和本事轉化成「現能」（actuality）（Hegel 1976: 122-123; 1967: 47-48）。可見黑格爾懂得遵照亞理士多德的訓示，而贊成把潛能轉化爲現能的說法，可是在撰述《現象學》時的黑格爾，卻只強調人的自我意識之重要。除了上述批評之外，馬克思也指摘黑格爾只觀察到勞動的正面，而忘記勞動的負面——異化。是故馬克思說：「勞動是人在異化中回歸自己，成爲異化的人」。

黑格爾手稿《倫理生活體系》

*The System of Ethical Life* was written in 1802-1803 and is Hegel's earliest completed, surviving manuscript and in it his complete system is discernible. For Hegel, the struggle for recognition and honour are phenomena characterising the denial of rights in modernity. That class of people whose historic role is the struggle for recognition become not the tyrants and entrepreneurs of the modern world, but rather (for Hegel) the political class, the altruistic administrators. In short: people work in close connection with nature; this is labour. As a result of the development of labour, there arises the need for private property; on the basis of these property relations arise government and the state.

不過馬克思對黑格爾這方面的批評不算正確、不算公道。原因是馬克思應該知道黑格爾在耶拿時期的作品（耶拿《實在哲學》以及未出版的《倫理生活體系》〔*System der Sittlichkeit*〕）。在這些作品中，黑格爾早已意識到勞動也必然會產生人的異化，亦即勞動異化（Hung 1986: 2-5）。

　　馬克思對勞動的看法固然師承黑格爾，卻應用他那個時代的顯學——政治經濟學——予以踵事增華、大肆補充與擴大解釋。他除了把勞動當成「生命〔活〕的表現」（*CW* 5: 482），或是「生活的犧牲」（*CW* 9: 202），或「生活的肯定」（*C* 3: 815, *Capital* [Penguin] 3: 954），或「正面的〔積極的〕創造活動」（*G.* 614）之外，也把勞動當成是使用價值的創造者（*C* 1: 50; *Capital* 1: 133），更是剩餘價值的生產者，為「資本家生產剩餘的價值」（*C* 1: 477; *Capital* 1: 644）。他說勞動是：

> 有用的活動指向對大自然各種形式的〔生產〕因素的攫取。勞動是人存活的自然條件，是人與資料物質交換的條件，不因為社會形狀而有所改變。（Marx 1971: 36）

他又指出：

> 人所以能夠工作是由於自然也這般工作的緣故，那就是把物質改變形狀，不，還要進一步來解釋一下。在改變〔物質的〕形狀時，他〔人〕是不斷地受到自然力量的協助。因之，可知勞動不僅僅是物質財富的源泉，不只是勞動創造的使用價值而已，皮梯（William Petty）說它〔財富〕的父親是勞動，母親是大地。（*C* 1: 50; *Capital* 1: 133-134）

# 三、從唯心主義轉化為唯物主義

　　從黑格爾的唯心主義轉化為馬克思的唯物主義之過渡或轉捩點，乃為費爾巴哈的人本主義。換言之，在費爾巴哈以人取代神的轉型批判法之下（人是異化的神，神是異化的人），馬克思找到以具體的、活生生的個人及人群作為物質力量的起點，來取代黑格爾泛神論中之抽象的、絕對的精神（心靈），成為改變社會與創造歷史、推動文明的主力、載體。馬克思在其早期的作品中，屢屢引用費爾巴哈「種類本質」、「種類生活」，馬克思不再把人性當成特殊

種類（靈長類）的固定屬性，而是人際關係的總和。他更響應費爾巴哈批評黑格爾把人類當成特殊的、主體的事物看待，而強調人是一般的、普遍的、泛宇的動物。原因是人類把「整個宇宙當作他們知識追求的目標〔客體〕」（引自 Hanfi 1972: 93）。對費氏而言，人不但是種類之物、普遍之物，也是社群與客觀之物。是故在黑格爾精神自我實現的本體（存有）論中，馬克思找到人的自我實現，作爲人生在世的目的。

　　一般的唯心主義是強調理念或理想在本體（存有）論上與認知論上，比之事物或「實在之物」（the real）更爲優先。有異於康德的主體唯心主義，或費希特把唯心主義捲入道德理想中，也反對謝林的客體唯心主義，黑格爾不認爲外頭客體物是人感覺、感知的表述（象），因爲人是有限之物，是有限的精神，它要仰賴自然（瞭解自然、靠自然爲生），而不能採用主觀的或客觀的觀念論。因此黑格爾採用了絕對觀念論。絕對觀念論包括以下諸特徵：

(1) 有限的單元是理念的，原因是有限的單元屬於總體世界的一部分，它必須不斷自我發展以配合總體（有機體的器官、國家中的諸公民）、接近總體，導致本身與總體都能維持其生命、存在與發展。

(2) 物質是未定的（未有任何屬性的規定）、泛宇的，也只能靠思想（而非靠感知）來掌握，甚至融入思想當中。原因是世界是心靈（精神）統轄的，而自然和心靈都隸屬於絕對精神統攝之下。

(3) 要理解世界非靠絕對理念不可，因爲自然也是與心靈相似，不能單單以物質去理解它，物質不能解釋有限之物何以繁殖、擴增。

(4) 自然不只與心靈相似，它也是被心靈所宰制、所揚棄（sublated）。自然發展成人的心靈、人心靈的認知與身體的操作（實踐）才會使自然理想化（改變自然供人類使用），人自我意識的集體發展，表現在理性當中，以理性看自然，自然也以理性反觀人類。

(5) 世界的過程之主導爲心靈或精神，但這個過程與總體卻是絕對精神。換言之，世界的過程從邏輯理念發展爲自然，再發展爲心靈，這點與有限精神的個人走向無限的絕對精神，有類似的發展時期：我的自我意識之客體、客體重返我的自我意識（Inwood 1992: 128-131）。

　　1841年費爾巴哈出版了震撼日耳曼思想界的巨著《基督教的本質》，在該書中費氏認爲人類之所以異於其他禽獸，在於人能夠意識到他自己，也意識到他是人的種類之一份子。當成一個人的種類，神被視爲種類理念最完美者，神之所以全知全能，乃是祂擁抱了人類的完美。神明的理念之所以湧現，正由於

人類尚未落實他擁抱的完整性、完美性。恩格斯讚美此書對青年黑格爾門徒的衝擊、啓發，使他們有如被解放的感受。因之，這批人包括馬、恩都曾經是「費爾巴哈門徒」（*SW* 3: 344）。不過平心而論費爾巴哈此書對馬克思一生雖有影響，但不如恩格斯所描述那樣地熱烈擁抱，對馬氏而言，費氏的後期著作更勝過前期（McLellan 1980: 95）。

費爾巴哈出版《基督教的本質》（1841）成爲包括馬、恩在內的青年黑格爾門徒最能激發哲思和批判權威的書

The book is often considered a classic of humanism and the author's magnum opus. Karl Marx and Friedrich Engels were strongly influenced by the book, although they criticised Feuerbach for his inconsistent espousal of materialism. Feuerbach's theory of alienation would later be used by Marx in his theory of alienation. Max Stirner directed his *The Ego And Its Own* against it. Rather than simply a polemic, Stirner's work uses Feuerbach's idea of God as a human abstraction as the basis of his critique of Feuerbach.

　　後期倡導「新哲學」的費爾巴哈強調存有比思想優先，存有是主詞，思想是謂詞（述語）。存有的本質爲自然，而自然乃是人類安身立命之地。「新哲學」的主要原則爲「能思的人本身」，把人當成「自我意識」是舊（黑格爾）哲學的原則。舊哲學的自我意識把人與意識分開，是把人當作抽象而不具實在之物。是故費爾巴哈把絕對的神學轉變爲哲學的人類學。

　　馬克思在《經濟哲學手稿》中讚美費爾巴哈發現真正的物質主義，也就是把人與人的關係當成其理論的基本原則，原因是費氏曾經說：「理念唯一的源泉在於人與人之間的共享與溝通，人無法在孤獨中創造合理的概念……人與人的共同體是真理的第一原則和唯一的標準」（Feuerbach 1959: 304）。

　　1850年費爾巴哈在受到莫列修（Jakob Moleschott 1822-1893）的醫學唯物主義影響下，居然說出一句怪話「人便是他所吃的〔食物之化身〕」（*Man ist was er isst*）。這是說人受到他所吃的食物之性質所制（決、規）定，而不受祝禱中的白色聖餅的影響。對於他這說法下的「唯物主義」，費爾巴哈沒有進

一步的解釋。其實不如解釋爲自然主義的、非原子論的經驗主義更爲恰當。在1844年，馬克思居然說出把人與人的關係當成理論的原則是費氏「眞正的物質主義」。可是到了1845年春，當他撰寫十一條的〈費爾巴阿提綱〉時，馬克思指摘費氏「冥思的物質主義」（*der anschauende Materialismus*）乃是一種物質主義，它無法理解感覺性乃是實踐的活動，而只是單獨的個人與市民社會的沉思冥想而已（*FS* II: 3; *CW* 5: 5）。

　　哲學上具有意義的馬克思「唯物」史觀之物質主義，包含以下幾點(1)在社會生活中否認理念的自主和首要性；(2)在方法論中只承諾接受具體的歷史學之研究，而反對抽象的、哲學的反思（歷史哲學、歷史玄學）；(3)在社會生活的生產與再生產中，人的實踐乃爲重要的概念，因之(4)強調在社會中勞動牽連到對自然的轉型（變），也就是對社會關係的中介；(5)強調自然對人的生成發展之重要。從早期《經濟哲學手稿》把人與自然的合一（自然主義、種類的人本主義）轉變爲壯年與晚年的著作中，人對自然反抗、人對自然主宰（通過科技的發達，變成普羅米修斯反抗天神）；(6)繼續他對平常、每日的實在主義之承諾，逐漸發展成對科學的實在（現實）主義之看法。要之，馬克思認爲人與自然的關係成爲不對稱的內在關係，人本質上要倚賴自然，但自然在本質上卻獨立於人而存在（Bhaskar 1991 : 369）。

古希臘神話中，普羅米修士從天庭盜火到人間，卻遭嚴懲，終身爲兀鷹啄肝受盡苦刑。馬克思早期辦《萊茵報》也受普魯士當局迫害，報社終被關閉，馬氏被同儕譽爲「現代的普羅米修士」

　　其中第(3)項可以視爲馬克思嶄新的實踐（或轉型）的唯物主義。這個新觀念、新貢獻的本意，在於視人之有異於其他的動物在於其活動。此一活動含有雙重自由的意味：其一爲不受本性本能的規定之侷限；其二，在事先籌思、

計畫下來完成先見之明的自由。這個所謂實踐的唯物主義可從〈費爾巴哈提綱〉第8條看出：「所有社會的生活在本質上是實踐的。所有的神祕化事物導致理論走向神祕主義，其合理的解決之道在於人的實踐，也在於這個實踐的理解」（*FS* II: 3; *CW* 5: 5）。〈費爾巴哈提綱〉中主要的兩個議題：其一為批評傳統的、冥思的物質主義之消極的，不具歷史性的和個人主義的性格；其二主張在社會生活中轉型的活動、或實踐。這方面經典的日耳曼觀念論者業已瞥見，但卻把它以理想化和異化的形式表述出來。馬克思批評黑格爾的原因在於黑格爾雖然辨認出外化與異化雖有同一性，但卻又把這種人的意識投射到外頭世界的對象體，把對象體當作客體，完全混同起來，而不加進一步的辨別。把當前的、受歷史特殊化的、異化的形式，當作絕對精神自我異化的段落來看待。馬克思立刻合理地把這些情況做一個模態的改變（transfigured），而阻止把全然屬於人的、非異化的人之客體化之模式，因之站在保護的立場，而不再受黑格爾式的觀念論之侵入和誤導。

　　由此可見馬克思物質觀的形成是從黑格爾的唯心主義，經由費爾巴哈冥思的物質主義，到他獨特的、嶄新的貢獻之實踐的唯物主義之過程。

# 四、概念辯證法轉化爲經驗辯證法

　　黑格爾所倡導的是唯心主義的辯證法；反之，恩格斯與馬克思則致力唯物主義的、經驗的、歷史的、轉型的辯證法。

　　對黑格爾而言，辯證法或辯證運動是指概念與概念之間演變的過程。作為一位唯心主義者，黑格爾認為吾人所以會知曉外界（或人內心）的種種事物，是由於我們把這些事物做某種程度的抽象工作，從該事物與其他事物不同的屬性，從其脈絡、處境中「抽離」出來，也就是把它化成概念，或更進一步化成理念的緣故。在知性分辨事物的屬性之餘，人尚擁有理性，理性的作用在於分析、辨識的，把孤立的事物之概念統合起來，把具體的、相關的意涵聚合起來。因之，黑格爾用辯證法來掌握理性，視理性可以補救知性之不足。

　　對黑格爾而言，相關的概念形成諸概念的連結，這就是他所言思想的具體性。因之，不只是事物或概念的抽象性是他要關懷之事，就是事物如何從抽象走向具體，或是具體又發展爲抽象，都是事物做爲總體的片段與環節的表現。

也是總體與部分、系統與成員之間的互動。

　　關於辯證三部（步）曲，黑格爾並不樂用費希特所標榜的「正」、「反」、「合」這個俗套，而是採用他自己使用的「存有」（有）、「非有」（無）、「變化」（變），或「在己」、「爲己」、「在己兼爲己」，或「普遍、殊別、個體」，或「概念、過程、理念」，或「機械性」、「化學性」、「目的性」，或「形式」、「物質」、「內容」，或「認同（同一）」、「歧異」、「合成」，或「主體精神」、「客體精神」、「絕對精神」，或「家庭」、「社會」、「國家」等等不同的場域、不同的詞謂、不同的概念。

　　要之，黑格爾視辯證法是有關概念自身內在的矛盾，以及由於矛盾的緣故，而使概念發展與揚棄其自身，最終達到新的統一階段，從而實現由低級到高級攀升的、打圓圈的運動之方法與理論。在指出辯證法與古代形而上學詭辯的不同之餘，他概括了近現代社會歷史的遞嬗演變，以及近現代科學發展的成果，而創造了他概念的辯證法的學說。在耶拿擔任講師授課的時期（1801-1805）中，黑格爾形成了「絕對精神」的基本概念，並且開始明確地使用「辯證法」這一詞謂來表達他自己哲學的方法。在耶拿末期（1806-1807）所寫的與出版的《精神現象學》當中，他的概念辯證法終於形成。在此書中他表述了辯證法的基本原理，並應用於考察意識的諸種樣態，說明意識如何通過它自身和它的對象之矛盾，由低級、直接的感性意識，上升到自我意識、理性、精神（主體、客體、絕對）的過程。最後在巴伐利亞與海德堡時期（1807-1818黑格爾先後完成《邏輯科學》、《哲學全書》、《自然科學》與《精神哲學》），以及在柏林時期（1818-1831）把辯證法應用於法律哲學、國家學說、歷史哲學、宗教哲學等之領域上。

　　對黑格爾也是對馬克思而言，辯證法是建立在理念的關係之基礎上，是人們要使用的基本概念，去瞭解世界、知道世界、掌握世界，甚至進一步去改變世界、超越世界。依據馬克思的看法，改變世界與超越世界是人做爲自由的生物之本質。爲了引發人對世界認識與改造的流程，人必須創造他自己成爲有異於世界之物，達到合理的層次，不再受到直接的與天生（本性）的世界之拘束或限制，也就是超越人作爲動物與世界之間的粗糙關係。人從世界抽離出來必然會產生一種抽象化，也就是在人的條件下，抽離那些未經中介、直接之物，包括人的激情、慾望之類比較接近自然天生的部分，而遠離人文、教養之物。

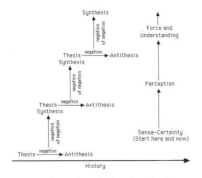

黑格爾的概念辯證法示意圖

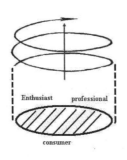

馬克思的經驗辯證法

史達林、列寧和托洛
茨基談辯證法

　　黑格爾藉著他的概念的理性與辯證法，來把那些康德視爲分散的範疇統合
起來。黑格爾哲學的中心和對世界超越的看法，給馬克思的感受是認爲這些思
想、這些觀念都在思想的領域、知識的領域打轉，與現實的人之生活無關。由
於黑格爾停留在心靈、精神的層次，他所連結的範疇都是根據理念或概念的內
在邏輯爲之。馬克思要把這個重精神而輕人身的說法顚倒過來、翻轉過來、扶
正過來。

　　此外，馬克思看出人的條件不是黑格爾心目中的意識，或自我意識的辯證
過程，是人所面對的物質世界所產生的社會、國家、政治、經濟等等實在。在
社會界與政治界中，人應當擁有他一席之地，目的在成全他的人性、發揮他的
潛能，畢竟人是「活在市邦中的動物」（*zoon politikon*）。這表示人造的理想
世界、完美世界，人不但能夠滿足他存活的需要，還會落實他自由的本質。

　　黑格爾要調解、協和人與世界的關係，只停留在知識與理性的層次上，只
要具有理性的自我將世界超越與揚棄便似乎足矣。黑格爾主僕辯證關係雖然成
全奴僕的勞動與紀律，並未爲奴僕贏得眞正的承認，更遑論自由？這表示勞心
與勞力仍舊形成不同的階級，身心之分別未能合而爲一。階級制度的存在與保
留，造成統治階級建立領先的、優勢的理念。這難怪馬克思要指出「並非人群
的意識決定他們的存在，〔反之〕他們的社會存在決定他們的意識」（Marx
1971: 20-21）。

　　恩格斯分辨了概念的辯證法和眞實世界（歷史、經驗）的辯證法之不同，
後者是事實（歷史）上和經驗向可以查驗、檢驗、知悉的，也是科學所能證實
的辯證法。後者也是他所稱呼的唯物主義辯證法，前者爲唯心主義的辯證法。
恩格斯認爲辯證法含有某些一般性科學的規則，包括他歸納出來的三條辯證

律：質量互變律、對立的統一和否定的否定律。恩格斯遂強調辯證法不只應用於人文、社會、思想、歷史，更可以應用到自然界的生成變化。

偏偏黑格爾反對種類進化論，認為自然的變化乃為現象的重複，而非發展。換言之，縱然自然有所變化，其變化沒有人的事物之變化來得迅速、耀眼與複雜。黑格爾也承認人類社會的結構沒有必然的、無可避免之事故。不過黑格爾卻把社會與政治生活的歷史發展等同為概念的辯證法邏輯過程，時間先後的變化視為概念辯證的展示。

雖然恩格斯與馬克思企圖從黑格爾概念辯證法脫出，而建立他們時間的（歷史的）與經驗的（科學的）辯證法。恩格斯曾舉例說明物理性的宇宙為各種流程的綜合，太陽系產自星霧團塊，達爾文進化論解釋物種的存活與淘汰，以及社會制度的演進與興亡。這些例子在他看來便是辯證法在世界、人文界、社會界、歷史界的應用與展露。

馬克思的辯證法包括他的辯證物質為核心的世界觀，理性如何生成發展，以及思想與存有、主體與客體、理論與實踐之關係。他所強調為是認識論的概念，因之，常把辯證法與科學方法混為一談。但是馬克思的方法與其說是實證主義、經驗主義或自然主義，還不如說是「實在主義」（realism）。他企圖在思想裡解釋矛盾，也進一步在事物（發生矛盾）的關係中去解決矛盾，因之，既是本體論的辯證法，也是關係的辯證法。又因為企圖干預歷史，採取實踐，而稱之為批判性的辯證法（以有別於系統性的辯證法）。

在〈費爾巴哈提綱〉中，馬克思獲得了一種物質主義的洞識，也就是認為事物獨立於思想之外而存在，外在性與客體化（主體生產之物品）之不同，也就是分別真實的、實在的客體與思想的客體之差異。用現代科學的實在主義來解釋，他分辨了（無法轉移、讓渡的）知識客體與知識生產活動（可以轉移的過程）。這種分辨使吾人能夠瞭解社會實踐是自然科學一種的「條件」，而非「客體」，相對的也是在社會的領域中屬於本體論與認知論的建構的事物。於是馬克思埋怨觀念論把獨立的實在之理念，從不可讓渡、不能轉移的思域（思想領域）抽離出來，而傳統的、舊的唯物主義則從可以讓渡、轉移的思域，把人類產生知識的活動抽離出來、抽象化出來（Bhaskar 1991: 370）。

近年間英美解析的馬克思主義者企圖以「新辯證法」的說詞，直接訴諸黑格爾的學說，而擯棄恩格斯的「辯證唯物主義」。這個所謂「新辯證法」研究門徑嘗試展示馬克思如何倚賴黑格爾的範疇推理方式，俾發展其政治經濟的批判。特別指出馬克思的《綱要》與《資本論》與黑格爾《邏輯科學》，有很多

並行對應的推理方式，例如馬克思的貨幣與商品雙重化，便與黑格爾的本質說非常神似；黑格爾的概念說也轉化成馬克思的資本論。馬克思自1844年後致力於哲學的「實現」，也就是哲學的「揚棄」，他從黑格爾的哲學轉向亞丹・斯密和李嘉圖的政治經濟學。這代表了馬克思把黑格爾形而上學信念的物質主義「翻轉」過來、「顛倒」過來、「扶正」過來。這也是何以馬克思強調他自己的辯證法為唯物主義的辯證法，以有異於黑格爾的唯心主義的辯證法之因由。

# 五、黑格爾與馬克思的社會學說

　　黑格爾認為哲學在為現世界及其發展提供全面的、無所不包的敘述。他的敘述雖是絕對精神貫穿人類的生成發展之歷程，事實上則為有限的人的精神怎樣轉化與上升為神明無限的、絕對的自知之明。是故黑格爾會指出人的精神如何與天然與人為的環境相碰撞，從而透過政、經、社會與文化的實踐與制度來發展人的自我意識。法、政、社、經的經驗並非人生活現象的末稍尾節，剛好相反，是人與世界怎樣接觸、關聯。早在他1802年撰述的《倫理生活體系》（*System der Sittlichkeit*），他便把這種道德觀念與政治哲學做了簡單的概述，使我們對他的社會觀有初步的印象。所謂人的倫理生活不只包括道德倫常、習俗，也涉及法律規定、政治制度、經濟安排等等。由於人類需要與慾望的滿足，人不能不從事勞動。在原始社會「自然的和諧」下，勞動的分別與合作都是在一個社群團結之下為之，但不久便因社會範圍擴大與複雜，分工專精與分殊，人變成有意識的組合之勞動者，而形成經濟關係，於是價值、價格、交

易、契約、財產保護之概念一一誕生。因爲商業之興起、貨幣出現，以取代以物易物的交換。人與人的對峙、仇視、抗爭逐漸被制度所控制。首先在家庭中這種敵對減到最低程度，接著勞動、財產、交易的法律與制度浮現，最終則發展爲社會與政治組織最完整的國家。

黑格爾分辨三種不同的倫理生活：絕對的、相對的和建立在信託（Zutrauen）之上的倫理生活。絕對的倫理生活只能在國族（Volk）中展示出來，它把個人的生命、精神以普遍的、泛宇的樣子具體化，在目前人群只能達致相對的倫理生活，或建立在信任、信託之上的倫理生活。相對的倫理生活便是諸個人享有法權的保障，減輕生活的困苦，其德行乃爲正直、誠實（Rechtschaffenheit）。不同的倫理生活分別出現在社會不同的社會階層（階級）之上。絕對的倫理生活落實在絕對等級（absoluter Stand）之上，這是指那些爲全體人民謀求福利的社會領導階層。相對的倫理生活則由正派階層（Stand der Rechtschaft）去經營，這就是後來他所稱呼的市民（工商業、資產）階級，最後建立在信任、信託之上的階級爲農民階級。由是可知黑格爾早期社會著作中，把社會看成三個等級（領導統治階級、工商業有產階級和靠天吃飯的農民階級）。每一階級皆有其獨特的道德標準（英勇犧牲；正直可靠；樂天知命）。

到了黑格爾出版《法哲學大綱》（1821）時，他的法政社經之觀念更形成熟，於是這部表面上討論法律與政治的專著，事實上也論述抽象的權利、道德（Moralität）、倫理生活（Sittlichkeit），而國家卻出現在倫理生活的第三章，也就是在討論家庭與市民社會之後。是故我們先注視他對市民（民間、公民）社會（Bürgerliche Gesellschaft）的討論。

由於「理性的狡計」之活動，也就是靠「辯證的前進」，人們把追求私慾的滿足變成了滿足人人需要的機制。換言之，「每人在賺錢、生產和享受其努力的果實之餘，導致其他人的生產、賺錢和享受」（Hegel 1976: §199）。在這段話之前黑格爾早已指出市民社會的活躍、激動產生出一種普遍性、一般性、泛宇性的因素、特質（§189R, §197A），這是指自由的市場產生了諸個人之間的互動與互賴（§199）。如今他似乎進一步去接受亞丹·斯密的理念，認爲人人在彼此互相倚賴之下，所有的人之需要都能得到滿足。

不過黑格爾對這種普遍滿足的樂觀說法也有所保留，那是指他所提，某些人分享共同的資源是「一部分受到他不當得利的資本，一部分受到他的本事」所制約的（§200）。一個人如果不擁有某些資財、不擁有某些技術、本領，

是無法參與公共資源（*Vermögen*）的處理與分享。可是在市民社會中有不少人既無資財（*Kapital* 或 *Vermögen*）、又無本事，特別是個人的技巧、本事要靠環境、教育、訓練才會養成，由是黑格爾對現代社會教育與養成的重要性有其高瞻遠矚的卓見。

由於現代複雜的社會之生產與交換的活動之犬牙交錯，生產資料、消費資料的五花八門，導致社會行業眾多、群體林立（§201），他勉強把社會分成幾種「等級（Stände）」，有(1)直接（生產）等（階）級（農民）；(2)「反射的」（間接的）工商等（階）級；(3)公務人員的「普遍、一般」的等（階）級（§202）。

農民等級直接與自然打交道，看天吃飯，其勞動、其生產完全受自然好壞的影響，而不需勞動者的反思、計算、估量。不過黑格爾卻預見農業機械化生產的時代早晚降臨，大規模農作有如工廠操作也可以預期（§203A）。

工商或企業等級（*Stand des Gewerbes*）是指人群致力去駕御自然來滿足其需要。這個階級（等級）涉入三層活動：(a)技藝的、或相對具體的勞動；(b)製造業，比較抽象性質的勞動，目的在滿足人一般的民生需要；(c)商業買賣，利用貨幣進行交易，俾把分開的功用在人人之間做一個交換。這些使商品的「抽象價值活躍起來、實現起來」（§204）。

至於公務員、文官體系或稱官僚體系，被黑格爾視為普遍階級的成員，雖不是市民社會中需要體系的操作者，卻因為主持行政，特別是執行司法行政，而減輕需要體系的負擔、痛苦。在人人相互倚賴的需要與滿足手段之關係仍舊是抽象之際，法律及其操作卻是具體的。是故法律為透過司法的執行而達成「普遍承認的、普遍知曉的，也是普遍意欲的」（§210）。法律涉及普天之下每個人的人權，「只要是人，不管他是猶太人、天主教徒、基督徒、日耳曼人、義大利人」都一律受到法律的保護（§209R）。

在分析現代社會的貧困時，黑格爾注意到貧困的節節升高，以及它與社會制度的異化，是故他主張市民社會貧困者的需要，應當是社會及所有成員共同關懷的課題，貧窮並沒有減少貧窮者基本的需要，他對社會的接受之需要始終不變，只是以「醒目的方式來主張其特殊的需要而已」（§193）。

當人口不斷增加，工人因為技巧增進與需要的增加，而變成普遍化、概括化之時，遂造成財富的累積，也導致貧富的兩極。就在此時分工產生了與工作連結的階級（*Klasse*）之倚賴性與災難疾苦，也造成工人無法享受廣大的自由，特別是市民社會中精神自由（§243）。異化的勞動沉淪為極端的貧窮，

一旦工人階級起碼的生活程度也無法保存，則是非不分、正謬不明，人的誠實與自尊也淪喪，窮人變爲襤褸之貧民、街民、暴民（*Pöbel*）也就難以避免（§244）。襤褸的賤民之心態是反富人、反政府、反社會（§244A）。

　　以上黑格爾對現代社會之描繪其後爲馬克思所承襲、活用，這也是馬克思所謂的無產階級、普勞階級的前身。對馬克思與恩格斯而言，普勞階級就是勞工階級、工人階級，他們不但與另一個極端的資產階級、布爾喬亞分庭抗禮，進行生死的鬥爭，而且也是資本主義體制的掘墓人、埋葬者。這一勞工階級是人類未來所屬的階級。在《共產黨宣言》中馬、恩兩人如此描述工人階級形成的過程：

> 普勞階級經過不同的發展階段，它一誕生便與布爾喬亞進行鬥爭。一
> 開始抗爭是採用個別的勞動〔怠工〕，其後則爲工廠中的群眾〔罷
> 工〕，再其次則爲地方的同一業〔買賣〕的同業者〔抗爭〕……隨著
> 工業的發展普勞人數不斷激增，它〔普勞階級〕集中在更多的群眾，
> 它的力量便增強……工人們開始形成聯合。（*FS* II: 827; *CW* 6: 492）

　　最終地方的階級衝突愈演愈烈，在現代交通、訊息工具之助力下，變成全國性的階級鬥爭，甚至全球性的世界革命。

　　至於馬克思何以會把普勞階級當成無產階級革命的主力，也是推倒資本主義體制的革命後備軍，除了它的成員是「國民裡頭的最大數」（*CW* 4: 500），更因爲勞動者是勞動力的出賣者（*C* 2: 375; Penguin *Capital* 2: 447），而且它是「實實在在的勞動能力」（*G.*, 769）。在把勞力對抗資本的辯證觀念下（勞力是活生生的資本，資本是凝聚的勞力），擁有勞力的工人階級在本質上是與布爾喬亞處於對立面，只有否定資本、擯棄資本，爲工資而被迫勞動的情況才會廢除，進而把勞動當成「正面的、創造性的活動」（*G.*, 614）。

　　要之，黑格爾把國界範圍內的社會（national society）看成是政治國家與市民社會的組合，啓示馬克思有關社會兩層樓的建築學上之譬喻（architectonic metaphor）：意識形態的上層建築和經濟基礎，以及由此引申的布爾喬亞階級統治與被剝削、被統治的普勞階級。因之，無論是社會的階層（等級）觀變成社會階級觀以及階級鬥爭說，還是生機的、官能的國家觀變成統治與剝削的國家觀，都是黑格爾社會與政治哲學對馬克思階級說與國家學說的影響與演變（洪鎌德 2007a：285-323；2014：361-396；2015：307-346）。

# 六、國家學說的演變

服膺了亞理士多德把國家視爲具有生命、內涵目的，從家庭而村落而城邦次第生長，逐漸發展而成的政治組織與倫理社群之後，黑格爾也採用這種國家生機說、官能說（organicism）。黑格爾認爲國家不但是人倫理生活的極致，也是自由落實的場域。

國家不只包括民族（Volk）、領土，更包含了政治組織──政府（Regierung）。黑格爾使用「國家」一詞含有兩層意義，其一爲對待別的國家時，本國應具人民、領土與政府等基本因素；其二，國家是相對於人群活動的另外兩個場域，即相對於家庭和市民社會而言的。在第二層意義下，國家還概括了下列幾項意義：

(1) **抽象權利**：國家保護人身的權利；國家主權的擁有者；

(2) **道德**：國家與其行動不能用個人的道德標準來評計、估量；

(3) **家庭**：與市民社會相反，國家尚擁有另外一個單元，那就是家庭。國家與家庭作爲社會制度有其不同之處，即後者立基於「愛」和「感覺」，國家則立基於法律，法律必須是合理的，而且爲群眾所知曉。是故國家與自我意識有關，它不是靠暴力而凝聚人民，而是倚靠人民「秩序的感覺與眞正的愛國情操」（§268, §268A）。

(4) **市民社會**：國家並不像商業立基於契約（這點表示黑格爾反對社契說──由契約而建立文明社會，甚至國家）（§§75, 258），在自然狀態中人無權利可言。人的本質、本性並非其處於原始狀態的傳承，而是發展出來的。國家並非滿足人的慾望或需要而建立的制度；反之，國家卻是造成完整的人之機制。「人理性的目的爲在國家裡頭過生活」（§75A）。國家是要把處於市民社會中相互競爭、原子化、零碎化的個人帶回統一裡頭。原因是市民社會人人爲滿足其私利，不能不分工、不能不分散、不能不互爭。是故自我個體化的追求對社群的團結與合作是一種重大的威脅。單靠專制、暴政無法恢復舊的秩序，是故一個合理的政治結構──國家──是把分散、紛爭的諸個人重形團聚的黏著劑。

黑格爾的國家觀不僅有狹義的中央政府機關及其決策機制，這包括廣義的一個由多數個人組成的社群，靠一個特殊法律與一套統治制度把人群統合起來（Chitty 2006: 221）。

黑格爾深具遠見而犀利的分析現代國家令人印象深刻。他在市民社會中描繪了資本主義式、商品生產與交易的經濟，以及與此搭配的政治制度。在德國近現代政治思想史自有其重大的貢獻。他爲市民社會的活力、彈性、機動有仔細的描述與分析，儘管他對各個問題提不出解決的辦法。其可取之處並不是採用自由派充滿一廂情願的改革主張（其實都是抽象原則，無具體措施、無實踐可言），而是如實地把他的觀察記錄下來。

他爲了減低階級、等級之間的敵對，提出一個等級議會的整合體系固然是良法美意，但何以把工人階級排除在外呢？其原因可能是基於人與世界的關係之哲學考量。他要把經驗中所有的敵意和衝突的結合在更高的、更爲圓融的總體裡，這是由於他對現代社會幾近無政府、無秩序的條件之畏懼或絕望。他必然對強力資本主義經濟造成的社會傷痕感受特深，爲此他才強調在國家裡頭的統合與團結，甚至犧牲工人階級的參與也在所不惜。

或許以哲學來理解哲學，以哲學來解釋世界有其侷限，也就是無法進一步以革命或批判的實踐來改變世界。因爲黑格爾一度說：「當哲學以灰色的彩筆來描繪灰色之物時，那麼生命的形式又長成更爲老舊」（Hegel 1952: 10）。這表示他何以使用灰筆來描寫資本主義經濟體系的陰暗面和私產尊重產生的是不得已、是無助的。他的無奈與失望躍然紙上，所以他只好抓住現時、抓住現實，而不爲未來拋射遠景、構築美夢（Cullen 1979: 115-116）。

上述黑格爾的這套法政思想曾爲青年馬克思所批評，儘管他最早的國家觀也附和黑格爾的生機說、官能說（洪鎌德 2006a：118-120；2015：309-314）。早期馬克思所言受黑格爾影響下的國家觀，不只是他對法政的看法，也包括他的人觀（人的自我實現）。因之，他視國家爲有機體（state organism）（*CW* I: 122）。國家的本質在實現人的自由，這完全是黑格爾的口吻（Chitty 2006: 229）。但後來卻出現了國家是社會異化的力量說，爲資產階級公共事務經紀人的說詞，甚至把拿破崙第三的復辟帝國當作社會寄生蟲來看待。但最重要的則是馬克思堅持資本主義的國家爲階級統治與剝削的工具，這是他批評了資本主義的統治機器（國家）與資產階級利益掛鉤的緣故。這時他從國家有機說轉變爲國家機械（工具）說。

拿破崙三世靠50萬大軍和50萬官吏，把其政權寄生在兩千萬人民之上，在普法之戰失敗之後，1870年9月3日清晨與鐵血宰相見面，討論投降事宜

　　一反黑格爾把國家美化爲理性的極致、自由的實現，馬克思和恩格斯期待國家最終的消亡，這是由於兩人痛恨資本主義制度對人性的桎梏與迫害。馬、恩說：

> 工人階級在發展中將會以組合取代舊的市民社會，〔直接生產者的〕組合將排除各類階級以及它們之間的敵對。從此再也沒有所謂的政治權力〔國家之存在〕，因爲政治權力嚴格來說就是市民社會敵對的官方表述。（*CW* 6: 212）

　　由於統治機關的強制、干涉、壓迫，隨時都會出現在社會中，所以馬克思反對靠稅制的改革而減少國家的功能，他說：

> 在取消徵稅的背後隱藏取消國家〔的理念〕。對共產黨人而言，國家的取消有其意義，蓋當階級取消之際，一個階級壓制另一階級的組織性武力便告消失……在封建國家中，國家的廢除意謂封建制度的消亡，與一個布爾喬亞國家的新創立。（*CW* 10: 333-334）

　　因之，我們不妨把黑格爾的國家觀看成實然面與應然面的交織，而馬克思的國家學說則傾向於經驗性與歷史性的科學分析，再加上未來的願景，是故從現實走向烏托邦（國家、階級的消亡與社群、解放的出現）（洪鎌德 2010：

318-327；333-354；2014：390ff.）。

至於恩格斯的國家觀主要發表在他的《家庭、私有財產與國家的起源》（1844）一書之中，他強調國家的產生與內外暴力的使用有關，特別是為了消弭階級利益的爭執，而使階級消耗在衝突鬥爭之上而玉石俱焚，於是一個似乎站在社會之上的權力隱然形成，它不僅在消除衝突，進一步還在維持秩序「於是這個從社會產生，卻置身在社會之上，而逐漸自我異化，也從它〔社會〕異化出來的權力，便叫做國家」（*SW* 3: 327）。對於國家的起源馬克思著墨不多，但卻對階級衝突而引發仲裁機關、統治機器的形成，其看法與恩格斯是一致的。

# 七、歷史哲學與唯物史觀

黑格爾對馬克思影響相當重大的部分無疑地是史觀方面，兩人都強調歷史有其內在目的，有其不同的發展階段，歷史的終端或是神明的自知、人類獲得絕對知識，還是人類的解放、開啟新的歷史時期。馬克思認為過去至今的歷史都是人受制於自然的自然史之一部分，只有當共產主義社會實現之日，人類才會擺脫「前史」（*Vorgeschichte*）階段，而進入以人為中心，人所創造的真正「歷史」新時期（洪鎌德 2014：18-19，130）。

黑格爾的史觀固然散見於他的哲學著作，特別是《現象學》、《哲學全書》、《精神哲學》、《宗教哲學》等等，但最主要的還是呈現在《世界史哲學講義》裡。此書與其以前史學家或史哲家不同之處有二：

其一，他對哲學史專家有關歷史的起源與終端所提供的訊息，採取質疑的態度，因為他們未把經驗史的部分置入其論述中。歷史只在當前結束，當前的歷史或稱自由的體現，或稱自我意識的落實，都與未來無關。黑格爾並沒有排除歷史在未來還要發展、還要演出，只是未來可能發生之事與史學家無關，也不是史學家要預測的工作。

其二，黑格爾認為經驗史真正要發生的歷史是第一層次、第一度的歷史。把第一度的歷史資料加以分析、批評、詮釋是歷史哲學的職責，是故歷史哲學為第二層次、或第二度的歷史敘述。歷史一詞本身的含糊不清絕非偶然之事，對事件加以敘述的歷史，其出現之際正是歷史涉及的人之行為與事故。不撰述

其歷史之社會可謂爲沒有歷史的社會，人在歷史上的作爲及事件需要自我意識（反思、省察、覺悟），這些自我亦是完全在歷史記載上透露出來（因之，黑格爾不認爲自然有歷史可言，它的生成發展完全在一個重複再三、或循環變化中），歷史的記載有三種的形式。

(1) **原始的歷史**，亦即編年史、史記，完全記錄人群在該歷史階段上的所作所爲，以及所隸屬的時代，該群對同代的歷史精神有所分享、有所沾染；

(2) **反思的歷史**，嘗試把過去的種種切切加以記錄，以後來的時代精神去解釋從前的舊事、往事，這包括一般的全球歷史、實用的歷史、批評性的歷史，以及藝術、法權、宗教、哲學的歷史；

(3) **哲學的歷史**：哲學史家利用原始與反思的歷史資料去解釋歷史，把歷史解釋爲精神的合理發展，這些都不是一般歷史學者所注意的事項。存活在理念的世界精神靠諸個人的熱情一代一代地傳承下去。這些諸個人有時還稱爲「世界史的個人們」，像亞歷山大大帝、凱撒、拿破崙等。他們對其歷史使命偶會意識到，但其豐功偉業卻是受到「理性的狡計」之操弄，而爲人類不斷地開創新紀元，造成更新更偉大的時代精神，也推進人類全體的自由與自我意識。不像康德或福爾泰，黑格爾對這些「英雄人物」的評價不在其道德的偉大，而在於他們對世界精神、時代精神、國族精神的發揮與昂揚。

Alexander III （356-323 BCE）　　Julius Caesar （100-44 BCE）　　Bonaparte Napoleon （1769-1821）　　François Marie Arouet Voltaire （1694–1778）

　　黑格爾的講義不只涉及世界史，也牽連到藝術史、哲學史、宗教史。他深刻的史觀貫穿他龐大著作的每一卷佚而凝聚爲幾項特徵：

(1) 個人隸屬於客觀與絕對精神的結構之下，這種精神在歷史中的發展比個人的思想發展還明顯；

(2) 過去的歷史階段當成一個單元，會被下一個階段的新單元所揚棄，亦即現時取代以往，是故對目前完整的瞭解要靠對它的時間前身（從前）有所瞭解，才會進一步理解「此刻的我們，同時也是歷史的片刻上的我們」；

(3) 要瞭解某物，只瞭解其過去的歷史是不夠的，要有哲學的或神學的瞭解，才能懂過去有關哲學與神學的理念，人們要認識它們（理念）的合理性與發展的情況；

(4) 人類過去的幾個階段，與目前現狀是截然有異。人的過去思云言行與目前是不同的；

(5) 過去人的思云言行與目前的思想行為有所牽涉、有所關聯，這可以靠理性的作用認知，不能靠傳統的邏輯，而要靠黑格爾所強調的衝突、矛盾的辯證法去理解；

(6) 由於歷史過程是合理的一個學說之命運，還是一個人生的遭遇，反映了它最終知識上與倫理上的價值。「歷史乃是世界法庭」（Hegel 1952[PR]: 216, *Enc.*, III, §548）。

雖然馬克思本人不使用「歷史唯物主義」（他僅使用「唯物史觀」），但這個後來成為正統與官方馬克思主義主要的用語，也是教條的馬克思主義之支柱，卻被恩格斯在《社會主義：從空想到科學》（1892）的〈引言〉描寫為歷史唯物主義，這個主義：

> 代表歷史過程的看法〔其主旨在〕尋求所有重大的歷史事件最終的原因和巨大的動力在於社會的經濟發展，在於生產與交易方式的改變，在於最終社會分裂為明顯的階級，在於這些階級彼此的鬥爭。（*SW* 3: 133）

由於馬克思與恩格斯一再強調他們著作是「科學的、而非哲學」的作品，因此，歷史唯物主義不是哲學的結晶，而是經驗的議題之彙編（a collection of empirical theses）。原因是在兩人合著而生前未出版的《德意志意識形態》（1845/1846）長稿中，兩人強調其學說並非從教條式、抽象的哲學說詞中引申而得，而是對實在條件精確的觀察和描寫而得來。不過一個學說或一個理

論，大膽聲稱是經驗的、科學的論述，便要能夠爲社會或歷史的考察提供研究計畫，並通過事實檢驗才談得上（Shaw 1991: 235）。

馬克思的唯物史觀主要靠他在《政治經濟學批判獻言》的〈序〉（1859）一文上表達出來。在那裡他指出社會經濟結構由其生產力與生產關係構成，亦即通稱的生產方式，這是社會實在的基礎。在基礎上矗立著法律、政治等意識形態的上層建築，與上層建築搭配的是特定的社會意識之形式（時代精神、文化表現）。經濟基礎決定上層建築，而另一方面社會的生產關係又與其生產力保持搭配、對稱關係，一旦生產力發展更速更猛，便要推翻平衡的生產關係，造成整個經濟基礎的動搖。經濟基礎（生產方式）一旦動搖，連帶撼動上層建築的穩定。要之，這種撼動、變天表示社會革命的降臨（*SC* 1: 504; 漢譯參考洪鎌德 1997b：24-25）。

要之，歷史唯物主義的基本理念乃爲不同的社會之生產組織，成爲人類歷史的特徵。但這種不同的生產組織能否促成生產力的擴充或收縮，造成社會興衰的主因。生產力的成長遂解釋人類歷史的進程，包括歐洲典型的原始公社，邁進奴隸社會，進步到封建社會，最後進入資本主義的社會。不過要注意的是生產力不只包括生產工具（工廠、設備、機器等），最重要是包括勞力（技巧、知識、經驗，以及人使用於工作上的種種能力）。生產力代表社會用於物質生產的權力、力量。

社會關係則是與生產力發展的水平相當，而在生產過程上人際關係，包含技術關係與經濟控制的關係（在法律上展示爲財產關係；也是對生產力與產品擁有與運用的關係）。馬克思指出進行物質生產的人際關係同這種關係的社會兼經濟之外表（公有制、私產制、公私混合制）截然有別，且是站在對立的方面。換言之，社會的形式儘管不同（有奴隸制、封建制、資本主義制），勞動者與生產工具都是生產主要的因素，至於把人與工具連結起來的形式（奴隸生產、農奴生產、領薪資的工人生產）卻把社會分成各種各樣的形態（*C* 與 *Capital* 第1章）。

雖說是經濟基礎制約上層建築，但上層建築也會影響或反映經濟基礎，原因是上層建築的法律與政治制度是需要來組織與穩定整個社會，俾經濟基礎所產生的種種制度，也能適合社會的穩定發展，是故，上下層建築關係並非單行道，而有相互溝通的可能（Shaw, *ibid*., 237）。舉個例子，馬克思說：「法律用來保持現存〔社會〕秩序，因此讓法律從單純的機會或隨意〔任意〕中獨立出來」（*C* III: ch.47; *Capital* III: ch.47）。讓法律能夠獨立自主的操作對現存生

產關係有助，原因是現存生產關係之表述與合法性完全是抽象，必須靠法條化來具體規定。可是這樣做導致人們產生一個幻覺，誤以為法律（司法）是獨立於經濟結構之外（洪鎌德 2004b：93-123）。

　　在前面提到的1859年之〈序〉中，馬克思雖未談階級、階級分裂、對立與鬥爭，但從對生產資料關係之擁有與否，以及財產關係之說明，也可知道歷史唯物主義的確與階級有關。至少在早期與恩格斯合寫的《共產黨宣言》（1848）中，一開始便提及「至今為止的人類歷史乃是一部階級鬥爭史」，便可以瞭解階級的鬥爭在馬克思的唯物史觀中之地位。更何況在《哲學的貧困》（1847）之第二章，他指出「這是文明律所效法的……到現在為止生產力曾經有過的發展是靠階級敵對的體系」（*FS* II: 893; *CW* 6: 132）。

## 歷史演變的過程是辯證發展

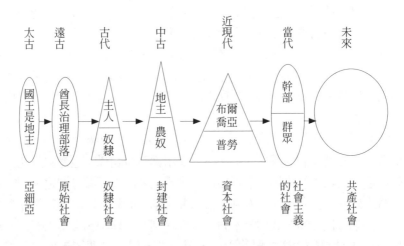

資料來源：洪鎌德 2014：312

　　歷史唯物主義聲稱階級衝突和人類史基本拋物線（進程），是由於生產力的進展所造成的。這種生產力的進展卻需要理論的模型來顯示捲入其中的生產方式之特徵，但任何這類的理論對於特定的社會而言不免嫌太抽象。是故馬克思所表述的資本主義，必然是從個別的資本主義國家的特殊面貌抽繹而得。《資本論》雖堅稱社會主義無可避免地要降臨人間，但卻無法精確地預言它在何時何地降臨，就是每個社會要走的路也無法從生產力與生產關係一般的、泛

宇的辯證法中預知。由是可知每個國家、每個社會的經濟發展的階段性，也無法看成單一的路線、或單一的類型可以效尤。

# 八、馬克思對黑格爾的傳承

　　馬克思對黑格爾學說從抄襲、模仿、尊重，到最終宣告分手、決裂，並非僅僅是阿圖舍所言青年馬克思認知上的決裂而已。事實上，馬克思告別黑格爾的是本體（實有）論上的斷裂（ontological break），也就是向黑格爾的「精神」或「理念」之本體論的地位加以挑戰與揚棄。如眾所知，黑格爾的本體論乃是視「理念」為根本的、普遍的、泛宇的範疇，「精神」乃是「理念」在人的意識和人的社會中展示出來的表現，可以說是人生活的表述。另一方面我們也知道「理念」對黑格爾而言，乃是哲學家心目中的上帝。是故黑格爾本體論之基本的範疇是傳統有神論的神明。這位神明獨立於祂所創造之物與創造過程之外，也是高高在上的萬物主宰。因之，「理念」固然是人類生活的表述，更是泛神論的上帝之本質，也是把宇宙看成非人身的，卻是整合在一起的總體。「理念」在人間事務上的現身便是精神，而精神成為主體和行動自主的中心，變成非人身的、超身分的神明，祂干預和形塑人類的歷史。精神成為人類意識與行動的範圍之化身，而成為人類總體的縮影。由是可知我們何以把精神和理念解釋為「超驗的」和「內在的」事物，是源之於唯心主義者之想法與看法。

　　馬克思在閱讀黑格爾作品時，凡涉及超驗的部分他都予以擯棄，像《神聖家族》（1845）中指責黑格爾所討論的歷史不過是「抽象或絕對精神的歷史」，與人間的歷史有很大的差距（Marx and Engels 1975: 93-94, 100, 161）。在《資本論》卷一再版的〈後言〉中馬克思說，對黑格爾而言「思想的流程居然藉『理念』之名轉變為一個獨立的主體，變成實在世界的創造者，而實在的世界則化身為『理念』的外部表現」（Capital, vol.1: 102）。總之，馬克思認為超驗的本體論是基督教神學思辨的表達。

　　馬克思顯然接近那些青年黑格爾門徒的想法，把黑格爾學說視為「內在性」（immanence），而非「超驗性」（transcendence）。內在性在於發揮人的自我意識對社會與歷史的推動作用，這點受費爾巴哈轉型批判法的影響（把主詞與謂詞顛倒過來）很大。在馬克思接受黑格爾思想的早期，包爾宣稱「對

哲學而言上帝已經死亡」，以及費爾巴哈視神學的祕密在於人類學，都對馬克思有相當的啓發作用。馬克思主義本來有機會發展成一套對黑格爾體系眞實的、辯證的超越或稱「揚棄」，但卻因爲馬克思接近費爾巴哈的說詞，而遠離黑格爾的說法，而造成機會的喪失，也導致馬克思之後對黑格爾的理解與解釋上的種種困擾、疑惑（McCarney 2000: 59-60）。

　　造成人們對黑格爾與馬克思關聯的想像和形成理論來加以探究，無疑地是所謂的黑格爾式的馬克思主義（Hegelian Marxism），其代表人是盧卡奇。盧卡奇首先認爲黑格爾強調人類的活動就是歷史的表現。黑格爾對歷史實在的表述莫過於他對經濟問題的瞭解，這是促使經驗的辯證方式得以出現的契機。要之，黑格爾掌握了「工作的問題是人類活動的主要方式」，歷史乃是人實踐的具體範圍的登峰造極。黑格爾的歷史觀在於對實在的歷史過程做一個哲學的理解，俾指出何以在他的時代出現了現代的市民社會。盧卡奇說，可惜黑格爾身陷於唯心主義的迷霧中，將一個神祕化的造物主（demiurge）當成人類活動的載體，把人類在歷史上的運動轉化成神明的準運動、假運動，這種說法完全呼應了馬克思的批評語法（洪鎌德 2010a：37-86）。

Lukács György
（1885-1971）

《歷史與階級意識》德文版（1923）

　　盧氏這樣看待黑格爾的歷史觀，卻忽視了黑格爾思想中內在目的性（internal teleology），這並非勞動過程用以說明怎樣運用工具與物資來開天闢地，而是涉及黑格爾歷史觀中內在的脈搏跳動，亦即所有人類活動之目標、目的性究竟在那裡？由於盧卡奇太執著於馬克思在本體論上與黑格爾的決裂，以

致他在《青年黑格爾》一書中的眞知灼見無法發揮到淋漓盡致的地步。於是從黑格爾至馬克思至盧卡奇的辯證關係未能眞正展示。

　　這樣對黑格爾超驗與內蘊的雙重讀法，也可以從馬孤哲的作品看出端倪，一方面馬孤哲讚揚黑格爾的實在主義，甚至視這種實在主義奠立在物質主義的基礎上，因爲黑格爾視世界爲人歷史活動的產品，人把自己當成歷史過程的眞實主體。另一方面馬孤哲不談黑格爾把超驗的神明瞎拼莽撞到人間歷史，而神明的攝理（莽撞）卻是必然的、必要的。無法把黑格爾這兩種不同的主張（人的自主活動與神明的操縱、攝理）做一個妥協、一個協調，導致馬孤哲無法把他這兩種的卓見做最好的發揮。只要看下這段說詞便可明白馬孤哲的侷限，他說黑格爾常把歷史的實踐要素融化，而以獨立的思想取而代之。因此，他的史觀總是被絕對唯心主義的本體論所淹沒，其結果世界心靈成爲歷史自主的主體，由此來取代眞實世界做爲主體的人類，「這是深不可測的神明取代了挫折極多的人類」（Marcuse 1955: 161, 234）。這裡看出馬克思前述說法對馬孤哲的影響，以致有關馬克思內在、內蘊的人類開物成務說無法繼續闡釋發揮（洪鎌德 2010a：219，222）。

Herbert Marcuse（1898-1979）其大作《理性與革命》法蘭克福學派二戰後的歡聚

　　列寧在閱讀黑格爾的作品時，主張把「神明」、「理念」、「絕對之物」拋棄，從而直探黑氏的著作之核心而讀出唯物主義的要素。不但要丟棄黑格爾這部分形而上學、本體論的東西，也不要仿效馬克思去解釋這些概念的意義，這樣做在策略上或許更有收穫也說不定，原因是這樣做可能從黑格爾學說中挖到更具實質的東西。列寧認爲黑格爾學說中的眞實包括「運動」、「自我運動」、「改變」、「運動與生命力」、「自我運動的原則」、「衝動」（Trieb本性驅力），這些與死冰冰的、不動的「實有」（Wesen 是）站在反對面。可惜列寧也未能把他這部分的閱讀——黑格爾作品做唯物主義的解讀——

繼續討論下去，以致黑格爾的體系可能爲歷史唯物主義提供的貢獻也就相對地減少。

　　泰勒（Charles Taylor）認爲馬克思在本體論上與黑格爾告別是前後連貫一致的，原因是馬克思與其他黑格爾青年門徒都排斥黑格爾的「精神」主體說，他們企圖把黑格爾哲學（或神學）思想轉化爲人類學，因之強調歷史主體不再是精神，而是人類。這樣人（普勞階級的成員）才能瞭解他的革命就是對世界的改變，從而黑格爾的反動形而上學，被馬克思革命的政治主張所取代。黑格爾思想中如有進步的成分或具革命的色彩，那就是在其形而上學裡，也就是內蘊的、內在的形而上學，特別是眞實的、實在的乃是合理的理性，就是人類的精神之合理性（Taylor 1975: 425）。是故吾人應當轉向如何把內在精神的理念投射到社會與政治的觀點之上。

泰勒反對自然科學主義、行爲科學、語言分析哲學，而接近現象學、詮釋學。他也批評韋伯現代社會愈來愈世俗化，導致宗教的衰微：剛好相反人群信仰愈來愈需要信仰做爲寄託，宗教只是更多元化、分歧化而已。Taylor (as well as Alasdair MacIntyre, Michael Walzer, and Michael Sandel) is associated with a communitarian critique of liberal theory's understanding of the "self". Communitarians emphasize the importance of social institutions in the development of individual meaning and identity.

泰勒採用社群中的我來反對自由主義派個人主義的我

加拿大政治哲學家泰勒
（1931-　）

　　假使自由的目標不再是非人（神）的主體，而是在人有生之年讓它實現的話，那麼它實現的途徑是什麼呢？應該怎樣安排社會、政治、或經濟的制度才能實現人的自由之最終目標呢？是否黑格爾在歷史中可以把自由的普遍性格展現呢？看樣子還是回到他的歷史哲學中，把東方、古希臘羅馬和現代三個時期出現的「一人」、「部分人」和「所有人」的自由之說詞拿來再檢討一下。他曾說明精神的實體就是自由，但自由的只出現在歷史過程的尾端。屆時自由的主體爲世界精神，它在遵從其良知和道德時，追求與實現泛宇的目標，這時主

體具有無限價值，而且它也會自我意識到其優越，是故「世界精神的目標在其實體中實現〔主體就是實體〕，它是靠每個人的自由來實現的」（Hegel 1975: 55）。

要之，黑格爾發現近現代的社會，最大的問題為有權勢者精神的貧瘠，以及絕大多數下層階級農工的窮困，他承認沒有解決這種貧瘠與窮困的辦法。由於他對私有財產與市場經濟的承諾，使他無從去解決這些貧窮的問題。由於他堅信私產是發展人格與自由所不可或缺的要件，加上他早年視財產為人的命運，不宜對此命運加以反思、或輕言放棄財產。對黑格爾而言，財產是個人客體化的自由，也是承認自己如同別人均是自由人。在1844年馬克思也效法他認為未來哲學共產主義的社會人可擁有私產，那是「真正的財產」，藉此使個人可以客體化他本質的能力，也落實真正的個體化。同時大家互相承認平等而又自由的種類之物。進一步他譴責擁有私產的資本主義社會和市場經濟是異化的承認，也是異化的財產，這是利用黑氏理念結構來搞臭資本主義的制度（Chitty 2012: 685）。是故黑格爾雖然應當是一位社會主義者才對，卻因為出生的時代與環境的影響，對私有財產與貧窮的困局兩角（horns of dilemma）只能觸摸，而不敢磨平，更遑論消融。他對資本主義體制下，活生生的現實圖像無法轉化為追求人類解放的革命實踐。

馬克思與馬克思主義關聯到黑格爾學說最重要的關鍵性問題，為理論的角色、理論與研究（觀察）客體的關係，以及理論與實踐的關聯（洪鎌德 2013：43-56）。黑格爾基本的論題為，理論帶來實在隱藏性運動的一個意識，會變成自我意識。這就是它造成辯證性發展的原因，而非僅僅是解釋的、冥思的、烏托邦式的作用而已。因之，馬克思從黑格爾存放的、基本的公式中所含的真理加以找出與應用，這就是辯證的方法。但辯證法並無一成不變的公式，也不是一組定型的過程之手續，而是「直透研究目的的生命」，把研究的對象有系統、論述的形式賦予生命的生成變化，這就是黑格爾津津樂道的「哲學乃為其時代的思想理解（掌握）」（Hegel 1977: 32）。而馬克思一生的著作所追求者，無過於資本主義社會的浮現與消失都形成為實在之革命運動，以及對它在思想中的理解（掌握）。因之不管是盧卡奇，還是寇士都把馬克思主義看作是普勞階級革命運動的理論表述（發聲），這都表示理論是機動的、活力的實在之自我意識。

黑格爾強調辯證法在於把矛盾與對立面的消融，而進入新的階段，因之以善惡來論述辯證是蒲魯東的一偏之見，而遭遇馬克思的苛責。馬克思與黑格

爾都會同意任何一位辯證思想家不應當將理性或實在加以道德化，特別道德化其內蘊性、內含性，這也是馬克思的著作中避免把規範性帶入其理論的演繹裡頭，他對資本主義的批判，並非建立在道德的譴責之上，而是科學的分析。這麼一說要批判資本主義，甚至攻擊資本主義只有透過認知一途，透過作爲革命主體的普勞階級認知其本身以及處境，抬高其社會主義的意識，發展穿透資本主義迷霧的能力。這就是馬克思主義者對黑格爾自知（自我意識）的學說之體認。換言之，這不只是主體本身的改變（由認識、意識高漲到採取行動），也是由知識走向實踐，自我會改變是由於透過系統的、深刻的知識把主體當客體看待，而主體與客體的合一，則知道者本人也會利用知識作爲改變本身及其處境（外在世界）的手段。黑格爾描述在歷史中精神的發展是一種獲取新的、更高的自我意識之形式，而展開自我製造、自我建構的過程。而馬克思主義本身中，一般的說法是以盧卡奇在《歷史與階級意識》中之所言，他說：

> 問題不再是什麼樣的目標，在目前受到這個或那個普勞份子所看見，
> 也非整個普勞階級所想所見的目標。問題主要在是什麼樣的普勞階
> 級，以及它採用什麼路線，俾根據它〔普勞〕的本質之要求，而被迫
> 有所行動。（Lukács 1971: 46）

換言之，普勞階級去採取何種革命手段、走怎樣的革命路線，不是規範性的理由可以去發號施令，而是從普勞的本質，普勞在本體論的實有來引發。理論能夠發動普勞做出這種必然的行動，主要是因爲理論透露普勞的本質，理論指出普勞所處世界的真相。是故理論本身便蘊含了實踐的有效性與實踐的重要性。

不管是個人還是普勞階級，何時才會達成自我意識，達成全知全能呢？看樣子人要在採取任何行動之前，便擁有對自己、對處境的充分資訊與知識，幾乎是不可能的。這點黑格爾倒比較務實，也比較知情達理，因爲他對世界偉人（世界歷史中的個人們）從事豐功偉業的締造，常是本身不知其作爲，完全受到「理性的狡計」的操縱。是故精神這個概念本身包含了理性的衝動，也是受理性的衝動所驅使。這麼來說理性的實體不只有精神的，也有其他外頭的事物，這麼來說黑格爾的精神似乎也可以與理念分開，而形成一個可以維持長久、自造自創的理論。

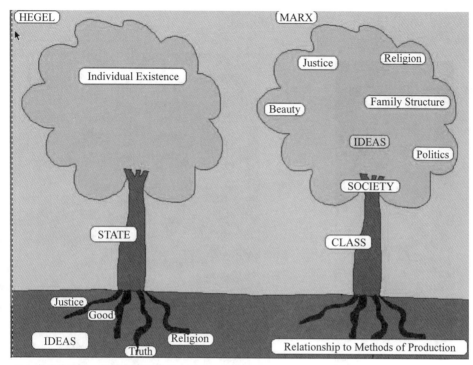

兩人學說的比較：黑格爾與馬克思

# 九、結論

影響馬克思形成馬克思主義的知識、或認知的來源，不只有經典的日耳曼唯心主義，烏托邦空想的社會主義、英法瑞士經典的政治經濟學，還有流行在他那時代的啓蒙運動（蘇格蘭、法國與日耳曼的啓蒙運動），以及對啓蒙運動反彈的浪漫主義（洪鎌德 1984：1-20；1997a：41-66；1997b：1-23）。近年不少西方學者重視亞理士多德思想對馬克思的影響（McCarthy 1992），康德的影響也不可忽視（Adler 1925; Colletti 1973）。但所有的影響者當中似乎又以黑格爾最爲特出，這大概歸因於正統、官方馬克思主義的鼓吹、宣傳之結果。究其實馬克思與恩格斯在柏林大學求學時代以及離校後一段短暫時期，辦報、編輯《德法年鑑》，而與黑格爾門徒有密切的關聯，使他們兩人都坦承是

黑格爾（有時也稱呼是費爾巴哈）的信徒。

馬克思的腦袋裡有黑格爾哲學的指導，兩人同是日耳曼沃土上成長的思想大樹之兩個枝椏

　　黑格爾與馬克思學說都定調在發展一套辯證的理論，俾推動人類的解放，而最終獲取人的自由。兩人不同之處在於黑格爾認為他所處日耳曼世界，也就是普魯士君主立憲的現代市民社會中，幾乎所有的人都意識到自由的寶貴，懂得將理性發展至絕對精神的體現。馬克思則把人類的真正解放與最終的自由擺在未來的社群──直接生產者的自由組合──之落實上。

　　不過黑格爾與馬克思彼此思想相同之處還不少，可以說其相似處比馬克思自己所相信、所承認的還多。遺憾的是馬克思卻在認知論上與本體論上宣布與黑格爾決裂，這是由於馬克思用超驗的讀法來解讀黑格爾的理性、精神、神明等絕對唯心主義的學說，而忽視黑格爾還有強調精神內蘊於人類的意識與行動，精神還瀰漫人類典章制度的那一部分。

　　易言之，馬克思雖然在早期企圖從黑格爾的影響下脫離出來，因之，有所謂決裂說（無論是認識論的決裂，還是本體論、實有論的決裂）。但這種決裂並沒有造成其後馬克思主義不仰賴黑格爾哲學而徹底分開來的個別發展。原因

是比之任何其他一位黑格爾的信徒（老年黑格爾門徒，還是青年黑格爾門徒）而言，馬克思對黑格爾學說之瞭解都是超越的、高明的，以致可以視他為一生都是黑格爾的信徒，黑格爾的學說滲透到馬克思主義當中，以致我們可以模仿列寧所說不懂黑格爾的邏輯無從看懂《資本論》，不懂黑格爾的學說也無法完全理解馬克思與馬克思主義（McCarney 2000: 66）。

在黑格爾的哲學中只看重本體論與形而上學，無疑地是把黑格爾廣博精湛學說加以窄化，以致黑格爾另一重大的卓見：精神展示在人的意識和社會中，展示在人的生活中，馬克思居然未能妥善發揮。這樣的結果不只正統馬克思主義者盲目接受馬克思對黑格爾的絕對精神、神學之擯棄，連同黑格爾式馬克思主義者的盧卡奇、寇士和馬孤哲，也跟著無法把黑格爾這方面帶有「物質主義」的想法加以引申。倒是列寧從黑格爾的邏輯與辯證法當中，發現黑格爾對法政經社實在哲學的貢獻。但列寧也未能把這部分的理念加以發揮，也造成黑格爾與馬克思之間的關聯至今仍舊聚訟紛紜、無法定調的原因。

把馬克思與黑格爾擺在一塊，同馬克思和恩格斯擺在一塊意義迥然不同，後面是兩人終身的革命伙伴關係之真實記錄；前面只是人為的、想像的、建構的敘述（narrative），因為馬克思十三歲時，黑格爾便逝世離開人間，兩人不但從未見面，連通訊、互報姓名的機會都未曾有過。馬克思在其浩瀚的著作中雖然多次提及黑格爾，但也提到不少的前人與同時代的人，如果要把馬克思與某人（例如，亞理士多德、盧梭、康德等等）一一列舉，那豈不是無法窮述。因之黑格爾與馬克思的關聯依據卡維爾（Terell Carver）的說法只是一種刻意的建構、一種敘述而已，並不是對兩人交往的「事實」做概念上的反思。影響馬克思的黑格爾作品，每部作品都反映黑格爾在不同時期的想法。因此，看馬克思怎樣取材、怎樣解讀。由此引申而得是每人對黑格爾學說的接受，每隨個人政治、社會、思想上的需要之不同，而「各取所需」，馬克思的作法也與其他讀者相同。不要說馬克思對黑格爾閱讀與瞭解隨時空轉移、潮起潮落而不同，就是他終身好友的恩格斯對黑格爾的看法也與他不盡相同。把馬、恩學說視為鐵板一塊是教條共產黨人的錯誤做法。為檢驗馬克思的思想而活用黑格爾的學說，只有針對某一文本兩人見解的關聯加以分析才是上策。至於把黑格爾對馬克思的影響籠統的敘述，以為這種關係是定型的、不容質疑的、不斷出現在脈絡上的教條說法是下策。最佳的策略是把黑格爾從馬克思的著作徹底抽離，然後看出沒有黑格爾的影響之馬克思學說會具有何種的面貌，這樣才會還原黑格爾對馬克思的真正影響關係（Carver 2000: 34-35）。

　　總之，黑格爾與馬克思的關聯必然受到每一代學者對兩人學說不同的詮釋，以及兩人之間的關係之不同的評析所影響。把這種關係看成物化的、一成不變的定論是不懂活用黑格爾與馬克思的辯證理論所造成的結果。換言之，在二十一世紀乃至未來數個世紀中，黑格爾與馬克思的關聯仍舊會是熱門的知識論題，而始終會贏得文化界、思想界、學術界矚目。

黑格爾不同時代的面貌之漫畫

Karl Korsch
（1886-1961）

Vladimir Lenn
（1870-1924）

列寧在克里姆林宮

寇士與列寧都努力在闡述黑格爾的哲學及其對馬克思學說的影響

韋伯　　　　　　　　馬克思　　　　　　　　涂爾幹

現代經典社會學三劍客（Canonical Trio）

MARX FREUD EINSTEIN

馬克思　　　　　　佛洛伊德　　　　　愛因斯坦

三位猶太裔思想界、理論界偉大的巨人

在共產主義崩潰後的黑格爾和馬克思

第十一章

# 黑格爾哲學的影響

# 第十一章　黑格爾哲學的影響

一、前言

二、普魯士的改革運動

三、對馬克思主義的影響

四、其他黑格爾派思想家在十九世紀的活動

五、黑格爾主義在二十世紀

六、對存在主義的影響

七、二十世紀下半葉黑格爾的研究

八、結語

# 一、前言

　　毫無疑問地，1818年秋天黑格爾獲聘柏林大學哲學系教授職，離開執教兩年多的海德堡大學，從此聲望如日中天。1831年11月14日逝世於普魯士首都，在柏林教學十三年，他已成為全日耳曼，乃至西方世界頂尖的哲學大家，甚至是一位思想界、精神界的大師（guru）。用大師來形容他，學生、信徒、跟隨者對他學問人品的崇仰並無不當。但大師也可能誤導信眾走火入魔，變成非理性的魅力之犧牲者、入殼者。的確，叔本華（Arthur Schopenhauer 1788-1860）就大大批評黑格爾所搞的學問無非是自我吹噓、江湖郎中的魔術、騙術（charlatanry）而已。下面是叔本華對黑格爾的刻薄論述：

> If I were to say that the so-called philosophy of this fellow Hegel is a colossal piece of mystification which will yet provide posterity with an inexhaustible theme for laughter at our times, that it is a pseudo-philosophy paralyzing all mental powers, stifling all real thinking, and, by the most outrageous misuse of language, putting in its place the hollowest, most senseless, thoughtless, and, as is confirmed by its success, most stupefying verbiage, I should be quite right.Further, if I were to say that this summus philosophus [...] scribbled nonsense quite unlike any mortal before him, so that whoever could read his most eulogized work, the so-called *Phenomenology of the Mind*, without feeling as if he were in a madhouse, would qualify as an inmate for Bedlam, I should be no less right.--- At first Fichte and Schelling shine as the heroes of this epoch; to be followed by the man who is quite unworthy even of them, and greatly their inferior in point of talent --- I mean the stupid and clumsy charlatan Hegel.

　　的確，在黑格爾柏林講學的那幾年，他涉及的內容從精神、宗教、神學，乃至自然宇宙，從法政到藝術、美學，可謂包山包海、無所不談。而他講解的隱晦、繞道，論述之曲折、轉彎，用語之艱澀、混沌，辯證法與傳統邏輯之混雜，也造成信眾的著迷倚賴。因之，其哲學之接近魔術或騙術，也是促使其學徒分裂為右中左三派的因由。右派的黑格爾門徒，歡迎黑格爾在當代普魯

士典章制度搖搖欲墜之際，展示合理性的救急偏方；中間派（以編輯《法哲學大綱》1833年新版本出名的學者甘斯，也是馬克思在柏林大學心儀的法律哲學老師），對黑格爾企圖把普魯士的政治制度引入重建與改革懷抱極大的希望。至於左派黑格爾門生，卻在黑格爾龐大的著作中找到對現代生活激進的批判之資料，從宗教經由哲學、人類學到政治運動無所不談（洪鎌德 2007a：99-120）。

叔本華　　　　　　　　　叔本華臭罵了黑格爾一頓，還可以與他同舟共濟嗎？

　　一開始便涉及現代生活中宗教扮演的角色，這群左翼黑格爾門徒包括費爾巴哈（1804-1872）、施特勞斯（1808-1874）、布魯諾‧包爾（1809-1882）和齊次科夫斯基（August von Czeszkowski 1814-1894）等人。他們把黑格爾最常用、最樂用的「精神」（*Geist*）去掉其宗教含意，而發展一系列的目的論（*Teleologie*），認為上帝不過是單純人的企望與投射，為的是調和人類及其腐敗的社會界之可悲性的存在。把黑格爾的學說解除其神祕性，這些年輕的信徒得到結論，歷史的主體不再是精神，而是人類本身。於是他們的研究計畫也顯示不同的主題，有專門批判宗教與形而上學者，也有把矛頭轉向現實社會生活之不公不平者。對於青年黑格爾的活動，主張評價可以參考近年西方學者的著作（Hook 1976; McLellan 1969; Stepelevich 1983; Toews 1980 and 1993; Moggach 2006），以及本人部分著作（洪鎌德 2010b：91-110）。

# 二、普魯士的改革運動

造成十九世紀日耳曼地區，尤其是普魯士管轄地區，黑格爾哲學一時之盛的原因，除了他的哲學體系完整、敘述方式奇特而富創意之外，最主要的還是時勢造成的結果。1797年至1840年，普魯士經歷了前所未有的大變局，腓特烈・威廉三世的登基標榜中部歐洲這一君主國發憤圖強，要成為日耳曼地區兩百個政治單元中最突出、最強大的國家。可以說威廉三世的統治期間（1797-1840）普魯士的政治生活籠罩在改革運動當中，是即所謂的「普魯士改革運動」（Prussian Reform Movement），儘管改革的實際措施常不如預期的成功，特別是1820與1830年代改革與復辟循環出現。但卻能鼓舞當年的文人、學者、思想家，對由上向下的改革始終抱持熱望，而此時的普魯士工商業由萌芽而茁壯，軍事力量也在日耳曼諸邦中無可匹敵，使很多人認為普魯士的立憲君主制為次於英國之外，歐陸政制中最為穩定的力量。

改革運動的主力來自於幾任文化部長，尤其是阿爾田斯坦（Baron von Altenstein），以及繼任者舒爾慈（Johannes Schulze），他們都認為黑格爾的著作與學說適合當年改革運動，由上向下進行社會、文化、思想的變革，也可以用來對抗宮廷派反動勢力。於是黑格爾的門生，不論後來分裂的右、中、左各派，大多擁護改革運動。他們在1827年組織學會，號稱「柏林批判協會」（Berliner Kritischer Verein），而發行《科學批判年鑑》（Jahrbücher für wissenschaftliche Kritik）。當然黑格爾在1831年11月14日逝世時，其門生決定把他生前所有作品與講演整理出來，出版成黑格爾哲學《全集》。

Karl Altenstein
（1770-1840）

Johannes Schulze
（1786-1869）

普魯士國王威廉三世（1770-1840）

　　不過這一大群學生對黑格爾的哲學是不是有統一的認知？有徹底的瞭解呢？他早期親炙的絕大部分之學生，均認爲黑格爾的哲學在合理化普魯士的改革運動，這些理念都是門生間共同享有的理想。他們大部分的人士自認爲是忠誠的普魯士公民，這不是由於盲目的服從普國的政治與命令，而是他們堅信透過逐步的改革，法蘭西大革命的理想可以在該國實施，而法國大革命的餘孽（雅各賓的恐怖統治、拿破崙的復辟稱帝、維也納會議的制裁法國等等動亂、紛擾）可以掃清，或至少防止。這些黑格爾的門生都以普魯士的政治傳統爲榮，它似乎把宗教改革運動與啓蒙（*Anfklärung*）運動的精神具體而微地呈現出來。

　　就像黑格爾本人一樣，所有的門生都深信君主立憲政治制度（參考本書第八章）的優越性，以及由上向下推行改良、改革之必要。黑格爾哲學運動中，激進派的出頭並非在1820年代或1830年代，而是在1840年代，當腓特烈·威廉四世登基之時。這是由於新君王最先採取開明改革的政策以獲取人心，但其後竟變成一個守舊甚至反動、專制的君王，而激怒黑格爾青年門生走上討論社會與政治改革之道。青年黑格爾門生的第二代爲馬克思、恩格斯，他們更倡說改革無望，只有訴諸暴力的階級鬥爭，才能拯救普魯士與日耳曼廣大受害人數最多的農民和工人。

　　可以說在1840年之前，所有的黑格爾門生都是處在反動與革命之間的中介之道者（*via media*），這是處在無法接受盲目遵從傳統的反動者之外的唯一選擇。它也代表狂熱的浪漫主義派革命者之外的另一種選擇可能性。黑格爾認爲倫理的生活可從立憲君主制具體而爲地落實，這比傳統式強調民族（*Volk*）連結的「舊政權」（*ancien régime*）更具現代國家的意義。

　　可是一開始黑格爾門徒之間並非一體繼承黑格爾的哲學學說，他們之間仍有相當的爭議。這種爭議與分裂在1830年代自我意識地，也公開地顯露出來。當1835年施特勞斯發表《耶穌生平》一書時，他認爲《聖經》中有關耶穌行神蹟、徒手醫病的故事，是神祕的、沒有事實與科學根據的。這種觀點一旦出現，爭議一觸即發。一些門生認爲施氏這種對耶穌神蹟的拆穿，是出賣黑格爾的哲學。另外一些人則認爲，這種說法才符合黑格爾哲學的精神，也是這種精神的完成。這牽連到黑格爾本人對宗教的態度，當然涉及他的宗教哲學。

　　黑格爾的宗教哲學究竟要合理化基督教信仰到什麼地步？他對靈魂不朽的信念，基督的神性和道成肉身（上帝轉化成人身）有怎樣的看法呢？假使上述有關基督信仰的理念都彙整入黑格爾的哲學體系中，是不是表示基督教義的傳

統被黑格爾吸收和保存；抑或剛好相反，黑格爾在否定傳統的基督教義，而用他的泛神論來否定傳統呢？對以上問題採取否定或反對的態度，導致黑格爾門生分裂成右、中、左三派。這種分辨與時間先後成反比，都是門生自己搞出來的，與黑格爾本人無關。

依據施特勞斯的看法，就門生們關於黑格爾對基督傳統的態度可有三種：即在黑格爾的體系中基督傳統或是全部、或是部分、或是什麼都沒有搬進黑格爾的學說裡。右派認為所有基督信念都進入黑格爾哲學體系裡；中間派認為只有部分為黑格爾所吸收；而左派則通通否認基督理念在黑格爾學說中有任何一席地位。

一開始門生的爭議集中在神學的問題之上，每人的宗教信仰背後便是一股政治勢力在支撐。因之，宗教觀的不同跟著反映在政治立場的分歧之上。政治歧異造成門生間的緊張關係，其首次透露在1820年代初，而在1830年代這種政治意見之衝突變得更為明顯露骨。爭論的所在為當年普魯士的政局與社會條件，在何種程度上反映了黑格爾理想的落實。這裡仍舊使用施特勞斯的三分法，右派認為幾乎黑格爾的理想都在普魯士改革措施下一一實現，或至少普魯士的各種情勢已把黑格爾大部分的理念實現出來。相反地，左翼或稱青年門徒則否認有任何的現實符合黑氏的理論。儘管左派與右派的認知差距甚大，爭論已不限於黑格爾的改良主義。所有的派別都遵守黑氏基本原則和理想，他們的爭論只是黑格爾的理念在普魯士落實的深淺程度而已。儘管他們十分失望，左翼黑格爾門生在1830年代始終堅持理論與實踐的統一。當年他們仍舊堅信時勢與黑格爾的理念相差一大截，但歷史的辯證運動最終會站在他們那邊，讓黑格爾的哲學大放異彩。

黑格爾學派中宗教與政治的論爭一時不易解決，因為它明顯地涉及一個難以解決的問題，那就是黑格爾形而上學的解釋。這就牽連到黑格爾心目中具體的普遍性、泛宇性的本質是什麼？如何把理想的（合理的）與實在做一個綜合呢？無論是右派或左派，都可以從黑格爾的著作找到支持他們論點的證據。右派堅稱，黑格爾心目中的普遍性、泛宇性、整全性都存在各個殊別的事物中。理論必須與實踐形同（conform）、符合，實在的就是合理的、理想的，這是右派對黑氏學說的解釋。黑格爾這部分的哲學經過右派的解釋，基督教的事實、普魯士的現狀都可以是為黑格爾理想的落實。他們控訴左翼黑格爾門生捏造一個抽象不實的泛宇性、普遍性、整全性，導致理想與事實強加分開的緣故。

　　但站在左翼門生的立場，認爲黑格爾把普遍性的事物，理想的與合理的事物，一概看成爲歷史的目的。爲了此一目的，天下所有的大小事都要與之同形、與之符合、與之搭配。對右派的批駁上，左派認爲理想之物只能在殊別事件之上假設是站不住腳，原因是所有理想都要在歷史的過程上一一實現出來。這些問題（普遍性與殊別性的分別與優劣）早在耶拿時期（1801-1807）就困擾黑格爾本人。事實上，任何一個哲學體系能夠吸納或解釋經驗中的各部分，包括殊別的、反常的、異例的、隨機的產生之物，實在是不易把捉、不易處理的難題。如果有辦法捕捉這些特例、異例，那麼這一哲學體系必然是具體的，必然是廣包的。但事實上這一體系必然要排除某些事項（特例、異例、機遇），原因是理性無法從經驗的特殊事實中抽繹出來。爲此原因，黑格爾做一個狼狽的區分，亦即區分「實在」（*Wirklichkeit* 現實性）與「存在」（*Existenz* 實存）之不同。這種區分可能是理性所必須的，但對現實的存在則未必有這種區分的必要。那麼吾人如何來區分「實在」與「存在」呢？黑格爾並沒有具體的指示，爲門生解答實在與存在的不同。

　　左右兩派的爭論至少可以證成恩格斯在其大作《路易·費爾巴哈與德意志經典哲學之終結》（1886）一書的析述，恩格斯認爲最終右派與左派完全分裂，這代表了激進者與反動份子的分道揚鑣。激進份子採用黑格爾的辯證法以及其說詞「凡是合理的便是實在的」；反動份子則擁抱黑格爾的體系，而採用其說詞：「凡實在的就是合理的」。

David Strauss
（1808-1874）

The Young Marx
（1818-1883）

The Young Engels
（1820-1895）

　　恩格斯這種敘述包含某種程度的事實：黑格爾哲學運動的基本分裂肇因於黑氏哲學的模糊曖昧，也與普魯士當年現狀是否符合理性在發展有關。不過恩格斯這一聲明容易導致一些誤會，因之有預先澄清的必要：

(1) 在1820年代至1830年代不到二十年期間，激進者與反動者之間分割不明顯，這段期間不如說是改革政治光譜下各種勢力的角力。左翼黑格爾門生中的激進派，到1840年代威廉四世登基之後才顯出來。即便是那個年代激進與反動的分裂也不明顯，原因是右翼黑格爾門生此時已消失在普魯士國土之上。

(2) 把方法與體系作一刀切並不適當，它只是人爲的、表面的，不足以分辨左右派黑格爾門生。到了1840年代，左翼門生不只拒斥黑氏體系，連其一切方法一概丟棄，因爲他們對歷史的辯證運動完全喪失其信心。

(3) 恩格斯是以狹隘的政治詞彙來分左、右、中三派，眞正的、首先的分裂並非政治的議題，而勿寧爲宗教的歧見所引發（Beiser 2005: 311）。

　　最終使黑格爾學派崩解失敗的原因，還不是它內在的爭論不休，而是離心離德的局勢造成的。原因是人們可以看出，1830年代的爭論及其延續是在黑格爾的學問架構中展開，他們從未廢棄黑格爾理論與實踐統一的理念。打敗黑格爾主義卻是黑格爾本人最喜歡玩弄的牌號：他的歷史理念。換言之，歷史之不富有理性、歷史之反覆，導致黑格爾哲學學派的關門。原因很明顯，普魯士的改革運動在1840年宣告終結，這一年不只腓特烈‧威廉三世逝世，連主張改革的文化部長阿爾田斯坦也辭世。人們對改革所抱的希望寄託在新登基的威廉四世身上，一開始新君王還會採取收攬人心的措施，像大赦政治犯、公布地方議會的立法過程之紀錄、對報禁採取鬆綁的策略。但此一新君王本質上就是反動的，所以登基不久之後，其反動面目逐漸暴露：以舊有貴族的等級議會來替政府辯護，反對憲政修改、增訂，大力保護國教，甚至宣揚君權神授的落伍想法。爲了增強對思想、學術、文化的控制，居然把黑格爾的對敵謝林請到柏林任教，目的在「反抗黑格爾主義的龍種〔遺毒〕」。黑格爾的學報也遭到嚴格的審查與禁刊，只好把代表雜誌的《哈列年鑑》移出普魯士管轄範圍之外去繼續發行，對黑格爾門生而言，1840年的局勢發展大大不利於大師學說的宣揚。諷刺地，一向相信歷史的理性帶動局勢往前進行，如今歷史卻在倒退之中。

　　一旦反動勢力不斷加強，黑格爾的哲學注定要向下淪亡。無論如何，黑

格爾的學說之精華遭受歷史否定的挑戰，這可說是其學說本身遭到致命傷的緣故。一如眾知，黑格爾哲學體系在於大膽地要融會理論與實踐、理性主義與歷史主義、激進主義和保守主義、自由主義與社群主義。這種綜合融合的大計畫固然是其優點，卻也造成其弱點。所有這些綜合、融會是建立在一個樂觀的前提之上：理性內含於歷史當中，也就是說法國大革命的理想無可避免地形成歷史發展的規律與趨勢。但對歷史進步之盲信，終因1840年代早期的普魯士局勢而遭粉碎。黑格爾終身進行對歷史的豪賭，但歷史的反覆使他的投注血本無歸，還負債累累。

　　值得注意的是，1840年代新黑格爾門徒的辯論業已開拓一片新天地。這時門生既不再如何解釋與讚美大師，而是討論如何把他的學說做一個轉型，也就是辦妥安葬他、結束他的後事。費爾巴哈的《基督教本質》（1841）使很多人都相信，這部作品已超越大師。路格在1842年寫文章批評黑格爾，到了1843年馬克思與恩格斯在著手撰寫《德意志意識形態》時，開始「清算」他們的良知，便與黑格爾及其門徒告別。這時學派之間的內鬥也喪失了其精力與意義，許多位右派份子在對時局失望之際轉向左派傾斜，希望大家團結起來對抗反動的敵人——普魯士新政權。而1830年代共同的討論議題至今消失無蹤，他們不再強調理論與實踐的統一，很多黑格爾門徒此時（1840年代）改口強調理論比實踐重要，包爾甚至主張以「純粹理論的恐怖主義」來對付威廉四世的專政。

Ludwig Feuerbach　　　　　Bruno Bauer　　　　　Arnold Ruge
（1814-1872）　　　　　（1809-1882）　　　　　（1802-1880）

　　至1840年代尾，黑格爾主義變成了褪色的記憶，曾經是普魯士改革運動的理論指導，如今隨運動的退潮，這一意識形態也煙消雲散。是故十九世紀最偉大、最具雄心壯志的黑格爾哲學體系及其門生的強烈改革運動，卻消失在歷史當中。米內瓦的夜梟從它的巢穴飛越黑格爾的墳墓，消失於蒼茫的夜色裡。

# 三、對馬克思主義的影響

近一百五十年來，西方哲學紛紛討論黑格爾的哲學對馬克思主義的形塑有無直接或間接的影響。教條共產主義者（包括馬列主義、史達林思想、毛澤東思想）都會強調馬克思擷取黑格爾辯證法的菁華，而拋棄後者唯心主義的糟糠。這個正統馬克思主義的說詞，是說黑格爾的唯心哲學披上一襲神祕的袈裟，馬克思的貢獻在於透過唯物的、辯證的手法去揭穿這層外衣，也就是把黑格爾以精神為主的理念改易為人類開物成務、以利厚生的物質生產，從而以活生生的人類取代虛無飄渺的精神（或神明），做為推動歷史發展的主體。換句話說，馬克思把黑格爾的神祕化拆穿、去除，去掉其神祕性。

在正統馬克思主義者的這種論述下，西方馬克思主義者的盧卡奇、寇士和葛蘭西勿寧把馬克思所重視的下層建築——經濟基礎——易以上層建築的意識、自我意識、意識形態、文化，強調人的主動性、能動性，刻意地去改變社會與歷史才是馬克思發揮黑格爾學說的關鍵之處（洪鎌德 2004b；2004d；2010b：2-4）。可是在阿圖舍、朴蘭查、歐爾培等人的結構主義者之眼中，馬克思與黑格爾的關聯只是青少年的無知，以及浪漫情懷下的產品。一旦馬克思年過二十六歲在「認知論的破裂」下，從哲學躍入科學，擁抱政治經濟等，從此之後遂與黑格爾作一刀切，把黑格爾徹底丟棄，而去發展他「科學的社會主義」（洪鎌德 2010b：247-294）。

如果我們循著馬克思的文本去探索他與黑格爾的關係，得來的結果與阿圖舍的看法有很大的不同。首先，馬克思在《巴黎手稿》（1844）中，讚美黑格爾偉大處在於肯定辯證法去當成驅動和創造的原則。把人的自我創造當成過程看待、當成去除對象化，當成外化和外化的揚棄。換言之，其偉大處在掌握「勞動」的本質，在於掌握對象化的人、真實的人，這些人靠自己的勞動所形塑的人（*FS* II: 645; *EW*: 385-386; *CW* 3: 322-333）。

在之前所撰述黑格爾《法哲學大綱》的批判一長稿中，馬克思大力攻擊黑格爾所擁護的君主立憲制，以及長子繼承制。強調國家並非黑格爾心目中人群獲取最大自由的場域。反之，家庭與市民社會才是國家的根基。

中壯年的馬克思在為《資本論》準備的長稿《政治經濟學批判綱要》（1857/1858，簡稱《綱要》〔*Grundrisse*〕）有重要的論述。從這一手稿中我

們看出，馬克思對黑格爾的批評比較不像青年時期那樣負面。在很大程度內，馬克思《資本論》的撰述方式、語態、文風，反而有模擬黑格爾辯證法的態勢。不過在《綱要》中，馬克思強調他的唯物辯證法與黑格爾唯心辯證法大不相同。馬克思的辯證法運動是從抽象上升到具體，從普遍性經由殊別性上升到個體性。儘管在《綱要》中，馬克思大力批評黑格爾是一位神祕的觀念論者，但很多評論家卻認為這篇長稿所受黑格爾影響之深厚，比推想還明顯（McLellan 1973: 304; Rosdolsky 1980: xii-xiii; Oakley 1984: 146-147）。

　　但接著在《資本論》（1867）卷一出版以後，馬克思在其著作中不再使用「普遍性」、「殊別性」、「個體性」等概念。特別是《資本論》第二版完全放棄這些黑格爾式的概念，使我們體認到黑格爾對馬克思影響力的逐漸減少（洪鎌德 2007a：26-28）。

　　黑格爾一生大談自由，但現實的人並沒有獲得自由。與自由相反，處在布爾喬亞資本主義社會中的人群都陷身於自我異化裡頭。這裡的自我異化不是費爾巴哈所強調「人是神的異化」、「神是人的異化」而已。馬克思要徹底查出人宗教異化的源頭，因而發現經濟的、社會的、政治的典章制度，雖是人所創造，卻轉變成一股疏離、異化、敵對的力量來束縛人群。在賦予這些社會的架構，亦即典章制度以權威和權力之下，人性反而遭受壓制、迫害。這個尖銳的社會異化才是宗教異化的源頭。因之，他說「宗教的批判是所有批評的基本設準」。是故效法包爾或費爾巴哈去結束宗教是不夠的。顯然宗教的異化不是現世人群自我異化的根源，它只是自我異化的人群的痛苦之表述而已（洪鎌德 2010b 第十一章；2013：3-44；2014：53-56）。

　　馬克思認為導致人群陷身桎梏的社會條件，才是吾人應該攻擊發難之處。馬克思在進一步發展他的理論時，注意到左翼黑格爾門徒所忽視的歷史，特別是歷史的辯證運動。人們攻擊現存不公不義的社會條件並不在希冀實踐抽象的倫理理想，而是深信現存條件的不穩定性，現存條件內含的矛盾的因子足以推翻現存的建制，然後建立人類有史以來第一個合理的社會主義秩序，俾讓人人可以獲取自由的機會，成為真正自由的諸個人。

　　馬克思發現革命的種子就在布爾喬亞社會中受害最深、人數最多的普勞階級之上。其後他把歷史辯證運動移譯為經濟與社會的理論，而成就他的唯物史觀。在《資本論》卷一第二版（1873）上，他宣布黑格爾對他的影響業已終止，但他仍舊自稱為「偉大思想家的學徒」。他認為黑格爾的辯證法是頭顱頂地、雙腳朝天，如今馬克思要把黑格爾的辯證法再顛倒一次、扶正過來，目的

是擷取「神祕外殼中的合理內核」。因之，辯證法不再是頌揚現狀用來「承認現實」，它主要的是「否定現實的狀況……認爲現實的撕裂是必要的，其原因爲它〔辯證法〕歷史上任何的社會發展形式都是處於〔否定之〕流動的狀態」。在受到馬克思影響下，幾位左翼第二代、第三代的黑格爾門徒像賀斯（Moses Hess 1812-1875）、拉沙勒（Ferdinand Lassalle 1825-1864）、路格以及馬克思的親密戰友恩格斯，都確信社會主義乃是歷史辯證法必然的結果，儘管他們（恩格斯例外）最後都與馬克思分道揚鑣。

Moses Hess
（1812-1875）

Ferdinand Lassalle
（1825-1864）

Rosa Luxemburg
（1871-1919）

事實上，馬克思的思想暴露多重黑格爾的影響，從在柏林求學的青年時代，他便熟悉辯證法，他還發展一種共和式的解釋（社群的重視）來表述黑格爾的歷史哲學，這就是馬克思的老師甘斯的作法。就像黑格爾一樣，馬克思解釋世界史是一種辯證的過程，可是在受到費爾巴哈的物質主義的解釋之影響下，馬克思理解「物質的勞動當成〔人的〕本質，當成人類本質的自我有效化」。馬克思對黑格爾歷史哲學的批判之處，爲應當剔除幻想中的世界史主角——神明、精神、靈魂，特別是「世界精神」，取而代之把辯證的過程延續到歷史發展的未來。黑格爾認爲當今與當地（普魯士）業已落實自由的天地。反之；馬克思則認爲眞正自由的落實，只能保留給未來的全人類，因爲未來是目前可能性的延長與投射。生產力與生產關係的辯證運動影響歷史的過程，馬氏這種主張與黑格爾世界精神的驅動，促成人類走向自由是大不同的。後者無法保障自由與解放的大業可以實現，它只表述這種發展的客觀可能性而已。假使在歷史上爆發社會革命的可能性不存在的話，那麼人類重返野蠻的境地（盧森堡的說詞）也是可能的發展。

立憲的布爾喬亞國家曾被黑格爾視爲文明發展的巔峰，也是歷史的終結之時。對黑格爾而言，這種說法馬克思不但反對，還提出「生產者的直接聯合

體」來對抗。直接生產者的自由組合是嶄新的社會秩序，其間無高高在上的勢力在控制、鎮壓百姓，未來社會的成員將透過共識來管理公共的事務。對黑格爾而言，任何的個人從自然的存在中力求解放，從外力的壓制下力求解放，都是精神化的過程。只要個人能夠透過哲學的慧見，看清周遭的環境，個人會看出加在他身上的外在限制、拘束是其存在必要的條件。個人只要能思而具有意志的生物，那麼他的慧見必然與客觀的實在相妥協、相和解。黑格爾及其保守的門徒，視這種和解與解放的慧見透過哲學的訓練，使國家的公務人員都能擁有、掌握，則真正的君主立憲國家可以實現矣！反之，青年黑格爾門生將這個理念概括化，而指認「精神化」的過程與公民權的成熟有相同的關係。上述兩種解釋只能讓個人得到「雙重的認同體」：一方面他是自然的、有感情的生物，受到外頭與壓制的影響；另一方面他卻是「有思想的種類」，擁有知識，而他無法獲取自由，卻是由於自由與實在不屬於他之緣故。在這種情形下，黑格爾門生所強調的不只是和解（Versöhnung），而是解放（Befreiung）。

對馬克思而言，解放是可能的，當人類這個雙重認同體（當成自然人與當成公民）的分別或分割不再有其必要性。這時人類不需把他們的社會限制（拘束）客體化為「一個外在的本質站在他們的頭上施虐」之時。儘管對黑格爾批評很多，馬克思保留黑氏的信心，相信歷史過程裡進步是一股無法阻擋的勢力。馬克思不亞於黑格爾，都是歐洲中心主義者，尤其當馬氏論述中國與印度的政經、社會、文化發展之時，不難看出其本意。

馬克思對政治經濟學的批判，顯露了黑格爾另一重大的影響。這個影響只有適當地瞭解馬克思的鉅作《資本論》之後才能搞清楚。原因是《資本論》撰述的方法，可以明瞭馬克思如何分析資產階級的生產方式。這裡馬克思常使用黑格爾的辯證法，這是他自稱把黑格爾式的辯證法顛倒過來、扶正過來。俾雙腳踏地、頭顱朝天，才能達成資本主義生產的體系結構與內部運作之剖析。資本主義的生產關係體系建構一個總體（Totalität），一個無所不包的單位，因之，必須加以仔細檢驗，而將其間的各種關聯訊息整理，卻必須在敘述總體之前齊備主觀與客觀的範疇包括：價值、貨幣和資本之辯證，自我運動要看成是研究對象的特徵，而非外頭強加給方法學架構的外在結果。馬克思強調他處理經驗關係與事實，以及黑格爾運用辯證法的不同。後者先列出範疇（家庭、市民社會、國家），然後大談其內的架構，用的是抽象的想法，把上述三大範疇硬行加給他預先的研究架構之上（這段主要為馬克思批評黑格爾的國家學說，參考第八章，以及洪鎌德 2007a：144-152，289-291；2014：361-396）。

　　根據馬克思的看法，一個研究的對象適合做適當的辯證剖析是，當它客體（對象物）個別性、個體性之活動充足（富有彈性）和結構，對觀察者而言都具有敏感之時。資本主義生產方式中，自我運動的「主體」乃是資本本身。這個資本並非獨立地眞實存在，而是無數諸個人以及各種階級的互動和合作所造成的。因之，一旦資本主義的社會被揚棄之後，資本這個虛有其表的主體（pseudo-subject）也從人間蒸發掉。因爲持這種說法有一種誤會必須澄清，這個誤會是說對馬克思而言，「資本」是資產階級社會的主體，有如「精神」在黑格爾的哲學中扮演主角是一樣的。依據黑格爾世界精神眞正地產生了歷史，對馬克思而言，資本是假象的主體，在促成資本主義式的生產方式不斷綿延、不斷擴散。生產方式沒有眞實的主體不只是馬克思在方法學的新猷（阿圖舍的讚語）。進一步還可以說，視資本一方面客觀上表現爲這種理念，便含有對生產方式內在的批判，蓋這種生產方式把資本建構起來。是故馬克思深信生產者的聯合早晚要取代資本主義的制度。後者短視地、殘酷地壓榨大自然，迫使諸個人和中下階級遵守這種生產方式的結構性律則，大力爲資本效勞。馬克思續稱生產者的自由聯合，會用合理的方式來調解人與自然的共生與變化，而在資本主義社會相反（在資本主義社會中生產是附屬於資本的利益，也是資本利益的回應），自由組合的生產指向滿足生產者的物質需要，和他們社會活動的需求，而使個人與社會均蒙其利、同步發展。這時生產聯合會擁有眞實的主體性，足以取代資本主義社會虛假的主體（資本）。只有在這個尚未落實的主體上，黑格爾的世界精神才找到經驗性的具體化、落實化（洪鎌德 2010b：215，237，347）。

　　馬克思只用黑格爾的辯證法在方法論上與默契上，爲他對歷史進步找到基石。恩格斯在《反杜林論》（1878）中企圖走得更遠，建構一個唯物主義辯證的本體論（ontology）和唯物的歷史發展理論。他的嘗試與其說是黑格爾唯心主義辯證法之延伸，倒不如說是受到達爾文進化論與十九世紀德國科學學說（像是海克爾的進化說）的影響，這就造成他與俄國「馬克思主義之父」朴列哈諾夫所形塑的「辯證唯物主義」（Dialektischer Materialismus）。這套辯證唯物主義（簡稱 Diamat）在1891年朴氏首先倡用，也變成列寧、史達林專用的名詞，構成正統、或教條、或官方馬克思主義必要的信條之一。1920年代和1930年代俄國的革命淪落爲史達林暴政和共產黨官僚主義，於是 Diamat 在蘇聯之外的共黨地位驟失。盧卡奇與寇士以馬克思主義的人道主義來對抗機械化、教條化的辯證唯物主義，他們在馬克思早期哲學著作中找到黑格爾辯

證法的眞精神，可惜黑格爾式的馬克思主義卻遭到阿圖舍與歐爾培的大力抨擊。不管如何，蘇聯七十四年的一黨專政，*Diamat* 用來對抗西馬具有人道色彩、人本主義精神的西方（黑格爾式）之馬克思主義終告失效（Fetscher 1991: 228-229; Edgley 1991: 142-143）（洪鎌德 2010a：37-86；132-173；2015：425-432）。

| Charles Darwin | Ernst Haeckel | Georgi Plekhanov |
| (1809-1882) | (1834-1919) | (1856-1918) |

# 四、其他黑格爾派思想家在十九世紀的活動

日耳曼的觀念論在1820年代已把其影響擴散到其鄰國，甚至北美。當時大家公認黑格爾是繼承經典的日耳曼唯心主義，也就是康德、費希特、謝林之後的一代大師，大批外國學生湧入柏林大學去聆聽他的講學。法國訪問教授辜散（Victor Cousin 1792-1867）與黑格爾的結識，早在後者任教海德堡大學的時候（1817），返國執教期間大力宣揚黑格爾的哲學。以下分述各地研究黑格爾哲學的概況：

## 1. 北歐

丹麥文學家海貝格（J. L. Heiberg 1791-1860）把黑格爾的學說引進丹麥，在1830年至1850年成爲北歐這一小國的顯學。海貝格宣稱，黑格爾把他從一位

諧星式的劇作家解放出來，而加強海氏泛神論的傾向，使其對有限的人生或虛有其表的存在，置入無限、永恆的辯證關係裡。馬田森（H. L. Martensen 1808-1884）發展一項影響力很大的誓反教教條。但祈克果（Søren Kierkegaard 1813-1855）卻在1840年代與1850年代初，大力批評黑格爾哲學。祈克果反對黑格爾視哲學之任務在建構體系或分析概念。對祈氏而言，哲學爲個人選擇存在的方式，俾顯示個人的特質。他攻擊黑格爾把個人具體的種種生活細節，消融於抽象的概念中，以致任何特別的概念架構只能是可能性（可能的生成變化），而非現實性、實在性。祈氏認爲任何的個人是否把這種可能性落實，端視個人的作爲，而不是靠概念的變化，是故祈氏指摘黑格爾非法地、無正當性地，把概念聯繫到個人的存在之上。不管祈氏對黑格爾的批評有多嚴厲，他本人師承黑格爾遣詞用字，使用模糊曖昧歧義的字眼來表述他獨特的哲思。祈氏的哲學影響二十世紀的存在主義，也爲黑格爾哲學中發現他本人要抗議，反對的哲學表達——觀察者的觀察。

Victor Cousin　　J. L. Heiberg　　H. L. Martensen　　M. I. Monrad　　Søren Kierkegaard

挪威的奧斯陸學派在孟拉德（M. J. Monrad 1816-1897）的領導下，黑格爾的哲學曾風光一時。在荷蘭則由黑格爾執教耶拿大學的學生范格特（P. G. van Ghert 1797-1852），擔任文化部長而宣揚黑氏學說。萊登大學的哲學教授柏蘭德（G. J. P. Bolland 1854-1922）表現特出。

## 2. 法國與義大利

黑格爾的哲學在1840年代對法國學術界影響重大，兩本重要的法國著作爲歐特（Adolph Ott）的《黑格爾與日耳曼哲學》（*Hegel et la philosophie allemande*）以及朴累歐士特（Louis Prévost）的《黑格爾及其學說敘述》（*Hegel, exposition de la doctrine*）兩本同時在1844年出版，標誌法國學界對黑

| Pierre-Joseph Proudhon | Mikhail Bakunin | Augusto Vera | Bertrando Spaventa |
|---|---|---|---|
| （1809-1865） | （1814-1876） | （1813-1865） | （1817-1883） |

氏思想與觀念的注意。在巴黎的馬克思與路格，利用《德法年鑑》刊載有關黑格爾學說的批評，也引起法國革命勢力的矚目，特別是蒲魯東和巴枯寧。

　　義大利學者韋拉（Augusto Vera）爲熱心推動黑格爾學說於義大利和法國學界的重要人物，他在法國出版《黑格爾哲學引論》（*Introduction à la philosophie de Hegel*, 1855）。稍後把黑氏的《邏輯科學》譯爲法文出版（1859），不只對此書導論詳盡，評述也不少。返回義大利之後，韋拉把那不勒斯轉化爲義國研究黑格爾哲思的中心，並刊布《黑格爾自然哲學》（*Philosophie de la nature de Hegel*）。義大利稍後出現一大票傑出的黑格爾學者，像史巴文塔（Bertrando Spaventa 1817-1883）和馬利亞諾（Raffaele Mariano 1840-1912）以及戴寇列（Pasquale d'Ércole 1831-1917）。

## 3. 東歐

　　黑格爾曾經吸引東歐思想界、學術界，長期關注德國唯心主義。來自俄國、波蘭以及泛斯拉夫諸國的學生，對黑格爾的宗教和形而上學思想深感趣味。他對這批來自東歐的留學生代表的是西方主義（Westernism）的哲學菁華和對民族國家的偉景，以致造成學生追求本國（也包括泛斯拉夫）的民族主義與西化時之借鏡。只是東歐來的留學生拒絕承認歷史已達高峰，尤其不認爲日耳曼文化已達成歷史巔峰的任務。波蘭的齊次科夫斯基在《歷史學的導言》（1838）中指出，黑格爾的歷史哲學包含兩大環節：其一爲古希臘羅馬的世界；其二爲日耳曼的世界。這兩種無法解決的衝突要求一個更高的綜合、融會，這將是有機的因素來涵蓋過去兩種機械性與化學性的對立，以意志融合感覺與認知，以倫理融合法律與道德。這個新的哲學應當是生命與行動的哲學，

而非冥思與論述的哲學。思辨的理性的確把人群跨越過去盲目、本能的活動，但絕對性，也就是自由的生活，卻在理論與冥思之外，而爲有意識的行動。其最終的目的不再是理論性的理解，而是實踐性的落實，落實人類爲各族家庭的成員。上帝站在世界的頂端，當成一位審判者，屆時人類對待上帝不是把祂看作圖像的代表，也非思辨的抽象物，而是積極的行動之人的直覺、本性、本能之體現（見其著作《上帝與靈魂轉化》〔1842〕）。

　　與黑格爾過從甚密的俄國學生祈列葉夫斯基（I. V. Kiereyevski 1806-1856），以及另位保守份子斯坦克維齊（N. V. Stankevich 1813-1840）在莫斯科成爲影響力甚大的黑格爾學學者。該莫斯科學派還包括巴枯寧（Michael Bakunin 1814-1876）和貝林斯基（Vissarion Belinski 1811-1848），兩人都成爲俄國左派激進份子。在貝林斯基對黑格爾政治哲學吸收與宣揚下，早期的俄國現（寫）實派小說（例如屠格涅夫〔洪鎌德 2016〕）也把西歐社會想法引進俄土，顯示西化派努力的一斑（Kliger 2013: 189-199）。巴枯寧最終在巴黎成爲活力充足的革命領袖，甚至挑戰馬克思要成爲第一國際的領導人。其餘俄國人如赫爾岑（Alexander Herzen 1812-1870）、車尼雪夫斯基（N. C. Chernyshevski 1828-1889）都在擴散黑格爾學說之餘，爲列寧其後奪權做思想鋪路的工作。

貝林斯基（1811- 1848）

赫爾岑（1812-1870）

車尼雪夫斯基（1828-1889）

# 4. 美國

在十九世紀的下半葉，黑格爾的思想對於移民美國的日耳曼人而言，成爲多采多姿的角色。近年來移居新大陸的日耳曼人大多爲識字、開放與熱情的男女，有多位是在1848年歐陸革命爆發後，而移往美國謀生的逃亡人士，他們或多或少受到日耳曼觀念論的薰陶，在對本國政局與社會情況不滿、失望之際，美國提供自由的家園，重燃他們對人類文化、前景的希望。不管是在美國土生或從德國移入的新居民，都發現黑格爾進步與文化綜合的哲學，實踐的理想主義和對新鮮事物以及實驗的開放態度，有助於他們在新大陸謀生與發展。其中尤以聖路易與辛辛那提，成爲美國研究黑格爾哲思的大本營。

**聖路易學派**：此派特別強調黑格爾絕對精神的西移之理論，對美國西方開拓精神大有幫助。此派的領袖人物卜洛克麥爾（Herny Conrad Brokmeyer 1826-1906）和哈理斯（William Torrey Harris 1835-1909）。在美國到處流浪以各行業爲生的卜洛克麥爾，遇見新英格蘭人哈理斯，遂聯手成立新康德俱樂部，從康德的超驗主義研究到黑格爾的哲學。在美國內戰中，卜氏參軍擢升爲上校，遂在聖路易設立聖路易學社，專心研讀黑格爾的文本，並由哈氏帶頭出版《思辨哲學雜誌》，它討論不只有康德與黑格爾的學說，還把西方從古希臘羅馬以來的哲學變遷逐期撰文敘述。綜合該社之運動，可以說是企圖以黑格爾的辯證法來詮釋美國開疆闢土、向西（與南）擴張之命運。例如美國的內戰被解釋爲悲劇的必然性，是南方抽象的權力對抗北方抽象的道德之衝突。衝突的結束便是具體的、全國性的意識之展現。聖路易位於東西與南北的衝衝，可以把新秩序、新意識落實起來。由於政治、教育與文化關係密切，聖路易學派專心對上述關聯的議題予以辯證的分析。

**辛辛那提學派**：不像聖路易學派那樣的連貫密集，辛辛那提的黑格爾研究機構比較分散。不過聖路易學派排斥左翼黑格爾門生，把社會主義者排除在學社之外。反之，辛辛那提的領袖韋立希（August Willich 1810-1878）曾任俄亥俄《辛辛那提共和黨人》雜誌的主編，卻是黑格爾左翼人士，他大力抨擊基督教徒對費爾巴哈的批評，也抨擊基督徒對馬克思想法的批評，他曾積極參與1848年的歐陸革命，並擔任過科隆共產聯盟的主席。在倫敦流亡年代，在共產聯盟裡與馬克思和恩格斯往來密切，曾爲馬克思的《政治經濟批判獻言》寫過讚揚性的評論。與馬克思不同，韋立希堅持社會主義應同人權緊密結合，也應該同政府的共和原則相結合，因爲在他的心目中，政府的目標在於實現人性，

一如費爾巴哈的主張。此外，他讚賞馬克思對歷史辯證法的理解，也贊成經濟條件的改善是社會主義的沃壤。不過他卻認爲走向未來之途，有賴工人組成工會來奪取政權。在美國內戰中他組織四個聯隊的工人來爲他所宣揚的社會主義服務。

　　韋立希是施大洛（Bernard Stallo 1823-1900）帶進辛辛那提，施氏本身除了是韋立希親近的友人之外，也是辛辛那提學圈中重要的黑格爾專家。施大洛積極參與政治，曾組織共和黨。作爲一個政治哲學家，他企圖把黑格爾的國家觀用民主的說詞來加以詮釋。國家的個體性不再由君王一人代表，而是全國形成的社群之人民，其意志從多數民意形成。正如施大洛在其著作《國家信條與現代信徒》（1872）中指出，選票是「力量的試金石」，可使社群中的每一角落登記他們的需要與利益，而在整體考量下求取妥協、調整。在國家內部發展中，他看出永恆的理性在運作，因之，國家必須保有其安全、必須與教會分開，而不贊成公立學校規定學生要念聖經、或遵守安息日的律例。

　　與韋立希、施大洛親近的，爲接受左派黑格爾神學（特別是施特勞斯）的牧師康維（Moncuo D. Conway 1832-1907）。他演展一套自然主義，帶有社會關懷的自由主義的宗教哲學，其基礎爲自然科學，用來取代超自然的神明，亦即採用施特勞斯視「宇宙受規律管制，而宇宙也充滿了生命與理性」。

　　韋立希　　　　　　斯特林　　　　　　康維　　　　　　　穆勒

## 5. 英國

　　英國最早討論黑格爾哲學之著作爲斯特林（J. H. Stirling）所撰述的《黑格爾的祕密》（1865）一書之出版。黑格爾哲學在此之前遭受英國多方的阻止，是由於本土的思想傳統，包括經驗主義、功利主義、非歷史觀和懷疑主義，以

及對形而上學和神學思辨的排斥。這時小說家艾略特已翻譯兩本左翼黑格爾門生的著作，其一爲施特勞斯的《耶穌平生》（1846）；另一爲費爾巴哈的《基督教本質》（1854）。是在十九世紀中葉，英國知識份子對宗教信仰陷於混亂之際，一樁引人矚目的盛事。當年英國人稍懂黑格爾哲學的人，無不視他爲日耳曼瘋狂思想的顯例，依據穆勒的說法，黑格爾「可能獲得後世給他的榮譽，因爲他透過一系列的化約與荒謬，把邏輯消滅掉其所營造的形而上學」。斯特林的作品無法改變那些仇視形而上學者之堅信，穆勒甚至公開反對斯特林在1868年被愛丁堡大學聘爲哲學講座的任命，其原因是未成熟的大學生不該暴露在黑格爾學說之下。但斯特林對黑格爾知悉與富有啓發精神的辯護，卻爲他贏取不少的知音，尤其那些對英國本土哲學傳統之走偏鋒，陷身萎靡不振表示極度不滿之人士。

才華橫露的思想家，如葛林（T. H. Green 1836-1882）和蓋以德（Edward Caird 1835-1908）就在斯特林著作問世之時，著手研讀康德和黑格爾，也與斯氏共同奮鬥來抵抗當年主流派的英國哲學。作爲創意豐富、人格崇高、建設性滿貫的思想家葛林，變成反對牛津大學的權威穆勒，而把黑格爾禮讚爲當代的亞理士多德，亦即亞氏爲古希臘文明作出的貢獻，無異是今天黑格爾對歐洲的新猷，把永恆的知識與精神價值加以整合，而置入於萬事萬物的偉景（遠景、願景）中，葛林可以視爲新黑格爾主義之代表，這種觀點構成葛林創造性思維的出發點。他對辯證法持懷疑態度，因之，很少接觸或使用這個方法，但對歷史的看法也不像黑格爾那樣強調歷史的內在理性。他在黑格爾的哲學中，發現康德批判哲學完成之鑰匙，因爲它的認知的、倫理之宗教的困難可望獲得解決。假使我們的經驗中沒有孤立的感覺印象，那是由於這個世界沒有孤立的事實之緣故。我們的經驗之有連續性、秩序性（儘管常有失誤、瑕疵），其原因或可在實在中尋找，蓋實在便是一個體系、一個相互關係有秩序的體系。這個體系的存在意涵永久完整的意識，亦即一個絕對心靈的存在之緣故。他講述在有限中，無限的表現構成人群一種本體論上的連結（bond）。每一個自我帶有社會、整體的印記。葛林主張自我實現的倫理，也就是在一個社群中人與人關係的善意之落實，只要在社群有共同的法律、習俗和制度的話。永恆的自己、自我，是指有限的自我實現了各種的可能性而言，這種永恆的本身是透過社會來實現自己的作爲。康德的「應然」和人類倫理共同體，這時被葛林賦予具體的地點，那就是實實在在的社會存在。

蓋以德和斯特林強調黑格爾的哲學是康德學說的繼承與光大。葛林、斯特

林和蓋以德所以重要，是他們三人發現在黑格爾的哲學中，可以消弭信仰與理性的鴻溝，就是在宗教神祕的外殼裡找到合理的核心。蓋以德及其兄長約翰‧蓋以德（1820-1898）可以說終身致力在宗教的糟糠下尋覓理性的核心。

葛林　　　　　蓋以德（弟）　　　蓋以德（兄）

## 6. 新黑格爾主義

　　葛林逝世之年（1882）新黑格爾主義在英國興起，出版了文集《哲學批判主義文選》（1883）（Stern 2007: 115, 153）。在多位撰稿人中，以哈爾殿（Lord Haldane），另一同名的哈爾殿（J. S. Haldane）、普林格‧帕梯遜（Andrew Seth Pringle-Pattison）、李奇（D. G. Ritchie）、鍾斯（Henry Jones）、索雷（W. R. Sorley）、柏桑魁（Bernard Bosanquet）等所形成新黑格爾哲學運動最為著名。同年布拉德雷（F. H. Bradley 1846-1924）出版了《邏輯的原則》（1883），之前他已出版《倫理研究》（1876），之後又出版《外觀與存在》（1893）。比起柏桑魁來，布拉德雷是一位更具創意的第一流哲學家。這兩位學者彼此雖常爭辯，各持不同的觀點，卻為黑格爾的思想在英國影響了三十多年。麥塔嘉特（J. M. E. McTaggart 1866-1925）雖是一名形而上學學者，卻是對黑格爾的著作常加評論。

　　十九世紀下半葉和二十世紀初，英國哲學界因為葛林、布拉德雷、柏桑魁大力倡說康德和黑格爾觀念論下，大談絕對和理性，由之出現了英國的觀念論（British Idealism），也是英國的新黑格爾學派。其中黑格爾歷史哲學的「具體的泛宇（普遍）性」（Concrete Universal）成為大家熱衷的概念，最近被學者再度提起，而遭批駁（Stern 2007: 115-153）。

| Bernard Bosanquet | Francis H. Bradley | J. M. E. McTaggart | Josiah Royce |
|---|---|---|---|
| （1848-1923） | （1846-1924） | （1866-1925） | （1855-1916） |

美國接近新黑格爾學說運動之學者，爲哈佛大學的魯一士（Josiah Royce 1855-1916），他的學術生涯與新運動始終一致。另一位在耶魯大學執教的布蘭夏（Brand Blanshard 1892-1987）始終反對當時美國哲學潮流。這些人物都是專業學者，對邏輯、形而上學、美學、認識論、宗教哲學、政治學、倫理學都熟稔在心，而有創意的詮釋。他們稱黑格爾派學者稍嫌勉強，其實如果使用「絕對觀念論」者恐怕比新黑格爾主義還貼切。他們探討永恆的問題、多與一的問題、物質與心靈的問題、個人與整體（社會）的問題。在他們的著作中看不出黑格爾歷史辯證的痕跡。但透過他們的作品，英語體系對黑格爾研究興趣被激發出來，其中誤會、扭曲黑格爾原著的意思多所出現。此外杜威與托利（William Torrey）在十九世紀末對黑格爾持相反的看法，最近又被提出檢討（Johnston 2013: 423-443）。

英國的新黑格爾主義運動其來迅速、其消失也是一夜之間。在十九與二十世紀之交，英國的經驗主義之傳統復活，穆爾（G. E. Moore 1873-1958）與羅素（Bertrand Russell 1872-1970）領銜攻擊布拉德雷，但推廣到攻擊新黑格爾主義的方法與假設，在美國詹姆士（William James 1842-1910）與杜威（John Dewey 1859-1952）也開拓哲學的新方向——經驗的、實用的與多元的途徑。在第一次世界大戰開始之際，英美的思想爲之丕變。這個改變過程無疑地是把普魯士的軍國主義認同爲黑格爾政治理論的應用。霍布豪斯（L. T. Hobhouse 1864-1939）在其《國家的形而上學理論》（1918）一書中說：「在倫敦的轟炸中我正目擊一個邪惡的學說，其基礎正是我桌上這本〔黑格爾的《精神現象學》〕」。他認爲此書爲「神國的理論」菁華。這種莫名的、情緒性的攻訐當然引起批評，但英美思想界、學術界的新寵兒卻是邏輯經驗論和語言分析。

穆爾　　　　　　羅素　　　　　　詹姆士　　　　　　巴列特

# 五、黑格爾主義在二十世紀

　　黑格爾的哲學對二十世紀的衝突，比起對十九世紀的影響來更爲渙散，也更爲分歧。黑格爾的理念和方法影響了政治與學術運動，諸如馬列主義、實用主義和存在主義。但這些意識形態或新流派的運動，也產生不少對黑格爾學說嚴厲的批評者、反對者。黑格爾學說的面貌每隨一種學說、理論的形塑而改裝，當然還混有其原始的發展面貌。影響二十世紀最深沉者，莫過於黑格爾的新圖像。黑格爾多方面發展多采多姿的豐富思想與理念，導致其著作被激烈的不同詮釋者所解釋和利用。魯一士在1885年的作品中居然談到「兩個黑格爾」，一位是「不妥協的理想主義者、唯心論者，因爲他擁抱理念偉大的、抓住根本的眞理不放；另一位是專談邏輯技巧的黑格爾，他的辯證方法注定要保留下去，這就方法方面來說，並非哲學，而是哲學的理念」。對魯一士來說活生生的黑格爾無他，乃是第一位堅持觀念論、理想主義、唯心主義的黑格爾。另外，指出黑格爾思想有前後改變的人爲美國學者巴列特（William Barrett 1913-1992），他在一篇〈何謂存在主義？〉（1964）中，也指出兩個黑格爾，一位是「最後大膽地表述經典的理性主義」的黑格爾，另一位是「第一位思想的歷史模式之開路先鋒」的黑格爾。在討論精神時，黑格爾「把人浸潤在歷史中，其完整性不是任何之前的思想家可以超越的」。「從人類精神基本上的歷史性格至存在主義的口號：『人類沒有本質、只有歷史』相差只是一小步而已」。從此一觀點來說，辯證法並非任意的、或缺乏創意的技術性練習，當它表現在具體性、它的緊張和衝突、它的不斷翻新之上。

## 1. 德國的新康德主義

　　除了英國之外，尚有兩個新黑格爾主義的研究中心：一在德國，一在義大利。德國的黑格爾復興運動出現在十九與二十世紀之交，在此之前的十年，黑格爾的哲學在其原生地幾乎是進入睡眠狀態。這個復興的起點動力來自狄爾泰（Wilhelm Dilthey 1833-1911），其作品《青年黑格爾》（*Der junge Hegel*, 1905）把黑格爾的作品用新的觀點加以詮釋，這也使狄爾泰的生命哲學更易為讀者接受。狄爾泰拒絕接受黑格爾整個體系之餘，把黑格爾思想中相對的、非理性的環節一一揭露。就在同時，新康德學派也引向黑格爾的研究之途，發現辯證法和精神哲學為經典的日耳曼哲學之關鍵。著名的黑格爾學者有溫德爾班（Wilhelm Windelband 1848-1915）、柯亨（Hermann Cohen 1842-1918）、那托普（Paul Natorp 1854-1915）、特洛齊（Ernst Troeltsch 1865-1923）、拉森（Georg Lasson 1862-1932），最後這位學者把黑格爾作品出版了新的專集。至於卡錫勒（Ernst Cassierer 1874-1945）、哈特曼（Nicolai Hartmann 1882-1950）、賀凌（Theodor Haering 1884-1964）、戈洛克涅（Hermann Glockner 1896-1979）和柯洛納（Richard Kroner 1884-1974），對黑格爾哲學多提出新的詮釋與解說。

狄爾泰　　　　溫德爾班　　　　柯亨　　　　那托普　　　　特洛齊

## 2. 義大利的新黑格爾主義

　　義大利的新馬克思主義者都採用歷史主義，克羅齊（Benedetto Croce 1866-1952）和甄提列（Giovanni Gentile 1875-1944）是這方面頂尖的人物。甄提列甚至提供赤裸的法西斯國家觀，認為在政治現實的既存基礎上，建立法西斯政權沒有什麼不對，不需再有上訴法庭可以斷定是非對錯。納粹理論家血緣

與土地結合的種族優越論之意識形態，一開始便拒斥黑格爾倫理的國家說。與此相反，甄提列的納粹證成論，是建立在黑格爾這種國家觀之上。極力反對法西斯主義的克羅齊就在這一觀點上與甄提列交惡。作爲一位寫作多產、富有創意的作者，克羅齊在美學和歷史哲學方面有廣大的影響力。其友人英國哲學家柯林屋（R. G. Collingwood 1889-1943）展示與克羅齊相似的想法，特別是其名著《歷史的理念》（1946）深獲各界好評。

卡錫勒　　　哈特曼　　　克羅齊　　　甄提列　　　柯林屋

## 3. 最近黑格爾哲學的研讀

第二次世界大戰結束後，東歐出現一大票黑格爾的研究專家，有卜洛赫（Ernst Bloch 1885-1977）和盧卡奇（Georg Lukács 1885-1971）等人，都對黑格爾學說有重大的傳播與詮釋的功勞，這種情勢也出現在西德、法國、義大利、英、美等國。黑格爾的眞知灼見，認爲相反的觀點在思想史中有妥協、調解爲更高層次的事物，逐漸爲世人所欣賞。像前幾代學人發現康德與黑格爾有其基本上、本質上相似之處，如今對黑格爾哲學倍感興趣者爲西馬與新馬。另一方面爲存在主義與現象學運動，就連東歐馬派或語言分析學者，也逐漸把其注意力投射到黑格爾的學說之上（以上參考 Crites 1967[3]: 451-459）。

# 六、對存在主義的影響

與其指出黑格爾的哲學對存在主義的生成與發展有所衝擊、有所影響，

倒不如說存在主義的老祖宗祈克果與尼采，都是批評與反對黑格爾哲學的思想家，存在主義係在對抗黑格爾主義的情況下產生出來的。祈克果在極力反對包山包海的黑格爾絕對觀念論之下，萌芽了二十世紀的存在主義。對黑格爾而言，上帝是非人身的絕對物，與上帝的絕對精神、無限、永恆相比，個別人格只是微不足道的碎片，要把它們嵌進無所不包的精神統一體之內，這麼一來凡是發生的任何大小事，包括個人的行動，都可以解釋為全體事物發展的必然因素、必然的環節。在祈氏的《此或彼》、《害怕或戰慄》（兩書均出版於1843年），指出人與神是絕對的不同（而不像黑格爾主張人的發展為神性，人與神最終的合一），人與神的關係是搞不清楚的、無從表白的。在綜結《非科學的後言》（1957/1959）中，祈克果如同後來的尼采，都攻擊黑格爾對瞭解自我的重大之事，竟然不考量個人，而逕自交給歷史去檢討，甚至連人生的意義也歸由社會與歷史去管轄，更荒謬地把個人的命運完全置放在國家與歷史的場域中之表現來決定。

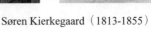

Friedrich Nietzsche（1844-1900）　　　Søren Kierkegaard（1813-1855）

　　祈克果的倫理學在強調個人成爲行動的主體，在經歷折磨滄桑之後，如何找到負責盡職的第一人身應是倫理主旨所在。反之，黑格爾的倫理說在把個人統合進社群中，從而合法化、正當化倫理生活，成爲社會合理的規範（Latiolais 2013: 76）。

　　儘管尼采與祈克果彼此歧異甚大，但在批評黑格爾方面則相當一致。他們都認爲黑格爾對歷史的強調充滿危險，這會造成個人在過去當中喪失自己，也使個人的存在形同虛設。在他們的觀念中，黑格爾的歷史主義顚覆個人的自主性，使我們每一個人無法考慮到此生基本的問題。原因是決定我們在社會與歷史上的地位，只能教誨我們別人想了很久的老問題，而不能顧慮我們本身的新（切身）問題。黑格爾假定我們能夠找回自己，只有在決定我們所處的社會與歷史地位之後。但祈氏與尼采卻認爲這種說法站不住腳，相反地，只注意我們的社會角色與歷史角色會使我們喪失自己。原因是我們全然的個體性決定我們是何許人，個體性無法化約爲人的社會角色或歷史角色。只有從社會與歷史抽離出來，祈氏與尼采才說吾人可以面對生命的種種問題，這是每一個人要靠他（或她）自己去解決的。要解決此一問題，尼采建議有一「超歷史」的觀點，在那裡所有的價值是永恆的，不受歷史變遷中的利益或不公不義所蒙蔽、所污染。

　　不過祈克果和尼采的埋怨，認爲黑格爾的歷史主義忽略、甚至顚覆個體性的價值嗎？我們當然知道黑格爾認爲個人的價值包含在他對社會與國家之盡職之上。但問題並不止於此，黑格爾有時也談個人是社會與歷史目標的一環、一個手段。他說「理性無法不想到個人所受的冤屈與傷害，因爲殊別的目標會匯入整個宇宙〔一般〕的目標之中」（VG 48-49/43）。他似乎道出祈克果與尼采對他的控訴理由：個人必須服從那個團體、泛宇，人必須考慮自己是「在手段的範疇中，而非處於目的範疇中」（VG 106/90）。就在這個論點上，黑格爾堅持「主體性的批判」，它主張個體性本身便包含無限的價值。任何個體不管是爲社會的、政治的或歷史的目的做出貢獻時，每一個個人「有無限的權利要求滿足」，這是意味他（或她）隨身的、身份的利益和需要都要獲取滿足。由於諸個人的個體性必須獲得滿足，當他們在爲全體、普泛、社群的目標作出貢獻與犧牲之時，他們不會只追求這些集體的目標而已，也要部分地落實他們本身的目的。因之，祈克果和尼采的批評，似乎建立在對黑格爾文本的誤讀之上。這種誤會無視於黑格爾的企圖，因爲黑格爾企圖把個體性和自主性的權利整合於歷史當中。

　　不過，值得注意的是在這個關鍵的問題上，黑格爾的論述是模稜兩可、不是十分清楚。原因是他有時把諸個人納入歷史當中，有時則把他們置身於歷史門外。他愈是強調主體性的權利，則愈把諸個人放置在歷史領域之外。他承認就算是人性嚴肅受限制的生活圈，像道德與宗教，但牧人與農夫對此價值之重視，有時甚至超越歷史角色之外（*VG* 109/92）。他承認「宗教與道德的身份泉源，是〔牧人與農夫的〕內心、中心」。這個左右人內心的力量，常不為「世界史的囂張所保護，不為世界史所碰觸」（*VG* 109/92）。他強調世界操作的層次太高，而不涉及個人的道德、操守，甚至對個體性一概漠視、忽視（*VG* 171/141）。這些都是黑格爾致命的坦承，這種坦承世界史對個人無影響的說法，豈不印證祈克果與尼采的控訴，生命的價值和目的完全置身於社會和歷史之外？人的社會角色和歷史角色有那麼重要嗎？

　　對於上述黑格爾的坦承與讓步，黑格爾仍有強力的回答來對抗祈克果和尼采的批評。他可以指責其批評者對個體性採取令人難以置信的非社會觀和非歷史觀，批評者彷彿視人身的個體性可以與其所處的社會和歷史分開。這是錯誤、抽象的觀點。因為一個人的說詞最終要依賴他的生活環境與時代，否則他不過是一個符碼而已。由於他或她只是一個個人，每個個人都有一大堆經常的問題與關懷在圍繞他（或她），這些問題與關懷顯然是從各別人的社會處境、歷史段落衍生出來。當祈克果列出一大堆問題，牽涉到具體的、存活的個人時，這一大堆問題轉化為受歷史、文化、社會環境所制約的問題，例如人可否不朽？不朽的意涵是什麼？為何要向上帝感恩？這類問題只有對信仰基督教或天主教的個人，也相信救贖教義的信徒才有意義。這種問題的提出，可以說是古羅馬敗落之後，接受基督教文明的人才會關懷的問題。黑格爾同樣可以為祈克果與尼采提出兩難的問題：我們愈把個人具體化，我們會發現這個人愈來愈是一個社會動物、歷史動物。我們愈來愈以此方式處理個人，它愈來愈變成抽象之物。

　　可以辯論的爭議的話題，是指存在主義的傳統從來沒有從救贖的理論中解放出來，這是黑格爾嚴加批評之所在。無論是祈克果，還是尼采，都視至善無法是個人（身份）救贖、獲取拯救的形式，是個人在不受社群影響之下努力要去追求、達致的目標。在黑格爾心目中，這種至善的看法，只有在社會與政治的崩潰之際才產生，是產生自一個人從其社會與歷史的脈絡跳脫出來的錯誤抽象。無疑地，對他身後的批評者，如果黑格爾地下有知，必然引用亞理士多德的說詞來加以反駁。亞氏說「除了城邦（*polis*）以外，所有的住民不是野獸，

便是神明」。難怪尼采的名著《查拉圖斯特拉如此說》中的主角（查拉圖斯特拉〔Zarathustra〕本人）在荒野過活，唯一的伴侶不過是一條長蛇與一隻老鷹而已（Beiser, *ibid*., 278-281）。

# 七、二十世紀下半葉黑格爾的研究

在二十世紀最後五十年內，黑格爾對當代的哲學思想似乎發揮重大的影響，而成為歐陸思想界中一個重要的人物，而在英美分析哲學、語言哲學、甚至後分析哲學中也扮演重要的角色。

尼采名著《查拉圖斯特拉如此說》之譯本封面

## 1. 法國

由於寇耶維（Alexander Kojève 1902-1968）與易博利特（Jean Hyppolite 1907-1968）繼承瓦爾（Jean Wahl 1888-1974）對《現象學》有關不悅意識研究，使戰後法國又恢復早期對黑格爾哲學的興趣。尤其是寇耶夫在高等研實踐學院接近六年的講解《現象學》，造就法國二戰之後大批知識份子對現象學（特別是梅樓‧蓬第〔Maurice Merleau-Ponty 1908-1961〕）、魏艾爾（Eric Weil 1904-1977）、巴塔列（Georg Bataille）和拉崗（Jacque Lacan 1901-1983）熱烈的加入討論。另一方面易博利特對《現象學》的起始與結構之研究，幾乎把黑格爾這本重要的成名作做了詳盡的剖析。

　　寇耶維　　　　易博利特　　　　瓦爾　　　梅樓·蓬第　　　拉崗

　　寇耶夫解釋黑格爾何以走入觀念論，其主要的原因是認爲人的心靈可以克服自然界的勢力，只要人首先能夠創造語言、文字、思想的另一個精神界，便可以達成。由於人生有限，又面對死亡的威脅，因之，只要人能夠超脫先驗力量的控制，包括神的控制，那麼人最高的自由可望獲致。寇氏另一貢獻爲藉由馬克思主義與存在主義的觀點來解釋黑格爾的哲學：人一開始意識或認知外物，透過承認而獲得滿足，人最後不再否定一切，而達成對外界事物的征服。

　　易博利特相信「不悅的意識」是《現象學》的主題，而且此一主題與後來祈克果對害怕、驚悚、發抖的解釋頗爲接近。黑格爾最後要達到「絕對知識」，俾人的兩元對立能被打破。但《現象學》之路爲絕對掙扎之途。黑格爾比馬克思更早便預感到「異化」對現代人的威脅，只有克服個人與他人之緊張關係，才可望紓解異化的危機。由於寇耶夫與易博利特的努力，使得戰後法國能夠把馬克思主義和存在主義結合起來。換言之，存在主義成爲馬克思主義與黑格爾哲學共同的場域，而造成馬克思主義者與黑格爾學者之接近、調解、諧和。沙特（Jean-Paul Sarte 1905-1980）的存在主義之思想淵源爲笛卡爾、康德、黑格爾、胡塞爾（Edmund Husserl 1859-1938）與海德格（Martin Heidegger 1889-1976），他主張「自由的哲學」，俾令人類從負擔整體的責任中解放出來。在對歷史理性的批評中，他發展了《辯證理性的批判》（1960）。他的學說與其說是傾向黑格爾與馬克思，倒不如說回歸康德的想法、學說。

　　自從1960年代尾，黑格爾思想在法國知識界的沉浮轉折，端視前後相繼對主流法國哲學知識之反彈。結構主義者會對馬克思思想中，黑格爾因素持否定的看法，而強調社會實在當中激進的觀念論與唯物論之難以相容。福科發生學批判論述、德勒茲（Gilles Deleuze）力必多的唯物主義和李歐塔（Jean Lyotard）後現代多元主義，都強調反實在論與反基礎論，他們挑戰了經典的

哲學傳統以及眞理之形而上學。由是在尼采與海德格的影響下，以及法國馬克思主義傳統勢力的退燒，都造成這個年代裡對黑格爾哲學的反抗。他們反對本體論的形而上學把自我存在、自我表現做出太凸顯的偏蔽。尤其反對黑格爾學說異化的觀念，而強調把「反對」、「矛盾」等對立物細膩地解釋爲「不同」、「歧異」，他們也拒絕把辯證法當作適當的概念化事物的方法。

沙特　　　　　　　　　胡塞爾　　　　　　　　　海德格

　　自從1970年代以來，在義大利、法國的結構主義、後結構主義、解構思想大批侵入，因之取代之前馬克思主義的批判學說，就像法國思想界拒斥「大論述」和總體化的形而上學之論述一樣。在戰後的義大利對德國觀念論，特別是黑格爾哲學有所批評，是故造成對黑格爾學說與日耳曼思想傳統的重新詮釋，而減少對辯證法思想的演繹。歐爾培（Galvano della Volpe 1895-1968）解釋黑

Michel Foucault
（1926-1984）

Gilles Deleuze
（1925-1995）

Jean Lyotard
（1923-1998）

格爾爲另一觀念論者，一生只在證成基督教與日耳曼民族國家。歐氏完全否認馬克思受到黑格爾的影響；反之，強調亞理士多德、伽里略、休謨對馬克思哲思的影響。柯列悌（Lucio Colletti 1924-2001）效法歐培爾，贊成把馬克思主義當成經驗性科學來看待。他也同前者一樣認爲：黑格爾對馬克思的影響太被渲染、太被誇張。他追蹤馬克思的思想淵源至康德，因爲康德強調客觀實在的獨立存在，以及使用科學來認識客體的世界之緣故。

歐爾培　　　　　　　　　　　　柯列悌

## 2. 德國

　　除了二戰前新黑格爾學說運動之外，戰後的西德以及1991年復歸統一的德國談不到黑格爾新學派的形成。阿朵諾（Theodor Wiesengrund Adorno 1903-1969）的《黑格爾的三項研讀》（1963），代表戰後西德黑格爾研究的高峰，解釋黑格爾哲思的主題，以及其辯證概念觀。其後出版的《否定的辯證》（1966），以及《美學理論》（1970）使用馬克思主義的批判精神，對黑格爾與日耳曼觀念論的傳統來把總體性、客體性認同做一個深入的分析。阿朵諾企圖用調解（Versöhnung）的概念來協和社會的敵對、精神與自然的對立、普遍與殊別的不同，俾爲當代社會的矛盾、衝突、不自由提出批判的衡量尺度。阿朵諾強調黑格爾是倡導內在批判法（immanent criticism）的第一人，該法應用在辯證法之上，爲法蘭克福學派廣爲應用，這種說法最近引發質疑（Finlayson 2014: 1142-1166）。海德格利用詮釋學與現象學的觀點，間接探討黑格爾哲學的時代意義。他認爲歐洲形而上學的傳統其發展高峰爲黑格爾，

他在 1930-1931 年對黑格爾《現象學》的講課中，認為時間性為思想運動裡的核心（Heidegger 1994）。其學生高達美（Hans Georg Gadamer 1900-2002）卻發展一套具批判性，但卻富創意的黑格爾批評，其中介為海德格普遍的本體論的詮釋學。在《真理與方法》（1960）一書中，他大量擷取黑格爾對經驗的敘述，但卻採取黑格爾哲學中反主體的說詞，俾壓倒舒萊業馬赫和狄爾泰心理學的詮釋論。

在戰後詮釋學的背景下，對黑格爾神學作品的興趣再度被激發出來，這是受到法蘭克福學派批判理論的影響，也是由於基督徒與馬克思主義者對話的結果。瑞士神學家巴特（Karl Barth 1886-1968）採取類似黑格爾（雖然早期傾向祈克果）的立場，闡述神學的實在論，立基於上帝無保留的自我顯現、道成肉身和三位一體的學說。其學生也紛紛著書立說，批評存在主義太強調個人自我性，而忽視社會實在和歷史表現。莫爾特曼（Jürgen Moltmann 1926- ）批評卜洛赫和法蘭克福學派的說詞，而為解放神學提供暗示和預感。他的著作《神學的希望》（1965）和《釘死十字架上的上帝》（1973）都是影響一個世代的神學著作。雲格爾（Eberhard Jüngel 1933- ）窮究黑格爾神學的人性，而對「上帝之死」提出質疑，用的是日耳曼觀念論和左翼黑格爾門徒的觀點，其代表作為《當作世界祕密的上帝》（1977）。上述幾位神學家立論儘管不同，卻也有其共同的觀點，那就是嘗試探究辯證傳統的概念泉源，俾克服有神論與無神論之間的抽象對抗，而重述精神、神明、基督的三位一體之性質。

在此一階段，黑格爾也是德國正統馬克思主義者經常引用的人物，這是指法蘭克福學派的批判理論。哈伯瑪斯在其解放的社會理論中，重新形塑黑格爾的闡釋。他拒絕黑格爾認同哲學之形而上學觀，但重視無可再化約的建構性利益和興趣（旨趣）之析述，哈伯瑪斯把黑格爾主張的「社會互動」和中心思想的「承認」兩概念，建構為溝通理論。與其前驅不同，哈氏嘗試為批判理論重新取向，他轉向相互主觀性，而不再受困於傳統的大談人的意識。《現代性的哲學論述》（1985）中透露哈氏對現代性一概念的新詮釋，揚棄傳統沒有基礎，但又泛宇的、普遍的倫理之形而上學，而強調溝通倫理和審議民主的重要（洪鎌德 2006c：257-279；2013：240-256）。

亞佩爾（Karl-Otto Apel 1922- ）透露他深受海德格詮釋學的影響，也受哲學人類學和新黑格爾學派觀念之影響，不過卻受到批判理論之修正。他對傳統採取批判態度，也責怪二戰前德國文化深陷歷史主義淵藪中，以及馬克思主義的僵化，對左右極權主義、威權主義無力抵抗。在其出版的《哲學的轉型》

（1976）中，他發展理性社群的看法，認爲這一社群在任何探討社會現象、制度上擁有公平的設準。他認爲在當代哲學各種抽象的主張中，應找出抽象的辯證中介，目的在把以理性爲基礎的學說，以及以實踐倫理爲取向的超驗之自我反思間，尋找減少對立，而建立平衡的橋樑，其源泉爲康德和黑格爾的學說。刁尼森（Michael Theunissen 1932-2015）遂強調溝通和互爲主體性的議題並予以發揮。他吸收了黑格爾的觀點，用來與祈克果的主張相對照，而突顯當代的思想。在敘述對話與辯證的慧見之餘，其作品反映了當代流行的現象學，神學和批判理論。其中黑格爾的哲思成爲貫穿其作品，以及時代的主要參考點。

阿朵諾　　　　高達美　　　哈伯瑪斯　　　　亞佩爾

## 3. 英國與北美

在戰後分析哲學在英美思想界大爲流行，黑格爾的作品少被研讀與提及。在分析哲學運動的邊緣芬德雷（J. N. Findlay 1903-1987）、穆列（G. R. G. Mure 1893-1979）對黑格爾哲思有所闡發。但在1970年代以後，對黑格爾思想的尊重開始湧現，部分原因爲受到泰勒（Charles Taylor 1931-）和麥因泰（Alasdair MacIntyre 1929-）社群主義和歷史主義的倡說所影響。另一部分的原因是黑格爾抨擊康德把經驗的「內容」與「形式」加以兩分，受到哲學家如戴維遜（Donald Davidson 1917-2003）、蒲特南（Hilary Putnam 1926-）、羅悌（Richard Rorty 1931-2007）等人的呼應。後者認爲認識論中格式與內容的分辨沒有必要。因之，多少採用黑格爾的觀點。

是故，當歐陸與英美（分析）哲學共同在質疑康德之後，形而上學如何可能的時候，現在的知識界不斷在查驗、釐清、挖掘日耳曼觀念論傳統中概念的泉源。在此情況下黑格爾哲學的吸收、解讀、爭論成爲無可避免的永恆之參考

點，這種發展就不難理解了（Stern and Walker 1998[4]: 292-296）。

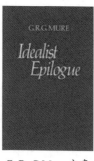

| John N. Findlay | G. R. G Mure 之書 | Charles Taylor | Alasdair MacIntyre |

# 八、結語

　　與其亦師亦友的學弟（比他年輕五歲）謝林相比，黑格爾出道甚遲，甚至年達三十七歲才有專門著作《精神現象學》（1807）的出版。不過在經過近一年多班貝格編輯日報的報業生涯（1807-1808），與八、九年紐倫堡中學校長的辦校經驗（1808-1818）後，他終於熬出頭來，擔任海德堡大學哲學教授（1816-1818）。稍後在柏林大學任教的十三年（1818-1831）中，成為黑格爾學術生涯發展的高峰。他的聲譽不僅布滿日耳曼土地上（也包括奧地利、瑞士、捷克東部、波蘭東部）如雷貫耳，甚至成為歐陸，乃至西方思想界、學術界、文化界的第一人。比起他一生的平順（前半生的比較不順暢），他所處的歷史階段、時勢演變來卻是驚濤駭浪、危疑震撼。在他十九歲經歷法蘭西大革命的時代巨變，使他及謝林、賀德林等暱友對法國大革命充滿希望與幻想。隨後發生的革命反撲、恐怖政治、復辟運動，乃至拿破崙稱帝，征服德、波、俄，都沒有讓他對人類歷史上這樁驚天動地的革命有所失望。當然，他也由自由派而復歸保守、謹慎的態度，而寄望於普魯士的改革運動。一度是普魯士君主立憲制擁護者的黑格爾，希望透過他的法律和政治哲學、國家與倫理學說來鼓舞普魯士走上國家現代化之途。

　　在他六十一年短短的生涯中，他著述的豐富、分析的深刻，幾乎無人可

比。很多後學都認爲他是哲學史上有系統、大規模的闡述自然、社會、思想、邏輯、文化、宗教、歷史、美學龐大的體系之最後一人。他的影響面不只在他右、中、左三派門生，更是馬克思主義賴以成立的指引，儘管馬克思強調他是把黑格爾的辯證法重新顛倒一次、扶正過來，以唯物辯證法取代黑格爾的唯心辯證法，把唯心主義轉化爲唯物主義（洪鎌德 2007a：209-247；2010b：29-32；2012：65-67；20150：40-43）。

　　二十世紀中的存在主義與現象學運動，在很大的層次上是對黑格爾總體的、思辨的、絕對的精神哲學之反彈，也是從黑格爾的學說中吸收營養，重新以人的意識爲出發點的嶄新思維。這一學說雖然反對黑格爾、或像胡塞爾根本不提黑格爾的學說，但其思想源頭所受黑格爾精神哲學的影響卻不容否認。

　　誠如中國學者武漢大學教授鄧曉芒所言：最近這些年，西方又開始關注黑格爾，不僅是歐洲大陸，也包括英美世界，都開始普遍關注黑格爾。比如法國哲學運動就是這樣，例如其存在主義、闡釋學、後現代的哲學（還要加上梅樓‧蓬第的現象學）等等，更不用說政治哲學了。通過考察這些思潮，我們發現他們都有黑格爾的根基，比如海德格、德希達（Jacques Derrida 1930-2003）等等，他們的著作、思想裡面都可以找到黑格爾非常深邃的傳統。在英美黑格爾的歷史哲學、法哲學，也開始引起哲學家和政治學家的重視。至於歐洲大陸學術界，他們在哲學的領域內對黑格爾歷來都很重視，大學裡的康德哲學、黑格爾哲學是作爲傳統經典課程，每學期都要開授。可以這麼說，黑格爾被公認爲西方思想兩千年發展中少數的幾位偉大哲學家之一，他把康德的古典唯心主義哲學發展到最高點（鄧曉芒 2006：1-2）。

Donald Davidson　　　　Hilary Putnam　　　　Richard Rorty　　　　Jacques Derrida

　　鄧曉芒教授對黑格爾學說及其影響的描述是平實的、正確的。有關黑格爾的研究在中國、台灣與日本，都是方興未艾，希望在二十一世紀會取得更佳的研究成果。

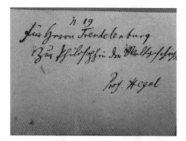

黑格爾的手寫字體

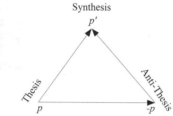

黑格爾和馬克思都善用辯證法

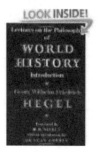

黑格爾的《世界史》　　　　黑格爾在德國斯圖嘉特的故居

受到黑格爾哲學影響的大群哲學家

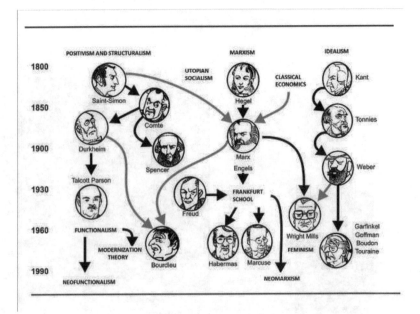

影響馬克思和受馬克思影響的思想家

# 近二十年來西方學者對黑格爾哲學的重估

# 第十二章　近二十年來西方學者對黑格爾哲學的重估

一、杜威詮釋與補充黑格爾的學說

二、黑格爾的有機論是關係有機論

三、黑格爾論主體與自我

四、黑格爾在自然中找到精神：習性的作用

五、第二天性、感知意識與倫理生活

六、個人與社會：黑格爾、馬克思和貝林斯基

七、黑格爾對當代認知論的貢獻

八、黑格爾論「愛」和悲劇

九、祈克果批判黑格爾哲學之重估

十、其他議題的析評

近二十年（1916-2015）來，英、美、歐陸、加、澳、俄等國的學者，紛紛研讀和重新評估黑格爾的哲學，而做出與時代相呼應的詮釋。他們甚至把十九世紀下半葉詹姆士和杜威有關黑格爾學說的看法，重加檢討，俾解釋新黑格爾主義的想法對實用主義、實驗主義的影響，包括黑格爾與杜威對因果關係的解釋之異同；黑格爾透過習慣（所謂的「第二天性」）的說詞說明精神來自大自然；大自然的有機性（organicism），特別是他的關係有機論對實用主義理論的形塑，發生重大的啓發作用。作爲社會行動、社會實踐的主體之個人或群體，如何靠欲望來干預身外之物，從而把自我建構起來。黑格爾法政學說的倫理生活的意涵，對個人與社會有何定位的作用？人之知識並非只是理性的產物，在某一程度下，人仰賴他人、他物、他者，來造成互爲主觀的認知，是故主體性乃是互爲主體性之產物。黑格爾的「承認說」與「主僕說」對當代哲學的啓誨是什麼？何以又被重加炒作而產生新解呢？黑格爾認知論的當代意涵是什麼？黑格爾的功業和遺產如何重加估計？有當代黑格爾之譽的哈伯瑪斯，如何重建黑氏學理，俾迎接現代社會的挑戰？這些林林總總的問題及其解答成爲本章的主要內容。

# 一、杜威詮釋與補充黑格爾的學說

近年間英、美哲學界重燃黑格爾學說對實用主義、或稱實驗主義的影響之興趣，從而檢討詹姆士和杜威對黑格爾哲學之認識與評價。前章所提美國聖路易學派之繼承者古德（James A. Good）和皮因卡（Terry Pinkard），曾視青年時代的杜威爲一位功能主義、工具主義者、唯物主義者，因而對日耳曼觀念論興趣缺缺，但仔細研究卻發現杜威居然在1880和1890年代在形塑實用主義之際，和詹姆士一樣肯定黑格爾的認知論。兩人把黑氏「絕對的知識」當成不斷的追求、無限的、無止境（infinite）的求知，而非負面的、超驗的、物化的釋義，而是「辯證追問的結果」。換言之，兩人不把Geist看作神明、看作摸不著、抓不住滑溜的事物，而是人的精神，亦即「人類」（Good 2006: 13）。「這是哲學的勝利，非宗教的，也非美學的勝利；這是理性在歷史化的過程中，把吾人所視爲既定〔的事物〕，也造成以往的桎梏中解放出來，獨立出來的哲思」（Pinkard 2002: 245）。

在受到黑格爾觀念影響下，杜威不認為人擁有道德是人有異於禽獸之處；反之，人是活在互為主觀的行動者所組成的世界裡，在進行互動的生物。如眾所知，杜威是一位功能主義者，對他而言心靈是活動的總稱，而非結構、或組織的集合。在此情形下，(1)黑格爾的科學觀是把科學當作方法，而非真理最終的把握，也就是科學偏好過程，而非結果；(2)辯證法的性質是工具性的：「我們在世上所製作的事物，是按人的目的而為」（Good, *ibid.*, 29）；(3)黑格爾認為歷史有誤謬，這就是詹姆士所說的「心理學上的誤謬」；(4)黑格爾是一位把他思想付諸實踐的哲學家。要之，黑格爾並非本質主義者（essentialist），而為實踐主義者（practicalist）。

杜威的著作《心理學》（1887）嚴格而言，並非黑格爾派的作品，最多是新黑格爾派的傑作。由於他強調主體並非形而上的精神，而是行動所造成的行動體，包括心靈以功能主義的觀點來解釋，使他檔上了英國新黑格爾派。正因英國新黑格爾派不重視《精神現象學》，杜威反而獨鍾此書，因為實驗和身外的行動，乃是人試行錯誤（try-and-error）的表現，也是人知己和知天的步驟。

James A. Good　　Terry Pinkard　　John Dewey　　William James　　Charles S. Pierce

杜威哲思的發展不但受到黑格爾學說的啟發，也受到達爾文《物種原始》（1853）和詹姆士《心理學原理》（1890）的衝擊，我們不難發現杜威後來所析述的概念和問題早已被黑格爾所預知和談過。古德的說詞是達爾文和詹姆士獲自黑格爾的很多隱喻（metaphors），杜威把它們轉化為具體的事項來處理，也可以說在不使用黑格爾的詞目下，析述黑氏的理念。儘管1915年之後杜威與日耳曼哲學訣別，但在其後與別人的通信裡把黑格爾的思想當成自我包攝的（self-enclosed）體系看待，甚至把這個體系視為杜威的永恒的黑格爾之「積存」（deposit 存款）來使用，儘管其斷片、其環節無從測試。

杜威在1946年致友人信上反駁讀者批評其學說避談衝突、不言失和（disharmony），這是對他想法的誤解。事實剛好相反，他曾嘗試把黑格爾的

辯證法轉譯爲可供還原、可供測試的「自我完善」的過程。正是這種陳述顯露他吸收了黑格爾的精髓，儘管也透露他與黑格爾不同之處（Hickman 1999-2005）。

更早之時，杜威在1894致 Alice 的信上坦承對抗爭、罷工、暴力使用的見解，對此人群的衝突有必要重加檢討和思考，這是罪惡的主觀看法，把僅有的實在當成暗潮洶湧的、相互角力的意見之表面統一。他批評黑格爾把對立面加以和解便可以恢復平衡狀態、恢復統一，這是物理現象誤用到人事的道德和解。須知對立面之所以會走上統一，乃是事物成長的結果。從1894到1946的前後不同的解釋顯示，杜威對黑格爾辯證法可看做：從歧異中追求到統一（a search for unity in diversity）的心路歷程（Hickman 2008: 569-571）。

事實上，我們要指出「在歧異中追求統一」強調的是對立面的鬥爭，這比較接近杜威在1914年倡導的教育哲學的宗旨：「在成長〔的紛岐〕中找統一」。這也比較能體會德國人「養成」（*Bildung*）的概念，也接近古德和皮因卡的黑格爾學說之解讀（Good 2006; Pinkard 2002）。

至於杜威對黑格爾因果觀的評析與補充，也可以看到實用主義大師對日耳曼觀念論的推崇。黑格爾認爲原因有別於效果，爲分開來的兩個概念，不過卻是一個內容的兩個面向，沒有效果談不上原因，沒有原因何來效果？兩者固然相對相反，卻是相輔相成。杜威也有類似的說法，認爲原因和效果是進行中過程同一事件片斷、環節的一體兩面。這種說法使羅悌（Richard Rorty）把杜威的學說看作「自然主義化的黑格爾學說」（naturalized Hegelianism），用來撟棄康德隱象不可知之物，其最終之目的在彰顯本身主觀之理念。但這種說詞卻是羅悌的誤讀。

自然主義（naturalism）或稱自然論，就是持自然律則（自然法）和自然力在宇宙理操作的信念，而排斥超自然、或神明在左右宇宙、世界、自然界、人事界的生成與變化。

把自然主義看成實在，就是一連串的有效的原因和效果之集合，然後把因果關係看成自然科學者的研讀主題，這種說法顯與黑格爾學說所追求的目的相去甚遠。因此，站在黑格爾派的立場，會把杜威的學說貼上帶有化約式的「工具論」和「自然論」之標籤；反之，站在杜威派的立場，黑格爾的學說也是一種化約式的學說，這就是化約式的主觀唯心主義。這兩派的看法都有偏差。原因是他們兩人並非化約論者，他們都採用湧現方式（emergent）來解釋過程中的因果關係。

當代對黑格爾主義的新解釋都偏向他的學說並非形而上學的，而是走向現世的、實際的、實用的，而具有與實用主義聯盟的潛勢力。所謂的非形而上學的解釋，就是指《精神現象學》終章所提的絕對知識、絕對認知，這種知識或認知並非掌握最終、最高的、永恆的真理，而是不再設定任何的形而上的標準（真、善、美、聖等）下，也不超越此類標準而取得的知識。

黑格爾的絕對知識是克服兩元（主體和客體）論，把認知者和認知對象在認知的過程中之對立揚棄，而達致歧異之復歸統一。這是超越康德先驗的方式去解釋思想。對黑格爾而言，超越經驗的認知是教條的、反科學的。絕對的認知是內在於社會與歷史的氛圍內，而非形而上的、玄思的，是人類理念與理想的具體事物。

杜威在1902年批評人們把原因當成首要的、優越的，卻把效果當作次要的、劣勢的，這就是因果律的歷史性謬誤。物質（唯物）主義所犯的毛病正是拜物教先行冒出的物質，其理由為把所有的後果推溯或化約為前面發生的當成原因的事物，「這是先例的拜物教式的崇拜」（*EW* 5: 105）。換言之，杜威以逐漸湧現的、有機的自然科學主義（organic naturalism）來對抗物質主義。在他的影響下，最近二十年西方學者熱心討論黑格爾學說中的有機的自然主義，我們在下節中還要詳細檢討。

由此可知，杜威與黑格爾都仔細考量、精心分析實用主義的原則，討論了原因和效果的關聯。須知我們所以要分辨原因和結果的不同，首先是由於理解（知性 *Verstand*）接觸了事物而引發，接著藉由理性（悟性 *Vernunft*）的推論，才發現因果兩者並非形而上可以分辨的事項，而是在辯證論上把整體區別為不同的環節、片斷。就像黑格爾一樣，杜威在其哲學發展中，堅持原因和效果、手段和目的，並非形而上有分別的兩樁事體，而是發展過程中，逐漸湧現、各扮功能、相輔相成、邁向統一的環節（Good and Garrison 2010: 106）。

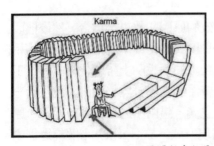

因果關係有如骨牌效應與成長和湧現之譬喻

# 二、黑格爾的有機論是關係有機論

　　一提到有機論或器官說，人們容易聯想到各種器官組合起來、各司所職、各發揮其功（職）能、發揮整體生命的效用，不但使整體得以維持、發展，還可以再生、繁衍、代代相傳。從而把各器官、各部分視為整體活動所不可或缺，與整體存亡息息相關的部分。

　　黑格爾的國家觀就是有機的國家觀（本書第八章），其源頭為古希臘亞理士多德，他主張人群由家庭，而擴大至村落，最後組成城邦，每一階段都在發揮滿足人群不同的需要，例如家庭在滿足成員生物學上（食、色）的需要；村落也可以說是一種的社會，在滿足鄉民或市民交易的社會需要；至於城邦則在滿足國民或公民成為一個完人的倫理需要。有異於工具論（又稱機械觀，其倡導人為中古時代的馬基亞維利），國家本身就像擁有生命的有機物，國家不是機器，也不是工具，國家本身不僅有功能（保民、維安），還具有目的（使公民有機會成就自己）。在此情形下，人們容易把黑格爾的國家觀與社會觀看成重視整體主義（holism）和社群主義（communitarianism），而與黑格爾所追求的個體主義（individualism）和自由主義（liberalism）有所衝突。

亞理士多德的生機論　　　　有機的成長　　　　馬基亞維利的工具論和運輸工具

　　近年西方學者的研究發現，黑格爾的有機論是一種關係的有機論（Relational Organism）。這意謂社會與政治生活固然與有機觀相連結，但他不排斥個體的自由，亦即超越整體的社會本體論（holistic social ontology）：個人在社會中既非被決定，也不決定別人，而是每個人對別人有所協助、有所貢獻。事實上，這種說法並不限於黑格爾，也包括康德在內的日耳曼觀念論者的國家觀與政治哲學，或是亞丹・斯密各人追求自利、社會均蒙眾利的政治經

濟學。是故把原子論與整體論對立、自由派的個體主義和社群派的集體主義之
衝突投射在黑格爾的學說上是錯誤的。

　　這些錯誤的來源，主要的是黑格爾主張國家有機說、生機論，而學者誤把
有機說與生機論看作整體論，只重群體、忽視個體，誤解黑氏敵視自由主義，
把個人從屬於國家。不過平心而論，黑格爾的作品多少有偏向國家主義之嫌
（Hegel 2009: 269），難怪不少哲人（最著名的是 Karl R. Popper）要指摘他是
極權主義的倡導人之一（Popper 1996）。

　　其實，生機說並沒有意涵社會是鐵板一塊的、封閉單一（monolithic）的
群體，在此群體中個體被抹殺、被犧牲。黑格爾的有機論並非絕然「非整體
的」（non-holistic），而是在整體中允許個體彼此互動，把彼此的歧見、矛
盾、衝突減緩、和解，亦即把整體主義和個人主義融會貫通。個體在整體中的
價值必須就其特殊性（particularity）來加以評估，以其人的貢獻來衡量，而非
他在整體中的角色和功用來評價。

　　由於黑格爾主張國家是一個組織，其目的在成就個人變作良好公民，進一
步在增進整體的利益，導致現代思想家諸如柏波爾、柏林（Isaiah Berlin 1909-
1997）、麥克洛斯基（H. J. McCloskey 1810-1885）等人嚴厲的批評。他們批
評了黑斥政治有機論，對他們而言，黑氏的國家觀和政治哲學乃是整體論、極
權論。這是由於誤讀了黑格爾有關個人與社會的關係，而忽視他這方面的析述
與訴求（Quadrio 2012: 320）。

　　柏林指出黑格爾的國家把其集體的、單一的、官方的意志，強迫加在
國民的身上，這是由於黑氏把個人「認同為超人際的精神、或勢力（像國
旗、國歌、領袖等），在其中個人只是一個元素而已」（Berlin 1990: 42）。
此外，有機論內含壓迫、控制等干涉個人自由的機制。麥克洛斯基更指出
有機論是便宜行事（ad hoc）的理論，「企圖把個人屈服在國家的意志之
下」（McCloskey 1963: 313）。皮品（Robert Pippin）、侯格特（Stephen
Houlgate）與哈伯瑪斯認為黑格爾的有機論淪為「保守的有機論，成為真實的
倫理本質之偶然表現」（Pippin 2000: 155）。或指摘黑格爾的政治學說在為普
魯士君王制辯護，使個人屈服於國家之下，成為法西斯主義和納粹主義的先鋒
（Houlgate 2005: 182）。

　　與上述的詮釋相反，黑格爾認為個人乃為行動者，不只是社會大機器
中扮演螺絲釘的角色而已，而是像公民一般採取「實際的態度」把自己與世
界分開，俾改變、形塑其所處的情境，展示其自我決定的能耐（Hegel 2009:

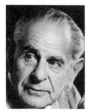

K. R. Popper　　Isaiah Berlin　　H. J. McCloskey　　Stephen Houlgate　　R. Pippin

36）。黑氏的主體是能夠在社會條件之外思想到其本身，在思想中從這些條件裡抽離出來，懂得自決就表示能夠從其所處的情境分開出來，導致有異於本身之主體，也能夠分辨自身與情境之不同。這種分離與分辨，並沒有意涵與社會條件徹底分開。透過抽象和思維主體與情境分開，主體與脈絡保持距離。固然在社群利益和個人自由之間常存有矛盾、衝突，而黑格爾站在社群的一方，但他的國家觀卻是普遍性與特殊性的合一，以致黑氏說：「特殊的、個別的利益不該擺在一旁，它們應該同普遍的、全體的〔利益〕相和諧，這樣特殊的與普遍的利益乃得保持」（Hegel 2009: 285）。

　　後期的黑格爾所採取的有機論是關係的有機論，而非單單擁抱整體論而已。黑氏的有機論是襲取康德的看法。在《判斷力的批判》（1790）中，康德視有機物為其成員相互關聯結合而成的統一體：「〔首先〕只有部分能夠發生關係而發展為完整體、統一體，部分的存在才有可能。其次，部分的形式、相互形成之原因和效果，才能使部分組成全體，因為聯結的原因導致整體所以從部分結合而成的效果」（Kant 2000: 274-275）。是故在一個有機體當中，我們發現部分與部分之間、部分與整體之間有相互依賴、相互連結的關係。自我能夠與他者相關聯的自我才是有機體的自我，也才是有機體的成員（分）。這種說法才是有機論與整體論有所區隔、有所不同之所在。康德的有機論來自生物學的器官說、生命說，但可應用到國家「組織」（organization）之上。在國家範圍裡，公民彼此可視為手段，也可以視為目的（*ibid.*, 246-247），儘管康德的命令範疇要求把別人當成目的，而非手段來看待。他心目中理想的政治有機體為像美國那樣現代民主立憲的國家。

　　在黑格爾方面，有機體也不意味部分從屬全體；反之，全體不容忽視部分（Hegel 2009: 740）。換言之，部分與整體是相互的、倚賴的、共存的。他說：「這是普遍性與個體性的相互滲透——為客觀性與主觀性自由（個人認

知的自由——追求個人特殊目的之自由）之合一、之統一」（*ibid.*, 276）。黑
格爾的有機觀不過是康德相互關係的有機觀之複述。是故黑格爾心目中的公
民，非國家所製造的產品。固然國家有其存在的理由（*raison d'etat*），也就
是為國家的好處（國家利益），但國家只有靠內部的成員、因素才能存活。
在本體論上，國家作為全國國民的整體並沒有優於其成員，也不容忽視其成
員的福祉，國家的存在是靠「個人的自我意識」來中介的（*vermittelt*）（*ibid.*,
276）。

中年的康德、聲望達高峰的黑格爾、青年的康德

進入康德與黑格爾的心思

　　人際的關係既是相互通情達意、提供訊息（informing），也是改變現
狀、製造新形勢的轉變（transforming）之過程。在這兩者活動過程中相互
的關係才能建立和維持，是故這種關係是動態的（dynamic）。相互關係的
這種動能（dynamism）使關係（*relata*）提供情資與改變形式的相互交換性
（reciprocity）產生出來。

　　如能應用黑格爾關係有機論於政治和社會生活的領域，那麼整體論和原子
（個體）論的對立和緊張可以抹掉，進一步自由派個人主義與社群派集體主義
的對峙和對抗也可以消弭於無形（Quadrio 2012: 335）。

# 三、黑格爾論主體與自我

西洋思想史上「自我」（the Self）、「主體」（Subject）、「主體性」（Subjectivity）不僅是哲學界，尤其是觀念論者津津樂道的概念，也是心理學和精神分析學者研討的主題。黑格爾注意到「自我意識」發展到知性、悟性、精神的過程，也強調「主體即實體」。他也對人所以會發現自我，是由於先觀察周遭的他物，特別是他人，而由別人、別物的鏡子映照出本身的形貌。換言之，透過心思的反映，而體察與瞭解自我的存在。這種說法影響到現代心理學者和哲學家（諸如佛洛伊德、拉崗 Jacques Lacan 1901-1983 等）對自我的深入探究。早在耶拿大學擔任講師職的黑格爾，其早期作品《耶拿著作》中，便對自我，特別是自我意識進行剖析。因之，不待《精神現象學》的出版（1807）之前，黑格爾對意識的產生便有所陳述（Testa 2012）。

透過寇耶維的闡述，黑格爾藉著他者（the Other 他人、他物）的體認，而映現了自我（Kojeve 1969），這一說法引發歐美學界的側目。黑格爾認為任何當作存在之物的個人，都是泛神論中「絕對的〔神明的〕，自我認知之所在（locus）」。透過人的自我意識探險歷程，達到神明自知自覺的終境。黑氏在獨排眾議之下，指出人所以會產生自我意識，在於與別人交往和折騰中湧現自我的感受，別人也以同樣的方式產生了他們的自我意識。換言之，黑格爾是首位西洋哲學家引進相互主體觀的概念和想法（Gasparyan 2013: 5）；他也是對主體性的本質界定為含有互為主體性、或互主性（intersubjectivity）的思想家。

此外，一反傳統哲學家主張把人之所以擁有主體性、擁有自我，是透過理性（思維的作用，一如笛卡爾的「我思，故我在」），黑格爾指出產生自我的動力不在思想，而在「欲求」（*Begierde*; desire）。欲求或稱欲望，除了證實本身的存在，還有否定甚至破壞他者存在的動機，像飢渴使人們把當前的一顆蘋果吃掉，也就是毀掉蘋果的存在來滿足我的欲求、需要，我的存在以犧牲蘋果的存在來達成。這說明認知外物只是消極性、不作為的舉措，欲求則是改變外物，滿足己欲的動作。從而不難想知，所謂的主體乃是能夠追求那些本身所欠缺之物，俾在否定或破壞它物存在的情形下，來滿足自身的欲望與需求。理性或心靈只能得知事實，這是消極的認識事物。但要改變事實，滿足自身的

需求，則要依靠欲望所激發的行動。是故欲望是具體的、積極的行動之動機、動能。欲望也可以說是否定的化身，在於消滅了所欲之物（吃掉蘋果），否定了其存在，又把我們的欠缺（飢渴）排除掉、做了另一個否定。欲望無窮，可是滿足人們欲望的事物有限，這就造成匱乏，而匱乏和稀少性（scarcity），是產生政治經濟學（經濟學的前身）之原因（洪鎌德 1999：1-7；2009：156-162）。

欲望和匱乏

動物也有欲望，但它追求和滿足欲望之物，卻是眼前的、具體的事物，是故其否定的方式是不完全、不徹底，甚至談不上否定。這點與人類的作法大為不同：人可以產生純粹的、絕對的否定，否定那些現實範圍之外可欲之物，包括形而上學之物（真、善、美、聖）以及本身之存在（殉情、殉國）。人能超越現世既存、現存之物，也可以超越不存在的事物（Honneth 2004）。

人是否可把欲望當成本身（the desire itself）來看待呢？這無異把欲望當成認同體（identity）。一旦欲望變成認同體，它就不具否定性（negativity），因為否定性為欲望認同體的否定。因之，欲望所追求的必然是另外的欲望、他者的欲望（other desire）。這就是從黑格爾那裡產生了他人、他物、他者（the Other）的原因，這也是拉崗所言：「欲望是對他者之欲望」（Lacan 1966）。我們所欲之物常常也是別人要求的東西。我們對他者的欲望、愛欲，顯示我的生命與自身被他者視為具有自我價值之物，亦即他者必須承認我是人，是擁有人格、獨一無二的單位。他者承認和接受我為自主和自由、獨立和自決的實體。人只有生存在社會中，受到他人的承認，才算是自由的人、自主的實體。

是故對他者欲望之企求，就是要他者承認人是自由的單位、自由的實體。企求自由，意謂他者對此企求之承認。對他者的欲求，包含了對所有人類之價值的欲求。這類自由不只自由而已，也包括公平、正當在內。我要獲取自我，就要考慮到其他人的自我，我與其他人共構相互主體的秩序。動物只求保命，

不計榮辱，人有時冒著喪失生命的危險去彰顯某些價值，這就是要獲取人的「特權」、「榮譽」、「尊嚴」，而不惜犧牲自己的性命，或喪失個人的自由。黑格爾認為主人的心態與奴隸的心態有所不同，作為主體的主人敢冒決鬥致死的風險，來取得他者的承認；反之，奴僕的心態與動物保命的本性接近，以向主人輸誠效忠得以延續生命，亦即承認主人的優勢、任由驅策。

要之，求取他者之承認是導致主體化的基本條件。這就意謂我無法被承認為一位個體的人，假使沒有與他人來往，同住於一個社會的話。是故人只有成為社會的一份子才算進入世界。對黑氏而言，人類學最重要的範疇在於承認。人之所以異於禽獸之處，在於獲得別人作為個體的、獨特的人之承認。被別人承認的機制擁有細膩的、交織的結構，它顯示他者的共通性、建構性和潛在性。這個機制最重要的元素是個人被承認的訴求。只有在此承認中，人的自由才獲得保障（Gasparyan 2014: 9）。

對黑格爾而言，個人乃是共同性（普遍性）與特殊性（獨特性）的合一。共同性意謂人被承認為人類的一份子，擁有所有人共同的特徵；特殊性表示此一個人有異於他人、他者之獨特之處，這包括其出身、才華、教養、經歷和機遇等。但人的特殊性卻在其生涯中屢遭壓抑、改變，其背後的意義在突顯永久性的他者之存在。換言之，不是個人以承認自己來承認別人，而是「承認他者一如你承認自身」。一個主體被其社群所承認，意謂主體也承認了社群。是故任何擁有自主性價值的個人對你的承認，才是你所期待、所求取的承認，它表示承認的訴求內含的相互性。這是政治哲學上，公私衝突和解與揚棄的辯證過程。這種公私相交之處不是戰爭的狀態，而是和平的呈現。主體如被這種承認的驅力所推動，而其欲望與信念受到道德的、立法的制度所指引，那麼遵循社會秩序的規範大於偏離這種規範的話，則合理的溝通有助於審議民主的出現與維持（Habermas 1990；洪鎌德 2013：253-257）。

由是可知主體掉入一個惡性循環中，為了追求他者的承認，主體必須接受社會秩序的約束，但他又要保持本身的自由，常想摔掉社會秩序的限制。在此情形之下，個人的意志常被迫化為整體的意志。這種己意與公序的矛盾、衝突，造成學人的困擾。黑格爾解決之道在於個人接受社會秩序是由於本身，而非強迫。這表示個人所接受的價值與義務，是社群其他成員（他者）所共同遵守之價值與義務。如果不是如此，則表示被迫去遵守大家不贊成的規範。在進行這種遵守機制時，主體變成相互主體的環境中之一員。在其中他的意志與別人（他者）的意志相同，只是尚未內化而已。所有團員必須首先被認

可爲社會中有價值的成員，其言行必須符合社會共同的價值和規範。這些說法在於支持新經典主義的主張：一個主體內心的世界，是社會遊戲的複製和延續，通過價值判斷他者得以侵入主體的內心。個人的空間不只是內在於其隱私處（intimacy），而是使隱私得以外化（externalized），這就變成拉崗所言的「外露」（exmate）（Lacan 1966）。所有社會中的諸主體扮演相互指揮有的角色，目的在發揮社會能量，達致社會承認的這齣大戲（Gasparyan 2014: 10）。

# 四、黑格爾在自然中找到精神：習性的作用

最近二十年來西方有關黑格爾學說的研究，發現黑格爾一直在克服康德兩元論，不但要消除隱像和現像的鴻溝，還企圖消融自然和精神的對立。新近的詮釋集中在把黑氏的「精神」去形而上化，也把他心目中的精神去神明化，而還原它爲世俗化、人間化。更值得注意的是，他認爲精神透過人習慣動作的第二天性（第二自然 the second nature）邁向規範性（normativity），而由自然湧現出來，這無異是在自然中找回精神。

所謂的規範性乃是人追求自由，抗拒自然的必然性之表現，因爲向來的哲學家都認爲自然的運轉是受必然律的導引、非人力可以操縱、其運行是不得不爲的演變。反之，精神是涉及人際關係的規範，它雖有集體性約束成員的強制性，卻是人群自由意志的表示，而其遵守代表個體意志屈服於集體意志之下，正如上節所述。

在這種解釋下，所有涉及規範的事物都被看作本身自存之物（sui genesis），而無法化約爲其他的事物（Ikäheimo 2012: 149）。亦即無法化約爲像自然事物受到因果律的制約。無論是要把黑格爾的精神說去掉形而上的色彩，還是貶抑黑格爾的自然觀，這兩者都有返回康德思想的企圖。這些努力有把黑格爾學說與康德的思想拉近、和解的作用，其結果顯示黑格爾的思辨和康德的批判相互包容、相互契合、沒有扞格（compatiable）。

黑格爾有兩份著作涉及精神的論述，可惜以往學者對這兩份作品未詳加研讀，以致無法從中找出他對精神深刻的認知和論述。黑格爾早期所講述的《精神哲學》（亦即《精神哲學》第一部1816）和後期柏林所出的《哲學全

書》（1830）中論述精神哲學的部分，我們看到黑格爾不但討論作為「精神」的人、或人類學所析述的人，也論及作為動物的人，也就是構成大自然一部分的人。因為很多黑格爾學者不注意到他討論人有身軀、有器官、有情緒、有生理兼心理的結構體，只注重他把人際關係的「社會性」（sociality）解釋為自我意識產生的來源，以及人所特具的相互「承認」（Anerkennung），而遺忘了人做為大自然一部分的「軀體性」（Körperlichkeit: corperality）（Ikäheimo 2012: 151）。

　　論及「承認」一概念，大家都會讚賞黑格爾提出此詞的慧見與創意。它一方面在擺脫形而上學的糾纏，另一方面連結了人定義中的社會性與精神這兩樣特質。承認這一概念是描述人賦予他人規範性的地位，或意指人群在組織和安排人際關係時，考慮到賦予權威的地位所牽連的規範，或討論人群如何和平相處、愉悅往返。是故承認當作地位屬性的認定是人有異於禽獸之所在，因為人不只是擁有精神的萬物之靈，也是具有血肉骨骼的動物，是故承認不只承認到別人擁有精神、擁有社會規範性的地位，也承認他是有血有肉、擁有身軀的、欲望的、情緒的生物。

　　在《精神哲學》第一部分〈主觀的精神〉中，黑格爾討論哲學人類學涉及靈魂、感覺、自我感、習性（習慣）、意識、理性諸子目，也涉及心理學方面的精神（包括理論的、實感的和自由的精神）。他說：靈魂把自己變為一個抽象與普遍的存在，把感情的特殊東西（欲望、本能、熱情和它們的滿足）歸結為它的存在，也就是它的特徵，這種特徵即習性（Gewohnheit 習慣）之謂（參考韋卓民譯2006: 31-32）。將感情特殊的和形體的表達形式，培養成靈魂的實質是需要一段的過程，這一過程看來是表達形式的重複，而習性的產生像是實踐。習性是自我感覺的機制，正如記憶是智力的機制一般。年齡、睡眠、醒覺是自然的；習慣則不同，它是感情的方式（像意志、理智等）變為一種自然的機械性存在。習性被稱為第二天性、第二自然是有其道理。稱為天性在表示它是靈魂的直接存在，稱為第二天性是因為它是靈魂所創造的一種直接性，把加入在感情裡的複現表象賦予印象和模型。

　　在習慣裡人的存在方式是「自然的」，因而是不自由的。感情是自然的一面，由習慣變為它的一種實質，一旦人受到感情的指引不離不捨，習性仍呈現它自由的另一面向。由於人習慣於滿足，種種欲望與衝動都變鈍了，這就是從欲望和衝動理解放出來。在習慣裡不但靈魂（抽象的精神生命）要保持自身完整，也要讓身體成為一種力量，使身體隸屬和服從它。身體被當成直接的外

物看代，因為身體之存在，使靈魂喪失它和身體的性質原有而直接的同一性。作為有機系統之一種器官的身體塑造成一種目的：乃是把一直含蘊在物質（軀體）裡面的「觀念性」揭露出來，而予以表述。這樣做就能使靈魂在其意志和性格方面，在其形體中存在了實體。

習性的形成適用於心理動作的一切種類、一切級別，特別是外部的、形體的，例如經由訓練、養成的直立，這是由意志走向習慣。不管是怎樣自由活潑的思維，也同樣需要習慣和熟練，因為在自我中心的思維之自動自發裡頭，也有靈魂和身體的合力。習性由於使自然機能成為靈魂的直接性，使人們減少麻煩頭疼。習慣在更大的範圍裡乃是回憶和記憶。

## The 3 Steps To Forming A Habit

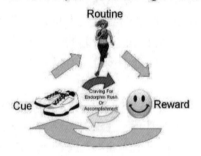

習慣動作所形成的知識、技巧和欲望

人們經常忽視習慣，認為它無生命、無準則。可是習慣對個人的一切理智生命的存在是不可或缺的，是使主體成為具體的直接性，成為靈魂的「觀念性」，使意識的內容、宗教的和道德的內容，成為這個人所擁有；這個自我、這個靈魂，而不是其他，既非只是一種潛在的可能性，也不是轉瞬即逝的情緒或理念，而是成為這個人實質之重要部分（韋卓民譯第34-35頁）。

換言之，只有當黑格爾學派放棄康德純粹理性論，而考察人內在與外在（人際）的心理過程，而發現內外的連結時，才會知道後期的黑格爾對人類學瞭解的深刻。黑格爾學問的淵博，使他對當代的科學都能掌握。因之，對「主觀精神」的結構有犀利的認知，他也與今日心理學界「擴大的、延伸的心靈」（extended mind）有所知曉。這部分是他所研討的「客觀精神」，這類客觀精神所涉及的主題，成為今日學者矚目的語言問題和社會制度，也是象徵與物質文化研究的對象。客觀精神對主觀精神具有重要性，像思維、記憶、回憶、認

知等等，以及其實踐的引申，諸如動機、意願、意志等等，都可以從他後期的作品中窺知。

黑格爾也可以算是當代學問的先鋒（pioneer），原因是他能夠把「形體化的心靈」（embodied mind），不只看成頭腦而已，而是看成認知的、情緒的、意願的過程，其習慣化對約定俗成的認知和行動具重大作用，同時也顯示軀體性或人的動物性，對社會性產生重大的作用（Ikäheimo, *ibid.,* 153）。

有關黑格爾學說最新的研究是調整其焦點，把黑格爾重視社會性和規範性的地位加以轉移，亦即轉移到身體性和人特殊人身之主觀結構，移向人生活形式和動物性的先決條件之上。

# 五、第二天性、感知意識與倫理生活

如前所述，黑格爾討論人的習性當成第二天性，是在敘述自然轉向析論精神之過渡時期。透過習性主體把內心認知、欲望、情緒一概攝入到一個統一體之內，同時又把心中這些感知的狀態，當成主體的內容加以保留。習性之所以稱為第二天性，是因為精神初現的環節含有自然的成分，這就是自然的意識，因為此時的意識與純粹的意識有別、有限，通過習慣則會變成持久的意識。精神之有別於自然在於享有自由，因為自然受限於因果律，其變遷是必然的、被迫的。精神的自由意謂脫離自然，但又保持與自然的部分關聯（對自然的意識就是精神離不開自然的表示）。習性可說是精神脫離不開自然的關係之「理念化」（idealizing），扮演中介的角色。換言之，第二天性在中介自然和精神。

黑格爾要打破自然與精神相對立的兩元論，對他而言，自然是出現在精神裡的現象，絕對知識不是對大自然的徹底瞭解，而是主體的自我瞭解、自我認識。人是沉浸在自然裡，也是從自然中湧現出來的生物。換言之，黑格爾要解釋自然如何變成精神，是因為有機體的人類把自然所有龐雜的現象映現、或表述（*Vorstellung*）在其身上。人身只是一個微小的宇宙、一個微小的單子，其身內卻把大宇宙的結構內化（*verinnerlicht*），也就是把自然「精神化」（*vergeistigt*）。不但自然的運作有規律、有秩序含有「規範性」（normativity），人作為有機體也是一種「具體而微的規範性」（embodied normativity），自然與人身都在尋求平衡狀態之保持（homeostasis），這是有

目的（telos）、有生命的有機體之象徵（Merker 2012: 157-159）。

　　上一節所談的作爲第二天性的習慣，是出現在《哲學科學百科全書》（《哲學全書》）第三部分，從人類學講靈魂轉進精神現象學的中後段。不過黑格爾在討論客觀精神中，涉及倫理（Sittlichkeit）所談的第二天性更具啓發性。對他而言，倫理是個人的氛圍與公家（道德、倫理、法律）的氛圍原始的合一。他說：「當成行爲普遍模式的倫常（das Sittliche）以風俗（die Sitte）的面目出現。作爲第二天性的習性（Gewohnheit 習慣）取代了第一天性，亦即〔不受節制的〕自然意志〔恣意妄爲〕成爲個體存在無所不在的靈魂、重要性和表現性。它是世界呈現的活生生的精神、即刻出現的精神，只有如此當作精神的精神實體才開始存在」（PR §151）。

　　黑格爾認爲具有解放（從自然的必須性解放出來）功能的習性，之所以成形、之所以達致，是源之於教育、訓誨（Pädagogik）。他說：「教育是一種藝術，在使人們變成有倫理〔的生物〕。它使自然之物的人群獲得重生，讓他們把第一天性轉化爲第二天性──具有精神的自然。這種精神性對他們來說已經習慣了」（PR §151）。在1827/1828的《精神哲學講義》（Vorlesungen über die Philosophie des Geistes）中黑格爾說：「『另外的自然』不失爲正確的說法，這是由於從一方面來看習性是自然的『它者』：它構成一種解放。相對於未受教化的自然來說，它是第二自然；另一方面習慣也是自然，它是一種存有，成爲我的習慣。後者這種性質保留了自然直接性的本身」（VPG, 125）。我對外界形形色色的感知，是把感知的細節，當作自然的現象之部分，這些被我感知的細節都是被動的東西，我能把這些細節當成感知的對象，表示我從它們分離出來，我變成主動和能動的主體。這些歸因於習慣，是故習慣使人自由。習慣是界於自由與不自由之間，也是界於精神與自然之間，這就是感知的意識（perceptual con-sciousness）（Forman 2010: 336-337）。

　　在《法哲學大綱》的第二部分黑格爾論述道德，認爲道德爲個人的修心養性，固然值得推崇。不過主體一旦處在孤立狀態下，儘管抑制個人的情欲努力行善，卻與其社會文化脫節，遠離人群的倫理生活，則其德行也不具意義。不過藉著習慣使主體與其社會的規範與習俗連結，這一過程卻有助於倫理生活的揚升。由是可見習性不但化解自然與精神的對立，也中介了教養（Bildung）與主體的判斷、嗜好、處世、待人之道（Lumsden 2012: 220）。

　　黑格爾並沒有把文化、制度、市民社會、司法、國家等看成第二個自然，假使人群不習慣於把這些人造的典章文物，當作主體的人群自我瞭解之物的

話。習性具有占有與內化的本事，所以無論是主觀精神，還是客觀精神之成形或塑造，都離不開習慣的運作。特別是對主體精神而言，主體能夠吸收與發展身體的官能、思想與感情，是造成第二天性和第二自然的緣由。把占有和內化成習性的能力，轉成個人的主體精神和社會的客體精神，也就是人有異於禽獸之處。習性之具有占有性，在於能把社會的規範刻劃進個人的自我理解中，成為人們做出自覺而具正當性的動作之反應，亦即符合社會預期的行為模式。

在客觀精神中，習慣的彈性和堅韌會中介與內化人群從家庭、學校、社會、文化得來的教育和養成，而形成他們的個（天）性和人格的絕大部分，這就是第二天性、第二自然。習慣擴大文化生活，也就是在規範、價值和造成的社會制度對人群的活動扮演重大的角色之時（Lumsden. *ibid.*, 221）。

黑格爾曾說：「個人要獲得其權利，只有在一個良好的國度成為一名公民〔才有可能〕」（*PR* §153Z）。這無異說主體的自由，只有在正確的倫理境界中才獲實現。雅典因為沒有出現良好的國度和公平的法律，使其公民自由的潛力無法發揮。換言之，倫理生活要培養的就是倫理的環境和制度，使哲人如蘇格拉底或康德，得以發揮其影響力，而使人群明理、守法、自由、快樂。黑格爾又說：「倫理的氛圍是自由，或稱如同客體的意志之在己與為己」（*PR* §145）。之前，他就指出「倫理生活是自由的理念和活生生的善德」（*PR* §142）。人群最基本也是最小的群體就是家庭，人是家庭的生物。在家庭生活中養成的習慣、規矩、習俗，會遭社會的修正、挑戰，但不致導致社會的分崩離析。這種客體倫理的存在就是要使得主體有爭取發展、呈現自由的空間。在這種解釋下，黑格爾倫理生活的說法是滿符合現代民主自由的想法。另一方面，能夠呼應理性的主體在這種合理的客體之社群中生活，表示如魚得水，相輔相成，沒有扞格難容之處。

近代市民社會的湧現，提供人群安身立命之所，其特徵為提供一大堆能夠呼應理性要求的制度，這些制度也可以隨機調整理性的需求。這些挑戰、異議和改變可藉「養成」（*Bildung*）重新塑造市民們的風俗和習慣。這是習慣之所以重要，在於它把吾人所視為有效的規範，加以接受或改變之原因。不過單靠擁有第二自然堅硬性的習慣，無法充分保障現代的自由。倫理生活因為提供挑戰與重塑這些進行中的條件，才會保障自由之必然獲致和維持（Lumsden, *ibid.*, 241-242）。

# 六、個人與社會：黑格爾、馬克思和貝林斯基

　　個人與社會的關係，成爲當代自由主義者與社群主義者爭論激烈的問題。馬克思對此問題的看法來自黑格爾，兩人同現代社群主義者一般拒絕把個人當成社會的原子單位，只追求本身的利益，來爭求最大量的自由，而不顧全社會的福祉和公平。自從經典的政治經濟學（亞丹・斯密）倡導自由市場，經過功利主義（邊沁）和自由主義（穆勒）的宣揚以來，個人的利益和自由被視爲資本主義社會最大的價值。自由主義這種只爲私人不顧整體的想法，引發各方的批評。最主要的是與黑格爾的法政思想相去很遠，而與馬克思的主張直接對衝。

> *Sittlichkeit* ("ethical life" or "ethical order") is the concept furthered by Georg Wilhelm Friedrich Hegel in the (*Outline*) *Elements of the Philosophy of Right* (*PR*). It is the third sphere of right (*Recht*) that he establishes, and is marked by family life, civil society, and the state. It attempts to bridge individual subjective feelings and the concept of general rights. Given that the purpose of Hegel's philosophy is to provide a critique of his modern-day Spirit (*Geist*, "Mind"), he criticizes the deployment of Kantian morality in society for being insufficient. He explains this deficiency through pathologies of loneliness, depression and agony — which he considers to be the empirical grounding behind his writing. To properly understand the movement from these two first spheres (right and morality) to the last (*Sittlichkeit*), one must also understand the solipsist approach the aforementioned two spheres present, treating the phenomena as if it were atomic. This particularity is what pushes Hegel to assess that he is synthesizing these two spheres and surpassing them in his third sphere of ethical life.

黑格爾從權利引伸到道德，再轉變成倫理生活

　　黑格爾在《法哲學大綱》中，大談倫理生活的三個構面（dimensions 界域、天地）、三個環節（moments）：即家庭、社會和國家。其中市民社會的組織原理，有異於家庭（建立在「愛」的基礎之上）和國家（爲自我意識到的

倫理實體，為倫理理念的現實）。假使家庭代表「直接或自然的倫理生活」
（PR§173），家庭是國家的第一個基礎（§212），那麼市民社會卻是介於
家庭和國家之間差別的階段。市民社會是倫理生活的分裂（§41），也就是說
社會喪失了倫理生活的統一（§173）。原因是由於市民社會乃為「各個作為
獨立的個人之聯合」（§174），是個人私利的戰場（§309），是特殊性的領
域（§196），「需要的體系」（§204），是「外部的國家，即需要和理智的
國家」（§198）。市民社會中的等級是國家的「第二個基礎」（§212）。

　　市民社會可以說是現代社會特殊的一個氛圍，也可以說近現代一個嶄新的
發展趨勢。黑格爾遂說：「市民社會的範圍是屬於現代世界的」（§§ 182A,
220）。他認為支配市民社會有兩大原則：其一、「特殊的個人」（particular
individual）的原則，視個人為分離的和獨立自主的單位，可以為所欲為追求
己利，排除外來的干預；其二、「各方相互依賴的體系」（a [social] system of
all-round interdependency），亦即現代的社會，在其中社會的成員彼此相互扶
持、分頭努力，共織社群的美夢和福祉。每個個人在滿足本身的需要之外，同
時也滿足他人的欲求。這種體系在現代社會中，尤其表現在自由市場的商品交
易之上（Sayers 2007: 89-91）。

　　要之，黑格爾把倫理生活應用到市民社會之上的心意，主要在把個人融
化在社會裡。倫理生活是黑格爾政治和社會哲學的核心和理想，它是企圖連
結個體和社群的鎖鏈。它不僅包含道德、法律、風俗、民情，更是一個國族
的精神、靈魂和其生活之道（Beiser 2005: 234）。儘管倫理生活是整體主義的
（holistic），它卻也強調個體的利益和權利。每人只要能發展他與眾不同的才
能，追求其個人獨特的偏好，在不妨礙他人的操作之下，都被允許的。這樣做
反而造成人人之間的相互倚賴、彼此合作，最終促成社會整體均蒙其利。是故
只有當成員能夠獨立自主之時，整個社會才會共同發展和欣欣向榮。顯然，個
人遵守身外的道德、法律、民情並非獨尊其客觀性，而是透過訓誨、培育、養
成，把這些外頭的價值、規範、紀律，內化於個人內心中成為他做事做人的習
性（所謂的「第二天性」）。由是服從客體性反而在彰顯主體性。倫理生活不
但把個人融入社會，同時也把主體性綜合到客體性當中。個人融入社會，並不
依賴對別人或社會的「信託」，一如社會契約論者之說詞，而是靠倫理生活中
各環節的辯證發展（Beiser 2005: 237）。

　　在人類歷史發展上，個人與社會的關係經歷了三個不同的階段：其一為原
始部落或氏族社會，個人直接融入團體中，個人靠著家庭或親屬關係成為社群

的一份子，成員無條件接受社群的習俗和傳統。個人沉沒在群體裡，既無特別性，也無分開性。其後個體性從這種社群裡逐漸發展出來，日增的緊張和衝突導致社群的分裂。接著，新的時期出現，其中自由和自主的個性發展成形，在歐洲史上呈現不同的面貌：從新教改革到法蘭西大革命都是第三期的表現。在第三期中社會條件造成自由國家的出現，對黑格爾而言，普魯士立憲君主國就是這種自由的國家。事實上，個人要恢復與社會統一，黑格爾也提過異化以及異化的克服。他把異化看作疏離、陌生化（*Entfremdung*），也看成由內向外的外部化（*Entäußerung*）。這兩種不同的異化觀的交相應用，可以理解他對意識的發展、對概念的形成、對他哲學的策劃會有所理解（Rae 2012: 23），不過也使吾人不致把異化論完全歸功於馬克思的創舉。

馬克思有關個人與社會的關係，基本上效法黑格爾之所為，強調人是群居的動物，只有在由簡單邁向複雜的社群生活中，愈來愈「個體化」（individuating）其本身，也就是更有機會把個人的能力、才華、癖好一一展現，人的真正自由才能獲致，而達到「自我實現」（*Selbstverwirlichung*）之理想（洪鎌德 2014：296-298）。

馬克思曾以歷史的敘述方式指出：初民生活在分工簡單、組織鬆散、規矩嚴密的早期社群中，此時人群相互聯結靠的是特殊身分，像封建主與其封侯、地主與農奴等等（Marx 1973: 163）。在近代普遍使用貨幣和市場經濟出現後，人群才甩掉特定的、依賴別人而活的身分束縛，而可以自由地去追求其私利。特別是資本主義生產方式廣為應用的現代，生產的商品不供直接使用，而是透過市場來交易，勞動貶抑為商品，其創造的剩餘價值不歸廣大的生產者之勞動民眾所擁有，而遭受人數相對稀少的資本家所剝削，導致社會分裂為資產與無產階級的對立、敵峙、鬥爭。社會一旦分裂為兩大陣容，不但個人與個人之間，受到階級的對抗的影響，個人要融入全社會更屬困難。

現代社會中人的困境不限於人，特別是工人之遭受剝削，更是人際關係的異化。本來是人與人的社會關係，如今變為物與物的關係。換言之，人與人的社會關係變成透過商品買賣的經濟關係，這是人的物化、異化。要克服這種異化不能只靠黑格爾式的變化氣質，改變自我意識而已，而是對社會制度的轉變、對現存經濟、政治、社會和文化秩序的徹底更新。把市場經濟的交易和資本主義的經濟體系加以摧毀才有可能。

如同黑格爾一樣，馬克思也把人類史的發展分成三期：原初的個人直接融入社群，也就是特殊性逕自化為普遍性；其後個人從社會中分離出來和異

化出來，和最終（新人類的）個體又與（新社群的）整體再度恢復融通與統一。最終人活在無階級、無剝削、無異化的直接生產者的自由組合裡。這是更高的層次上把具體的個人攝入人群組合形式裡的統一（Sayers, *ibid.*, 99）。根據《政經批判綱要》（1857/1858）馬克思的三期是：1.人倚賴別人是第一種社會形式，此時人的生產力略爲地和零星地發展；2.人身的獨立建立在對事物（*sachlich*）倚賴之基礎上，這是第二種更大的社會形式，在其中一般的社會的新陳代謝體系開始運作、普遍關係的體系展開、各種各樣的需要和普遍性能力初次形成；3.在資本主義發展的高峰所創造的高度生產力之條件下，資本主義制度消失後，社會資源充沛，不但出現新社會，也出現新人類。在個人全面發展的基礎上，也是諸個人從屬於社會財富的社群式的、社會式的生產方式之情況下，終於浮現自由的個體性，這就是第三階段（Marx 1973: 158）。第三期表示剝削之解除，以及異化之揚棄，使個人重新與社會合而爲一。

　　在沙皇統治下，1840年代俄國出現親西方的西化派知識份子，和熱愛本土的俄化派保守人物。作爲文學評論家和雜誌發行人的貝林斯基（Vissarion Belinski 1811-1848）是前者的代表。在研讀黑格爾的《法哲學大綱》後，他對倫理生活落實在家庭、市民社會和國家三種組織之上頗感興趣。以致把黑格爾在該書〈序〉上所言：「凡是合理的就是實在〔現實〕；凡是實在的便是合理」的下半句當成對現實存在的認可。一般認爲這是他與現實妥協、和解的時期。可是細讀貝氏1838-1840年的文章和書信，則得到相反的看法。這不只是貝林斯基對黑格爾「實在」（*Wirklichkeit*）未能正確地翻譯爲俄文 *действительство* 之緣故，而是當年俄境上西化派一股追求西方觀念，形成運動浪潮之一個面向（Kliger 2013: 189-190）。

　　其實貝林基並非完全誤解黑氏對實在、或現實的看法，因爲貝氏曾提過：「在其眞理中，實在〔現實〕是理性，是精神」（actuality, in its truth, is reason, spirit），但他忽略了「瞭解」、「理性」*рассудок* 在現實中扮演的重大角色。不像黑格爾把絕對性，亦即主體性當作市民社會活力充沛的表現，貝氏把絕對性只當成實體看待，須知沒有市民社會的中介，會把個人與集體看成對立的雙元存在，而非辯證法（從家庭，而經由社會，上升到國家的倫理生活）的步步高昇，由歧異邁向統一。

　　當時小說界故事的陳述，呈現兩種不同的社會想像（social imagery），其一、認爲社會有助於個人的分工合作，達成社會的融合（參考屠格涅夫的小說〔洪鎌德 2016〕）；其二、或忽視或中立化社會這種融合的功能。黑格爾解

釋市民社會怎樣把個人的特殊性盡量發揮，俾完成個別需要的滿足，同時也滿足他人的需要，把殊別性融入普遍性當中。在理性的管制下，社會的熱情浮現，是一個生機昂然、動力充沛的場域（Hegel 2009: 220-221）。黑氏在此彷彿指出上天有隻冥冥之手，在指點每個行動者按其心意、欲望去追求個人的利益，雖造成社會紛擾，但活力四射，變成倫理生活驅動生命的表現，也是倫理生活的連貫一致之形態。

黑格爾這種法政觀和社會論的邏輯，深刻地影響十九世紀歐洲以及沙俄小說界的現（寫）實主義派。後者也採用這種典範性的思考和寫作方式，描繪主配角的林林總總的行動，儘管分殊歧異，卻會與他人的行動牽連，產生一定的、連貫的關係、連結和意義（柴霍夫、杜斯妥夫斯基和屠格涅夫都持此看法，參考洪鎌德 2016）。

# 七、黑格爾對當代認知論的貢獻

當代認知論或稱認識論，在討論人類的知識是否對周遭事物所呈現的樣子照單全收（實在論）、或有所懷疑（懷疑論）、或擯棄懷疑（反懷疑論）、或是認為人對世界（包括自然、社會、人身）的瞭解，建立在人群互動和歷史變遷之基礎上（集體主義）。近年的研究發現康德和黑格爾的認知論具有新意，和麥道爾（John McDowell）、衣萬斯（Gareth Evans）和韋士發（Kenneth R. Westphal）等人的看法非常相近。原因是由於二十世紀英、美哲學受邏輯實證主義和分析哲學學派的影響，忽視歐陸認知論，而一意栽入「經驗」的說詞中，只由人心經驗的看法去看待外界，而不肯讓人心進入自然界和社會界（McDowell 1994; Westphal 2007: 274），這是一大缺陷。

早期有人（Walter Kaufmann 1921-1980、T. B. Baillie、Frederick Weiss）不認為黑格爾有所謂的認知論，因為他說過一句有名的話：「考察知識只能發生在想要知道之中，就此而言就是談到工具，考察它就是熟悉它。一個人在知曉之前就要先會知道，其荒謬程度無異於士林哲人所提的見解：在沒有下水之前先學會游泳」（EPS § 10 (Remark); § 41）。其實近20多年來有些學者提出反證，證明黑格爾持有認知論，其認知論乃為現實主義的或集體主義的認知論（Westphal 1999/2003/2009）。

不過在認知論方面黑格爾也有異於康德之處，那就是要超越康德超驗的觀念論，不認為有客觀的無上命令之範疇可以加諸主體之上，來指引和保證他認識客體的事物之有效性，原因是連康德都承認時間與空間都是人給自己帶來的感受，是人感知的形式（Westphal 2007: 286）。

正如麥道爾（John McDowell 1942-）所言：「黑格爾的觀念論是康德〔哲學〕的過激化」。這是指黑格爾要跨越和放棄康德對時空超驗的觀念論式之敘述框架。這也是黑氏主張「自由的理性之自我發展」觀，取代康德的經驗判斷受限於時空的敘述，因為自由的理性之自我發展，能夠包含我們對經驗性實在的接觸和掌握。理由是在經驗的世界裡，除了知性運作之外，理性才有施展發揮的自由（McDowell 2001; 527-548）。

根據韋士發（Kenneth R. Westphal）的析述，黑格爾是首位認識論者，主張建立在社會和歷史基礎上的認知論，且與實在論相謀合。他的認知論是反對帶有基礎主義的（anti-foudationist），他拒絕不帶概念的知識觀，也拒斥信念或經驗中對所知之事物的千真萬確之看法。他認為真理是可用搭配分析（correspondence analysis 理念和實在相對應、相搭配）的方法來處理，而贊同人易犯謬誤，卻可找出錯誤的證成（falliabilist justification）方法（PS, §§10.1, 10.5, 10.11; Westphal 2003: 51）。

黑格爾認為最初的證成是覺知物（percepts）與信念，來自觀察（知曉）者與環境的互動，進一步的證成則是對於信念和經驗自我意識和反思的理解和掌握，俾把所見所聞和理解融合進入有系統的概念框架裡，從而所知曉之物的證成是圓融的、全面和先後一致的。此外，黑氏認識論中包含理性的成分，對他而言凡是值得認知、知曉之物，應當是合理明瞭之物。

黑格爾的認知論中也含有自然主義的成分，原因是生物學的需要影響了人對客體物的分門別類，以致意識感受的內容來自公共的世界，以致分類的想法需首先設定自然界的結構。黑格爾連哲學都要科學化，所以主張自然科學的知識要用科學方法取得，別的領域則用另外的方法。他所以被視為認知論方面的實在主義者，是由於他說理性也存在自然之故，自然運轉之整然有序，自然法之規則性，都可以體系化，就表示自然中仍有合乎理性之處（§15）。「你以理性看待自然，自然也以理性來看待你」，由於理性是具目的性的（teleological），既存在大自然中，也存在人的行為上，也存在社會現象中，更存在於歷史裡。

既然認知要把知曉的動作納入概念架構中方有可能，那麼概念是什麼東

西？黑格爾認爲「概念」（*Begriff*）是透過對立面，來建構事物相互之間的關係、性質的原則。它是從世界抽離出來的理念，黑氏的「理念」就是世事和其現象概念結構的例子之顯現（instantiation）。概念並非無誤，而需要經常修正，而修正的過程乃是社會的與歷史的現象。我們對現世部分之無知，正如同對經驗知識的部分無知，都要應用同一原則隨時隨地加以改正。黑格爾的證成理論是認爲任何的敘述（證成的理由和說法）都要符合、切合（adequate）其涉及的領域，才會優於其他證成的辦法。黑格爾是一位除謬論者，所以把證成當作臨時性、無可避免性，也是社會的、歷史的、脈絡的（境遇的contextual）證實作法（*PS*, §§ 10, 11, 25; Westphal 2003: 53-56）。

John McDowell　　　Kenneth R.Westphal　　Frederick Beiser　　　Robert Stern

過去二十年英、美、澳著名的黑格爾哲學詮釋者：麥道爾、韋士發、貝舍、斯特恩

黑格爾認知論對當代哲學的重要性，在於他的認知實在論是契合目前有關人類知識涉及社會與歷史的敘述。自啓蒙運動至今，一般認爲現實主義需要個人主義的認知論，而非集體主義的認知論。偏偏黑格爾的認知論卻是集體主義，是建立在社會和歷史的基礎之上。因此有關黑格爾認知論中，實在論的和唯史論的（historicist）相對主義之間的爭議，成爲兩元對立，而兩元對立之爭執卻是錯誤的。

黑格爾主張活動主義者（activist）的認知論，認爲進行認知的主體，必須解釋或重新建構其所見所聞才能認識客體，也就是認知者賦予客體以結構、樣態、意義，才能讓客體的屬性展現出來。換言之，經驗知識是透過概念架構被解釋的，也是被建構的。在此情況下，黑格爾的認知學之現實論與常識的現實論有所相通，因爲他說：「知識得自熟悉」，得自日常生活界，得自社群的活動。效法康德把思想看成自由理念的自動湧現，黑格爾也主張認知的合理自動性（rational spontaneity）。這種合理自動性會爲認知者提供引用的原則，而使他（她）做出適當的判斷和結論（Westphal 2003: 78-79）。此外，黑格爾的社

會哲學和歷史哲學指出：人所居住的社區，乃至整個世界有人居住之處，都會提供給人們符合當時、當地情勢的規範，來使其居民做出適切的知識和判斷。正如黑氏在《精神現象學》的〈序〉中告誡讀者要批判性地重估前人之成就，來培養正確和成熟的判斷，亦即通過教育和養成塑造個人成熟和完善的人格（Hegel 1978）。

# 八、黑格爾論「愛」和悲劇

　　黑格爾的觀念論是邏各斯中心主義，以討論邏各斯（logos 邏輯、道理、語詞、表述）為中心的思想和學說。其特徵為概念優於非概念、認同優於歧異、精神優於自然、自我優於他者。這種說法與歐陸傳統哲學的主流相牴觸，以致其後的哲學流派，不管是馬克思主義、西馬的法蘭克福學派（批判理論）、法德的現象學、存在主義、詮釋學、解構說、女性主義和後殖民主義都有指摘、抨擊和批評黑格爾哲學之處（Zambrana 2012, 50 (2): 275）。

　　不過討論到「愛」的時候，黑格爾卻是企圖把歧異妥協或調解於認同裡，這是「愛」所造成的效果。談到愛，就想到基督徒心目中的上帝就是愛的化身。黑格爾早期的神學作品充滿對上帝的論述，對神明之愛的解說，這是屬於神學的著作；後期則致力於「概念」的闡述，是哲學的析論。假使黑氏的哲學是在敘述神明之愛的話，那麼哲學對他而言不再是「愛智」，而是「愛之研究」。但黑格爾顯然放棄神學而終身致力哲學的思考與窮究，導致人們以為他後來不再論述「愛」，這是錯誤的想法。

　　事實上，黑格爾對愛的理解使他把傳統的哲學批判為情色的思維（erotic contemplation）。但後來卻認為思辨理性在其歷史發展中，要依靠愛來與絕對精神和解，使其後半生的哲思離不開愛的析述（Bjerke 2011: 76）。普通人把愛看成未經反思的感受（Empfindung）或直覺（Anschauung）看待，故其演出侷限於家庭和私密的氛圍。因之，有學者贊成黑氏把愛的論述放在家庭裡，另外有些學者則批評他在倫理生活的其餘場域（市民社會和國家）中不談「愛」字。

　　我們如果追溯黑格爾《早期神學著作》中有關愛的談片（1797/1798）及〈基督教精神及其命運〉（1799）兩份文稿，就可以看出他早立志要調解歧異

和認同，爲其後的哲思拍板定案。在《法哲學大綱》和《邏輯科學》中，黑格爾達到愛的辯證理解。在這裡愛調解意志的自由與其本身的侷限。在《宗教哲學講義》中，他把愛呈現爲絕對精神的世界史之形式。絕對精神放下其抽象的面紗，通過愛的關係回歸其本身。由是可知愛始終停留在黑格爾哲學的舞台中心之上，而非批評者所說的，置於倫理生活被壓制的角落（*ibid.*, 77）。

談到悲劇，我們馬上聯想到黑格爾每年必讀一遍的希臘經典之作的《安悌恭妮》。這是企圖安葬身亡的長兄，牴觸王法的安悌恭妮之不幸遭遇，也是人倫與法律的衝突。安悌恭妮的悲劇反映古希臘城邦中的家規和國法之不相容，悲劇的主角各站在倫理生活的一邊互不退讓，使矛盾和衝突無法解開。只有把爭論中的人物之片面主張加以取消，才能恢復分裂之前的統一，而浮現正義的曙光。由是可知，悲劇的產生在於衝突的兩造各持正當化的倫理立場（儘管是部分，而非倫理生活的全部）進入爭執中，造成不平衡的狀態。一旦不平衡情況改善，那麼悲劇可望結束。觀眾在欣賞悲劇時，因同情主角的不幸遭遇，而淨化其內心之偏執自私，也培養義憤填膺、追求公道之心態。這是悲劇正面的教育功能。不過悲劇卻也是一種「過分」（excess），它從可能性的場域逾越邊界進入不可能、無法回歸的領域（Robert 2010: 412）。

有人責怪黑格爾只注意悲劇的行爲與事件，而忽略主角的遭逢和傷痛（Bradley 1962: 81-82）。又有人指責黑氏未抓住悲劇的主旨，因爲在悲劇主角的心目中，主體的感受有異於客體的安排，正顯示主體和客體的對抗，無法用理性的眼光來消除衝突，求取補償恢復公道（Gardener 2002: 242）。這些批評透露黑氏不注意受難者悲痛的經驗是他的缺陷，不過細讀《精神現象學》和《美學講義》，我們發現他曾縷述受害者的心路歷程。首先，受害過程開始於

古希臘著名悲劇《安悌恭妮》

異化，其次受害者的承認，承認過去認爲是異化或敵對之物並非身外之物，究其實乃是受害者自作自受的報應。在這種說詞下，主體遭受傷害的經驗之價值乃爲自我承認，透過慘痛的經驗去獲取自知之明。這種自我承認來得太遲，沒有調解的效果。可以說悲劇給自己帶來無可彌補的傷害而已（Peters 2009: 87）。

　　《精神現象學》在說明意識怎樣爬升到精神的曲折歷程，一方面從意識的觀點來體認上升的經歷，它方面指陳藏在上升背後的、看不見的辯證邏輯。在涉及古希臘城邦倫理生活的實踐時，黑格爾指出悲劇就是一種教育工具，來使雅典公民直接以主體身分融入其所處的客體世界，亦即是讓諸個人從直接的認知，到有反省、有反思地認知倫理生活。這顯示悲劇有統合個體進入整體的功能。

　　悲劇常是「過分」，逾越了道德的紅線，更是對自己認同體、自己身分之無知而引發的人間憾事。在分析安悌恭妮受苦受難的經歷時，黑格爾從外頭家規與王法的衝突，移焦到當事者主觀的內在感受，認爲安悌恭妮的單身對抗市邦，是展示雅典公民抗暴之壯舉。事實上，這是主體的無知導致誤判情勢所帶來的創傷（Peters, *ibid.*, 91）。她雖獲得作爲雅典公民的認同體之知識，卻因牴觸國法，而釀成災難。總之，對黑格爾而言，悲劇所帶來的傷痛使受害者達成自我認知的地步，顯示受苦受難也有其正面的價值（*ibid.*, 93）。

# 九、祈克果批判黑格爾哲學之重估

　　丹麥神學家祈克果（1813-1855）是繼叔本華（1788-1860）之後，歐陸十九世紀批判黑格爾哲學最嚴厲的思想家。他主張個人存在的目的，在轉化爲透明清淨的基督信仰來面對上帝，而不是窮盡腦力，從意識、知性到絕對精神去認知神明的存在。須知基督的信仰來自意志、行動和實踐，而非冥思空想、知力的濫用。信仰的動作是個人在踽踽獨行的小徑上，靠意志的推力而走近神明，而非群體花費腦力，弄清有關上帝的概念是否確定、是否千眞萬確。人之信仰神明是由於深重的犯罪感和無從克服的恐懼感，人與神的距離十萬八千里，不是十九世紀的德國觀念論者那般樂觀的看法，以爲人類理性的發展已到巔峰，人將變成神，或神早已降臨人間變成人。

　　雖然兩位思想家都屬於歐洲十九世紀前葉的人物，但他們學說的歧異和對立，卻是二十世紀以來，當代哲學家樂意拿來檢討和比較的話題，這涉及當時丹麥黑格爾學派把黑氏學說僅供牧師界布道參考之用，而激起祈氏不滿而做出的抗議言論。總的來說，黑氏主張哲學在追求絕對知識，甚至不惜把信仰也從屬於認知之下。祈克果則強調對人的存在和自我，能夠尋求「適當的認識」便足。對黑氏而言，思辨哲學所關懷的為概念，甚至是「概念的自我運動」（*die Selbstbewegung des Begriffes*），利用概念當中介，進行論述、辯駁、證成，然後從個人、而社會、而歷史鋪天蓋地暢論人事、自然和神明。對祈氏而言，牧師的關懷應在如何提升時代的層次，恢復個人信仰的能力、協助信徒找到真信。不但對哲學的任務兩人看法有異，就是涉及倫理學方面也呈現不同的態度。黑氏認為倫理學在正當化社會規範、制度和實踐，俾便利我們的遵行。對祈氏而言，倫理學為個體化我本身的生活，使我負起第一人身的責任。黑格爾把倫理當作社會統合的工具，祈克果視倫理在協助吾人找到自我、認同、行動體（Latiolais 2013: 76）。

　　由於黑格爾的觀念論所涉及的，不論是認知論、形而上學、美學，還是倫理學、歷史學、宗教觀，其驅力都是來自於邏輯，因之對黑格爾學說的批判要從其邏輯的基礎探討入手。剛好祈克果就是一步一步地，在掘開黑格爾思想大廈的牆基。他首先探討黑氏邏輯中的「中介」（*Vermittlung*），這是相對的對立體（relative opposites），在概念方面和辯證方面統一的用詞。可是祈克果對黑格爾的對立體或對立面持有不同的看法，他不認為有絕對的對立或反對，最多是黑氏所言的相對的對立而已。這是採用古典的邏輯觀點來看待事物的對立面，他遵守非矛盾律。因為意志之所以能夠運作，在於排斥「要／不要」之相互矛盾。要使意志啟動的條件就是把矛盾排除，而有所選擇（要或不要；而非同時既要又不要）。偏偏黑格爾認為傳統的邏輯三律（同一律、矛盾律、排中律），是「瑣屑的」（trivial）。

　　但在祈克果心目中傳統邏輯三律極其重要，因為人之所以異於禽獸，在於人有主體性，在於人經由反思而實踐道德和宗教的至善生活，那麼意志的活動必須遵守傳統邏輯的規律才有可能，我們怎能把這三律看成枝節末流呢？

　　黑格爾認為世間沒有截然不同之物，也沒有截然對立之物。對立物只是相對於其他東西時，顯現兩者的反對狀態。不錯，每一事物都站在與它物的反對面，但這是相對於它物而言。真正的、絕對性的對立並沒有出現，非此即彼的 either/or 的看法，被兩者兼顧 both/and 的看法所蓋過（Nason 2012: 26）。他還

進一步指出：所有邏輯學上和本體論上，事物的特質只有相對的性質。每一特質必然有其相對的對立性質相伴相隨，凡是熱的事物必然有相對冷的事物來對照。截然相反（contraries）則是指彼此排斥之性質，是指同一物同一時不可能呈現相反的性質，例如一個人在某一特定時間點上，既是健康同時又是生病。但相對的對立和截然相反不同，一提到熱，我們就必然想到其對立面的冷，因為我們要靠冷來決（規）定熱。

與截然相反不同，相對的對立可以在同一時間點上呈現。相對的對立（例如熱和冷）可以有共通的事物（溫度）來中介呈現。黑格爾以神和祂的創造，來說明相對的對立。神不只創造萬物，也創造了祂自己，祂把自己歧化（演變為另一物）出來：藉著創造歷程，神同時創造宇宙、自然、人類，這些與祂有差別的事物。神透過自我歧化（self-differentiation）而變成神明（Desmond 2003: 132）。上帝與其創造表面上是兩樁不同的事體，是相對的對立物，如今上帝要靠創造的歷程（包括神創造祂自己的自我歧化）來成就祂是神明，就是說這兩者彼此相互規定缺一不可。黑格爾這種中介說，連排除矛盾律都可見免談，是其高招。但站在祈克果的立場則有不同的看法。

祈克果以存在主義的眼光，斥責黑氏不認為有真正 either/or（非此即彼）的現象。正因為有非此即彼的準則之存在，人在美學和宗教生活中才知所選擇，儘管選擇帶來煩惱與後悔。顯然依照黑格爾的中介說法，去採取行動會使人陷入絕境。

再說，要把基督教轉化為哲學形式靠的就是思辨，但思辨和基督教之間，表面上處於相對的對立，可以藉中介來調融。事實上，兩者立於不平衡的對立關係，基督教比思辨哲學更占優勢。兩者有如牛和桌之不同，要如何靠中介來轉化為一個更高級，更高明的綜合（宗教哲學）呢（Nason, *ibid.*, 33）？

只活了42個年頭的丹麥祈克果，是一位神學家、散文家和現代存在主義的先驅

總之，祈克果不認爲基督教的證成可以同思辨哲學來中介，利用非此即彼的實際選擇和理論上基督教和思辨之無法中介，來駁斥黑格爾相對的對立說（*ibid.*, 34）。

# 十、其他議題的析評

過去二十年間，歐美哲學界的作品中，不管是專書還是文章，涉及黑格爾哲學的部分，除了上述諸議題之外，還論述下列重大的事項。

## 1. 承認說的開端

黑格爾的承認說，來自於對費希特之《自然法的基礎》（1796/1797）的批評。費希特主張法權與道德分屬兩種不同的科學，法權的科學涉及法律與政治；道德科學提供人們行動的道德標準。特別是人正確的行爲就是履行義務的行爲，這符合康德的道德觀。法權的原則被視爲實踐的規範，俾規約以追求自利爲動機的人群之互動。但在法權的落實方面，國家應擁有強制力（*Zwang*），而法權的持有者之自由主體，必須彼此相互（mutual）和對等（reciprocal）的承認。黑格爾卻在《倫理生活的體系》（1802/1803）中，批評這種承認說，而提出法律和道德有相通互融之處，承認不只在人際之間，更要超越人際之上的法政承認說——憲法和國家（Clark 2009: 365-385）。

## 2. 經濟生活之外的承認

近年來學者（如 Peter Lawler）擔心美國個人主義的擴張，導致社群規約的縮小和福利國落實的困難，懷疑是洛克學說的曲解所致。儘管美國人閱讀洛克政府兩論者不多，但其學說卻在社會實踐上大行其道，那是自由的市場經濟，促成美國人選擇機會增大，和個人自主性的加強。但過度的自我利益的追求，腐蝕友誼、親情和人際關懷的連繫。如何在維持社會和諧團結下，又能使個人的尊嚴得以維護，應當是社會哲人的共同職責。本來動態的、高成長的經濟，有助於福利政策的推動，但美國社會業績取向的競爭，反而造成經濟成果

的不彰，重稅和管制造成社會的負擔。美國開國元勳把洛克天賦人權的生命、自由和財產，更易為生命、自由和幸福。是否人要追求財富、私產才能快樂幸福呢？自亞里士多德以來，不以自利和私產作為人快樂的源泉，而幸福快樂離不開個人的意識。討論人的意識，特別是自我意識莫過於黑格爾，他指出人有被承認的需要。這種承認需要說，對講究從自由主義（liberalism）邁進放任自由主義（libertarianism）的當代美國社會的政治和經濟生活影響重大（洪鎌德 2013：174-186）。美國的市場經濟提供很多方法，安排人際相互承認的需要，以及其滿足的目標——消費的需求和成就的喜悅。是故市場不但能滿足人對財富的追求，也達成對承認的看重。只是追求承認也會導致個人主義和績效策略（meritocracy）之間的緊張，能夠取得績效而獲得大家承認的畢竟是少數菁英份子，絕大多數人仍舊是泛泛之輩。福利國政策可以在保障無成就的平庸群眾之下，讓他們保有其個人的尊嚴。解決這種緊張關係，就要把對事業成功背後驅力的承認需求擴大，超越了經濟生活的範圍，也就是擴大到藝術、文化、宗教、科技之外，包括托克維爾所言自動自發的民間團體（俱樂部、運動、休閒、旅遊之團體和協會、社區組織等等）之活動（English 2013: 468-471）。

## 3. 市場可視為特種的制度化之承認

黑格爾一度在《法哲學大綱》中，提到人身的尊敬和財產的合理化維持，從而引申到市場合法化的制度問題，此一問題又牽連到市民對市場當成一種社會制度的承認。市場的合理性和正當性究竟立基在有效性還是承認說之上？成為當今批判理論爭議之所在。哈伯瑪斯認為現代的經濟屬於規範之外的活動，其正當性在於有無效率。可是洪涅特（Alex Honneth）卻認為，市場作為人群買賣交易的場所，無異是承認的制度化，承認成為當今資本主義社會核心的機制。黑格爾要求個人把自己當成「人身」看待，擁有人格，也把別人當成另一個人身，才有能力接觸抽象和形式的法權，是故身分的敬重離不開人身和人格。個人能夠按照其意志追求其目標，包括其私產乃導因於人身及其尊重。人身的尊重給予經濟活動樂意合作者以理由，來偏好市場交易，而不願接受國家對經濟活動的管制。擁有對私產處理之權的諸個體（主體），必然承認自由交易的市場經濟，最會把人身的特別性和普遍性彰顯出來（Schmidt am Busch 2008: 573-586）。

## 4. 青年馬克思的承認說及其當代的運用

　　在受黑格爾影響下的馬克思，早期曾經對承認說有正面的說法：其一、把人當成「種類本質」（*Gattungswesen*）看待（洪鎌德 2015：214-228；2014：8-21），細膩地析述作爲自由的表徵，人必須具有相互性、互依性和泛宇（共通）性；其二、作爲關懷別人的決定性特質之勞動概念。青年馬克思完全襲取黑格爾的承認說，蓋後者認爲主體在承認別人是人身時，其自我意識內涵自由，相互承認彼此都是自由的認同體，接著主體發展爲客體精神和意志，把意志客體化就是自由的體現。眾人在賦予其存在以自由之際，就會把法權形塑出來，建立社會的典章制度。人身一旦能夠客體化其自由，則被客體化之自由成爲其私產。因爲人的本質爲自由，黑格爾遂稱呼「人格是自由」和「財產是自由的存在」，財產也成爲「自由的外部氛圍」。人擁有對其財產之占有、支配和控制的權力。這是個人意志灌注在其私產之表現。不只對私產主體擁有處置權力，還透過契約把相互的承認法制化。由於黑格爾此階段（《百科全書》〔《哲學全書》〕時代）的承認說，涉及的爲主體抽象和形式的法權，而尚未討論到實質的人群需求（後來在《法哲學大綱》中補充），所以遭馬克思的批評。撰寫《經濟哲學手稿》和〈對詹姆士·穆勒的評論〉（1844）的馬克思，醉心於哲學共產主義社會之成立（洪鎌德 2015：49；2010：215-230），認爲只有理性強迫主體相互承認每人是其財產之擁有者是不足的，因爲這種承認未涉及人的需要。在市場經濟中，諸個人只承認爲私產的擁有者，而非不同需要的追求者、滿足者。在這裡馬氏提出「眞正的」、「合乎人性的」財產觀，來對抗當代資本主義貪婪的、擴張性、剝削性的財產制度。眞正的和合乎人性的財

我把小魚都吃光了，怎麼辦？

一邊是無屋之人，另一邊是無人之屋

產，應當是內涵於和促成人的能力和個體性形成與發展之物。當黑格爾藉契約來轉換其財產，表示主體的相互承認之際，馬克思強調生產真正的財產來滿足大家的需要，才算是真正的相互承認（Chitty 2013: 685-697）。不過終馬克思一生，並無連貫的承認說，至少他有上述三種說法值的得個別檢討（Renault 2013: 699-711）。

## 5. 黑格爾論自由與必然

近年來英美學界在討論黑格爾的法政和社會哲學時，傾向於他強調主體的自由，而忽視來自人身外的拘束、侷限和種種必然的干預。不錯，黑氏曾指出「單一、含攝一切人間的善物（single, encompassing human good），包括人當成理性行動者之自我體現（self-actualization）」。這種人最後的至善並非幸福快樂，而是自由（Wood 1990: 53）。自由包括排除外頭限制險阻的消極自由，也涵蘊人自我實現的積極的自由。在《法哲學大綱》中，黑格爾把主體自由聯結在各種不同的法權之上，以顯示人從普遍性轉化爲特殊性，最終形成個體性中自由的落實。在法權客觀規定下，國家要承認公民不同情況裡的特殊性所應取得的福利。在此情境中，公民所受自由的限制不單是來自外頭，其享有的自由也非僅僅是主觀的。在現代國家的市民社會中，市民在其社會實踐與行動裡，存有一大堆的限制，使他們主體的自由無法享受，這就是客觀的必然、必須。像窮人們缺錢使用，必須設法掙錢、賺錢，生活才能維持。是故自由與必然的對照、貧富的對立會愈來愈尖銳。黑氏之強調主體自由和客體限制（必然、必須）的對立和矛盾，如何打破、如何調解，應是當代法政學者應當注目的焦點（James 2012: 41-63）。

## 6. 黑格爾、哈伯瑪斯和批判理論

黑格爾逝世後，其學徒分裂成左、中、右三派，其後在二十世紀初，出現盧卡奇和克羅齊的詮釋（洪鎌德 2010a：38-86；201-215）。近二十年來，英美學界在排除黑氏形而上學的殘渣之餘，致力於他互爲主觀說的發揮。黑氏精神說之爭論，是由於它內容的豐富繁雜和政社運用的渾沌不明。哈伯瑪斯對黑格爾學說的態度是欲拒還迎，作爲法蘭克福學派（批判理論）第二代大師的哈氏，與學派創始人都頑抗黑氏整體論。儘管如此，哈氏從出版《理論與實踐》

（1963）到《眞理和證成》（1999），都要用黑氏權充門神，顯示他無法把黑格爾精神說一腳踢開。反之，在開頭閃避歷史（唯史）論之後，哈氏建構系統的雄心、使用辯證的推論、人際溝通的營造、法律社會學所涉及事實性與有效性的析述（洪鎌德 2004c：298-334）、哈氏介入世局與時事的評析等等，與黑格爾的作風如出一轍。無論是霍克海默，還是阿朵諾，都擯棄觀念論抽象的總體觀、整體觀。這包括企圖把哲學化成科學的科際整合之妄想。對此，哈伯瑪斯指出正面和負面的看法：正面是涉及黑耶拿著作中所強調的勞動、語文、互動的去掉康德的超驗主張。負面則爲黑氏後期好不容易把自然進化與世界史綜括在絕對體系之際，突然又掉回主體論述的窠臼中。哈氏認爲黑格爾用不適當的方式，來解釋相互主觀的精神。這意指吾人共識的想法，未必是客觀有效的作法之本身。互爲主觀性和客觀性的差異，形成一條鴻溝，把客觀觀念論與超越形而上的思想隔開。在世俗化高漲的現代社會中，科學和哲學應當分開，儘管彼此有相互奧援的可能。哈氏主張以「文化學習歷程」，應用人類學、認知心理學來取代黑格爾的精神現象學，和馬克思的普勞革命說。不過此一主張仍有其缺陷，因爲缺乏演變的目標（目的說 teleology）。無論如何，哈氏的哲學遠見與黑氏的慧思是相同的，後者把哲學看成理性的集體反思的原則；前者則主張哲學扮演重大角色，在人群文化形成的過程中，把文化成就和倫理理解以及認同澄清綁在一起。

哈伯瑪斯曾參加過納粹青年團而遭受學界與輿論界批判

黑格爾對現代性沒有多大單闡述；反之，哈伯瑪斯倒有一套現代化、現代性的理論。他認爲當代社會中，哲學批判的角色重大，它要轉化現代文化的成就與制度，使其變成人群日常生活中的反思。這進一步要爲自由民主的憲政主義打好規範的基礎。自由民主的憲法，既要公民獨立自主，也要公家獨立自主，這公私自主的結合與提升極爲不易。不過他樂觀地指出，現代社會已出現「實在的符合理性」（rationality of the real），這是哲學的訓誡（約束）和文

化的樂觀之結合，也是野心和限制的結合，其中黑格爾的精神騰躍出來。誰說哈氏不是當代的黑格爾？這不是黑格爾與現實妥協的翻版？爲了讓批判理論復活，他強調過程比結果重要，把溝通和策略活動大量應用。另外，他又提出「泛宇可能性」（universalisability）的範疇，把抽象的人類擺在類似馬克思普勞階級的地位。不過此一範疇無法使整體社會的描述，足以批判其部分（階級、階層、統治集團等）之壓迫和宰制。只有能找出特殊情境之人際關係的合理性時，這個範疇才能奏效。哈氏的理論成就，使他動用現代語言學、認知心理學和社會學的理論，來剖析當代既統合又機動的社會之解放，與面對威脅之潛力。其溝通理論是把文化實踐的必要性，結合了哲學與人文和社會科學整合的努力，在不放棄幾分烏托邦的企求下，爲批判理論找回復活的契機，也爲人類的前途點出希望的曙光，其成就在繼續與落實黑格爾和馬克思未竟的事業（Grumley 2005: 66-99）。

黑格爾、馬克思和哈伯瑪斯人本主義之哲學的傳承與發揚

黑格爾絕對精神散發的思想芬芳

西洋的從柏拉圖至德希達之大哲學家

# 參考文獻

## 一、黑格爾德文原著與英譯、漢譯各種版本

**Hegel, G. W. F.**

1812-1816　*Wissenschaft der Logik*, Nürnberg: Johann Leonhard Schrag.

1817, 1827, 1830　*Enzyklopädia der Philosophischen Wissenschaften* I, II, und III, （簡稱 *Enz.*《哲學全書》）卷I英譯為 1991 *The Encyclopedia of Logic, Part I of the Encyclopedia of Philosophical Science with the Zusätze*, (trans.) Geraetes, T.F, *et. al.*, Indianapolis/Cambridge: Hackett Pub. Co.; 卷II英譯為 *Philosophy of Nature*; 卷III為 *Philosophy of Mind*.

1830　*Enzyclopädie der philosophischen Wissenschaften im Grundrisse*, 英譯簡用 *Encyclopedia* (trans.) Wallace, W. *The Logic of Hegel* 1892.

1832-1845　*Werke in 18 Bänden*, (hrsg.) Marheineke, P. *et. al.* Berlin: Duncker und Humblot.

1850　*The Logic of Hegel*, (trans.) Wallace, W., from *The Encyclopedia of the Philosophical Science*, London: Geoffrey Cumbelege.

1869　*Briefe von und an Hegel*, (hrsg.) Hofmeister, J., Hambung: Felix Meiner Verlag.

1892 [1873]*The Logic of Hegel*, (trans.) Wallace, W. (from *Encyclopädie* I ), Oxford: Clarendon.

1896　*Volesungen über die Philosophie der Geschichte* [1836], 英譯 *Lectures on the History of Philosophy*, (trans.) Haldane, E. S. and F. H. Simon, vol.III, London: Kegan Paul.

1911-1955　*Sämtliche Werke*, (hrsg.) Lasson, G. und J. Hoffmeister, Hamburg: Felix MeinerVerlag.

1913　*Schriften zur Politik und Rechtsphilosophie*, (hrsg.) Lasson, G., Leipzig: Fleischer.

1931　*The Phenomenology of Mind*, (trans.) Baillie, J. B, London: George Allen and Unwin, 新版 Mineola, NY: Dover, 2003.

1948　*Early Theological Writings*, (trans.) Knox, T. M., Chicago: University of

Chicago Press.

1951　*Hegel's Science of Logic*, (trans.) Johnston, W. H. and L. G. Struthers, vol.1, London: George Allen and Unwin.

1952　*Die Phänomenologie des Geistes* (hrsg.), J. Hoffmeister, Hamburg.: Felix Meiner.

1953　*Reason in history: A General Introduction to the Philosophy*, (trans.) Hartmann, R. S., Indianapolis/New York: The Bobbs-Merrill Co.

1955　*Lectures on the History of Philosophy*, (trans.) Halsdane, E. S. and Frances H. Simon, New York: Humanities Press, 3 vols.

1956 [1899]*The Philosophy of History*, (trans.) Sibree, J., New York: Dover.

1964　*Recht, Staat, Geschichte: Eine Auswahl aus seinen Werken*, (hrsg.) Büron, F., Stuttgart: Kröner.

1966　*The Phenomenology of Mind*, (trans.) Baillie, J. B., London: Allen and Unwin.

1967　*Hegel's Philosophy of Right*, (trans.) Knox, T. M.（簡稱 *PR*）, Oxford University Press.

1969a　*Science of Logic*, (trans.) Miller, A. V., London: Allen and Unwin.

1969b [1830]　*Enzyklopädie der Philosophie*, (hrsg.), Nicolon F., and O. Pöggler, Hambung: Felix Meiner Verlag.

1970　*The Philosophy of Nature*, (trans.) Miller, A. V., Oxford: Clarendon.

1974a　*Lectures on the History of Philosophy*, (trans.) Haldane, E. S. and F. H. Simson. New York: Humanities Press.

1974b　*Hegel's Ansichten über Erziehung und Untericht*, 4 Bde, (hrsg.) G. Thaulow. Kiel. Rpt., Glashtitten im Taunus: Auvermann.

1975a　*Philosophy of Right*, (trans.) Knox, T. M., Oxford: Oxford University Press.

1975b　*Hegel's Phenomenology of Spirit*, (trans.) Heath, Peter, Chicago and London: The University of Chicago Press.

1976 [1970]*Grundlinien der Philosophie des Rechts*, (hrsg.) Moldenhauer, E. u. K. M. Michel, Frankfurt a. M.: Suhrkamp. 本書只引用其節數（§），如加上 A 表示黑格爾之註解（*angegebene; Angabe*）。

1977　*The Phenomenology of Spirit*, (trans.) Miller, A. V., Oxford: Oxford

University Press.

1978　*Logic*, (trans.) Wallace, W., Oxford: Oxford University Press.

1981　*Gesammelte Werke*, (hrsg.) Hogemann, F. und W. Jaeschke, Hamburg: Felix Meiner Verlag.

1994　*Vorlesungen über die Philosophie des Geistes 1827/1828*, nachgeschrieben von J. E. Erdmann und F. Walter, (hrsg.) Franz Hespe und Burkhard Tuschling（簡稱 *VPG*）, Hamburg: Meiner Verlag.

1995　*Lectures on Natural Right and Political Science*, (trans.) Wannenmann, P., Berkeley, Los Angels and London: University of California Press.

2006　《精神哲學：哲學科學百科全書綱要第三部分》，黑格爾著，韋卓民譯，武漢：華中師範大學出版社。

2009　*Elements of the Philosophy of Right*, (ed.) Wood, A. W., (trans.) Nisbet, H. B., Cambridge: Cambridge University Press, 1991, 1st ed.

## 二、馬克思、恩格斯德文原著與英譯版本

**Marx, Karl**

1954, 1965 *Capital*, vol.1（簡稱 *C* I）, Moscow: Progress Publishers.

1963　*Early Writings*（簡稱 *EW*）, (trans. & ed.) Bottomore, T. B., New York *et. al.*: McGraw-Hill Book Co.

1967　*Writings of the Young Marx on Philosophy and Society*, (ed. and trans.) Easton, L. D. and K. H. Guddat, Garden City, New York: Doubleday.

1969　*Selected Works*（簡稱 *SW*）, 3 vols., Moscow: Progress Publishers.

1970a　*The German Ideology*, (ed, and intro.) Arthur, C. J., New York: International Publishers.

1970b　*Critique of Hegel's Philosophy of Right*, (ed. and trans.) O'Malley, Joseph, Cambridge: Cambridge University Press.

1971　"Preface" to *A Contribution to the Critique of Political Economy*, London: Lawrence and Wishart.

1971　*A Contribution to the Critique of Political Economy*, (trans.) Ryzanskaya, S. W., London: Lawrence and Wishart.

1974　*Grundrisse der Kritik der politischen Ökonomie* (1857-1858)（簡稱 *G.*

附頁數），Berlin: Dietz-Verlag, 英譯 1973 *Grundrisse: Foundations of the Critique of Political Economy* (Rough Draft)（簡稱 *Grundrisse*），(trans.) Nicolas, M., Harmondsworth: Penguin Books.

1975    *Early Writings*, (trans.), Livingstone, R. and G. Benton, Harmondsworth, Middlesex: Penguin Books Ltd.

1977    *Capital*, 3 vols., (trans.) Moore, S. and E. Aveling（以下引用使用 *C* 加卷頁數），London: Lawrence and Wishart; 另外本書也使用 Penguin 版 *Capital* 3 vols. (trans.) Fowkes, B., 1976, 1978, 1981, Harmondsworth: Penguin.

1981    *Frühe Schriften* （簡稱 *FS* 附卷頁數），(hrsg.) Lieber, H. J. and Peter Furth, 2Bände, Darmstadt: Wissenschaftliche Buchgemeinschaft. 1975 *Early Writings*（簡稱 *EW*），(intro.) Colletti, L., (trans.) Livingstone, R. and G. Benton, Harmondsworth, Middlesex: Penguin Books Ltd. （其中有一章為 *Critique of Hegel's Doctrine of the State*, 簡稱 *Critique*, p57-198）。

1988    *Capital*, vol.1（使用*Capital* 附卷頁數），(trans.) Fowkes. B., Harmondsworth: Penguin Books, 1st ed. 1976.

## Engels, Friedrick

1976 [1878]*Anti-Dühring*, Peking: Foreign Languages Press.

## Marx, Karl and Fredrick Engels

1953    *On Britain*, London, Lawrence and Wishart.

1954    *Capital*, vol.1（簡稱 *C*I），Moscow: Progress Publishers.

1955    *Selected Correspondence*（簡稱 *SC* 附卷數），Moscow: Progress Publishers.

1956    *Werke*（簡稱 *MEW* 附卷頁數），Berlin: Dietz-Verlag.

1969    *Selected Works*（簡稱 *SW* 附卷頁數），3vols., Moscow: Progress Publishers.

1975    *The Holy Family, Critique of Critical Criticism*, Moscow: Progress Publishers.

1975-1976 *Collected Works*（簡稱 *CW*），vols.3-6, vol.9 and vol.23, Moscow: Progress Publishers.

1976ff　　*Collected Works*, 50 vols., （簡稱 *CW* 附卷頁數）, Moscow and London: Progress Publishers.

1981　　　*Frühe Schriften*（簡稱 *FS*）, 2 Bände, Lieber, H. J. und P. Furth (hrsg.), Darmstadt: Wissenschaftliche Buchgemeinschaft.

## 三、其他作者相關著作

### Acton, H. B.

1967　　　"Hegel, Georg Wilhelm Friedrich", (ed.), Edwards, Paul, *The Encyclopedia of Philosophy*, New York: The Macmillan Co. and The Free Press, vol.3, pp.435-451.

### Adler, Max

1925　　　*Kant und der Marxismus*, Berlin: Laub-Verlag.

### Arthur, Christopher

1986　　　*Dialectics of Labour: Marx and His Relation to Hegel*, Oxford and New York: Basil Blackwell.

### Avineri, Shlomo

1968　　　*The Social and Political Thought of Karl Marx*, Cambridge: Cambridge University Press.

1972　　　*Hegel's Theory of the Modern State*, Cambridge *et. al.*: Cambridge University Press.

### Beatty, J.

2009　　　"Lewontin, Richard", In (ed.) Michael Ruse and Joseph Travis. *Evolution: The First Four Billion Years*, Cambridge, MA: The Belknap Press of Harvard University Press.

### Beiser, Frederick

1993　　　"Hegel's Historicism", (ed.) Beiser, F., *The Cambridge Companion to Hegel*, Cambridge: Cambridge University Press.

1999　　　"Introduction: Hegel and the Problem of Metaphysics", (ed. ) Beiser, F, *The Cambridge Companion to Hegel*, Cambridge: Cambridge University Press, 1993, 3rd print.

2005　　　*Hegel*, New York and London: Routledge.

**Berki, R. N.**

1990　　　"Through and Through Hegel: Marx's Road to Communism", *Political Science*, XXXVIII: 654-671.

**Berlin, Isaiah**

1990　　　*The Crooked Timber of Humanity*, London: John Murray.

**Bhaskar, Roy**

1991　　　"Dialectic", in: Bottomore, T. *et. al.*, *A Dictionary of Marxist Thought*, Oxford: Basil Blackwell Ltd., pp.143-150, 2nd ed., 1st ed., 1983.

**Bjerke, A.R.**

2011　　　"Hegel and the Love of the Concept", *The Heythrop Journal*, LII: 76-89.

**Bradley, A. C.**

1961　　　"Hegel's Theory of Tragedy", in A. C. Bradley, *Oxford Lectures on Poetry*, Bloomington, IN: Indiana University Press.

**Burke, Victoria I.**

2013　　　"The Substance of Ethical Recognition: Hegel's Antigone and the Irreplaceability of the Brother", *New German Critique*, 118 (vol.40, No.1): 1-27.

**Burns, Tony, and I. Fraser (eds.)**

2000　　　*The Hegel-Marx Connection*, Oxford: Blackwell, 2nd ed.

**Carver, Terrell**

2000　　　"Hegel and Marx: Reflections on the Narrative", in Burns and Fraser, *op. cit.*, pp.34-52.

**Chitty, Andrew**

2006　　　"The Basis of the State in the Marx of 1848", (ed.) Moggach, Douglas, *The New Hegelians: Politics and Philosophy in the Hegelian School*, Cambridge: Cambridge University Press, pp.220-241.

2013　　　"Recognition and Property in Hegel and the Early Marx", *Ethic Theory and Moral Practice*, 16: 685-697.

**Clark, James A.**

2009    "Fichte and Hegel on Recognition", *British Journal for the History of Philosophy*, 17 (2): 365-385.

2014    "Fichte, Hegel, and the Life and Death Struggle", *British Journal for the History of Philosophy*, 22 (1): 81-103.

**Church, Jeffrey**

2012    "G. W. F. Hegel on Self-Determination and Democratic Theory", *American Journal of Political Science*, 56 (4): 1021-1039.

**Cohen, Gerald A.**

1978    *Karl Marx's Theory of History: A Defense*, Oxford: Oxford University Press.

**Colletti, Lucio**

1973    *Marxism and Hegel*, (trans.) Garner, L., London: New Left Books.

**Crites, Stephen D.**

1967    "Hegelianism" in Edward Craig (ed.) *The encyclopedia of Philosophy*, 6 vols., New York: The Macmillan and The Free Press.

1988    *Dialectic and Gospel in the Development of Hegel's Thinking*, Park, Penn: Pennsylvania State University Press.

**Cullen, Bernard**

1979    *Hegel's Social and Political Thought: An Introduction*, London *et. al.*: Gill and Macmillan.

**Desmond, William**

2003    *Hegel's God: A Counterfeit Double*, Aldershot: Ashgate Publishing.

**Düsing , Klaus**

1967    "Spekulation und Reflextion", *Hegel-Studien*, V: 95-128.

**English, William**

2013    "Locke, Hegel and Economy", *Society*, 50: 468-471.

**Feuerbach, Ludwig**

1843　*Principles of the Philosophy of the Future*, (trans.) Vogel, M. H., Indianapolis: Bobbs Merrill.

1854　*The Essence of Christianity*, (trans.) Evans, Marion (the pseudoname of George Elliot), London: John Chapman.

1959　*Sämtliche Werke*, (ed.) Bohlin W. und F. Jodl., Stuggart: Kholhammer.

**Fichte, Johann Gottlieb**

1965　*Bestimmung des Menschen* 英譯標題爲 *The Vocation of Man*, (trans.) Smith, William and R. C. Chisholm, Indianapolis and New York: Bobbs-Merrill.

1970　*Wissenschaftlehre* 英譯標題爲 *Science of Knowledge*, (trans.) Heath, P., and J. Lachs, New York: Appleton-Century Crofts.

**Finlayson, James Gordon**

2014　"Hegel, Adorno and the Origins of Immanent Criticism", *British Journal for the History of Philosophy*, 22 (6): 1142-1166.

**Forman, David**

2010　"Second Nature and Spirit: Hegel on the Role of Habit in the Appeearence of Perceptual Consciousness", *The Southern Journal of Philosophy*, 48 (4): 325-352.

**Forster, Michael**

1993　"Hegel's Dialectical Method", (ed.) Beiser, F., *The Cambridge Companion to Hegel*, Cambridge: Cambridge University Press, pp.130-170.

**Gardener, S.**

2002　"Tragedy, Morality and Metaphysics" in J. L. Bermudez and S. Gardener (eds.) *Art and Morality*, London: Routledge.

**Gasparyan, Diana**

2014　"Mirror for the Other: Problem of the Self in Continental Philosophy (from Hegel to Lacan)", *Integrative Psychological Behavior*, 48 (1): 1-17.

**George, Michael**

1987    "Marx's Hegelianism: An Exposition", (ed.) Lamb D., *Hegel and Modern Philosophy*, London *et. al.*: Groom Helm.

**Good, James A.**

2006    *A Search for Unity in Diversity: The 'Permanent Hegelian Deposit' in the Philosophy of John Dewey*, Lanham, MD: Lexington Books.

**Good, Jim and Jim Garrison**

2010    "Dewey, Hegel, and Causation", *Journal of Speculative Philosophy*, 24 (2): 101-120.

**Gould, Stephen Jay**

1990    "Nurturing Nature", in *An Urchin in the Storm: Essays About Books and Ideas*, London: Penguin.

**Gould, Stephen Jay, & Eldredge, Niles**

1977    "Puntuated Equilibria: The Term and Mode of Evolution Reconsidered", *Paleobiology*, 3 (2): 115-151.

**Grumley, John**

2005    "Hegel, Habermas, and the Spirit of Critical Theory", *Critical Horizons*, 6 (1): 66-99.

**Habermas, Jürgen**

1990    *The Philosophical Discourse of Modernity: Twelve Lectures (Studies of Contemporary German Social Thought)*, Cambridge, MA: MIT Press.

**Hall, Roland**

1967    "Dialectic", (ed.) Edward, Paul, *The Encyclopedia of Philosophy*, vol.12, New York: The Macmillan Co. and the Free Press, pp.385-389.

**Hance, Allen**

1995    "Pragmatisim as Naturalized Hegelianism: Overcoming Transcendental Philosophy?" Saatkamp Jr., Herman (ed.), *Rorty and Pragmatism: The Philosopher Responds to His Critics,* Nashiville: Vanderbuilt University Press, pp.100-125.

**Hanfi, Zawar (ed.)**

1972    *The Fiery Book: Selected Writings of Ludwig Feuerbach*, Garden City, NY: Doubleday.

**Harris, H. S.**

1971    *Hegel's Development: Toward the Sunlight 1770-1801*, Oxford: Clarendon Press.

1993    "Hegel's System as the Theory and Practice of Interpretation", in (ed.) Stern, R., *G. W. F. Hegel: Critical Assessment*, vol.III: *Hegel's Phenomenology of Spirit and Logic*, London: Routledge.

**Henrich, Dieter**

1975    *Hegel im Kontext*, 2 Aufl, Frankfurt. a. M.: Schurkamp.

**Hickman, Larry A.**

2008    "Dewey's Hegel: A Search for Unity in Diversity or Diversity as the Growth of Unity", *Transactions*, 44 (4): 569-576.

**Hickman , Larry A. (ed.)**

1996    *The Collected Works of John Dewey 1882-1953, The Electronic Edition, The Early Works*（簡稱 *EW*）, Charllotesville,Va: InteLex Corporation.

1999-2005 *The Correspondence of John Dewey 1871-1952*, 3 vols., Charlottesville, Va: InteLex Corporarion.

**Honneth, Alex**

2004    "On the Role of Intersubjectivity in Hegel's Encyclopedic Phenomenology and Psychology", *Bulletin of the Hegel Society of Great Britain*, vol.49-50: 73-95.

**Houlgate, Stephen**

2005    *An Introduction to Hegel: Freedom, Truth and History*, Oxford: Blckwell.

**Hung, Lien-te**

1986    *The Hegelian and Feuerbachian Origins of Marx's Concept of Man*, Singapore: Singapore University Press.

**Ikäheimo, Heikki**

2012　　"Nature in Spirit: A New Direction for Hegel Studies and Hegelian Philosophy", *Horizons*, 13 (2): 149-153.

**Inwood, Michael**

1992　　*A Hegel Dictionary*, Oxford and Malden, MA: Blackwell Publishers.

**James, David**

2012　　"Subjective Freedom and Necessity in Hegel's Philosophy of Right", *Theoria: A Journal of Social and Political Philosophy* (June): 41-61.

**Johnston, James Scott**

2013　　"Rival Readings of Hegel at the *fin de siècle*: The Case of William Torrey and John Dewey", *History of Education*, 42 (4): 423-443.

**Kain, Philip J.**

2005　　*Hegel and the Other: A Study of the Phenomenology of Spirit*, Albany: State University of New York Press.

**Kant, Immanuel**

1902ff　*Gesammelte Schriten*, (hrsg.) Preussische Akademie der Wissenschaften, Berlin: PAN Verlag, 其中 *Kritik der Urteilkraft* 爲 Band 5.

1970　　*Critique of Pure Reason*, (trans.) Smith, Kemp N., London: Macmillan.

2000　　*Critique of the Power of Judgement,* Cambrige: Cambridge University Press.

**Kaufmann, Walter**

1965　　*Hegel: A Re-Interpretation*, New York: Doubleday.

**Kedourie, Elie**

1995　　*Hegel and Marx*, Oxford and Cambridge: Blackwell.

**Kierkegaard, Søren**

1968　　*Concluding Unscientific Postscript*, (ed. and trans.) Hong, Howard V. and Edna H. Hong, Princeton, NJ: Princeton University Press.

**Kliger, Ilya**

2013 "Hegel's Political Philosophy and the Social Imaginary of Early Russian Realism", *Study of East European Thought,* 65: 189-199.

**Knowles, D.**

2002 *Hegel and the Philosophy of Right,* London: Routledge.

**Kojéve, Alexandre**

1969 *Introduction to the Reading of Hegel*, (trans.) J. Nichols, Ihaca: Cornell University Press.

**Kuhn, T. S**

1962 *The Structure of Scientific Revolutions*, Chicago: University of Chicago Press.

**Lacan, Jacques (ed.)**

1966 *Écrits*, Paris: Edition Seuil, *Écrits: A selection,* (trans.) Alan Sheridan, New York: Norton 1977. *Écrits: The First Complete Edition in English*, (trans.), by Bruce Fink, New York: W. W. Norton & Co., 2006.

**Ladha, Hassanaly**

2012 "Hegel's *Werkmeister,* Architecture, Architectonics, and the Theory of History", *October* 139: 15-38.

**Latiolais, Christopher**

2013 "Kierkegaard, Schelling and Hegel: How to Read the Spheres of Existence as Appropriate Knowledge", *Journal of Chinese Philosophy*, 40 (1): 67-86.

**Lefebvre, Henri**

1974 [1961]*Dialectical Materialism*, (trans.) Sturrock, John, London: Cape.

**Lobkowicz, Nicholaus**

1967 *Theory and Practice: History of a Concept from Aristotle to Marx*, Notre Dame, Indiana: Notre Dame University Press.

1973 "Theory and Practice", in (ed.) Kernig, C. D., *Marxism, Communism and Western Society: A Comparative Encyclopedia*, New York: Herder and

Herder.

**Löwith, Karl**

1953        *Weltgeschichte als Heilgeschen*, Stuttgart: Kohlhammer.

1978        *Von Hegel zur Nietzsche: Der revolutionäre Bruch im Denken des 19. Jahrhunderts*, Hamburg: Felix Meiner Verlag.

**Lukács, Georg**

1971        *History and Class Consciousness: Studies in Marxist Dialetics,* (trans.) Livingstone R. London: Merlin Press.

1975        *The Young Hegel*, (trans.) Livingstone, R., London: Merlin.

**Lumsden, Simon**

2012        "Habit, *Sittlichkeit* and Second Nature", *Critical Horizons*, 13 (2): 220-243.

**MacCarney, Joseph**

2000        "Hegel's Legacy", in Burns and Fraser, *op. cit.*, pp.56-78.

**McCarthy, George E. (ed.)**

1992        *Marx and Aristotle*, Savage, ML: Rowman and Littlefield Publishers.

**McCloskey, H. J.**

1963        "The State as an Organism, as a Person,and as an End in Itself", *The Philosophical Review*, 72: 306-326.

**McDowell, J.**

1994        *Mind and World*. Cambridge, MA: Harvard University Press.

2001        "I'dealismo di Hegel come radicalizazzione di Kant" *Iride*, 34: 527-548.

2003        "Hegel and the Myth of the Given", in W. Welsch and K. Vieweg (hrsg.), *Das Interesse des Denkens. Hegel aus heutiger Sicht.* München: Fink S. 75-88.

**McLellan, David**

1980 [1969]*The Young Hegelians and Karl Marx*, London: Macmillan.

**Merker, Barbara**

2012        "Embodied Normativity: Revitalizing Hegel's Account of Organism",

*Critical Horizons,* 13 (2): 154-175.

**Motrošilova, Nelly V.**

2007　"'Phänomen', 'Erscheinung', 'Gestalten': Terminologische und Inhaltliche Probleme von Hegels 'Phänomenologie des Geisted' in Ihrem Bezug zur Philosophie Kants", *Santalka, Filosofia,* T.15, Nr 3, S.22-44.

**Mueller, G. E.**

1958　"The Hegel Legend of Thesis-Antithesis-Synthesis", *Journal of the History of Ideas*, vol.19.

**Nason, Shannon**

2012　"Opposites, Contradictories, and Mediation in Kierkegaard's Critique of Hegel", *The Heythrop Journal*, VIII, pp.24-36.

**Norman, Richard J.**

1980　"On the Hegelian Origins", in: Norman, R. and Sayers, S., *Hegel, Marx and Dialectic: A Debate*, Sussex: The Harvester Press; New Jersey: Humanities Press, pp.25-46

1991　*Hegel's Phenomenology: A Philosophical Introduction*, Hampshire: Gregg Revivals.

**Perkins, R. L. (ed.)**

1984　*History and System: Hegel's Philosophy of History*, 2 vols., Albany, NY: State University of New York Press.

**Peters, Julia**

2009　"A Theory of Tragic Experience According to Hegel", *European Journal of Philosophy*, 19 (1): 85-106.

**Pinkard, Terry**

2002　*German Philosophy 1760-1860*, Cambridge: Cambridge University Press.

**Pippin, Robert B.**

1992　"You Can't Get There from Here: Transition Problems in Hegel's *Phenomenology of Spirit*", (ed.) Beiser F. C. *op. cit.*, Cambridge:

Cambridge University Press, pp.52-85.

2000    "What is the Question for which Hegel's Theory of Recognition is Answer?", *European Journal of Philosophy*, 8 (2): 141-163.

**Popitz, Heinrich**

1967    *Der Entfremdete Mensch: Zeitkritik und Geschichtsphilosophie der jungen Marx*, Darmstadt: Wissenschaftliche Buchgemeinschaft.

**Popper, Karl R.**

1972    "What is Dialectic?" in: *Conjectures and Refutations*, London: Routledge and Kegan Paul.

1996    *The Open Society and Its Enemies*, 2 vols., London: Routledge and Kegan Paul.

**Quadrio, Philip Andrew**

2012    "Hegel's Relational Organicism: The Mediation of Individualism and Holism", *Critical Horizons*, 13 (3): 317-336.

**Rae, Gavin**

2012    "Hegel, Alienation, and the Phenomenological Development of Consciousness", *International Journal of Philosophical Studies*. 20 (1): 23- 42.

**Renault, Emmanuel**

2013    "Three Marxian Approaches to Recognition", *Ethical Theory and Moral Practice*, 61: 699-711.

**Robert, William**

2010    "Antigone's Nature", *Hypatia*, 25 (2): 412-436.

**Rockmore, Tom**

1992    *Before and After Hegel: A Historical Introduction to Hegel's Thought*, Berkeley, Los Angels and London: University of California Press.

**Rosdolsky R.**

1980    The Making of Marx's Capital, London: Pluto.

**Rosen, Stanley**

1973      *G. W. Hegel: An Introduction to the Science of Wisdom*, New Haven, CO: Yale University Press.

**Rosenkranz, Karl**

1840      *Kritische Erinnerung des Hegelschen Systems*, Königberg: Gunther-Verlag.

**Sayers, Sean**

2007      "Individual and Society in Marx and Hegel: Beyond the Communitarian Critique of Liberalism ", *Science and Society*, 71 (1): 84-102.

**Schiller, Friedrich**

1967 [1795]*Über die ästhetische Erziehung der Menschen in einer Reihe von Briefen*, 英譯 *On the Aesthetic Educaion of Man in a Series of Letters*, (tran.) Wilkinson, EM. And L. A. Willoughby, Oxford: Clarendon.

**Schelling, F. W. J.**

1978      *System of Transcendal Idealism*, (trans.) Heath, P., Charlottesville: The University of Virginia Press.

**Schmidt am Busch, Hans-Christopher**

2008      "Personal Respect, Private Property, and Market Economy: What Critical Theory Can Learn from Hegel", *Ethical Theory and Moral Practice*, 8: 573-586.

**Shaw, William**

1991      *Marx's Theory of History*, London: Hutchinson; Stanford University Press.

**Solomon, Robert C.**

1983      *In the Spirit of Hegel: A Study of G. W. F. Hegel's Phenomenology of Spirit*, New York and Oxford: Oxford University Press.

**Spencer, Tom**

2011      "Divine Difference: On the Theological Divide between Hölderin and Hegel", *The German Quarterly*, 84 (4): 437-456.

1993      "Hegel's Phenomenology of Spirit", in (ed.) Solomon, Robert C. and Kathleen M. Higgins, *The Age of German Idealism*, London and New York: Routledge, pp.181-215.

**Stern, Robert**

2007      "Hegel, British Idealism, and the Curious Case of the Concrete Universal", *The British Journal for the History of Philosophy,* 15 (1): 115-153.

2012      "Is Hegel's Mater-Slave Dialectic a Refutation of Solipsism?" *British Journal for the History of Philosophy,* 20 (2): 333-361.

**Stirner, Max**

1912      *The Ego and His Own,* (trans.) Bryington, Steven T., London: Jonathan Cape.

**Taylor, Charles**

1975      *Hegel*, Cambridge: Cambridge University Press.

**Testa, Italo**

2012      "How Does Recognition Emerge from Nature? The Genesis of Consciousness in Hegel's Jena Writings", *Critical Horizons*, 13 (2): 176-196.

**Van der Hoeven, Johan**

1976      *Karl Marx: The Roots of His Thought*, Assen and Amsterdam: Van Gorcum.

**Weiss, Frederick**

*1965*      *Hegel's Critique of Aristotle's Philosophy of Mind*, The Hague: Nijhoff.

**Westphal, Kenneth, R.**

2006      "Contemporary Epistemology,Kant, Hegel, and McDowell", *European Journal of Philosophy,* 14 (2): 274-301.

**White, James D.**

1996      *Karl Marx and the Intellectual Origins of Dialectical Materialism*, Houndmills and London: Macmillan.

**William, Howard**

2000　　　"The End of History in Hegel and Marx", (ed.) Burns, T. and I. Fraser, *The Hegel-Marx Connection*, London: Macmillan Press Ltd.

**Wood, Allen W**

1990　　　*Hegel's Ethical Thought,* Cambridge: Cambridge University Press.

2004　　　*Karl Marx*, New York and London: Routledge, 2nd ed.

**Woods, Alan**

2015　　　*Reason in Revolt-Marxist Philosophy and Modern Science*, London: Wellred Books.

**Zambrana, Rocío**

2012　　　"Hegel's Legacy", T*he Southern Journal of Philosoph*y, 50 (2): 273-284.

## 四、華文參考書目

**史偉民**

2005　　　〈黑格爾歷史哲學中的海洋文化論〉，《海洋文化學刊》，第1期，頁269-275。

**李榮添**

1993　　　《歷史之理性：黑格爾歷史哲學導論述析》，台北：台灣學生書局。

**洪鎌德**

1986　　　《傳統與反叛－青年馬克思思想之探索》，台北：台灣商務印書館。

1995　　　《新馬克思主義和現代社會科學》，台北：森大出版社，1988年首版。

1996　　　《跨世紀的馬克思主義》，台北：月旦出版社。

1997a　　《馬克思》，台北：東大。

1997b　　《馬克思社會學說之析評》，台北：揚智文化事業公司。

1997c　　《傳統與反叛－青年馬克思思想的探索》，台北：台灣商務印書館。

| | |
|---|---|
| 2000 | 《人的解放—21世紀馬克思學說新探》，台北：揚智。 |
| 2004a | 《當代主義》，台北：揚智文化事業公司。 |
| 2004b | 《西方馬克思主義》，台北：揚智文化事業公司。 |
| 2004c | 《法律社會學》，台北：揚智文化事業公司，第二版，首版2001年。 |
| 2004d | 〈黑格爾哲思的活頭泉水〉，《國立嘉義大學通識學報》，第二期，頁1-22。 |
| 2005a | 〈憲法與社會的互動—憲政主義的哲學分析〉，《台灣民主季刊》，第二卷，第二期，頁101-140。 |
| 2005b | 《當代政治經濟學》，台北：揚智文化事業公司，第二版二刷，首版1999。 |
| 2006a | 〈馬克思國家學說的析評〉，《台灣國際研究季刊》，第二卷，第二期，頁111-149。 |
| 2006b | 〈理論與實踐—康德、黑格爾與馬克思的看法〉，《國家發展研究》，第4卷第2期，頁74-101。 |
| 2006c | 《當代政治社會學》，台北：五南出版社，初版。 |
| 2007a | 《從唯心到唯物—黑格爾哲學對馬克思主義的衝擊》，台北：人本自然。 |
| 2007b | 《黑格爾哲學之當代詮釋》，台北：人本自然。 |
| 2009a | 《人本主義與人文學科》，台北：五南出版社。 |
| 2009b | 《當代社會科學導論》，台北：五南出版社，修訂第二版，2013。 |
| 2010a | 《西方馬克思主義的興衰》，台北：揚智文化事業公司。 |
| 2010b | 《馬克思的思想之生成與演變：略談對運動哲學的啟示》，台北：五南出版社。 |
| 2011 | 《全球化下的國際關係新論》，台北：揚智文化事業公司。 |
| 2013 | 《政治社會學》，修訂增新版，台北：五南出版社，第二版。 |
| 2014 | 《個人與社會—馬克思人性論與社群觀之析評》，台北：五南出版社，2015，一版再刷。 |
| 2015 | 《馬克思》（增新版），台北：東大。 |
| 2016 | 《屠格涅夫的生涯、著作與其時代》，台北：五南。 |

**范曉麗**

2006　〈試析黑格爾從自我意識的起源論個體性存在的思想〉，《青島大學師範學院學報》，23 (1)，頁18-21。

**張世英**

2001　《自我實現的歷程解讀黑格爾〈精神現象學〉》，濟南：山東人民出版社。

**陳宜中**

1998　〈從歷史唯物論到後馬克思主義：試論從歐爾森到愛爾斯特的理論轉折及其涵義〉。收錄於：黃瑞祺主編，《馬學新論：從西方馬克思主義到後馬克思主義》，頁29-60。

**程諾蘭**

1999　〈黑格爾歷史哲學研究〉，台中：東海大學哲學研究所博士論文。

**賀瑞麟**

1994　〈理性與實相：黑格爾哲學中的和解活動研究〉，台北：台灣大學哲學研究所博士論文。

**鄧曉芒**

2006　《鄧曉芒講黑格爾哲學》，北京：北京大學出版社。

**賀麟**

1986　《黑格爾哲學演講集》，上海：上海人民出版社。

**楊祖陶**

2001　《康德〔和〕黑格爾哲學研究》，武昌：武漢大學出版社。

**賴宗賢**

1997　〈通往「體系」之路：青年黑格爾體系萌芽與其對康德哲學的批判〉，《思與言》，第35卷第4期，頁1-25。

# 人名引得

## A

Acton, H. B.　阿克頓　221-222, 225, 457

Adler, Max　阿德勒　371, 457

Antigone　安俤恭妮　167-168, 287-288, 438, 441

Aristotle　亞理士多德　4, 9, 12, 16, 33, 60, 86, 94, 110, 116, 131, 181, 201, 204, 220, 275-276, 282, 296, 299, 309, 318, 334, 344, 357, 371, 373, 398, 407, 410, 423, 447

Arthur, Christopher　亞瑟爾　192, 379, 457

Avineri, Shlomo　阿威內里　276, 343, 457

## B

Bacchus　巴枯斯　118

Barth, Hans　巴特　411

Baillie, T. B.　拜衣列　438

Bakunin, Michael　巴枯寧　394-395

Barrett, William　巴列特　401

Bauer, Bruno　包爾　365, 380, 386, 388

Bataille, Georges　巴塔列　407

Beatty, J.　畢堤　256, 457

Beiser, Frederick　白塞爾　278, 295, 304, 321-322, 325, 329, 331, 385, 407, 437, 442, 457

Belinski, Vissarion　貝林斯基　395, 418, 436, 439, 457

Berkeley, George　柏克萊　5-6, 33, 58, 60, 157-158, 172, 260

Berki, R. N.　貝爾其　460

Berlin, Isaiah　柏林　98, 100, 131, 154, 158, 175, 318, 325, 334, 350, 371, 379-381, 385, 389, 392, 413, 424-425, 430

Bhaskar, Roy　巴士卡　220, 247, 249, 252, 348, 352

Bjerke, A. R.　畢也克　441

Blanshard, Brand　布蘭夏　400

Bolland, G. J. P.　柏蘭德　393

Bosanquet, Bernard　柏桑魁　399-400

Bradley, A. C.　布拉德雷　399-400, 438

Bradley, F. H.　布萊德雷　399-400, 438

Brokmeyer, H. C.　卜洛克麥爾　396

Burckhardt, Jakob Christoph　布克哈特　307

Burke, Edmund　柏爾克　329

Burke, Victoria L.　浦爾克　460

## C

Caird, Edward　蓋以德　398-399

Carver, Terell　卡維爾　373

Chen Yi-chong　陳宜中　457, 470

Cheng No-lan 程諾蘭 315, 327, 336

Chernyshevski, N. C. 車尼雪夫斯基 395

Chitty, Andrew 齊悌 358, 369, 451, 460

Church, Jeffrey 邱池 291, 461

Clark, James A. 柯拉克 199, 446, 461

Cohen, Gerald A. 柯亨 311, 318, 402, 461

Cohen, Hermann 柯亨 311, 318, 402

Collingwood, R. G. 柯林屋 403

Colletti, Lucio 柯列悌 241-242, 251-252, 371, 410, 461

Conway, M. D. 康維 397

Cousin, Victor 辜散 392-393

Creon 克雷翁 167

Crites, Stephen D. 克立梯 403, 461

Croce, Benedetto 克羅齊 307, 403, 451

Cullen, Bernard 卡連 273, 358, 461

**D**

Darwin, Charles 達爾文 259, 263-265, 352, 391-392, 420

Davidson, Donald 戴維遜 412, 414

Deleuze, Gilles 德勒茲 408-409

Della Volpe, G. 歐爾培 248, 252, 387, 392, 409

Deng Xiao-mang 鄧曉芒 414-415, 470

Derrida, Jacques 德希達 131, 414-415, 450

De Spinoza, Baruch 斯賓諾莎 5-6, 8, 10, 21, 33, 60, 143, 148, 179, 318

De Tocqueville, Alexis 托克維爾 278, 447

Descartes, René 笛卡爾 4-6, 8, 14-15, 17-18, 21, 33-34, 36, 58, 60, 111, 115, 124, 131, 144-145, 148, 160, 166, 171-172, 235, 320, 408, 427

Desmond, William 德士夢 447, 461

Dewey, John 杜威 400, 418-422

Dilthey, Wilhelm 狄爾泰 402, 411

Düsing, Klaus 杜星 233-234

**E**

Eldredge, Niles 艾椎濟 256-257, 463

Engels, Friedrich 恩格斯 77, 135-136, 187-188, 207-209, 213, 217-218, 240-242, 244, 248-255, 262-263, 265, 269, 274-275, 341, 347, 349, 351-352, 356, 359-360, 362, 364-365, 371, 373, 382, 384-386, 389, 391, 396

English, William 英格立士 447, 461

Epictetus　愛匹克提圖斯　164

Evans, Gareth　衣萬斯　438

**F**

Fan Xiao-li　范曉麗　162, 470

Feuerbach, Ludwig　費爾巴哈　192, 243, 322, 341, 345-347, 349, 352, 365-366, 372, 380, 384, 386, 388-389, 396-398, 462

Findlay, J. N.　芬德雷　72, 412

Finlayson, James Gordon　芬雷遜　411, 462

Fichte, Johann Gottlieb　費希特　2, 6, 8, 15-23, 25, 28, 30, 40-41, 45, 48, 50-54, 58, 60, 76-77, 79, 81, 86, 88, 94-95, 100, 104, 106-107, 109, 111, 140, 148, 155-156, 159-160, 175, 179-180, 195, 199, 205, 220-221, 233-234, 266, 318, 331, 346, 350, 379, 392, 446, 462

Forman, David　福曼　434, 462

Forster, Michael　福士特　225, 230, 232, 234, 462

Foucault, Michel　福科　408, 410

Fries, Jacob　符利思　97

Fulda, Hans Friedrich　福爾達　103

**G**

Galilei, Galileo　伽里略　116, 410

Gans, Eduard　甘斯　90-91, 322, 380, 389

Gardener, S.　嘉德涅　438, 462

Garrison, Jim　嘉里申　422

Gasparyan, Diana　嘉絲芭琳　427, 429, 430, 462

Gentile, Giovanni　甄提列　403

George, Michael　喬治　6, 157-158, 194, 196, 198-199, 201, 463

Glockner, Hermann　戈洛克涅　402

Good James A.　古德　419-421

Görres, Joseph　戈列士　85-86, 94-95, 98

Gould, Stephen Jay　古爾德　255-257, 463

Green, T. H.　葛林　398-400

Grumley, John　葛隆里　453, 463

**H**

Habermas, Jürgen　哈伯瑪斯　411, 419, 424, 429, 447, 450-451, 453, 463

Haeckel, Ernst　海克爾　250, 391, 392

Haering, Theodor　賀凌　402

Haldane, Lord　哈爾殿　399

Hall, Roland　霍爾　77, 267, 289, 463

Hance, Allen　韓士　463

Hanfi, Zawar　韓飛　346, 464

Harris, H. S.　哈理士　396, 464

Harris, W. T.　哈里士　396

Hartmann, Nicolai　哈特曼　402-403

He Rui-lin　賀瑞麟　283, 304-305, 316

He Lin　賀麟　130-131

Heiberg, J. L.　海貝格　392-393

Heidegger, Martin　海德格　108-109, 131-132, 409, 411-412, 414

Henrich, Dieter　亨利希　24

Herder, Henrich, Dieter Johann Gottlieb　賀爾德　8, 107-108, 179-180, 316, 320-321, 464

Herzen, Alexander　賀爾岑　395

Hess, Moses　賀斯　322, 389

Hickman, Larry A.　奚克曼　421, 464

Hobbes, Thomas　霍布士　8, 36, 126-127, 160, 215, 264-265, 285, 297

Hobhouse, L. T.　霍布豪斯　401

Hölderlin, Friedrich　賀德林　2, 21, 23-24, 139, 141, 308, 318, 413

Honneth, Alex　洪涅特　428, 447, 464

Hook, Sidney　胡克　380

Houlgate, Stephen　侯格特　424-425, 464

Hume, David　休謨　5-8, 10, 25-26, 33-37, 51, 58, 60, 158, 172, 260, 264-265, 410

Husserl, Edmund　胡塞爾　108-109, 113, 131, 409, 414

Hyppolite, Jean　易博利特　408

**I**

Ikäheimo, H　伊開海莫　430-431, 433, 465

Inwood, Michael　殷伍　131, 137, 139, 214, 220, 267, 299, 346, 465

**J**

Jacobi, Friedrich Heinrich　雅可比　8, 97, 131, 139, 156, 179, 290

James, David　詹姆斯　82, 86, 400, 419-420, 451, 465

James, William　詹姆士　82, 86, 400-401, 419-420, 450-451

Jansen, Cornelius　顏森　166

Jesus　耶穌　25, 88, 96, 139, 142, 147, 169-170, 269, 308, 382, 398

Johnston, James Scott　鍾士敦　400, 465

Jüngel, Eberhard　雲格爾　411

**K**

Kain, Philip J.　凱因　125, 465

Kant, Immanuel　康德　2, 6, 8-23, 25, 30-41, 43-44, 46-51, 53, 56, 58, 60, 63-64, 75-76, 81, 97, 107, 109-111, 119-121, 123-125, 131, 136, 139-142, 144-146, 150-152, 155-159, 166-169, 171-173, 175, 179-182, 192-193, 204, 219-221, 231-232, 235, 246, 260, 268, 290, 296, 318, 321, 334-335, 346, 351, 361, 371, 373, 392, 396, 398, 400, 402-403, 409-410, 412-413, 415, 421-423, 425-426, 430, 432, 435-

436, 438, 441-442, 446, 450, 465

Kapp, Christian 卡普 90-91

Kaufmann, Walter 考夫曼 23, 222, 310, 319, 438, 465

Kedourie, Elie 克杜里 24, 465

Kierkegaard, Søren 祈克果 19, 120, 135-136, 169, 215, 331, 393, 404-408, 411-412, 418, 441, 446-447, 465

Knowles D. 諾列士 297

Kojéve, Alexandre 寇耶維 103, 408, 427, 466

Korsch, Karl 寇士 251-252, 369, 373-374, 387, 391

Kroner, Richard 柯洛納 402

Kliger, Ilya 柯利革 395, 439, 466

Kraus, Karl Christian Friedrich 克勞士 148

Kuhn, Thomas 孔恩 257-258

**L**

Lacan, Jacques 拉崗 408, 427-428, 430, 466

Ladha, Hassanaly 拉達 305, 466

Lai Tzung-hsian 賴宗賢 470

Lambert, Johann Heinrich 藍伯特 109-110, 121, 136

Lassalle, Ferdinand 拉沙勒 248, 389

Lasson, Georg 拉森 307-308, 402

Latiolais, Christopher 拉喬萊 405, 446, 466

Lefebvre, Henri 列費布勒 48, 251, 466

Leibniz, Gottfried Wilhelm 萊布尼茲 6-8, 10, 131, 139, 172, 318

Lenin, Vladimir I. 列寧 196, 252, 254, 274-275, 351, 367, 373-374, 391, 395

Lessing, Theodor 列辛 8, 179-180, 316, 318

Lewontin, Richard 李翁亭 255-256

Li Jung-tian 李榮添 305, 307, 317, 470

Locke, John 洛克 5-6, 8, 25-26, 33, 60, 129, 158, 171-172, 260, 264-265, 285, 298, 396, 402, 446-447

Löwith, Karl 羅維特 304-305, 307, 316, 467

Lukács, Georg 盧卡奇 55, 103, 188-189, 248-249, 251, 254, 268, 366-367, 369-370, 373, 387, 391, 403, 451, 467

Lumsden, Simon 藍士定 280, 434-435, 467

Luxemburg, Rosa 盧森堡 389

Lyotard, Jean 李歐塔 408, 410

**M**

MacCarney, Joseph 麥卡尼 467

McCarthy, George E 麥卡錫 371, 467

Machiavelli, Niccolò 馬基亞維利

127, 423
McCloskey, H. J. 麥克洛斯基 424, 425, 467
McDowell, J. 麥道爾 438, 441-442, 467
MacIntyre, Alasdair 麥因泰 368, 412
McTaggart, J. M. E. 麥塔嘉特 399-400
Marcus, Aurelius 馬枯斯 164, 268, 367
Marcuse, Herbert 馬孤哲 251, 367, 373
Martensen, H. L. 馬田森 393
Marx, Karl 卡爾・馬克思 3, 44, 156, 197, 200-201, 205, 242, 268, 345, 347, 351, 365-366, 384, 438-439, 457
Marx, Werner 韋納・馬克思 3, 44, 156, 197, 200-201, 205, 242, 268, 345, 347, 351, 365-366, 384, 438-439
McLellan, David 麥列藍 347, 380, 388, 467
Mariano, Raffaele 馬利亞諾 394
Mendelssohn, Moses 孟德爾頌 179
Merker, Barbara 梅可兒 434, 467
Merleau-Ponty, Maurice 梅樓・蓬第 408, 414
Michelet, Karl 米歇列 97
Moleschott, Jakob 莫列修 347
Monrad, M. J. 孟拉德 393
Moltmann, J. 莫爾特曼 411
Moore, G. E. 穆爾 400-401
Motrošilova, Nelly V. 莫綽西絡瓦 107, 468
Mure, G. R. G. 穆列 412
Müller, Adam 繆勒 81, 83, 85-86, 279

**N**

Nason, Shannon 那遜 53, 446-447, 468
Napoleon, Bonaparte 拿破崙大帝 71, 106, 361
Napoleon, Louis Bonaparte 路易・拿破崙三世 361
Natorp, Paul 那托普 402
Newton, Isaac 牛頓 6, 8, 13, 15-19, 21, 24, 26, 33-35, 115-116
Niethammer, Friedrich Immanuel 倪哈默 105-106
Nietzsche, F. W. 尼采 404-407, 409
Norman, Richard 諾曼 129, 164, 184, 235, 253-254, 260, 240, 262, 266, 468
Novalis (Friedrich von Hardenberg) 諾瓦理 109

**O**

Ott, Adolph 歐特 393, 412

**P**

Parmenides　帕門尼底斯　263, 266

Paulus, H. E.　鮑魯士　88, 92

Perkins, R. L.　裴金斯　468

Peters, Julia　裴特絲　441, 468

Petty, William　皮梯　345

Pinkard, Terry　皮因卡　419-421, 468

Pippin, Robert　皮品　103, 424-425, 468

Plato　柏拉圖　3-4, 9, 21, 33, 58, 60, 94, 108, 111, 181, 204, 215, 219-220, 232, 235-236, 239, 253, 263, 266-268, 282, 299, 309-310, 318, 334, 450

Plekhanov, Georgi　朴列哈諾夫　391-392

Popitz, Heinrich　柏皮次　342, 469

Prévost, Louis　朴累歐士特　393

Popper, Karl Raimund　柏波爾　47, 222, 225, 230, 295, 320, 337, 424-425

Proclus　普羅克魯斯　266-267

Proudhon, Pierre Joseph　蒲魯東　369, 394

Prometheus　普羅米修斯　348

Protagoras　普羅塔格拉斯　3-4

Putnam, Hilary　蒲特南　412, 415

**Q**

Quadrio, Philip Andrew　柯醉歐

424, 426, 469

Rae, Gavin　雷伊　150, 438, 469

Renault, Emmanuel　雷諾特　451, 469

Reinhold, Karl Leonard　賴因霍　33

Ricardo, David　李嘉圖　82, 129, 353

Robespierre, Maximilien　羅伯斯庇　168, 182, 278

Robert, William　羅伯特　142, 151, 221, 424, 442, 438, 469

Rockmore, Tom　羅克莫　117, 130, 469

Rosdolsky, R.　羅斯多士基　388

Rosen, Stanley　羅仁　3, 78, 470

Rosenkranz, Karl　駱仁匡　78-79, 82, 90, 92, 98, 470

Rorty, Richard　羅悌　268, 412, 415, 421

Rousseau, Jean-Jacques　盧梭　2, 8-9, 25, 35-36, 79, 119, 160, 164, 166, 185, 264-265, 283-285, 306, 373

Royce, Josiah　魯一士　400

Ruge, Arnold　路格　98, 269, 386, 389, 394

Russell, Bertrand　羅素　400-401

**S**

St. Augustine　聖奧古斯丁　215

Sartre, Jean-Paul　沙特　103, 118, 163, 249, 251, 409

Say, Jean-Baptiste 薩伊 82, 437, 439

Sayers, Sean 謝也斯 437, 439, 470

Schelling, Friedrich Wilhelm 謝林 2, 6, 8, 18-25, 28, 30, 40, 45, 48, 50, 52-53, 58-60, 63-64, 68-70, 75-78, 81, 85-86, 88, 91, 96, 100, 104-105, 111, 139-141, 145, 148, 156, 179-180, 195, 205, 233-234, 250, 346, 379, 385, 392, 413-414

Schiller, Friedrich 席勒 8, 19, 23, 28, 89, 105, 138, 185, 247, 290, 313, 318, 470

Schlegel, Friedrich 施勒格 19-20

Schleiermacher, Friedrich Ernst Daniel 舒萊業馬赫 67, 88, 96-97, 318, 411

Schmidt am Busch, Hans-Christopher 舒密特 470

Schopenhauer, Arthur 叔本華 235, 379-380, 441

Schulze, Johannes 舒爾慈 381

Shakespeare, William 沙士比亞 308

Shaw, William 蕭威廉 363, 470

Shih Wei-min 史偉民 306, 324, 470

Smith, Adam 亞丹・斯密 82, 279

Smith, Tony 史密斯 82, 279

Solomon, Robert C. 索羅門 9, 13, 16, 140, 142, 145, 159, 161, 221, 470

Spaventa, Bertrando 史巴文塔 394

Spencer, Tom 斯賓舍 24, 470

Stankevich, N. V. 斯坦克維齊 395

Stallo, Bernard 施大洛 397

Stern, Robert 斯特恩 25, 163, 399-400, 413, 442, 471

Steuart, James 司徒亞 82, 279

Stirling, J. H. 斯特林 397-398

Stirner, Max 史悌涅 347, 471

Stoic 斯多亞（噶）學派 33, 119, 144

Strauss, David 施特勞斯 96, 269, 380, 382-384, 397-398

T

Taylor, Charles 泰勒 368, 413, 471

Testa, Italo 特士塔 427, 471

Theunissen, Michael 刁尼森 412

Torrey, William 托利 396, 400

Troeltsch, Ernst 特洛齊 402

Tucker, Robert C. 塔克爾 151, 336

V

Van der Hoeven, Johan 范德何分 40, 47, 471

Van Ghert, P. G. 范格特 393

Vera, Augusto 韋拉 394

Voltaire, François Marie Arouet 福爾泰 25-26, 361

Von Altenstein, Baron 阿爾田斯坦 381, 385

Von Cieszkowski, August 齊次科夫

斯基　91, 269, 322, 380, 394

Von Goethe, Wolfgang　歌德　16-19, 21, 23-24, 77, 100, 105, 145, 179, 185, 318

Von Haller, Albrecht　馮哈列　77

Von Sinclair, Isaak　辛克萊　232

## W

Wahl, Jean　瓦爾　407

Wei Zho-min　韋卓民　431-432

Weil, Eric　魏艾爾　407

Weiss, Frederick　韋艾斯　4, 438, 471

Westphal, Kenneth, R.　韋士發　58, 438, 441-442, 471

White, James D.　懷特　63, 64, 66, 68, 76, 81, 86, 88, 90, 98, 305, 322, 471

William, Howard　韋廉　185, 333-345, 396, 400-401, 420, 470

Willich, August　韋立希　396-397

Windelband, Wilhelm　溫德爾班　402

Wood, W. Allen　伍德　179, 205, 207-208, 211-213, 255, 280-281, 451

Woods, Alan　伍茲　255, 470

## Y

Yang Zhu-tao　楊祖陶　130-131, 319, 470

## Z

Zambrana, Rocío　詹布拉納　441, 470

Zeno of Elea　芝諾　57, 219-220, 237, 263

Zhang Shi-ying　張世英　313, 470

# 事物引得

二律背反（二元背反） 13-14, 49,
　53, 56, 155, 219, 231
人本主義（人道主義） 25, 316-
　317, 319, 341, 345, 348, 391-392,
　453
人的自我創造 342, 387
下層建築（經濟基礎） 105, 274,
　356, 363, 387
上層建築（意識形態） 98, 131,
　167, 200, 240, 244, 253, 322, 356,
　362-363, 386-387, 401, 403
千年祈福運動 97
工資（薪資）勞動 23
「不分別的統一」、「分別的分歧
　（攜二）」、「分別的統一」
　247
化約論 166, 235, 421
反思 11, 18, 21-22, 34-35, 43-44,
　46, 51, 56, 63-64, 72, 80, 83, 86-
　87, 91, 104, 120-121, 140, 155,
　182, 187, 191, 203, 212-213, 220,
　225-226, 232, 244, 250, 268, 284,
　303-304, 321, 329-330, 348, 355,
　361, 369, 373, 412, 441, 446, 450
天賦（自然）權利 285
心智勞動 344
「世界史的個人」 313
世界精神（*Weltgeist*） 59, 71, 148-

149, 154, 304, 311-314, 316-319,
　333, 336, 361, 368-369, 389, 391
《世界歷史講義》（1840） 303
主詞與謂詞 69, 243, 365
主僕（奴）關係 54-55, 102, 119,
　126, 128-129, 160-165, 167, 199,
　201
主體性 10, 37, 48, 56, 58, 64, 180,
　184, 187, 189, 251, 283, 311, 391,
　406, 412, 419, 427, 437, 439, 446
主體與客體的統一（合一） 113
主觀（主體）精神 113, 141, 176,
　190, 350, 432, 435
主體就是實體 369
他者（它者 the other） 44, 70, 78,
　197-198, 200, 250, 419, 425, 427-
　430, 441
「他者性」（otherness） 78
外化 44, 149-152, 154, 183, 187,
　189-192, 305, 342-343, 349, 387,
　430
市民社會（公民社會、民間社會）
　81-87, 91, 168, 187, 201, 207,
　242, 272-275, 277-284, 286-288,
　293, 298, 323, 334, 348, 354-359,
　366, 372, 387, 390, 434-439, 441,
　451
市邦（政治、社會）的動物 351
布爾喬亞（資產階級） 95, 126,
　166, 190, 200, 274-275, 280, 284,
　288, 293, 356, 358-359, 388-391
本體論（ontology 存有論） 100,

143, 153, 245-246, 248, 352, 365-368, 370, 372-373, 391, 398, 409, 411, 423, 426, 447

末世學　307

正、反、合　224-225, 266, 312

「正格化」的基督教（「正格」〔實證性〕的神學）　25

正統馬克思主義（官方馬克思主義）　274, 362, 371, 373, 387, 391, 411

正題、反題、合題　224-225, 266, 312

生產力　43, 46, 246, 363-364, 389, 439

生產關係（生產的社會關係）　246, 363-364, 389-390

目的性（telos）、目的論　4, 15-16, 145, 182, 204, 213, 229-231, 243-244, 247-248, 282, 309, 310, 313, 336, 341, 343, 350, 366, 380, 441

矛盾律　41, 47, 51, 56, 208, 211-213, 221, 446-447

共產主義　360, 369, 376, 387, 450

同一律　41, 56, 208, 211, 213, 446

因果關係　12, 34-35, 182, 243, 419, 421-422

因特列希（entelechie）　309-310

「在己」、「爲己」、「在己兼爲己」　350

「存有」（Dasein）與「本質」（Wesen）　64-66, 68, 142, 148, 181, 225, 367, 450

「存有」（有）、「非有」（無）、「變動（化）」（變）　350

米內瓦的夜梟　74, 88, 276, 386

有機的國家觀　275, 423

有機論　418, 419, 423, 424, 425, 426

自我異化（Selbsentfremdung）　150, 152-154, 189-190, 220, 245, 261, 349, 360, 388

自我意識　14, 50-51, 54, 63, 69, 75, 78-80, 83, 88, 93-94, 113, 118-120, 124-129, 131, 134, 137, 143, 146-147, 149-151, 153-155, 160-166, 176, 183, 185, 187, 189-190, 192, 202-203, 238, 251, 276, 297-298, 304-305, 311-317, 321, 323-325, 327-328, 330-331, 333, 336, 344, 346-347, 350-351, 353, 357, 360-361, 365, 369-370, 382, 387, 426-427, 431, 436, 438, 441, 447, 450

《自然辯證法》（1878-1882）　248

位階、上下統屬（hierarchy）　115, 173

《判斷力批判》（1790）　140

否定的否定　41-42, 153, 186, 192, 208, 223-224, 231-234, 248, 252, 254, 256, 352

否定的辯證法　342

否定律　212-213, 248, 254, 352

形式邏輯　50, 56-57, 178-179, 208, 211-213, 222

形而上學　6, 11, 13-14, 34, 37-38,

55, 58, 63, 104, 159, 176, 179, 181, 208, 210-211, 213, 233-235, 247, 268, 274, 291, 307, 313, 318, 320, 322, 329, 331, 350, 353, 367, 368, 373, 380, 383-394, 398-400, 409-411, 412, 422, 428, 431, 446, 451

系統性的辯證法　246-247

「我思故我在」　5, 14, 124, 160, 320

批判主義　324, 399

私有財產　208, 264, 273, 280, 360, 369

享樂主義　166

抽象化　66-68, 76, 83, 193, 195, 212, 252, 344, 350, 352

法蘭西大革命（法國大革命）　13, 16, 81, 91, 121, 137, 140, 143, 168, 237, 277-278, 290, 298, 306, 326-328, 382, 386, 413, 438

泛神論　6, 23-25, 97, 134, 139, 143, 148, 214, 262, 342, 345, 365, 383, 393, 427

物化　243, 374, 419, 438

物自身（Ding an Sich）　10, 15-16, 38, 43, 48-50, 56, 58, 97, 119, 140, 157-158, 173

直接生產者的組合　341

「知性」與「理性」　155-156

社會存在　80, 277, 351, 398

社會性　431, 433

社會契約論（社契論）　8, 119,

161, 283, 437

社會連帶關係（social solidarity）　126

社會連結（social bond）　126

社會體系　207

社群主義　276-277, 279, 287, 292, 295, 386, 412, 423, 436

保守主義　97, 244, 386

「前史」（Vorgeschiscte）　360

客體化（性）　169, 184, 189, 245, 297, 342-343, 349, 352, 369, 390, 450

客觀（客體）精神　113, 141, 176, 190, 207, 273, 299, 315, 350, 432, 434-435, 450

封建社會　265, 363-364

思辨哲學　63, 91, 104, 130, 135, 141, 181, 183, 240, 243, 342, 396, 446-447

政治國家　91, 207, 273-274, 356

政治經濟學　222, 240, 246-247, 249, 251, 264, 279-280, 344-345, 353, 363, 371, 387, 390, 423, 428, 436

《政治經濟學批判綱要》（1857）（簡稱《綱要》）　387

相對主義（相對論）　124, 323-324, 325, 442

承認（說）　126-129, 419, 448-451

「看不見的手」　313

「科學的社會主義」　387

耶拿體系　130, 286

倫理生活　83, 86, 89, 107, 121, 137,

167, 242, 272-273, 275, 279-282,
284-285, 288, 294-295, 304, 314,
344, 353-354, 357, 405, 418-419,
433-439, 441, 446

哥白尼革命　12, 43, 123, 141

哲學人類學　341, 411, 431

《哲學百科全書》（《哲學全書》）
80, 95, 100, 103-104, 108, 130-
131, 137, 139, 183, 190, 206, 221,
223-224, 323, 333, 350, 360, 430,
434, 450

哲學的歷史　303, 319, 329-330, 361

規範、規範性　370, 430-431, 433

套套邏輯（循環論證）　49, 56,
184, 211

時代精神　10-11, 18, 134, 141, 143,
215, 325, 361, 363

殊別性（特殊性）　62, 66-67, 69-
71, 74-75, 78, 83-85, 90, 95, 236-
237, 242, 249, 254, 262, 290-291,
299, 305, 384, 388, 424-425, 429,
437-438, 451

浪漫主義　4, 8, 15, 19-23, 25, 27, 64,
82, 87, 96-98, 109, 120, 139, 141,
277-279, 316, 371, 382

烏托邦　97, 279, 327, 359, 369, 371,
453

神祕主義　96, 98, 141, 242, 244, 349

《神聖家族》（1845）　365

神聖羅馬帝國　27, 276, 327-328

《純粹理性批判》（1781）　9, 11,
140

偉景（vision 願景）　140

偶變性（機遇性；隨機性）　75,
172

唯心主義（觀念論）　44, 58, 145,
171, 180

唯物主義　235, 241, 245, 249-254,
323, 340-341, 345, 347-349, 351-
353, 362-364, 367-368, 391, 409,
414, 419

唯物史觀（歷史唯物論；歷史唯
物主義）　130, 265, 337, 340,
360, 362-364, 388

國家消亡　359

教條論　6, 21, 34, 46, 179, 180

教養的小說（*Bildungsromane*）
185

排他律　212-213

啓示的宗教　123, 317

啓蒙運動　4, 7-8, 10, 13, 15, 23-25,
35, 97, 121, 140-141, 168, 275,
279, 306, 316, 319, 327, 329, 371,
442

理念與概念　64

理性主義　4, 10, 27, 36, 48, 64, 96-
97, 141, 239, 242, 260, 386, 402

理性的狡計（*die List der Vernunft*）
74, 87, 94, 144, 313-314, 328,
342, 354, 361, 370

理論與實踐　109, 114-116, 125, 245,
251, 291, 352, 369, 383, 385-386,
450

習慣　7, 14, 34-36, 121, 158, 280,

284, 311, 315, 320, 419, 430-435

現象學　3-4, 8, 13, 24, 27, 54-55, 57,
　　64, 80, 95-96, 100-113, 117-118,
　　121-123, 125, 130-144, 146-147,
　　151, 153, 155-157, 159-161, 163-
　　167, 169-171, 173-176, 178, 183-
　　192, 196-197, 199, 205, 221-222,
　　225, 227-228, 233-234, 236, 238-
　　240, 246, 259, 261, 268, 273, 281,
　　296, 303-304, 314, 330-331, 334,
　　336, 342, 344, 350, 360, 368, 401,
　　403, 408, 411-412, 414, 420, 422,
　　427, 434, 438, 441, 450

異化（疏離、乖離）　121, 150-154,
　　183-184, 187, 189-192, 197, 199-
　　220, 243, 245, 248, 250-251, 261,
　　282, 286, 288, 333, 342, 344-345,
　　349, 355-356, 358, 360, 369, 388,
　　408-409, 438-439, 441

造物主　149, 366

揚棄（Aufhebung）　54, 56, 95, 103,
　　115, 152, 154, 165, 186, 189-190,
　　192, 194, 197, 199-200, 223-225,
　　232, 238, 244, 247, 262, 274, 279,
　　317, 342, 346, 350-351, 353, 362,
　　365-366, 387, 391, 411, 422, 429,
　　439

斯多亞（噶）派　55

普勞階級（無產、工人、勞動階
　　級）　126, 251, 275, 356, 368-
　　370, 388, 453

普遍（泛宇）階級　85, 285

普遍性（個體性）　69, 86

普遍意志　306

稀少性　428

發生學（起源）的謬誤　324

等級議會（Stände）　85-86, 288,
　　292-295, 299, 327, 358, 385

絕對的事物（「無限」）　20, 50,
　　123, 149, 172-173, 180-181

絕對知識　64, 68-69, 71, 90, 112-
　　113, 115, 120-125, 131, 138-140,
　　143, 154-155, 159, 173-174, 176,
　　185-186, 188-190, 223, 227, 238-
　　239, 305, 308, 318, 360, 408, 422,
　　433, 446

絕對精神　2, 23, 25, 43, 113, 137-
　　139, 141, 154, 173, 176, 185, 191,
　　214, 220, 231, 238, 247, 270, 299,
　　315-317, 322, 332-334, 341-342,
　　346, 349-350, 353, 362, 365, 372-
　　373, 396, 404, 438, 441, 450

〈費爾巴哈提綱〉　349, 352

階級　85-86, 126, 129, 200, 251, 274-
　　275, 280, 282, 284-285, 293, 324,
　　341, 351, 354-356, 358-360, 362,
　　364, 366, 368-370, 382, 388, 390-
　　391, 438-439, 453

黑格爾式馬克思主義　373

黑格爾青年門生（左派黑格爾門
　　生）　380, 382

「概念」（Begriffe）　181

禁欲主義　166

《經濟哲學手稿》（《巴黎手稿》）

（1844）　130, 240, 244, 286, 342, 347-348, 387, 450

經驗主義　10, 27, 141, 158, 246, 248, 260, 348, 352, 397, 400

解析的馬克思主義　352

《資本論》　206-207, 240-241, 245-246, 352, 364-365, 373, 387-388, 390

載體（行動者）　198, 200, 345, 366

實在主義　86, 246, 348, 352, 367, 441

「實在哲學」　344, 373

「實然」（是然）與「應然」　81, 359

實踐理性　9-11, 13, 16-18, 21, 35, 38-39, 43, 120, 140, 168, 207

《實踐理性批判》（1788）　9, 11, 140

實證主義　43, 241, 244, 246, 250, 352, 438

實體（*Substanz*）　149, 157, 316

對立的統一律　254

對象物　184, 197-199, 391

種類之物（種屬之物 *Gattungswesen*）　346, 369

種類本質　345, 450

精神（*Geist*）　107, 143, 332

《精神現象學》　3-4, 13, 27, 54, 80, 96, 100-105, 112, 117, 122, 130-131, 133-135, 139, 174-175, 183, 205, 221, 236, 238-239, 268, 303, 342, 350, 400, 413, 420, 422, 427,

438, 441

認同說（論）　5, 247

認同體　5, 21, 24, 41, 56, 117-118, 124, 160, 167, 180, 193-194, 196, 210-212, 224, 265, 390, 428, 441, 450

認知論（知識論 epistemology）　33, 58, 124, 138, 165, 184, 187, 250, 346, 352, 372, 387, 418-419, 438, 441-442, 446

認知論的斷裂　365

需要的體系（需要體系）　83, 273, 277, 355, 437

《德法年鑑》（1844）　98, 371, 394

《德意志意識形態》（1845/1846）　322, 362

樣態（*Gestalten*）　136

「潛能」與「現能」　4

熱望（慾望 *Begierde*）　111, 150, 283, 296, 381

範疇性　39, 40, 142, 166

質量互變律　252, 254, 352

「整體」（總體）　195, 196

審議民主　411, 429

歷史主義　302, 319-323, 326-329, 337, 386, 403, 405, 411-412

歷史性　43, 55, 246, 250, 306, 349, 359, 401, 422

歷史的終結　302, 331, 333, 337, 389

歷史哲學　57, 78, 89-92, 95-96, 100, 103-104, 130, 143, 154, 197, 259, 269, 273, 297, 299, 301-305, 307-

308, 313-314, 316, 318-319, 322-326, 329-330, 333-334, 336-338, 340, 342, 348, 350, 360, 368, 389, 394, 400, 403, 414, 441

歷史唯物主義　323, 362-364, 368

《歷史與階級意識》（1923）　366, 370

隱象人與現象人　150

雙元的世界觀　158

懷疑論　10, 34-35, 37-38, 55, 58, 113, 124, 137, 140, 164, 171-173, 227-229, 438

顛倒的世界（*verkehrte Welt*）　151, 158-159

辯證唯物主義（辯證唯物論）
245, 251-252, 254-257, 352, 391

辯證過程　42, 53, 90, 165, 183, 195, 207, 226, 228, 249, 305, 330, 351, 429

邏各斯（「道」）　3, 231, 441

《邏輯科學》　53, 55-56, 64, 69-71, 85-87, 91, 130, 193, 195, 206, 221, 223, 236, 238-240, 259, 261-262, 268, 298, 334, 350, 352, 394, 438

關係有機論　418-419, 423, 426

關係辯證法　246

機械性的國家觀　358

轉型批判法　243, 345, 365

軀體性　431, 433

# A New Interpretation of Hegel's Philosophy

By Hung Lien-Te, *Dr. rerum politicarum*

Wiener Universität

## Contents

Preface..................................................................................................i
1. The Intellectual Origins of Hegelianism ............................................. 1
2. The Kantian and Post-Kantian Philosophy ....................................... 31
3. The Essentials of Hegel's Philosophical Doctrine............................. 61
4. Hegel's *Phenomenology of Spirit*: An Explication ......................... 101
5. A New Interpretation of Hegel's *Phenomenology* ......................... 133
6. Hegel's Speculative Method and His Dialectics ............................. 177
7. The Development of Dialectics-From Idealist to Materialistic
   Perspectives.................................................................................. 217
8. Hegel's Theory of the State............................................................ 271
9. Hegel's Philosophy of History ....................................................... 301
10. From Hegel to Marx....................................................................... 339
11. Hegel, Hegelians and Their Critiques ............................................ 377
12. The Reevaluation of Hegel's Philosophy in the Last Two Decades.. 417
    References ...................................................................................... 455
    Name Index .................................................................................... 475
    Subject Index ................................................................................. 484

國家圖書館出版品預行編目資料

黑格爾哲學新解／洪鎌德著. －－初版. －－
臺北市：五南, 2016.01
　面；　公分
ISBN 978-957-11-8427-2（平裝）

1.黑格爾(Hegel, Georg Wilhelm Friedrich,
1770-1831) 2.學術思想　3.哲學

147.51　　　　　　　　　104025563

1BAN

# 黑格爾哲學新解

作　　　者 ― 洪鎌德（162.4）

發 行 人 ― 楊榮川

總 經 理 ― 楊士清

總 編 輯 ― 楊秀麗

副總編輯 ― 劉靜芬

責任編輯 ― 吳肇恩　游雅淳

封面設計 ― P.Design視覺企劃

出 版 者 ― 五南圖書出版股份有限公司

地　　　址：106台北市大安區和平東路二段339號4樓

電　　　話：(02)2705-5066　傳　真：(02)2706-610

網　　　址：http://www.wunan.com.tw

電子郵件：wunan@wunan.com.tw

劃撥帳號：01068953

戶　　　名：五南圖書出版股份有限公司

法律顧問　林勝安律師事務所　林勝安律師

出版日期　2016年1月初版一刷
　　　　　2020年7月初版二刷

定　　　價　新臺幣580元

# 經典永恆・名著常在

## 五十週年的獻禮——經典名著文庫

五南，五十年了，半個世紀，人生旅程的一大半，走過來了。

思索著，邁向百年的未來歷程，能為知識界、文化學術界作些什麼？

在速食文化的生態下，有什麼值得讓人雋永品味的？

歷代經典・當今名著，經過時間的洗禮，千錘百鍊，流傳至今，光芒耀人；

不僅使我們能領悟前人的智慧，同時也增深加廣我們思考的深度與視野。

我們決心投入巨資，有計畫的系統梳選，成立「經典名著文庫」，

希望收入古今中外思想性的、充滿睿智與獨見的經典、名著。

這是一項理想性的、永續性的巨大出版工程。

不在意讀者的眾寡，只考慮它的學術價值，力求完整展現先哲思想的軌跡；

為知識界開啟一片智慧之窗，營造一座百花綻放的世界文明公園，

任君遨遊、取菁吸蜜、嘉惠學子！